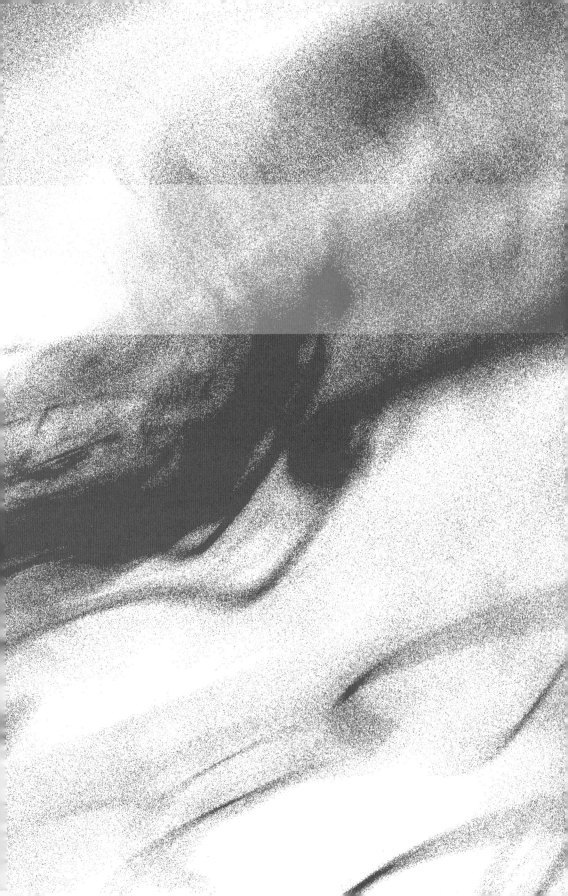

产业网络分析导论

Introduction to
Industry Network Analysis

尹翀 ———— 著

社会科学文献出版社
SOCIAL SCIENCES ACADEMIC PRESS (CHINA)

前　言

　　产业关联是一种客观存在的重要的社会经济基础关系，是指产业分工体系中不同产业之间功能上相互支持和依存的经济技术关系。产品与服务的生产与流通等环节发生的企业间交易关系是建立在产业关联关系的基础上的，而且地区产业结构的"量"的状态本质上也是由产业关联的"质"的性态决定的。因此，无论是企业层面的供应链管理与一体化战略、战略联盟等问题，还是区域或国家层面的经济产业结构优化调整、产业升级等问题，实质都是以产业关联关系为基础的。产业关联是这些经济管理决策问题的客观约束性条件，也必然是管理学与经济学的重要研究主题，研究和描述产业关联具有重要的理论和现实意义。起源于 20 世纪 50 年代的产业关联研究重视利用投入产出技术描述和研究产业关联，其理论模型与应用成果为经济发展战略提供了重要的政策支持。赫希曼关联效应理论不仅成为"不平衡"发展观点的重要理论依据，而且决定了之后产业关联建模与应用研究的主流趋势——测度产业关联效应的强度并将部门在关联效应强度上的差异作为关键或非关键产业判定的基本标准。投入产出经济学（Input-Output Economics）是在 20 世纪 30 年代由里昂惕夫发展起来的一门独立经济学科。由于其构建的结构化、标准化的投入产出表具有产业间投入产出关系定量化描述的优点，产业关联自然就同投入产出的技术方法密切结合起来。基于投入产出模型的赫希曼关联效应测量研究在传统上成为关联建模研究发展和关联问题应用分析的基本框架及一般范式。

　　经典方法和模型存在着一定局限或关键不足。第一，全部产业的关联关系是否具有同等意义。部分关联关系构成经济产业基础结构，但是由于信息过于分散，研究者在投入产出表（无论是流量、投入产出系数，还是里昂惕夫逆矩阵系数）中不能看到基础经济结构的轮廓。第二，相同数值的关联效应强度是否具有同等的意义。高数值的关联效应强度可能来自较少部分的强关联关系，而相对低数值的关联效应强度来自大小较为均衡的关联关系，这样单纯两个部门效应强度数值相比较的意义就模糊了，由于信息过于集中，研究者也不能看到关联的关系结构。产业关联是一种二元关系，图或者网络是关系结构表达的有效工具，于是针对经典关联模型的不足，一些研究者尝试利用图或者网络的方法描述产业关联，即构建产业网络（Industry Network，IN）。产业网络的基本表现形式是网络图，其中顶点（或节点）表示产业，（有向）边表示产业之间的关联关系。研究者根据实际问题挖掘产业网络的结构特征，如表现为特殊子图的产业集、表现为路径的产业链等。另外，产业系统也是一个特殊的复杂的社会技术系统。随着复杂性科学的兴起和复杂网络研究的深入，出现了基于产业网络对经济系统的技术性、社会性和复杂性结构特征进行研究与分析的发展趋势，产业网络分析相关研究得到重视的程度大大增强。

本书充分借鉴相关成果，提出产业网络分析的理论及应用框架。产业网络分析（Industry Network Analysis，INA）是针对基于产业关联的相关现实问题的分析，根据系统科学、数学、统计学、图论和网络等技术或者方法发展起来的，通过产业网络构造，对产业网络的关系结构及其属性加以分析，以进行经济系统绩效（产业关联效应）研究的一套规范和定量的分析方法。产业网络分析的核心包括产业网络构造方法和产业网络结构分析方法。产业网络分析本质上就是用网络来描述问题并用网络来解决问题。其方法论的基础来源包括系统科学、统计学、图论及网络技术等。

本书第二章对产业网络概念和产业网络分析原理进行介绍，对产业网络分析的发展历程和概况进行了回顾与总结。第三章基于产业复杂网络模型（Yin 模型）介绍了产业网络的一种基本构造方法。产业网络根据其关系意义的不同，具有多种不同形态，最基本的是供给型和需求型网络的划分，而当处于供给方或需求方的不同位置，又存在主动视角和被动视角网络的划分。本书根据产业认知和关联关系分布的特点，采用概率论方法进行临界值的搜索，构建了过滤关联关系的多维临界值向量，有效克服了传统方法主观性强和难以操作的不足，具有处理较为合理、较为灵活的优点。依据强关联关系进行连边，进一步通过基础型网络的"并"或"交"投影，建立起组合型产业网络。在基础型和组合型网络的基础上利用Warshall 二元关系运算法则得到聚合型产业网络。同时依据一定的规则对基本有向网络做无向化处理，得到无向产业网络（Indirectional IN），而设置特定的边权数值则可得到赋边权产业网络（Weighted IN）。组合型与聚合型、无向与赋边权产业网络都是基础产业网络的扩展模型，基础网络和扩展网络共同构成了一个多层次的产业网络模型体系。第四章和第五章是产业网络结构分析方法的理论内容。第四章从直接关联结构效应出发描述关联整体和关联个体两个层次的关联结构特征。将关联结构特征研究有机转化为产业网络的优化分析，利用图论及网络技术为多种关联结构特征设计了对应的提取和描述方法。第五章以关联系统的分析和关联关系结构模式信息的挖掘为中心，依据产业关联效应可识别与可解析原则设计了综合性产业网络结构指标及其分析方法。第六章至第九章是产业网络分析的应用，分别围绕区域经济发展竞争力、产业群、产业结构演进和产业间技术扩散四个现实问题进行了产业网络分析的综合应用。第十章则将本书完成的研究工作和解决的关键问题进行了总结，进一步对产业网络分析的发展方向进行了思考。

产业网络分析在国外已有近 50 年的历史，我国开展这项研究也有至少30 年的时间，但产业网络分析作为一种重要的经济与管理研究基础方法的地位还相对薄弱。20 世纪末，随着复杂网络理论与方法逐步兴起和社会网络分析思想的引入，基础性理论框架开始逐步形成。为推动产业网络分析理论与方法研究的发展，来自美国、荷兰、法国、德国、西班牙、中国等国家的诸位大师和学者进行了不懈努力并做出了巨大贡献，如投入产出经济学的创始人 Wassily Leontief 及国际投入产出学会的 Geoffrey J. D. Hewings与 Eric Dietzenbacher 创建并持续推动了投入产出的基础理论与方法发展，John Campbell 引入经典图论并开创了产业网络分析的理论方法研究，Michael Sonis 与 Hermann Schnabl 分别提出产业网络圈结构分析和最小流分析，Fidel Aroche Reyes 提出了产业基础经济结构树的概念及分析方法，Ana Salomé García Muñiz 则开辟了产业网络结构洞及核结构的研究领域等，国内学者也在诸多方面不断取得重要进展。本书力求借鉴国内外重要研究成果，其中的很多观点和方法都对本书具有重要启示作用。

本书获得了齐鲁工业大学（山东省科学院）山东省科技发展战略研究所的出版资助，在此表示衷心感谢！

尹 翀

2017 年 6 月，济南

目　录

第一章 绪论

第一节 产业网络分析产生的背景

一 经济管理决策分析的现实需求

产业关联是一种经济技术关系，是经济系统中重要的基础性关系。小到微观企业的生产经营，大到宏观的国家或区域经济的运行调控都必须建立在产业关联之上。没有产业关联，经济系统就不存在，更不会有经济竞争力提升和持续发展等方面的问题。企业的供应链管理、纵向一体化战略与战略联盟等问题，和宏观经济的结构升级、产业集聚（Agglomeration）、区域经济竞争优势问题，本质上同产业关联具有内在性关系，企业管理和区域经济系统的调控都需要考虑产业关联。优化的产业关联状态是一个健康、高效的经济系统运转的必要条件。认知产业关联并进一步优化产业关联是在经济管理实践中被提出并亟待合理解决的现实性问题。

波特（Porter）将产业关联视为获得竞争优势的四大重要因素之一，并以钻石模型的重要顶角（Corner of Diamond）来描述它。他认为由于产业链的自然存在，产品的上游供方（Supplier）决定着下游需方（Buyer）生产投入品（Inputs）的质量及其获取的及时性和到位时间的准确性（波特，2002：33）。因此，产业链是上下游产业间经济技术关联关系的具体体现。基于波特的产业链认知视角，供应链管理、企业战略联盟、纵向一体化战略和业务外包等管理热点问题必然也是围绕产业链进行的，其研究决策需要建立在产业关联关系分析的基础之上。①供应链是以核心企业为中心，通过对信息流、物流和资金流的控制，从采购原材料开始到制成中间产品以及最终产品，最后由销售网络把产品送到消费者手中，将供应商、制造商、分销商、零售商和最终用户连成一个整体的功能网链结构。供应链形成的基础是产业链，是产业（产品）间的关联关系，没有这种产业（产品）间经济技术的关联，供应链将不存在，供应链管理更无从谈起。②战略联盟是现代企业竞争的产物，它是指一个企业为了实现自己的战略目标，与其他企业在利益共享的基础上形成的一种优势互补、分工协作的松散式网络化联盟。企业战略联盟合作关系的基础是产业分工关系，也是企业基于产品（服务）链的核心竞争能力的组合与互补。③纵向（垂直）一体化是企业将生产与原料供应或者产品销售联合在一起的一种战略形式，是企业在向上游和向下游两个可能的方向上扩展现有经营业务的一种发展战略，是将企业的经营活动向后扩展到原材料供应或向前扩展到销售终端的一种战略体系，其本质是企业沿产业链占据若干环节的业务布局。④外包则是纵向一体化的逆过程，是企业将自身的非核心或者不具有竞争优势的业务转移到企业外进行的形式，也是企业在产业链上进行资源再配置的特定形式。

从区域经济层面看，产业关联则制约着整体经济发展水平，产业结构合理化、产业结构升级和产业结构优化调整等经济发展的核心问题都体现和落实在产业关联上。首先，产业是资源的"转化器"，区域的资源优势能否转化为区域的竞争优势关键在于产业结构是否能够同资源结构合理对接。如果二者不能够协调，有利的资源禀赋不仅不能成为区域发展的推动力，而且会成为发展的负担，导致"资源诅咒"现象发生。而产业结构的状态内在则由产业关联的性态决定，产业结构的本质是产业关联关系的结构。其次，产业结构升级的标志体现在新兴产业的出现、代表技术创新方向与技术进步要求产业的影响力提高，以及顺应产业结构演进发展趋势的三次产业地位的相对变化等层面上，其实质是产业链延伸性水平的提高、产业关联连接与关系位置的改善和整体产业关联结构的优化。而结构升级中发生的技术创新、新知识和新技术扩散等也都同产业关联的性态和产业链的状况有着必然的联系。①

---

① Audretsch、Feldman（1996）实证分析了区域产业关联差异化同产业的技术创新具有的正向性相关关系；Forni、Paba（2001）则认为产业关联能够加速知识和新技术的扩散。

最后，产业结构调整的本质是基于资源禀赋进行的产业链配置和再造。这种结构改变方式可以是产业关联深化与产业链体系的复杂延伸和扩展，可以是围绕中心产业搭建产业链，也可以是新的强支持性产业间关联链条的建立、强依赖性产业间关联链条的破除和弱关联产业之间关联"桥"的生成等，而这些方面都是产业结构优化调整的具体技术路径。

总之，产业之间的关联形成产业链，产业链的复杂聚合构成产业或产品的关联网络。从企业管理和区域经济两个角度综合分析，当代企业、区域甚至国家间的竞争，本质上都是围绕一种"链"式结构进行的，是基于这种"链"的构建、打造与完善来获得持久性竞争优势，竞争的本质就是"链"的竞争。企业战略无疑是在产业链上寻找最优发展路径，地区产业政策是在一个区域中配置产业链条，形成相互支撑和关系协调的产业网络体系，而国家竞争中的结构调整与产业升级、传统产业（传统动能）改造和新产业（新动能）培育等则都是借助技术创新手段进行产业链的延伸和产业网络体系的扩展。多个层次上的经济管理问题的决策分析需要产业关联有效建模研究方法与应用工具的支持。从现实背景出发，如何深入而清晰地描述产业链进而把握这种由产业链相互连接、交叉、融合和支撑而形成的复杂产业网络的结构特征，以基于产业链（或关联关系）的优化或者综合配置来达到获取（或强化）持久竞争优势的目标是经济管理实践中重要而紧迫的现实性问题，是促使产业网络分析出现的现实需求。

二 经济系统结构分析的理论需要

产业关联是经济活动中的基础性关系，是现代经济管理现象研究或分析不可或缺的关键性要素。产业关联最经典、最广泛的研究方法是投入产出技术与模型。投入产出法（Input-Output/I-O Method）将产业关联关系界定为物质性或价值性的投入产出关系，成功实现了对特定产业部门同其他产业部门关联关系性质与数量的描述，建立起了产业关联关系结构研究分析的基础向量空间，因此传统上的产业关联理论又被称为投入产出理论（李孟刚等，2008：153）。在这种框架内，产业关联描述与应用的研究焦点汇集在两大层次上：一是经济系统中产业部门对整体经济所具有的影响力（Impact）的测量及基于产业自身经济系统影响力差异的关键产业部门的识别研究；二是结合矩阵分析、数理统计和运筹学等方法，基于关联关系系数聚类或者关联系数矩阵分块的产业集识别和经济产业结构的解析研究。对关联关系与关联结构描述的研究和关注，使得产业网络建模方法同关键产业与基础经济结构识别和产业聚集与产业集群（Cluster）分析等特定理论或实际应用问题紧密联系在一起。

20 世纪 30 年代中期到 50 年代，沃西里·里昂惕夫（Wassily Leontief）创立了投入产出经济学（Input-Output Economics），其中结构化和标准化的投入产出表、包含投入与产出要素的线性方程组和里昂惕夫（Leontief）逆矩阵被称为投入产出理论与方法模型的核心和精华。基础的投入产出模型无疑描绘了经济系统中全部产业间关联的线性定量关系，但是其中的产业关联关系结构的轮廓实质上并不清晰。从经济决策的角度来说，重要产业关联关系与非重要产业关联关系在模型中并存，关联关系信息的冗余度高，决策信息较为分散。20 世纪 50 年代末，不平衡增长发展理论的创立者、著名发展经济学家艾伯特·赫希曼（Albert Hirschman）提出了产业关联效应理论。此后，围绕决定赫希曼关联效应（Hirschman Linkage）的产业关联效应测量模型（Linkage Measurement）研究成为投入产出经济学在产业关联领域的应用发展主线。产业关联的重要性得到了广泛认同，于是基于投入产出技术以产业关联效应强度来识别关键性部门已经成为一种重要研究共识（Hewings，1982）。但是，产业关联效应应该是一个具有丰富内涵的多维的概念，而产业关联理论的研究传统将赫希曼关联效应进行狭义理解，特指产业个体或单一性产业基于关联波及性直接或者间接通过后向关联作用对系统总投入或者通过前向关联作用对系统总产出所带来的经济诱发与增长的乘数效应。在这个研究层面上，赫希曼关联效应在一定条件下确实决定于产业关联强度，但这种单一的产业关联效应测量指数所包含的决策信息单一且集中，没有提供产业部门间如何进行交互的信息内容（Aroche-Reyes，2002），对多维性关联结构特征的描述力明显不足，更不能全面而有效地研究关联效应内在的关联结构基础。

20 世纪 60 年代中后期，在区域产业集群、产业集聚等现象研究中，产业（功能）集（产业群）（Industrial Complex）的概念被提出。除地理因素外，一般认为产业集聚和产业集群现象的发生基础是产业功能集的内在作用。这些产业功能集实质是功能上相关联的一组产业的集合，是一种特殊的产业关联关系结构。产业集聚效应是重要的产业关联效应，产业功能集是产业集聚效应的结构基础。Simpson 等（1965）首先开始通过投入产出矩阵的对角化（Diagonalization）搜索产业功能集，随后投入产出矩阵的三角化（Triangularization）方法（Korte and Oberhofer，1970；Fukui，1986；Howe，1991）和统计学中的因子分析（Czamanski，1971）与主成分分析（Huallacháin，1984；贺灿飞等，2005）等被用于探索产业功能集的存在性及其结构。20 世纪 70 年代、80 年代出现了产业集挖掘方法的研究热潮，近 20 年各种方法仍然得到不断改进和实际应用。但是这些研究也存在着主观性强、产业功能集内关系与性质界定不清晰（如垂直关系与互补关系区分方法模糊）等方面的局限性。Hoen（2002）回顾了产业集描述方法 40 多年来的发展历程，认为产业功能集研究的兴起意味着产业关联描述开始由注重单一特定产业部门作用向关注不同产业群体交互的方向延伸。而产业集对于产业网络分析方法的提出和深入研究具有重要推动作用。

自 20 世纪 70 年代初开始，有学者认识到并非所有的关联关系都是重要关系，并且注重探索由重要关联关系形成的基础生产结构或经济基础结构（Foundational Economic Structure，FES）[1]。针对一般投入产出基础模型的不足，重要关联关系系数（Important Coefficients，ICs）的研究受到重视，其中最有代表性的是 Campell（1974）和 Slate（1977）等的研究成果。他们设置门槛值，对基础投入产出矩阵进行过滤，将生成的 0 - 1 矩阵作为图的邻接矩阵，并运用割集、最大流等图论优化方法进行产业聚类，实现产业集的搜索分析。Campell 与 Slate 的成果标志着产业网络分析开始正式登上历史舞台。[2] 后来，Srivastav（2006）与朱英明（2007）将 Campell 产业关联图发展应用在产业集群的结构分析方面。

20 世纪 90 年代，产业网络构造与结构分析中的图论方法进一步得到发

---

[1] FES 概念及其识别和描述方法由 Jensen（1988）首先正式提出。Westhuizen（1992）认为 FES 是一组重要的经济关系，这些关系成为经济体的基础模块，它们的数量决定了区域经济的总体水平。同时，他认为构成 FES 的经济关系必须具有重要性、稳定性和可预测性三个基本特征。

[2] 可见 Czamanski（1979）对包括基于产业网络的产业集研究分析方法进行的综合评述。

展和应用，产业网络的层级结构分析受到关注。Sonis 与 Hewings 等开发出产业层级反馈圈方法（Sonis et al. , 1993，1995，1997a），应用产业网络对空间经济结构与产业间的关联交互效应进行解析；周传世等（1997）、刘永清等（1999）借助敏感性分析建立产业关联图，并通过运用复杂、系统的层级结构理论建立了广东省产业系统层级结构模型图；吴开亚、陈晓剑（2003）则在强关联基础上基于二元关系理论，提出应用 Warshall 算法识别产业系统各产业之间连通关联关系的观点，并以安徽省为例进行了实证研究；而 Aroche-Reys（2003，2006）则发展出一种产业基础经济结构树（Foundational Economic Structure Tree，FEST）来描述基础经济结构，并对美国与墨西哥进行了比较研究。从描述关系结构的角度上说，矩阵同图具有等价性，与产业网络的图论优化研究并行，Czayka 在 1972 年创建了定性投入产出分析（Qualitative Input-Output Analysis，QIOA）方法。Schnabl（1994）进一步利用最小流分析（Minimal Flow Analysis，MFA）方法对 QIOA 进行完善，根据矩阵信息熵最大化原理经多层次分解将投入产出流量或系数矩阵转化为 0 - 1 矩阵，建立了区域基础生产结构的网络模型。对 QIOA 和 MFA 方法的应用研究一直延续，并且开始重视发展网络结构分析技术，如 Hioki、Hewings（2005）在 QIOA 和 MFA 方法的基础上设置网络图的节点中心度对中国区域经济关联结构特征的变化进行了研究；Titze 等（2011）将 QIOA 和 MFA 同区位指标结合起来对德国产业簇（Industrial Clusters）识别进行了实证性研究；Hu 等（2017）以中国和美国为例基于中心性的层级分析和FEST 的比较探究了层级结构对经济绩效的影响。

　　20 世纪 90 年代末，Watts、Strogatz（1998）进一步揭示了复杂网络的小世界特性，Barabási、Albert（1999）则揭示出复杂网络的无标度性质，复杂网络研究由此进入一个新时代。在非线性动力学、统计物理学等领域学者的推动下，复杂网络理论受到管理科学以及其他社会科学领域的关注。在这一背景下，围绕产业网络内涵中的技术性、社会性、复杂性等整体特性的思考，研究者更加关注度分布与度相关、聚类、中心化、分层等产业网络结构分析方法研究，在产业网络创新流分析（Leoncini et al. , 1995，2000，2005；Kim et al. , 2009；Semitiel-García et al. , 2012）、产业部门角色与产业社会网络分析（吴晓波等，2010；García-Muñiz et al. , 2010，2011；

杜华东、赵尚梅，2013，2014）以及基于网络统计特性及拓扑指标的复杂产业网络分析（方爱丽等，2009；王茂军等，2011；刑李志、关峻，2012a，2012b；McNerney et al.，2013）上取得重大进展。其中，产业空间网络（吕康娟等，2010）体现产业网络构造与结构分析的综合思想，而以产业（复杂）网络（Industry Complex Network，ICN）为代表的研究也具有一般性产业网络分析方法体系的基础框架特征。其建模方法依据内生临界函数实现了重要产业关联关系过滤，基于产业网络的产业树、产业链、完全关联子网络等产业网络社会性及复杂性特征的结构分析有利于从深层面上揭示区域经济发展内在模式与动力机制的异质性。

一方面，从产业关联建模与应用研究发展的历程回顾，由产业个体作用到产业集识别与提取，再到产业链描述和产业关联子系统与整体关联层级结构解析，关联研究本身体现出越来越重视关联关系结构分析的倾向和需求特征。另一方面，产业关联本质上是一种二元关系，投入产出模型尽管对关联关系进行了合理量化，但限于方法本身，该模型在关系结构及其结构特征的描述能力上却比较薄弱。而产业网络正是在这两点上具有研究产业关联及相关现实问题的比较优势，它不仅是描述二元关系系统及其结构的一种有效工具，而且在产业网络基础上，通过图论优化方法和网络指标能够进一步深入而细致地描述和分析关联结构的特征，研究评价关联效应的关系结构基础。产业网络分析正是在这种需求和认知的推动下逐步形成并不断丰富、深化和细化的。

第二节 本书的研究目的与意义

一 主要目的

本书的目的是尝试引入并界定产业网络分析概念，初步介绍其基本理论，包括构造方法与结构分析方法的系统框架及实际应用等。

第一，介绍能够深入描述产业关联二元关系的产业网络模型的构造方法。产业关联关系是具有多层次性（强关联与弱关联）和多维性（投入关系与产出关系等）特点的复合关系，而不同性质关联关系在决策中的地位却具有相对重要性和不平衡性的特征。针对投入产出模型的局限，本书的首要目的是描述能够区分这种多层次、多维性关联关系的方法，形成产业网络描述基本模型的构建方法。

第二，介绍产业网络结构特征分析方法及产业网络指标设计方法。在同样的产业组织因素和产业关联系统外部环境条件下，产业关联效应一般决定于关联关系的结构。这种决定关联效应作用效果的特定关联结构状态被称为产业关联结构的特征。本书在构建出的描述关联关系的产业网络模型基础上，识别出重要关联效应内在结构因素的特点，进而通过探索和比较，可以形成一套科学的关联结构特征分析方法。本书进一步总结概括关联结构信息，从关联效应的有效分析出发，界定和提取结构特征的关键要素，概括出产业关联指标模型。介绍产业网络结构分析方法是本书的重要研究目的之一。

第三，本书将产业网络建模和分析方法同经典关联分析方法和工具有机融合，介绍针对产业关联效应及其延伸性（如区域竞争优势、产业结构升级、产业间技术创新扩散等）问题的应用方法体系。投入产出技术及建立在其基础上的产业关联分析模型和方法虽然具有特定的局限性，但在经济管理决策实践中得到了长期和广泛的应用。将关联关系描述模型（产业网络）、关联结构特征分析方法以及关联结构指标等同这种经典方法有机结合有助于弥补传统方法的薄弱环节，能够提供更全面、有效的决策支持。

二　主要意义

本书在理论和应用中具有如下意义。

一是初步引入和提出了产业网络分析的基本理论体系框架。本书对于产业网络分析的概念、原理及方法论基础进行了界定和分析，提出了产业网络分析的核心内容包括产业网络构造方法和产业网络结构分析方法。本书能够为产业网络分析理论体系的进一步完善发展奠定重要基础。

二是进一步丰富和发展了产业网络理论及应用研究。本书建立在经典产业网络理论、建模、分析方法的研究成果基础上，充分借鉴和吸收其成熟经验，并针对其存在的局限性和薄弱环节进行总体分析。产业网络分析是产业网络理论和应用研究的提升和深化。

三是为研究区域竞争力（竞争优势）、产业技术扩散及产业结构转换等现实热点问题提供基础性的分析评价模型。本书成果能够为产业结构政策设计、产业技术创新体系构建、科技创新管理、产业技术转移与转化、企业战略决策改进等提供方法和工具的有效支持。

第三节　本书内容结构

本书包括产业网络分析理论与方法和产业网络分析应用两部分。

产业网络分析理论与方法部分包括三方面：一是，产业网络构造分析；二是，产业网络结构（特征）分析；三是，产业网络指标分析。

产业网络分析应用部分包括四方面：一是，区域竞争优势效应比较应用分析；二是，区域产业群比较优势效应应用分析；三是，产业结构升级转换效应应用分析；四是，产业间技术扩散效应应用分析。其中，前两者是区域横向维度应用比较分析，第三方面是时间纵向维度比较分析，第四方面则是综合性的系统应用分析。

在第三章至第五章的基本理论及方法的模型研究中，除介绍机理分析外，各附有1~2个示例，其作用有两点：一是验证实际可操作性（如产业网络图论算法的可实现性），并指示具体的应用路径（如企业战略路径单网络分析和信息部门产业链的多网络综合性分析的实现）；二是通过对一些实际基本问题的解析验证模型的合理性和有效性（如山东省第三产业发展存在较为滞后的基本现实，而产业网络关联指标较为清晰地展现出山东省服务业较低的关联效应水平，分析结果同实际吻合，从而实现了产业网络关联指标基本的有效性验证）。

本书框架如图1-1所示。

本书共包含十章内容。

第一章，绪论。该章介绍产业网络分析产生的背景，包括经济管理决策分析的现实需求和经济系统结构分析的理论需要，并且介绍本书的研究目的与意义及内容架构。

第二章，产业网络分析基本理论。该章从产业关联理论视角介绍产业网络分析的源点——产业关联关系，以及产业网络分析的目标——产业关

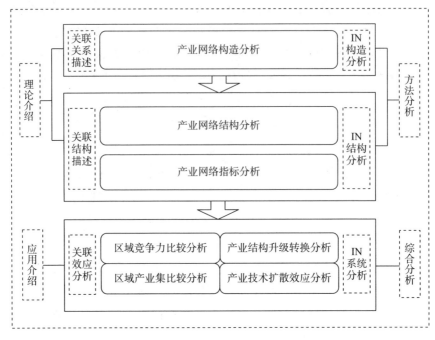

图 1 - 1　本书框架结构

资料来源：作者研究得出。

联结构效应；介绍产业网络的概念特征、产业网络分析的内涵及原理和产业网络分析的方法论基础等。

　　第三章，产业网络构造分析理论与方法。该章基于产业（复杂）网络（Yin 模型），系统分析介绍了产业网络的建模原理以及关联关系系数的选择、强关联产业认知视角的选取、强关联关系临界值的确定和产业网络的不同形式表达等建模步骤；将山东省产业网络构建作为示例 I 对不同类型和形态产业网络的分析构建方法及针对不同问题的独立应用能力进行了验证分析；将山东省信息部门产业链分析作为示例 II 以针对特定问题的多类别产业网络综合应用进行了验证分析。

　　第四章，产业网络结构分析理论与方法。该章初步提出并介绍了 I 级和 II 级两个不同层次的产业关联效应分类，并且从不同关联效应特点出发，识别出关联整体稳定性、关联整体中心性、关联整体聚类性与关联整体循环性四个关联整体结构特征，以及关联个体中心性这一关联个体结构特征；

以产业网络对关联系统进行描述，将关联特征分析对应转化为产业网络的优化，综合介绍了利用网络分析和图论技术对关联结构特征提取方法的探索和比较研究；以山东省关联结构特征的示例对结构特征类别和描述方法的有效性进行了验证。

第五章，产业网络指标分析理论与方法。该章初步提出并介绍了基于产业网络的产业关联综合分析指标体系。这套关联指标体系能够描述产业关联的多维度、多层次性特征，由产业网络整体、产业网络结构和产业网络个体3个Ⅰ级指标及17个Ⅱ级指标组成。该章详细介绍了指标的经济意义、等价的网络意义和其数值类型等；以山东省三次产业关联效应的示例对产业网络指标的有效性进行了验证分析；并进一步对指标进行应用调整，从国家和省域两个层面进行应用比较分析。

第六章，应用Ⅰ：经济发展竞争力区域比较分析。该章将建立的产业网络分析方法框架同现有的关联分析体系进行有机结合，实现了具有实际应用效力的实证研究。该章根据粤苏鲁的经济地位、区位与资源等方面特征的异同，基于产业网络对粤苏鲁三省的区域竞争力进行了比较研究；实现了同质性与异构性关联关系分布，关联效应强度，关联整体中心性与关联个体中心性等产业网络结构特征以及产业聚集效应的综合比较和分析评价；并从强度和结构两个层面界定和区分了区域关键性产业，全方位分析了三省产业链的状况；针对山东省相对粤苏两省存在的区域竞争能力（竞争优势效应）上的薄弱环节得出产业网络分析应用的综合结论。

第七章，应用Ⅱ：产业集的区域比较分析。该章是第六章应用分析的细化和延伸应用。结合投入产出和产业网络分析对山东省和江苏省的高技术产业与服务业的功能集及相关关系进行综合对比分析。研究表明，山东省"两业"发展均明显不及江苏省，其差距显著体现于"两业"的关联强度差异，而内在决定于高技术－服务产业链的性态差异，特别是高技术－服务产业链延伸性和围绕高技术产业的服务业大集群复杂性的差异。该章从建设山东省高技术产业与服务业融合发展聚集带、调整高技术产业重点发展方向和服务业重点推进领域等方面获得了相关启示。

第八章，应用Ⅲ：产业结构演进分析。该章是从时间维度上将产业网络分析的应用框架同经典关联分析体系结合起来进行的综合应用研究。产业结构由关联结构决定，产业结构状态是重要的产业关联效应。从关联变动的机理分析，结构升级主要体现在技术结构优化、产业链延伸和产业影响力改变三个层面上。刻画结构升级的关联指标是产业网络分析指标体系的一个子集。利用中国 2002 年和 2007 年投入产出数据对中国产业结构升级（关联效应优化）状况进行了实证分析，也进一步探索并验证了产业网络分析指标模型的应用和分析能力。

第九章，应用Ⅳ：产业间技术扩散效应分析。该章是产业网络分析在产业间技术扩散研究上的应用，是产业网络理论方法同应用研究的深度综合。该章将刻画产业间技术扩散的延伸性产业网络定义为产业技术流网络（ITFN）。产业技术流网络是具有一定动态性、功能性的特殊产业网络。该章根据产业的产品创新与流程创新二维随机变量的最优联合分布检验方法构建多类垂直型产业技术流网络，测度产业间技术共同度，构建水平型产业技术流网络；在产业技术流网络上设计产业技术扩散结构的整体与动态效应，产业结构升级的动力效应，产业的技术流吸收、溢出与中介等个体效应分析方法；应用中国 2010 年投入产出数据和其他产业经济数据对中国工业产业技术扩散系统进行了实证分析。

第十章，总结与思考。该章对本书内容进行梳理和总结，思考产业网络分析进一步可能发展的趋势与方向。

第二章　产业网络分析基本理论

第一节　产业网络分析源点：产业关联关系

一　产业关联关系原理

以产业活动为焦点的产业经济学将企业乃至国民经济分为若干层次，其本质是建立服务于经济分析的产业概念，然后以其中的"结构"或"关系"为中心形成基本的研究领域［见图2-1（刘志彪、安同良，2009：3）］。产业经济学有三个研究领域，即产业组织理论、产业关联理论和产业结构理论。产业关联在产业经济学理论体系中处于承上启下的重要位置，关联效应也必然具有向上作用到整体国民经济、向下受产业组织性态影响的特点。

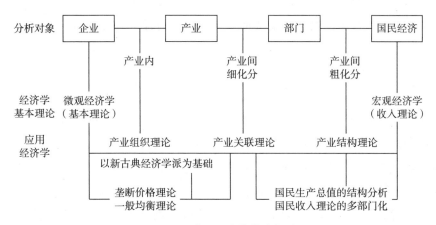

图2-1　产业研究的基本领域

资料来源：《现代产业经济分析》（刘志彪、安同良，2009）。

　　研究产业关联建模，首先需要明确产业关联的内涵和实质。产业关联（Inter-industry Linkage/Industrial Linkage）又称为产业联系、产业连锁。国内学者给出了产业关联的明确定义，苏东水认为产业关联是指产业间以各种投入品和产出品为连接纽带的技术经济联系，这里的投入品和产出品可以是各种有形产品或无形产品，也可以是实物形态或价值形态的投入品或产出品；技术经济联系和联系方式可以是实物形态的联系和联系方式，也可以是价值形态的联系和联系方式，一般实物形态的联系和联系方式难以用计量方法准确衡量，价值形态的联系和联系方式可以从量化比例的角度进行研究，因此在实际应用中使用最多的是价值形态的技术经济联系和联系方式（苏东水，2010：172）。杨公仆、史忠良等将经济活动过程中各产业之间存在的广泛、复杂和密切的技术经济联系称为产业关联（杨公仆、夏大慰，1999：110；史忠良等，2005：33）。龚养军认为产业关联的实质就是各产业之间的供给与需求关系（龚养军，1999：47）。周振华（2004）认为产业关联是在一个产业体系大框架下，各产业部门之间投入产出关系的集合。产业关联是产业结构系统内各产业间有机联系的特定机制，即关联传递机制，它是由许多错综复杂的动态产业链组成的网状复合体，蕴含着产业间复杂的、多层次的有机联系。因此，从系统分析视角来看，产业关联是一个多层次的概念，它包含产业关联关系（关系的主体、方式及强度）、产业关联结构和产业关联效应三个相互联系的层次。

　　产业关联关系应当包含关联的主体（产业）和关联的方式（包括内容和类别）等方面。

　　（1）产业关联关系的主体——产业（部门）

　　产业（Industry）通常是指具有某种同一属性的经济活动的集合（郭万达，1991：15）。从关联视角看，作为与特定生产力发展和技术进步水平相适应的社会分工形式，产业是一种具有投入产出效益活动的经济单位。经济产业由于相互之间直接或间接的复杂性经济技术关联关系而构成一个多层次的经济系统。产业部门是指将具有某种相同或相似关联方式的企业经济活动组成一个集合的产业分类，是产业较细的划分。从关联状况上考虑主要有以下几种分类法（刘志彪、安同良，2009：1）：一是相同或相似生产方式的分类法，二是相同或相似原料的分类法，三是相同或相似用途的分类法。实际上产业门类的划分应该是综合采用如上方法进行的，而在产业关联研究中还存在一种特殊的部门分类方法，即在投入产出分析中作为基本假定的纯部门（同质性）分类法。根据纯部门假定，每个产业部门只生产一种特定的同质产品，并具有单一的投入结构，而且只用一种生产技术进行生产。纯部门所包含的主要含义有（廖明球，2009：45）：第一，归入某一生产部门内的所有产品应该是可以完全互相替代的，或者这些产品本身能按严格的比例关系进行生产；第二，每个生产部门只有一个单一的投入结构；第三，不同的生产部门之间的产品没有替代性，同一种产品或者近似的代用品不能包括在两个不同的部门中。这种分类的意义在于使每个部门都成为一个单纯生产某种产品的集合体，以使模型能反映各部门产品的不同用途，并按不同的用途说明其使用去向。这种分类也不考虑部门内部生产过程中不同生产技术的差异和产品的相互替代，其目的是使模型能准确反映各部门产品的物质消耗构成，因而在产品与部门之间建立一一对应的关系。投入产出的产品部门采用纯产品部门的分类方法，2002 年、2007 年和 2010 年我国国家和地区投入产出表是基于《国民经济行业分类与代码》（GB/T 4754 - 2002）进行编制的①，而 2012 年投入产出表则是以 GB/T 4754 - 2011 为基础编制的（国家统计局国民经济核算司，2006，2008，2009，2011，2015，2016）。本书的产业网络建模及应用研究采用的是纯产品部门的分类方法。

（2）产业关联关系方式的内容

产业关联方式的内容是指产业间联系的纽带，即不同产业之间以何为依托进行连接，这种产业间连接的不同依托构成了产业间联系的实质性内容，具体包括以下几点（苏东水，2010：173）。一是产品、劳务联系，即

---

① 联合国颁布了《全部经济活动的国际标准产业分类索引》（Indexes to the International Standard Industrial Classification of all Economic Activities，ISIC），1993 年进行了第三次修订，简称 ISIC/Rew. 3。我国于 1984 年制定了《国民经济行业分类与代码》（GB/T 4754 - 84），1994 年进行了修订，形成《国民经济行业分类与代码》（GB/T 4754 - 94），2002 年为与 ISIC/Rew. 3 有效兼容，再次修订形成了《国民经济行业分类与代码》（GB/T 4754 - 2002），其采用线分类法，将社会活动分为门类、大类、中类和小类四级，主要采用分层次编码法，门类与大类、中类、小类编码方法相互独立，我国标准产业分类共包含 20 个门类 95 个大类 396 个中类 913 个小类。最新标准为《国民经济行业分类》（GB/T 4754 - 2011）。

在社会再生产过程中，一些产业部门为另一些部门提供产品或劳务。产品、劳务联系是产业间最基本的联系。二是生产技术联系，即在生产过程中，一个产业部门依据本产业部门的生产技术特点、产品结构特性对所需相关产业的产品和劳务提出各种工艺、技术标准和质量等特定要求，使得产业之间在生产工艺、操作技术等方面具有的必然性联系。三是价格联系，即产业间产品和劳务联系价值量的货币表现。四是劳动就业联系，即某一产业的发展带动其他产业发展而相应增加的其他产业劳动就业机会。五是投资联系，即某一产业的直接投资导致大量相关产业投资。

（3）产业关联关系方式的类型

第一，前向关联与后向关联。后向关联是指通过需求关系生产消耗其后向关联产业（上游产业）的产品或服务而发生的产业关联关系；前向关联是通过供给关系为前向关联产业（下游产业）提供产品或服务而形成的产业关联关系。

第二，直接关联与间接关联。直接关联是指两个产业部门之间存在着直接提供产品和服务的技术联系；间接关联是指两个产业部门本身不发生直接的生产技术联系，而是通过其他一些产业部门的产品中介作用才形成关联关系。此外，产业关联方式还应当包括产业产品互换方式、生产要素在产业间的流动方式、产业链上技术扩散在产业间的传递方式以及对外关联开放方式与关联内向封闭方式等。

产业链是依托产业后向关联与前向关联关系进行生产要素配置的供给链与需求链。假设三个产业部门 A、B 和 C，其中，A 为生产中间产品的部门，B 为直接以自然资源为生产投入的部门，C 为生产最终产品的部门，它们之间的一种线性产业链组合方式如图 2－2 所示。产业关联关系实际就是构成产业链的链环（邵昶、李健，2007）。

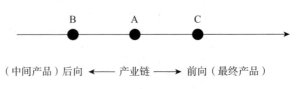

（中间产品）后向 ◄─── 产业链 ──► 前向（最终产品）

图 2－2　产业链的产业前向/后向关联关系

资料来源：《现代产业经济分析》（刘志彪、安同良，2009）。

第三，垂直关联与水平关联。垂直关联包括直接关联与间接关联以及由直接关联与间接关联共同构成的完全关联。水平关联是垂直关联衍生的产业关联，是处于产业链相同或相似位置的产业间的关联关系，包括互补性水平关联和竞争性水平关联。互补性水平关联是指为同一关联中介产业提供本部门资源的产业间的潜在合作互利关系，竞争性水平关联是指对同一关联中介部门具有共同资源需求的产业间的间接竞争排斥关系（见图2-3）。

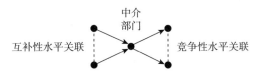

图2-3 互补性与竞争性水平关联关系

资料来源：作者研究得出。

二 Leontief 基础关联关系

最先系统、完整、清晰和定量描述产业关联关系的是里昂惕夫（Leontief），他创建了投入产出模型。投入产出模型是其在借鉴法国经济学家魁奈（Quesnay）的经济表、马克思的两部门再生产模型、瓦尔拉斯（Walras）的多个生产部门一般均衡模型以及苏联编制的平衡表等思想基础上于1936年前后提出和创立的。它是利用数学方法和计算机研究经济系统各项活动中的投入与产出之间的数量关系，特别是研究和分析国民经济各个部门在产品生产和消耗之间数量依存关系的一门学科（陈锡康、杨翠红，2011：1~6）。投入产出技术的基础是投入产出表，投入产出表提供了一个国家在特定时期内的经济运行过程和产业间相互关系的完整而系统的经济信息，其基本结构和数量关系如表2-1所示。第Ⅰ象限（中间流量矩阵）描述了基本的产业间投入产出关联关系，刻画了产业关联关系元素的绝对量。关联关系元素也可以用相对量表示，包括直接消耗系数（投入系数）矩阵、完全消耗系数矩阵（里昂惕夫逆矩阵）、直接分配系数（产出系数）矩阵和完全分配系数矩阵（戈什逆矩阵）。

第一，中间流量矩阵。投入产出表共包含三个象限，第Ⅰ象限是部门的中间流量矩阵 z，它刻画了部门间的基本产品投入与产出数量关系。产业间通过物质或者价值流形成密切的依存关系。

$$z = \begin{bmatrix} z_{11} & z_{12} & \cdots & z_{1n} \\ z_{21} & z_{22} & \cdots & z_{2n} \\ \vdots & \vdots & & \vdots \\ z_{n1} & z_{n2} & \cdots & z_{nn} \end{bmatrix}$$

表 2 - 1　某年某国 n 部门价值型投入产出表

单位：亿元

投入＼产出		中间使用				最终使用			总产出
		部门 1	部门 2	…	部门 n	合计	消费	资本形成	合计	
中间投入	部门 1	z_{ij}				x_i	C_i	I_i	Y_i	X_i
	部门 2									
	…									
	部门 n									
	合计									
最初投入	折旧	D_j								
	劳动报酬	V_j								
	税利	M_j								
	合计	N_j								
总投入		X_j								

资料来源：作者整理。

第二，直接消耗系数矩阵。直接消耗系数是投入产出模型中的基本概念，定义为第 j 个部门（或第 j 种产品）的 1 个单位产出量所直接消耗的第 i 个部门（或第 i 种产品）的产出数量，用 a_{ij} 表示，$a_{ij} = \dfrac{z_{ij}}{x_j}$。$A$ 为直接消耗系数矩阵，又称为投入系数矩阵［见式（2 - 1）］。

$$A = \begin{bmatrix} a_{11} & a_{12} & \cdots & a_{1n} \\ a_{21} & a_{22} & \cdots & a_{2n} \\ \vdots & \vdots & & \vdots \\ a_{n1} & a_{n2} & \cdots & a_{nn} \end{bmatrix} \tag{2-1}$$

影响直接消耗系数大小的因素有技术水平、管理水平、部门内部的产品结构、价格的相对变动和需求与生产能力的利用程度等。在投入产出表中，所有部门的中间流量值和总产出均为非负数，价值型投入产出表中矩阵 A 的元素 $a_{ij} \geq 0$，且矩阵 A 各列的和小于 1。

第三，完全消耗系数矩阵。部门间也存在着间接消耗关系，完全消耗关系则包含间接消耗关系和直接消耗关系，完全消耗系数可以用完全需要矩阵即里昂惕夫逆矩阵（Leontief Inverse）L 表示［见式（2-2）］，其元素为 l_{ij}，$L = I + A + A^2 + \cdots + A^n = (I - A)^{-1}$。

$$L = \begin{bmatrix} l_{11} & l_{12} & \cdots & l_{1n} \\ l_{21} & l_{22} & \cdots & l_{2n} \\ \vdots & \vdots & & \vdots \\ l_{n1} & l_{n2} & \cdots & l_{nn} \end{bmatrix} \qquad (2-2)$$

L 又称为完全需要系数矩阵，它反映了为了获得单位最终产品对各部门总产出的需求量，包括直接需求 A、间接需求 $A^2 + A^3 + \cdots A^n$ 和最终需求 I，因此，$L = I + A + A^2 + A^3 + \cdots + A^n = (I - A)^{-1}$。行模型实际可以表达为 $x = Zi + f$，$Z = A\hat{x}$。其中，x 为总产出列向量，i 为与 x 同维数的元素数值都为 1 的列向量，$\hat{x}$ 为以 X 元素作为主对角线元素而形成的对角矩阵。将投入系数代入上式，可得 $x = Ax + f$，求出 $x = (I - A)^{-1}f$。

第四，直接分配系数矩阵。类似也可以从投入产出表行向考虑，得出反映各部门产品分配情况的直接分配系数，用 b_{ij} 表示。$b_{ij} = \dfrac{z_{ij}}{x_i}$，$B$ 为直接分配系数矩阵，又称为产出系数矩阵［见式（2-3）］。

$$B = \begin{bmatrix} b_{11} & b_{12} & \cdots & b_{1n} \\ b_{21} & b_{22} & \cdots & b_{2n} \\ \vdots & \vdots & & \vdots \\ b_{n1} & b_{n2} & \cdots & b_{nn} \end{bmatrix} \qquad (2-3)$$

B 为非负元素矩阵，$b_{ij} \geq 0$，在一般投入产出模型中，行和 $\sum\limits_{j=1}^{n} b_{ij}$ 不一定小于 1，因为进口的存在使得用于中间需求的产品的合计数可能大于本国的产出。

第五，完全分配系数矩阵。原理类似于完全消耗系数，完全分配系数描述了完全分配关系（直接分配＋间接分配＋最终分配），可以用完全感应系数矩阵即戈什逆矩阵（Ghosh Inverse）表示［见式（2－4）］，其元素为g_{ij}，$G = I + B + B^2 + \cdots + B^n = (I - B)^{-1}$。

$$G = \begin{bmatrix} g_{11} & g_{12} & \cdots & g_{1n} \\ g_{21} & g_{22} & \cdots & g_{2n} \\ \vdots & \vdots & & \vdots \\ g_{n1} & g_{n2} & \cdots & g_{nn} \end{bmatrix} \qquad (2-4)$$

三　BM 动态关联关系

双比例平衡法（Biproportional Method），又称双比例尺度法或 RAS 法，是一种重要的投入产出关系数据的更新方法，它最早可追溯到 20 世纪 30 年代，70 年代至今得到新的发展应用。RAS 的基本原理为：设初始投入产出流量矩阵为 $\overline{Z}$，目标流量矩阵为 $\overline{Z}^{\star}$，在满足 $\sum_{i=1}^{n} \overline{z}_{ij}^{\star} = \sum_{i=1}^{n} \overline{z}_{ij}$ 且 $\sum_{j=1}^{n} \overline{z}_{ij}^{\star} = \sum_{j=1}^{n} \overline{z}_{ij}$ 的条件下生成一个最接近 $\overline{Z}^{\star}$ 的矩阵 $\overline{Z}$。

其中应用最广泛的基本算法为：

第一步，设置 $p = 0$，使得待估计矩阵初始数值为 $\overline{Z}^{(0)} = \overline{Z}$；

第二步，使得 $p = p + 1$，$\widehat{R}^{(p)} = <\overline{Z}^{\star} e><\overline{\overline{Z}}^{(p-1)} e>^{-1}$①，且 $\overline{\overline{Z}}^{(p-1/2)} = \widehat{R}^{(p)} \overline{\overline{Z}}^{(p-1)}$；

第三步，让 $\widehat{S}^{(p)} = <e'\overline{Z}^{\star}><e'\overline{\overline{Z}}^{(p-1/2)}>^{-1}$，且 $\overline{\overline{Z}}^{(p)} = \overline{\overline{Z}}^{(p-1/2)} \widehat{S}^{(p)}$。不断重复第一步和第二步，直到 $\widehat{R}^{(p)}$ 和 $\widehat{S}^{(p)}$ 在一个误差接受的范围内，如（1.000 ± 0.001）。

$\overline{\overline{Z}}^{(k)} = (\prod_{p=1}^{k} \widehat{R}^{(p)}) \overline{Z} (\prod_{p=1}^{k} \widehat{S}^{(p)})$，$\widehat{R} = (\prod_{p=1}^{k} \widehat{S}^{(p)})$，$\widehat{S} = (\prod_{p=1}^{k} \widehat{S}^{(p)})$，$\overline{Z} = \widehat{R} \, \overline{Z} \, \widehat{S}$。这个算法的结果具有一致性，即 $\lim_{k \to \infty} \overline{\overline{Z}}^{(k)} = \overline{Z}$，$\overline{Z}$ 的估计值与 $\overline{Z}^{\star}$ 即使不完全相同也将非常接近（Bacharach，1970）。其中，$\widehat{R}$ 和 $\widehat{S}$ 都

---

① ＜u＞表示以列向量 u 构建的对角矩阵，u 的各分量是生成矩阵的主对角线元素，主对角线以外全部为 0 元素；而 e 表示各分量都为 1 的列向量。

有特定的经济意义，$\hat{R}$ 一般表示产业间或者产品间的替代效应，而 $\hat{S}$ 代表制造乘数。这样就估计出了同目标流量矩阵具有相同总投入和总产出的估计流量矩阵。

RAS 方法也不断得到完善和发展，de Mesnard（2002，2004a）在乘数 R 与乘数 S 的标准化上进行了优化；Gilchrist 和 St Louis（1999）等改进传统 RAS 法，提升 RAS 法的精度，设计了三阶段 RAS 法（TRAS）；Junius 和 Oosterhaven（2003）提出了广义 RAS 法（GRAS），能够处理矩阵元素出现负值的情况；Mínguez 等（2009）、Oosterhaven 和 Escobedo-Cardeñoso（2011）提出元关联 RAS 法（CRAS），整合利用了 RAS 更新中的元素离差信息；de Mesnard（1990，2004b）、Andreosso-O'Callaghan 和 Yue（2000）、彭春燕（2003）、夏明和彭春燕（2004）等则应用双比例平衡模型对法国、中国的关联关系变动情况进行了实证研究。

除 RAS 法外，Golan 等（1994）提出最大熵原理和最小交叉熵原理都可用来更新投入产出表或 SAM。其中，最小交叉熵原理因为可以利用先验的参数信息，使用更为广泛。熵方法和 RAS 法无本质区别，有研究表明 RAS 法是熵方法的一种特例，熵方法的优势在于能够灵活地引入约束条件，补充新信息，而 RAS 法的计算简便。

四　MPM 复合关联关系

MPM（Multiplier Product Matrix）是一种从投入产出系数变化的影响效应出发，基于结构信息将投入产出关系进行分解，从而获得产业关联复合关系的方法。Sonis 等（1992）提出"影响域"的概念以分析投入产出系数变化对产出的影响效应，进一步在 L 矩阵中以信息最少法构建 MPM 矩阵，实现拉斯姆森/赫希曼关键部门选择。

设 $L = (I - A)^{-1} = [l_{ij}]$ 为 Leontief 逆矩阵，$L_{.j}$ 和 $L_{i.}$ 分别为 L 矩阵的列和与行和，V 为 B 矩阵全部元素的和，即 $L_{.j} = \sum_{i=1}^{n} b_{ij}$，$L_{i.} = \sum_{j=1}^{n} b_{ij}$，$V = \sum_{i=1}$

$\sum_{j=1}^{n} b_{ij}$。其构建的 MPM 矩阵为 $M = \dfrac{1}{V} [L_{i.} L_{.j}] = \dfrac{1}{V} \begin{pmatrix} L_{1.} \\ L_{2.} \\ \vdots \\ L_{n.} \end{pmatrix} (L_{.1},\ L_{.2},\ \cdots,$

$L_{.n}$） ＝ $[m_{ij}]$，将 L 进行分解，即 $L = M + D + R$，其中 $R = \frac{1}{2}(R + R^T) +$

$\frac{1}{2}(R - R^T) = S + S_a$。$M$ 代表原矩阵中具有最大熵的结构，D 是对附加的

部门尺度效果的刻画，R 则表示关系的对称性和不对称性趋向。假设直接消

耗系数矩阵 A 在（i_0，j_0）处发生变动 e，则 $b_{ij}(e) = b_{ij} + \frac{b_{ii_0} b_{j_0 j}}{1 - b_{i_0 j_0} e}$，矩阵形

式为 $L(e) = L + \frac{e}{1 - b_{j_0 i_0} e} F(i_0, j_0)$，其中 $F(i_0, j_0) = [b_{ii_0} b_{j_0 j}]$。因为

$F(i_0, j_0)$ 全部元素的和 $T(F(i_0, j_0)) = \sum_{i,j} b_{ii_0} b_{j_0 j} = L_{.i_0} L_{j_0.}$，而 $M = \frac{1}{V}$

$\{T[F(i, j)]\}$，因此 M 是主影响域（the First Order Intensity Field of Influ-

ence），M 矩阵行列分别按照 $L_{.j}$ 和 $L_{i.}$ 递减顺序排列。比较不同时点的 M 矩

阵，可以综合研究对关联效应具有重要影响的关联关系的变动趋势。Okuya-

ma（1999）曾利用加权 MPM 对芝加哥 1980 ~ 1997 年的结构改变进行了

分析。

这是经典投入产出技术中具有代表性的三类分别描述关联关系强度大

小、关联关系变动（投入产出数据更新）和关联关系分解的模型，是投入

产出理论与方法体系中具有典型特色的产业关联关系分析的基础模型。经

典投入产出模型对关联关系较为准确、全面和清晰的数量描述可作为产业

网络构造的基础关系数据。

第二节　产业网络分析目标：产业关联结构效应

一　产业关联结构及其效应原理

（1）产业关联结构

现有的关联理论文献中较少提及关联结构这一概念。杨治（1985）在

解释投入产出理论的结构分析原理时提到，结构分析就是研究产业之间的

关系结构的特征及比例关系。王德利等（2010）明确了钱纳里产业关联结

构的理论实质，并对中日韩产业关联结构进行了比较研究。Kim、Park

（2009）从韩国产业技术关联结构密度的变化特征方面考察了信息与通信产

业（ICT）的地位与作用。关联结构本质是关联的关系结构①，产业关联结构同产业结构两个概念具有重要的区别和联系。同时，关系结构是社会学领域中的重要概念，产业的社会关系属性则进一步丰富了产业关联结构概念的内涵。

第一，产业关联关系结构与产业结构。与产业关联关系结构相联系的重要概念是产业结构，产业关联关系结构是产业结构的基础。产业结构有两方面含义。一是从产业量的方面研究产业之间的比例关系及其变化的产业发展形态。它有三个层次，分别是国民经济中三次产业的构成，三次产业各自的内部构成（如第二产业中有采掘业、制造业和建筑业之间的比例关系，第三产业内部的四大部门，即流通部门、为生活服务的部门、为生产服务的部门和为提高科学文化水平和居民素质服务的部门，以及政府、公共服务机构等）和三次产业内部的行业构成（产品结构）（刘志彪、安同良，2009：39~40）。二是从质的方面研究产业之间投入产出关系的产业关联的经济技术结构。产业关联结构是产业结构质的方面的界定，产业结构实质是一种关联结构效应，产业结构升级也是关联结构变动带来的关联效应的变化。

第二，产业关联关系结构与产业社会结构。"关系结构"一词提及最多的领域是社会学研究的社会结构学派。社会关系结构既是社会结构的重要内容，也是社会结构的重要表现，社会关系格局（关系结构）就是一种基本的社会结构②。如果将产业个体看作社会个体（比如人），产业关联关系在外在形象表现上很容易被看作一种类社会关系。由于产业关联关系是受技术关系约束的人的经济决策与交易活动的交互关系，其内在也必然是一种产业的社会性关系。从这一层面和视角来看，产业关联关系不仅是一种

---

① 本书中"产业关联结构"与"产业关联关系结构"两个概念的意义相同。

② 关系是理解中国社会结构的关键性社会文化概念，社会关系结构成为透视中国社会结构的一个重要窗口与指标。"镶嵌"（embeddeness）理论强调对社会行动和社会制度的分析必须被重新置于对社会关系的分析的基础上（格兰诺维特，2007）。因此，经济、政治等行动都是嵌入于社会关系之中，对社会关系的类型和性质的研究成为理解社会中的重要现象的一个重要的基础。社会结构是在制度，即社会上已确立的行为规范或模式所规定或支配的关系中人的不断配置组合。为了表明这种实际存在的关系网络，使用了社会结构这个术语（拉德克里夫－布朗，1988，1999）。Walder（1986）认为社会结构不是群体的集合，而是"实际存在的社会关系"的模式，是一种社会网络。

技术经济关系而且是一种社会复杂关系。产业关联关系结构也是产业的社会结构，自然衍生出产业社会角色、产业社会族群、产业社团、产业阶层等产业社会（关系）结构的基本概念，其中内含着产业社会网络的意义。

结合以上两方面看，产业关联结构的内涵不再停留在每两个产业之间的关联关系上，而是在于这种关联关系间联系，即关联关系结构或者关联关系模式。产业关联结构既是产业结构的重要内容，也是产业结构的重要表现。作为产业结构的质，产业关联结构决定产业结构的量。同时，产业关联结构本质是特殊的社会（关系）结构。而不同产业担负着自身特定的社会角色，属于不同的产业社会族群或社会阶层。

（2）产业关联效应

产业关联效应是产业关联系统整体结构性功能或其构成要素具有的对于其他系统部分或整体所具有的影响。由于赫希曼不平衡发展理论的推动，经济发展中关键性部门或主导性产业识别研究的重视度不断增强，传统上产业关联效应由赫希曼及罗斯托（Rostow）先后提出并进行了界定和具体描述。以上两种观点都认为关联效应的主体是单一具体产业，强调关联效应强弱的比较。同时，由于 20 世纪 30 年代末创建的投入产出经济模型技术得到推广和深入应用，在理论需求迫切且方法工具具备的条件下，产业关联效应测度研究于 50 年代末兴起，成为投入产出理论在产业关联效应分析方面的主流应用趋势①，其方法不断完善和成熟，形成了丰富的研究成果。在这一背景下，赫希曼效应经 Chenery、Rasmussen、Dietzenbacher、Temurshoev 等学者基于投入产出模型进行了定量描述或测算。建立在极端理想状态和较为苛刻的假设条件基础上的关联效应模型是描述产业关联结构特征和进行产业关联效应分析的重要测度指标，但综合来看，相关研究还存在如下问题。

第一，强调产业个体关联效应，而对产业关联系统整体效应的研究不足。关联效应强度系数在关联效应的描述上存有一定片面性且传统上其自身内部也极具各种争议。其以特定产业前向/后向关联效应的强度分析作为关联结构特征的研究焦点，但是主导产业效应、产业波及效应等都是从产

---

① 这种关联效应的认知有一定局限性，关联效应实质是决定于关联结构的产业关联系统的功能，应该有内部（系统内）效应和外部效应、直接效应和间接综合效应的区分，对此，本书第四章进行具体描述。

业个体出发，这种关联效应较为单一和机械性的理解必然限制了产业关联理论与方法的发展提升。

第二，进行关联效应的简单叠加，弱化关联效应的结构差异性。赫希曼关联本身强调经济系统中关系的增长性，即关联关系"1+1>2"的系统效应，侧重于关系的诱发和累积等效果。但是经典投入产出方法对关联关系强度虽有量的计量，却没有质的区分。关联强波动效应路径上较小数量值的关联强度关系也很可能会成为关联效应发挥的关键性制约因素，即关联效应的瓶颈，而经典投入产出方法却忽视了对弱关系结构（格兰诺维特，2007：67~93）特征及其效应特征的把握。

从这两点的分析来看，应基于产业系统功能的多样性、结构的多层次性以及系统内部复杂交互性对关联效应的内容和意义进行综合性的研究认知。而产业网络结构分析的意义正是针对于此。

二 赫希曼－罗斯托效应

（1）赫希曼关联

发展经济学家赫希曼针对发展中国家的工业化问题，基于非均衡发展理论提出了以关联效应为依据对关键性部门进行识别以进一步制定经济发展战略的观点。其中，"关联效应"这个概念被提出，被称作赫希曼关联①（Hirschman Linkage）。

第一，后向关联效应与前向关联效应。资源短缺与能力过剩都能够刺激发展，在直接生产活动中有两种诱导机制发挥作用。关联效应包含：一是后向关联效应或投入供应、衍生需求，即每一非初级活动激发国内生产为其提供所需投入的能力或意图；二是前向关联效应或产品利用，即任何

---

① 赫希曼认为由于决策能力和企业家才能的因素，在长期的经济发展中许多发展中国家一直存在各产业部门增长不平衡的问题，要实现增长，就必须把发展的重点放在某些部门。但是发展中国家各部门之间的关联性比较薄弱，生产的专业化程度低，若同时发展所有部门，由于弱关联的作用，一些建设项目难以建成，建成之后生产也缺乏效率，最终带来生产供给的困难，导致其他部门也不能正常发展。要实现经济持续增长并推进工业化，应优先发展一些关键性产业部门（Key Sector），并以它们为动力逐步扩大到其他部门产业的投资，即强调一些部门的重点发展。这些关键部门的发展必须对其他部门的增长有着重要、广泛和直接的或间接的诱发作用，关键部门选择的基准应该是其具有较强的关联效应（赫希曼，1991：1~64）。

在性质上并非唯一满足需求的活动将导致利用其产品作为某种新生产活动投入的意图。

第二，关联效应强度模型。关联效应的潜在意义在于将引起的新产业的净产出，即效应的强度定义为这些产出在实际上可能发生的概率。全部效应可以用这两个行业要素的产品之和来衡量，如果行业 W 建立，经过关联效应，能够导致净产量约等于 x_i 的 n 个其他产业建立。假设行业 W 的建立使每个行业得以建立的概率为 p_i，则行业 W 的关联效应总和等于 $\sum_{i=1}^{n} x_i p_i$。x 项及 p 项即关联的重要性和效力，是负相关的。x 小而 p 大的产业容易建立，并被称为卫星产业，能够顺利通过连接上行业 W 而建立，相比却居于不重要的地位。

后向关联效应的强度是对其他行业的刺激力的一种衡量尺度。设 W 行业每年需要其他行业投入的生产要素数量为 y_1，y_2，$\cdots$，y_n，并设提供这些生产要素的各厂商的最小经济规模为 a_1，a_2，$\cdots$，a_n，此时刺激强度或行业 W 的设立将导致其所需投入行业建立的概率等于 y 项与 a 项的比值。而前向关联产业的市场需求并不依赖于它们的供应商，情况较为复杂。但当对 W 行业的产品在其投入产业的重要性进行考察时，如果这些投入在其投入产业投入中占的比重很小，建立行业 W 就不是建立其前向产业的原因；而如果 W 行业的产品不需要进一步加工制造，且其市场需求足以支持国内生产，其前向的刺激效力也会很强。

第三，关联效应的累积性。两个行业的联系效应要大于个别行业单独的联系效应之和。如 A 行业的建立使得它的卫星行业很快建立（B 行业也类似），而且 A 行业已建立，B 行业的建立不仅导致其本身卫星行业的建立，而且能够带动既非 A 行业也非 B 行业单独所能带动的卫星行业的建立，称之为发展的累积效应。

（2）罗斯托关联

罗斯托则基于主导产业特征，在赫希曼垂直关联的基础上考虑产业水平关联，认为产业关联效应包括后向关联效应、前向关联效应和旁侧关联效应（张平、王树华，2009：107）。

第一，后向关联效应。移入产业的发展会对各种要素产生新的投入要求，从而刺激相关投入产业的发展。

第二，前向关联效应。移入产业的活动能通过削减下游产业的投入成本而促进下游产业的发展，或客观上造成产业间结构失衡而有利于某些瓶颈问题的解决，从而为新的工业活动的兴起创造基础，为更大范围的经济活动提供可能。

第三，旁侧关联效应。移入产业的发展会引起它周围的一系列变化，如促进有技术性和纪律性的劳动力队伍的建立，促进法律问题的处理和专业服务人员的培训，以及促进建筑业、服务业的发展等。

三　C&W 关联直接效应

关联效应强度研究的先导性工作由 Chenery 与 Wantanable（1958）开创，他们直接利用投入产出系数设计了包含 DBL 和 DFL 的 C&W 关联强度系数，分别测算产业直接后向关联效应和产业直接前向关联效应。其中，j 部门的直接后向关联系数（Direct Backward Linkage，DBL）表示为 $BL(d)_j = \sum_{i=1}^{n} \frac{z_{ij}}{x_j} = \sum_{i=1}^{n} a_{ij}$（$x_j$ 是第 j 部门的总产出，a_{ij} 是第 j 部门对第 i 部门的直接消耗系数），DBL 实质是部门的中间投入率。定义 $b(d) = [BL(d)_1, \cdots, BL(d)_n]$，$i'$ 为 n 个元素都为 1 的行向量，则 DBL 的向量形式 $b(d) = i'A$。而 i 部门的直接前向关联系数（Direct Forward Linkage，DFL）表示为 $FL(d)_i = \sum_{j=1}^{n} \frac{z_{ij}}{x_i} = \sum_{j=1}^{n} b_{ij}$（$x_i$ 是第 i 部门的总产出，b_{ij} 是第 i 部门对第 j 部门的直接分配系数），DFL 实质是部门的中间产出率。定义 $f(d) = [fL(d)_1, \cdots, fL(d)_n]$，$i$ 为 n 个元素都为 1 的列向量，则 DBL 的向量形式为 $f(d) = Ai$。

四　Rasmussen 关联完全效应

Rasmussen 基于里昂惕夫逆矩阵（L）提出了包含影响力系数和感应度系数的 Rasmussen 关联强度系数（Miller and Blair，2009）。其中，影响力系数以 $L = [l_{ij}]$ 的各列元素的和测量产业完全后向关联效应（Total Backward Linkage，TBL），而感应度系数以 L 的各行元素的和测量产业完全前向关联效应（Total Forward Linkage，TFL）。j 部门的 TBL 表示为 $BL(t)_j = \sum_{i=1}^{n} l_{ij}$，定义 $b(t) = [BL(t)_1, \cdots, BL(t)_n]$，则其向量形式 $b(t) = i'L$，

$f(t) = Li$，TBL 的标准化数值为 $\overline{BL}(t)_j = \dfrac{BL(t)_j}{(1/n)\sum\limits_{j=1}^{n}BL(t)_j} = \dfrac{\sum\limits_{i=1}^{n}l_{ij}}{(1/n)\sum\limits_{i=1}^{n}\sum\limits_{j=1}^{n}l_{ij}}$，

标准化数值的向量形式为 $\bar{b}(t) = \dfrac{i'L}{(i'Ai)/n} = \dfrac{n(i'A)}{i'Ai}$。可以得出 $\bar{b}(t)$ 平

均值为 $[\bar{b}(t)]i(1/n) = \left[\dfrac{n(i'A)}{i'Ai}\right][i/n] = 1$。如果部门对应系数高

于 1，则认为影响力系数（TBL）描述的后向关联效应强度高于一般水平
（Above Average），在其他相同条件下会具有较强的效应；而若低于 1，则认
为其后向关联效应强度低于一般水平，在其他相同条件下具有较弱的关联
效应。感应度系数模型原理与之相同，区别是从 L 矩阵的行向进行考虑。刘
起运（2002）对 Rasmussen 的 TBL 改进，将其分母进行加权平均，表示以

$$\delta_j = \dfrac{\sum\limits_{i=1}^{n}l_{ij}}{\sum\limits_{i=1}^{n}\left(\sum\limits_{j=1}^{n}l_{ij}\right)\alpha_j}\ (j=1,2,\cdots,n)$$（权重 α_j 表示第 j 部门的最终产品占国

民经济最终产品总量的比例，也称为最终产出构成系数）。

　　本质上，C&W 系数是在 A（B）模型下假定所有部门增加 1 个单位的总
产出（总投入），而 Rasmussen 系数则是在 L（G）模型下假定所有部门增
加 1 个单位的最终需求（最初投入）以评价各部门在这样的理想假设下
（同时增加 1 个单位总产出、总投入、最终需求和最初投入的情况）所具有
的产出增加刺激效应。但是研究者在 C&W 系数和 Rasmussen 系数的应用上
存在激烈纷争，也出现了不同的派系[①]。Hubler 将后向与前向关联系数进行

<hr>

[①] 以 L 矩阵的行和作为总前向关联系数的测量一直存在争议。Alauddin（1986）、Haji（1987）、
Hewings 等（1989）和 Sonis 等（2000）都以 L 矩阵为基准，而 Augustinovics（1970）、Bey-
ers（1976）和 Jones（1976）等则将戈什（Ghosh）逆矩阵替代里昂惕夫逆矩阵进行总前向
关联系数的计算，即 $FL(t)_i = \sum g_{ij}$。但是 Cella（1984）认为将戈什逆矩阵作为"实物"
模型有自相矛盾之处。Dietzenbacher（1997a）也解析了 G 模型中特定部门通过价格传导机
制对剩余经济（Rest of Economy，ROE）的价值作用机理。而 Cai 等（2004）认为戈什模型
性质意义模糊，无论是 L 模型还是 G 模型，实质都是以包含 BL 的影响来考察 FL，同理，
对 BL 的测量也存在同样问题。因此 L 模型和 G 模型的争议使得关联效应强度的测量研究
形成供给关联模型和需求关联模型两大派系。对于是否将 A、B、L 和 G 矩阵的对角元素纳
入计算也存在争议。Miller、Blair（2009）认为由于部门自身投入的扩张也能够产生后向需
求效应，如果要全面刻画赫希曼产业关联效应强度，对角线元素不应删除，而如果研究重点
在于一个部门的后向依存性，或者是考察其与剩余经济的联系性，则这些对角元素应当删除。

综合，以矩阵 $[I-0.5(A+B')]^{-1}$ 的列和表示总关联强度系数（Total Linkage，TL）。

五 Dietzenbacher 关联净效应

Dietzenbacher（2005a）对净乘数（Oosterhaven and Stelder，2011）（Net Multiplier）进行解析，提出了产业关联净效应强度测量方法。基本原理为：Lf 矩阵的第 i 行与第 j 列元素代表部门 j 的最终需求 f_j 激发的部门 i 的产出，其行和以 $\hat{Lfe}=Lf=x$ 表示，这个列向量的第 i 个元素是 x_i，即被全部最终需求所引致的部门 i 的产出。其列和 $e'Lf$ 这个行向量的第 j 个元素表明为满足 f_j 的乘数效应全部部门所需要提供的总产出。Oosterhaven-Stelder 的净乘数可以表示为一个行向量 $e'L\hat{f}_c = e'Lf\hat{x}^{-1}$，而将 $\hat{x}$ 用 $<Lfe>$ 替代，则 $e'L\hat{f}_c = e'Lf\hat{x}^{-1} = (e'Lf)<Lfe>^{-1}$。这个行向量的第 j 个元素为 $(e'L\hat{f}_c)_j = \dfrac{Lf \text{的第 } j \text{ 列元素和}}{Lf \text{的第 } i \text{ 行元素和}}$，表示 f_j 引致的全部部门的产出同全部部门最终需求引致的第 j 部门的产出的比值——净后向关联效应系数（Net Backward Linkage，NBL）。如果 $(e'L\hat{f}_c)_j > 1$，就认为相比其他部门，j 部门对经济系统的贡献更大，j 的后向关联效应强度也更大。

六 产业的关联消去效应

从经济中抽取一个部门，然后利用进口替代，这时将会使每一个剩下部门的总产出降低。虚拟消去法（Hypothesis Extraction Method，HEM）是指利用原产出和抽取一个部门后降低的产出之间的差异反映这个被抽取的部门与剩余部门之间的联系的关联效应强度测量方法。HEM 最初是由 Schultz（1977）提出的，以 $\bar{A}_{(j)}$ 表示删除 j 部门对应行与列之后的投入系数矩阵（也可以不删除，对应元素以 0 来代替），其总产出向量为 $\bar{x}_{(j)} = [I-\bar{A}_{(j)}]^{-1}\bar{f}_{(j)}$，而包含 j 部门的总产出向量为 $x=(I-A)^{-1}f$，因此 $T_j = e'x - e'\bar{x}_{(j)}$ 是 j 部门引起的经济改变量，这是对 j 部门重要性或者其总关联效应的一种测量。Cella（1984）在 HEM 的基础上定义了总关联（TL），Clement（1990）则对 FL 与 BL 进行区分，改进 TL 的计算。Dietzenbacher 和 Linden（1997a）

对替代行业的关联关系元素以 0 标识，代替传统 HEM 方法中的行列直接消去，在 BL 测量中，将 A 中 j 部门的列元素代以 0 值后的矩阵以 $\bar{A}_{(cj)}$ 表示，则 $\bar{x}_{(cj)} = [I - \bar{A}_{(cj)}]^{-1} f$，$T_{cj} = e'x - e'\bar{x}_{(cj)}$ 表达了 j 部门的后向关联强度。同理对于 FL，在 B 中将部门 i 的行元素代以 0 值，$x' = v(I - B)^{-1}$，$\bar{x}'_{(ri)} = [I - \bar{B}_{(ri)}]^{-1} \bar{f}$，$T_{cj} = x'e - [\bar{x}'_{(ri)}]e$ 表达了部门 i 的前向关联效应强度。在应用发展方面，刘宇（2011）将待消去产业独立出产业系统作为国外部门对待；Cardenete 等（2013）将 HEM 同可计算的一般均衡模型（Computable General Equilibrium，CGE）进行分析与结合；Song 等（2006）、Yang 等（2014）和 Llano（2009）等则分别将 HEM 应用于建筑业、农业关联效应，以及区域间技术扩散的分析中。在模型研究方面，Temurshoev（2010）进一步将 HEM 从一个行业推广到多个产业群组中。

此外，具有代表性的成果还有纯关联效应（Sonis et al.，1995）、相关函数模型（Yan et al.，1965）和特征向量模型（Dietzenbacher，1992）等。Cai 等（2004）、Miller 和 Blair 等（2009）对相关研究进行了详细的比较分析。产业个体效应测量分析的重点则包括农业（王亚伟、杨瑞，2010）、信息产业（吴先锋、吴伟，2006；王欣、王钢、彭录海，2008；魏悦、董元树，2010；徐丽梅，2010）、汽车工业（韩颖、潘志刚，2005）、高新技术产业（李新、王敏晰，2009）、商业（刘向东，2009）、文化产业（王志标，2009）、房地产业（陈雪松，2010）和创意产业（张燕辉，2008）等。

第三节　产业网络概念及分析原理

一　产业网络概念的提出

产业网络概念的提出主要源于以下三点。

一是投入产出方法的局限与启示。关联研究的主流范式和基本框架是投入产出方法，这类方法下的研究成果包括静态里昂惕夫模型和关联效应强度系数模型。在信息处理方面，静态里昂惕夫模型信息过于分散而关联效应强度系数模型信息过于集中。对此，定性投入产出模型 QIOA/MFA 则以信息熵最大为目标进行信息过滤，但这种方法对直接关联关系和间接关联关系采用相同临界值，虽然操作性强并有效简化了模型，但在间接关联关系信息上的损失较大。关联研究的深化需要超越经典投入产出方法，而 QIOA/MFA 采用临界值进行信息过滤的原则是产业网络基础建模的重要启示。

二是产业关联是一个定义到产业部门集合上的二元关系，而图或网络是描述二元关系的有效工具，建立产业关联图或网络是关联研究的可行且有效方法。根据集合论，任一序偶[①]的集合确定了一个二元关系 R，R 中任一序偶 $<x, y>$ 记作 $<x, y> \in R$ 或 xRy（不在 R 中的任一序偶 $<x, y>$ 可记作 $<x, y> \notin R$ 或 $x\overline{R}y$）。由 $<x, y> \in R$ 的所有 x 组成的集合 domR 称为 R 的前域（$domR = \{x \mid (\exists y)(<x, y> \in R)\}$），所有 y 组成的集合 ranR 称作 R 的值域（$ranR = \{y \mid (\exists x)(<x, y> \in R)\}$），$R$ 的前域和值域称作 R 的域 FLDR（$FLDR = domR \cup ranR$）。当 $X = Y$ 时（前域 domR 与值域 ranR 相同），关系 R 是笛卡尔积（直积）$X \times X$ 的子集，R 为 X 上的二元关系。网络（图）可以由点集合 $V(G)$、边集合 $E(G)$ 和边集合到节点有序偶（或无序偶）[②] 集合的函数 φ_G 构成的三元组表示，即 $<V(G)$，$E(G)$，$\varphi_G>$（左孝凌、李为鑑、刘永才，1982：100～128）。基于二元关系→序偶→图或网络的关系链，二元关系可由序偶描述，而图或网络的边实质又是定义在节点集合上的序偶。若 X 为产业部门集合，笛卡尔积 $X \times X$ 表明了产业间所具有的全部关系，而产业关联关系为其子集（$R \subset X \times X$）。因此，用网络（图）来描述产业关联关系在技术方法上可行。

三是复杂性社会网络拓扑理论对产业关联网络结构分析的思想启示。关联研究的一个明显重点的方向就是在关联结构分析中引入社会网络和复杂网络方法，虽尚不完善，但表明产业关联系统结构的研究可以转化为产业关联网络的分析，而当应用恰当的网络方法和指标时，产业关联网络能

---

① 数学集合中元素间的关系由序偶来描述。序偶是一种特殊的集合，与普通集合不同，序偶有确定的次序。序偶可以表达两个客体、三个客体或 n 个客体之间的联系，集合论采用序偶表达关系这个概念。

② 二元边 e_i 与节点有序偶 $<v_j, v_k>$ 相关联，则该边为有向边；与无序偶 $<v_j, v_k>$ 相关联，则该边为无向边。

够有力解析经济产业系统的社会性与复杂性。这是产业网络概念提出和建模研究的重要思想借鉴。

总之，本书认为重要性关联关系区分的必要性、网络（图）描述关联二元关系的优越性以及社会网络与复杂网络思想的启示性是产业网络构建与结构分析提出的客观基础。

二 产业网络的概念及特征

基础静态投入产出模型具有关联性质不能有效区分的局限性，因为产业之间并非只要具有非零的投入产出流量、物料消耗系数及产品分配系数就是重要性关联关系，而这种关系的度量数值需要达到一定程度，超过某一临界数值或者过滤值后才能成为重要性产业关联关系。Schnabl（1994）采用最小流分析（MFA）方法搜索实现关联关系二分的临界值，周传世、刘永清等（1997）首先提出等级关联的概念，而王茂军、杨雪春（2011）等也认为阈值之上的关联为有效性关联。产业强关联关系是产业网络关系和网络结构特征分析的基础性关系。将产业或者产品看成点，产业节点间依据一定方式确立的强关联关系进行连边将形成描述产业系统的产业网络。由于不同类别和性质的产业在产业系统中地位和作用迥异，同时因产业衰退与成长而发生的产业力量对比的此消彼长，产业间关联关系在技术、经济、社会等因素的影响下不断发生着深刻而复杂的变化，从而由产业强关联形成的网络具有复杂性特征，本书将这种网络称为产业（复杂）网络①（Industry Complex Network，ICN/IN）。产业（复杂）网络中的强关联关系描述的是一个区域内部的产业部门之间的关联关系，如产业结构一般研究的是地区或国家内部三次产业的比重及演化趋势或规律。产业（复杂）网络也是具有区域性特征的概念，而不同区域产业关联的分析可界定为产业网络间的关系问题，即"网络的网络"。识别强关系同时区分出弱关系，二者共同构成了重要性关联关系。产业网络的基本表现形式是网络图，其中顶

---

① 笔者认为产业网络的最基本特征是其复杂性特征，产业网络就是产业复杂网络。虽然当前有多种产业网络建模思路，以产业复杂网络构建与分析为核心的 Yin 模型在产业网络构造及结构分析方法方面具有独特性。下文涉及的产业网络构造、结构分析及应用都建立在这一模型基础上。

点（或节点）表示产业，（有向）边表示产业之间的关联关系①。设 G_l 表示产业网络，则 $G_l = (V_l, L_l, WV_l, WL_l)$。其中，$V_l$ 为产业网络节点集合，L_l 为产业网络边集合，WV_l 为产业网络节点权重集合，WL_l 为产业网络边权重集合。

产业网络具有复杂性特征，是产业复杂网络，其特征体现如下。

一是技术性。其技术性特征来源于产品多样性和生产技术的特定要求，是产业网络最基本的特征，也是其他特征的基础。

二是经济性。其经济性是指产品和服务的价值性，企业对产业链建构有成本和收益的综合权衡，而整个网络又体现着区域产业经济的综合竞争力。产业关联的基础是技术与经济联系。

三是社会性。产业间经济联系的背后是人与人的关系，体现着人与人、企业与企业、企业与消费者及区域、国家间的竞争和合作关系。企业构建产业链是人的战略决策的过程，而产业的出现、发展及构成必然受到人类的需要、社会目标与价值取向和政府依据综合经济社会发展目标制定的政策措施的影响，其背后具有深刻的社会和文化背景因素。

四是动态性。产业本身不是静止的，而是有自己的萌芽、发展和消亡的生命周期过程，相互联系和制约的产业的构成比例不断发生变化，如经济产业发展的总趋势是农业比重不断降低、服务业比重不断提高。而产业间的关系也不是静止不变的，随着生产力的发展，主导产业会有农业→轻纺工业→基础工业→低加工度工业→高加工度工业→现代服务业→信息产业这样的基本演化过程，使得从前产业间的强关系会变为弱关系，弱关系也可能会变为强关系。

五是随机性。在产业关联的动态变化中有一些偶然性因素，其遵循着一定统计规律发展，如新产业在网络中的出现位置问题。由于技术、成本、产业政策等综合原因，与其他产业节点具有更复杂关联关系的节点可能更容易连接上新的产业节点，如具有大度数的产业网络点的度数倾向于变得更大。

---

①　产业网络分析（INA）和本书中的"产业网络"均指以产业及其关联关系为基本构成要素的产业网络，网络主体是产业（部门），有学者也称之为产业结构网络，而非以企业为主体的企业网络或者产业组织网络。

总之，这五大特征相互联系和影响共同导致了这种复杂性的出现。产业网络是一类描述产业关联并具有技术经济、社会人文和动态随机等特征的复杂性网络。

三　产业网络分析内涵与原理

（1）产业网络分析内涵

产业网络分析（Industry Network Analysis，INA）是针对基于产业间关联的相关现实问题的分析解决，根据系统科学、数学、统计学、图论和网络等技术或者方法发展起来的，通过产业网络构造，对产业网络的关系结构及其属性加以分析，以实现经济系统绩效（产业关联效应）研究的一套规范和定量的分析方法。产业网络分析的核心包括产业网络构造方法和产业网络结构分析方法。

从微观企业管理到宏观区域经济发展等一系列问题本质上都是一种网络的构造与分析。如经济联盟及一体化战略的本质是产业链的搜索和优化，企业在产业网络中基于降低成本、风险或者提高收益和供应链稳定性的目标而寻找竞争优势和打造产业链的战略行为实际上是网络的最优路径选择问题；区域竞争优势的识别，产业聚集、产业集群和循环经济等方面的分析可归结为产业网络的子网提取问题。这些都是产业网络分析中的基本问题，而产业升级、结构优化等则是目标产业网络的设计和实现问题，是基本问题的逆问题和扩展问题。因此，产业网络构造与分析方法本质就是用网络数据描写问题，并通过网络来解决问题。因此，基于产业网络，关联结构和关联效应的分析能够多维度全面展开，可以成为经济管理决策的有力工具，这就是产业网络分析的内涵、作用和意义。

（2）产业网络分析原理

产业网络分析本质是一种基于系统科学思想的经济产业系统科学分析方法，主要特点如下。

第一，基于产业关联关系（系统要素）→产业关联结构（系统结构）→产业关联效应（系统功能）的系统分析框架。系统的功能往往取决于其构成要素及其相互之间的关系。产业网络的研究对象是经济产业关联系统，它的功能从某种意义上说是复杂多层次的产业关联效应。一定条件下这种效应的存在性和效力强弱决定于产业关联系统的结构特征。产业关联关系是产业关联系统的基本构成要素，产业关联结构是产业关联关系的结构，是"产业间关联关系的关系"，产业关联结构特征则是与关联效应相联系的产业关联结构的特定性质、相对状态和变化趋势等。从关系分析到结构分析再到功能分析，产业网络的建模方法及结构分析方法研究遵照这一基本的系统分析框架进行。首先是深入描述和梳理产业关联关系，其次是在其基础上描述产业关联网络结构，最后是达到最终关联效应（经济绩效）分析的目的。

第二，基于产业网络构造分析→产业网络结构分析→产业网络分析应用的思路与步骤。产业网络是产业关联系统的本质抽象，产业关联关系、结构和效应的分析就转化为产业网络的研究分析。产业网络构造分析是描述关联关系、提取关联结构特征并实现关联效应分析的基本途径。产业网络构造分析的核心是提取强关联关系和区分不同类别的关联关系，以为进一步的产业网络结构分析提供基础。产业网络结构分析则是对关联结构特征的挖掘和刻画。产业网络结构特征的各种优化分析是产业网络构造分析的延伸分析，也是解决基本现实问题的理论应用。在产业网络结构特征分析的基础上的产业网络指标分析是产业网络构造分析的另一延伸分析和理论应用。而关联效应（如产业结构进化效应、产业间技术扩散效应等）综合分析则是围绕经济管理问题对产业网络基本构造分析和理论延伸分析的重要现实应用。

第三，基于"描述关联关系"和"描述关联结构"两个层次的产业关联基本问题解决的逻辑与路径。产业关联的特定关系和关系结构特征的描述是当前产业经济理论研究和实践中存在的中心性问题。只有把握特定产业关联关系的性质和分布，才能勾勒出产业关联结构的基本轮廓。由于关联强关系构成关联系统的基础骨架，强关联的区分和提取就成为产业网络分析第一个研究的问题。当以产业网络来刻画产业关联系统时，这个问题被转化为产业网络的构造分析来解决，可以借助数学和统计学工具实现。经济管理实践关注于产业关联效应的性质和变化趋势，产业关联结构特征是在一定条件下决定特定关联效应产生和发生效果的关联结构的形态和变化趋势。基于产业关联关系→产业关联结构→产业关联效应的系统分析框架，描述这种不同层面上的产业关联结构特征是产业网络分析待解决的第二个问题。这个问题可分解为两个方面的子问题：一是存在哪些特征以及如何识别出这些特征的状态，即关联网络结构特征的类别及分析方法的研究问题；二是这种特征如何有效进行表达以支持关联效应的评价分析，即关联网络结构特征的刻画问题。针对此问题，一是通过产业网络结构优化分析对关联结构特征进行分析来解决，这种优化方法是数学、统计学与网络技术（包括经典图论和社会及复杂网络分析等）方法的综合运用；二是以产业网络构造分析的纵向理论延伸性分析来解决，即通过产业网络指标分析对结构特征进行分析来解决。这些构成指标可以是定量、定性指标，可以有代数数值、集合和矩阵等不同的数据形式。

产业网络分析的基本原理及要素如图2-4所示[①]。

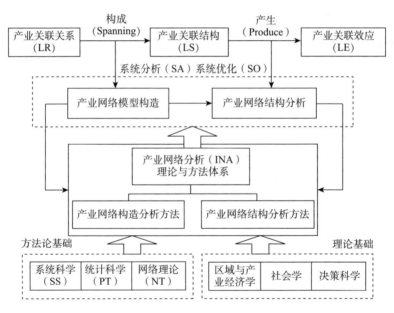

图2-4 产业网络分析基本原理

资料来源：作者研究得出。

---

① 从一般网络分析发展逻辑来看，产业网络分析应包括基于现实网络的结构分析（产业网络现实模型构造与结构特征分析）和产业网络动态及模拟分析（产业网络结构模型构造）两个层面，第二个层面的研究还处于探索阶段，图2-4及本书未涉及。本书的产业网络分析特指现实网络的结构分析。

四　产业网络分析的方法论基础

产业网络分析的方法论基础主要有系统科学方法、统计学方法和图或网络方法。

（1）系统科学（System Science，SS）

系统科学方法在产业网络分析中具体提供以下四个方面的支持。第一，产业关联系统基本特征分析。产业关联系统具有集合性、目的性、环境适应性、开放性和整体性等系统基本特征。第二，产业关联系统结构与功能分析。系统的结构是系统内部各组成要素之间在空间和时间方面的相互联系与相互作用的方式或顺序；系统的功能为系统与外部环境之间相互联系和作用过程的秩序和能力。对于产业关联系统，系统结构同样决定系统功能。第三，产业关联系统建模。建立产业网络模型刻画经济产业关联系统，应采用集合、矩阵、图等模型形式进行表达。第四，产业关联系统优化与分析。在产业关联系统模型（产业网络）基础上能以图和网络的方法描述产业关联结构和分析产业关联系统功能效应。

（2）概率论与统计学（Probability Theory，PT）

本书从投入产出系数矩阵分析出发，设定强关联关系可能的概率分布函数（根据强关联关系特点，采用平均分布模型），进而根据实际样本拟合出概率模型，根据误差平方和最小原理，选定最优的概率分布函数，从而确定产业关联强关系（以及产业技术流强关系）的临界数值（威弗组合指数就是这一方法在地理计量学中的特殊应用）[1]，建立产业网络模型。概率统计理论是产业网络建模技术的主要方法基础。

（3）网络理论（Network Theory，NT）

网络理论方法包括经典图论方法和现代网络分析方法[2]。①经典图论（Graph Theory）是数学的一个分支，它以图为研究对象。图论中的图是由

---

[1]　地理计量学方法是地理学、经济学及社会学的基础理论同数学分析技术在实际问题应用上的有机结合。其中的威弗组合指数（Weaver Index）是研究文化景观和复杂模型中多个要素分布问题的有效工具，常用于经济成分的分类，其本质是一种概率分布检测模型。本书的产业网络建模中基于概率统计方法进行强关联关系的识别。

[2]　现代网络方法主要包括复杂网络理论和社会网络分析等。

若干个给定的顶点及若干条连接两个顶点的边构成的图形,通常用来描述某些事物之间的某种特定关系,用顶点(Vertex)代表事物,用连接两个顶点的边(Edge)表示相应两个事物间具有这种关系。图提供了一种很自然的数据结构,可以对管理科学中许多领域的问题进行恰当的描述或建模。②复杂网络则是关于图的集合或关于图的随机过程和图的延伸(郑小京、徐绪松,2010),匈牙利数学家 Erdös 和 Rényi 的随机图理论开创了复杂网络理论的系统性研究(汪小帆、李翔、陈关荣,2006:4)。③社会科学中以对社会行动者之间的互动研究为基础的结构性方法被称作社会网络分析,现代社会网络分析研究范式包含结构性思想、经验数据基础、关系图形绘制和数学或计算模型的依赖四点特性(弗里曼,2008:1~3)。

网络是一种特殊的图①,而本书中网络、图、网络图通指同一事物,即以点和与点相联系的线构成的数据结构,其中的点指节点(Node)或顶点,线(Line)也可称作边。网络或图分析是一种不同于因果性分析的另类研究方法,它提供了"交互"的视角,倡导的是一种双向交互作用,有助于构建微观和宏观相互沟通的桥梁。图论中的经典优化方法如网络流分析、路径分析、最小生成树、连通性以及核与核度等都为产业网络的结构特征研究提供了强有力的方法支持。产业网络也具有随机性、社会性和复杂性,复杂网络的拓扑指标与社会网络分析思想和方法也是产业网络分析的重要思想方法借鉴。

第四节　产业网络分析理论发展

一　产业网络分析发展概述

产业网络或者图模型明确以网络或图形式来描述产业关联系统,即以顶点表示产业,以有向的边来表示产业关联关系,而一般以投入产出表(或其他数据结构)过滤后的 0-1 邻接矩阵作为网络(或图)的构建基础(矩阵元素 1 表明对应部门的顶点间存在有向边)。现实的产业网络(结构)

---

① 经典图论中的网络指赋权图,网络理论中的图是指网络的具体表达形式。

分析内含两个层面：一是产业网络构造，二是基于产业网络进行系统结构特征或效应分析。

产业网络分析（INA）从萌芽到基本理论框架的形成大体经历了三个发展阶段。

第一阶段（约始于 20 世纪 70 年代）是产业网络分析的早期萌芽阶段，其主要发展特征是图论思想同投入产出技术相结合，关注点是以特定子图搜索为中心的产业网络聚类分析，此类研究又被称为聚类性产业网络分析或产业网络聚类分析。该阶段的主要表现有两个方面。一是 Campbell 与 Slater 的产业关联图思想的贡献。围绕着当时区域经济发展热点的产业集或产业功能集的搜索和识别[①]，Campbell 与 Slater 巧妙地将图论优化方法同投入产出技术结合起来建立了一种构造较为简单的产业关联图，在产业图上研制中心度指数与核、强/弱成分与产业聚类图等产业网络分析方法。产业关联图模型标志着产业网络分析已作为一套产业系统结构分析工具出现。在产业关联图应用方面，Srivastav（2006）借助 Campbell 的方法识别出印度北方邦（Uttar Pradesh）的六个产业集，朱英明（2007）则在产业集群搜索与结构分析上发展了 Campbell 的方法。二是定性投入产出分析（QIOA）的建立。Czayka（1972）考虑到传统投入产出表存在的信息冗余不利于结构性分析，提出采用过滤值进行信息过滤，以搜索聚类重要性系数（ICs）。ICs 能够进一步转换为产业间二元关系，而这种二元关系可映射出有向图。但是过滤值的确定方法在这个阶段成为限制 QIOA 发展应用的关键因素[②]。

[①]　产业集是地区中具有功能关联的一组产业集合。Simpson 等（1965）首先通过投入产出矩阵的对角化（Diagonalization）进行研究，基于投入产出矩阵的三角化（Triangularization）（Korte and Oberhofer，1970；Fukui，1986；Howe，1991；曲建，1992），应用统计学的因子分析（Czamanski，1971；Roepke et al.，1974）、主成分分析（Huallacháin，1984）、运筹学整数规划（Ghosh and Sarkar，1970；Blin，1973；Roy，1971；Ghosh and Bugurnbe，1981）以及朱英明（2007）的综合法等多类探索产业功能集的存在性及其结构的方法被先后提出并不断得到改进。Hoen（2002）基于关联重要性标准进行了产业集识别方法的综合对比，认为对角化方法具有不受投入产出数据（流量、投入系数、产出系数或者里昂惕夫逆矩阵元素）限制的优势，并且进一步设计出一个可用于不同区域产业集特征比较的相似性指数（Similarity Index）。

[②]　也有学者认为 QIOA 具有非传递性（Non-transitivity），会带来信息损失（de Mesnard，1995）。

　　第二阶段（约始于 20 世纪 90 年代中期）是产业网络分析的成长阶段，其主要发展特征是概率统计（或信息论）、图论逐步吸纳为产业网络分析中较为成熟的工具方法，关注点是关系层次迭代的产业网络构造及产业网络层级结构分析，此类研究又被称为层级性产业网络分析或产业网络层级分析。该阶段的主要表现有两个方面。一是 Schnabl 提出的最小流分析（QIOA/MFA）。MFA 克服了传统 QIOA 的不足，完善了产业网络构建的基础方法。MFA 的基本思想是基于信息熵最大化以优化产业网络连边机制，通过关系的层次分解与迭代实现对应二元关系转化过滤值的内生化。二是图论优化方法在产业网络中的应用深化，代表成果有产业层次反馈圈（HFL）、Liu-Zhou 模型和产业基础经济结构树（FEST）等。Sonis、Hewings 等（1993，1995，1997b）认为产业关联图中的"圈"是区域产业系统中描述经济增长能力的重要结构，提出产业层次反馈圈的概念，应用运筹学整数规划方法进行产业层次反馈圈的识别与选择，以实现对空间经济结构与产业间关联交互效应的解析。周传世、刘永清（1997），刘永清、周传世（1999）构建 Liu-Zhou 模型，提出以产业强关联为基础的等级关联矩阵、完全可达矩阵、带动产业集、推动产业集等重要概念和产业关联结构描述及解析的一整套分析方法。肖丽丽等（2008）应用 Liu-Zhou 模型分析了陕西省产业系统层级结构。Aroche-Reyes（2006）则提出以构建产业基础经济结构树（FEST）获取产业交互序列进而描述基础经济结构。核心算法是以具有最大中间需求的产业节点作为产业根节点（Root），然后比较和搜索最大需求关系以将其他节点逐步连接到根节点上，清晰刻画出产业流的分布结构和流通路径。

　　第三阶段（始于 20 世纪末）是产业网络分析的发展形成阶段，其主要发展特征是将社会网络分析（SNA）及复杂网络（CN）技术逐步吸纳为产业网络结构特征分析的重要方法，关注点是产业网络内涵中的技术性、社会性、复杂性等整体特性。该阶段的主要体现有三个方面。一是技术性产业网络分析。作为产业网络的描述对象，产业关联本质是一种技术经济关系，产业网络具有技术性的基础特征。以研究产业技术系统的结构和产业技术扩散效应等问题为目的的产业网络构造和结构分析被称为技术性产业网络分析，或产业技术网络分析，此时产业网络体现为技术性产业网络。

其中，Leoncini 等（1996，1998，2000，2005）是重要的贡献者，Dreger（2000）、Kim（2004）、Chang 和 Shih（2005，2009）、Montresor 等（2008，2009）、陈子凤等（2009）、吕新军等（2010）、García-Muñiz 等（2010）着力分析产业间技术扩散模式、技术溢出与吸收能力，大大拓展了产业网络的内涵，丰富了产业网络结构基本分析方法。二是社会性产业网络分析。产业网络描述的经济问题与现象本质是人的关系或者社会关系，产业网络内在具有社会性特征。将产业看作"行动者"，基于产业关系数据，以分析"产业行动者"中心性、结构洞、凝聚性、中心－外围结构等角色、关系及结构特征为中心的产业网络构造及分析被称为社会性产业网络分析，或产业社会网络分析，此时的产业网络体现为社会性产业网络。其中，García-Muñiz 等（2010，2011）的结构洞模型、对 Borgatti 等（1999）的核心/外围（Core/Periphery）引入的产业关系结构分析及吴晓波等（2010）基于网络密度和中心性的经济产业部门角色分析是重要的代表性成果。三是复杂性产业网络分析。产业网络具有的多重特性集中表现为复杂性。以分析产业系统不确定性、随机性、统计分布特性为中心的产业网络构造及结构分析被称为复杂性产业网络分析或产业复杂性网络分析，这种产业网络体现为复杂性产业网络。其中，方爱丽等（2008，2009）的复杂产业网络聚集性及相关性等统计特性分析，Hidalgo、Hausmann 等（2007，2011）基于世界产业产品网络的国家竞争力分析，Liu 等（2011）的产业生态网络分析，以及张许杰、刘刚等（2008，2009）、王茂军等（2011）、邢李志等（2012a，2012b）基于复杂网络一般指标的产业网络结构分析应用都是这一方面的重要代表性成果。三个方面或领域的研究并不是互相独立的，其间也存在重叠和交叉。在这一阶段，产业网络分析的基本概念或内涵虽没有被明确提出，但潜在地得到普遍接受和一般认可，分析方法和对象范围也逐步形成共识。产业空间网络（吕康娟，2010）、产业复杂网络（尹翀，2012）等则初步具有从网络构造到结构分析的较为清晰的产业网络分析整体理论框架特征。

产业网络分析基本发展脉络及具有重要代表性的研究成果如表 2－2所示。

表 2-2　产业网络分析（INA）发展形成的脉络及主要代表成果

发展阶段	领域	主要成果	代表人物	出现时间	主要创新和贡献
产业网络分析萌芽阶段（20世纪70年代中后期开始）	聚类产业网络分析	产业关联图	Campbell	1970 年、1972 年、1974 年、1975 年	将图论引入产业网络分析
		产业模糊图	Slater	1977 年	优化子图分析和产业聚类分析
		产业关联动力机制	Srivastav	2006 年	发展应用 Campbell 模型
		产业集群分析	朱英明	2007 年	发展应用 Campbell 模型
产业网络分析成长阶段（20世纪90年代中期开始）	层级产业网络分析	最小流分析（QIOA/MFA）	Czayka、Schnabl	1972 年、1994 年、1995 年、1999 年	提出并发展产业网络内生构建方法
		产业层次反馈圈	Sonis 等	1993 年、1995 年、1997 年	提出圈形子网络分析方法
		产业基础经济结构树（FEST）	Aroche-Reyes	2003 年、2006 年	提出树形子网络分析方法
		Liu-Zhou 模型	周传世、刘永清	1997 年、1999 年	提出产业网络构造的敏感测试方法和产业系统递阶分析方法
		基于二元关系的产业关联分析方法	吴开亚等	2003 年	提出联通产业关联的 Warshall 算法
		区域产业系统层级模型	肖丽丽	2008 年	发展应用 Liu-Zhou 模型
		产业集群分析	段七零	2008 年	应用 Liu-Zhou 模型
		产业集群分析	Titze、Brachert	2011 年	发展应用 MFA
		产业能源关系分析	Weber 等	1998 年	MFA 的应用分析
产业网络分析发展形成阶段（20世纪末开始）	技术产业网络分析	创新流的网络分析	Leoncini 等	1996 年、1998 年、2000 年、2005 年	将网络思想用于产业技术扩散分析
		基于 MFA 的国家创新系统网络分析	Schnabl、Dreger	1995 年、2000 年	德、英、日、美国家创新系统中产业关联模式分析，MFA 应用分析
		产业技术关联结构模式	Kim 等	2004 年、2009 年	对韩国的技术产业网络应用分析
		技术系统中的创新簇	Montresor 等	2008 年、2009 年	六个 OECD 经济体的技术、社会产业网络分析
		产业部门间创新扩散的网络分析	Chang、Shih	2005 年、2009 年	实现中国台湾的技术产业网络应用分析

续表

发展阶段	领域	主要成果	代表人物	出现时间	主要创新和贡献
产业网络分析发展形成阶段（20世纪末开始）	技术产业网络分析	产业系统创新模式演化	陈子凤、官建成	2009年	中国制造业技术产业网络的应用分析
		产业间技术扩散结构、效应及演化	吕新军等	2010年	中美高技术产业间技术扩散模式比较
	社会产业网络分析	产业技术创新能力的网络分析	García-Muñiz等	2010年、2011年	实现社会产业网络的核心外围、结构洞等分析
		基于网络分析的产业部门角色	吴晓波等	2010年、2012年	实现社会产业网络的密度、中心度等指标分析
	复杂产业网络分析	世界产品关联网络	Hidalgo、Hausmann等	2007年、2011年	以贸易比较优势构建产业产品网络，分析国家竞争力
		产业结构网络	张许杰、刘刚等	2008年、2009年	对复杂产业网络效率进行分析
		投入产出关联网络	方爱丽等	2008年、2009年	对复杂产业网络的聚集性及相关性进行分析
		产业关联网络	王茂军、杨雪春	2011年	对复杂产业网络指标进行分析
		基于复杂网络理论的产业网络分析	李亚杰	2011年	分析行业间运行效率、信息分享和紧密程度，提出了抗毁性改进策略、加权聚点和加权路径的聚类算法等
		产业生态网络分析	Liu等	2011年	产业网络效率、效用等指标分析
		区域产业结构网络、产业最强关联网络	邢李志等	2012年	对复杂产业网络的综合拓扑结构进行分析
	综合产业网络分析	区域间产业空间网络	吕康娟等	2010年	一体化产业网络构造与网络结构测度
		产业复杂网络（Yin模型）	尹翀	2012年	优化产业网络构造方法及构建结构特征多维分析框架

资料来源：作者研究整理。

二 Campbell/Slater 思想

（1）Campbell 的产业图论观点

Campbell（1970，1972，1974，1975）首先将图论方法引入产业网络分析①，提出中心度指数与核等指标，在网络结构分析方面进行了探索性研究。其基本观点是投入产出技术与图论方法相结合能够进行产业间结构（Inter-industry Structure）的分析，基本思路是将投入产出表中的中间交易部分转化为邻接矩阵并构建出有向图。Campbell 认为区域产业之间的产品或服务流有轻重之分，特别是当涉及购买或者销售总量时，最有意义流（the Most Significant Flows）的选择就非常具有必要性。他进一步定义 $1/n$ 的产业图节点的连接标准（Linkage Criterion，LC），从而设定邻接矩阵的形成规则：若行业 i 到 j 的货物流或服务流超过连接标准，即 $T_{ij} > LC$，则邻接矩阵中表示行业 i 到 j 之间关系的元素 $x_{ij} = 1$，否则 $x_{ij} = 0$，这样邻接矩阵中的元素就标明了从 i 到 j 的有意义货物流或服务流的存在性。投入产出表中的每一个行业在有向图中表示为一个节点，依据邻接矩阵 1 元素在图中进行有向弧连接。Campbell（1970，1972，1974，1975）构建产业图后基于产业顶点的距离矩阵定义了中心度指数，并研究了内在的核结构。关联图中节点 i 可达节点 j 的条件是从 i 到 j 存在一个同向边组合，其包含的最少同向边的数量为 i 到 j 的最短距离。Campbell 根据邻接矩阵中节点间的最短距离构建出距离矩阵，并定义了基于后向关联链的相对中心度指数（Index of Relative Centrality），其计算方法为距离矩阵中目标产业行的数值总和与整个距离矩阵数值总和的比值，相对中心度的值越高，则该行业在系统中的中心地位就越强。Campbell 将决定产业分类的中心度的分界值称为截断值（Cut-off Value，CV），而 CV 是依据相对中心度指数的均值和标准差的大小确定的。他又进一步将产业中心度指数超过截断值的节点称为核（Nuclei），然后基于其他产业同核的后向关联，以核为中心并结合它自身后向关联产业的路径特征进行了多轮的产业分组。如果仍然存在未分配节点，则进行基于前

①　Streit（1969）在研究空间关联与经济关联关系时，虽然采用了描述产业集的类产业网络图，但其中尚未引入和体现产业网络分析的思想。

向关联路径的节点分配，这样一个子图的分割就实现了产业群组（产业集）的提取。他利用美国华盛顿州 1963 年和 1967 年的投入产出表进行了实证分析。其中 1967 年的投入产出表包含 52 个部门，由于相对中心度指数的均值 $\overline{X} = 52.35$，方差 $s = 4.52$，则截断值 $CV = 52.35 + 4.52 = 56.87$，截断值高于 56.87 的 43、52、47、22、46、39、11、23、8 共九个部门作为核被识别出来，这样依据产业分组规则就可以提取出以核为中心的六个子图（产业集）。

（2）Slater 的产业模糊图与强/弱成分及产业聚类分析

Slater（1977）则关注于产业图中具有特殊性的成分结构，他设置可变临界值来构建产业图，以从临界值的变化调整中实现产业集的分析。其在利用美国 1967 年投入产出表进行的实证研究中采用了 74.5、200、400、600、800 和 1000 的临界值，实质是构建了一个包含 75 个节点的产业模糊图[①]（Fuzzy Graph）。Morillas（2011）发展了 Slater 采用可变临界值方法构建产业图的思想。他将全部中间系数降序排列，由高到低对系数进行累加，依据累加和占整体中间消耗总数值的比例，把中间系数分成几个档次。在西班牙 2000 年投入产出表的建模分析中，他成功将产出系数划分为 0.5 ~ 0.65、0.65 ~ 0.8 和 0.8 ~ 1.3 三个档次，然后用不同样式的边来表示累加后位于不同档次区间里的产业关联关系。

Slater（1977）认为 Campbell 的开拓性研究已经较为成功地将网络（图）的分析扩展到产业间关联理论中，Campbell 也特别强调了对于强成分（Strong Component）以及特定源点（Transmitter）与汇点（Receiver）分析的必要性。基于此，Slater 又进一步设计出以投入产出表的双标准化准则作为具有功能连接性特征产业集[②]（Industrial Complex）的识别方法，而产业集表现为产业图的强/弱成分，成分特征的变动可通过基于双标准化方法（Double Standardization）的产业聚类图来描述。双标准化方法主要包含两个步骤，一是投入产出表中间流量矩阵的标准化，二是产业标准层级聚类。Slater 认为，当投入产出表各部门的总投入和总产出都相同时，结构中包含

[①] 使用的是美国 1967 年 86×86 投入产出表的流量表，由于认为其中的 75 个部门是纯商业化的部门，因此其分析的对象是从主表中提取出的 75×75 的子表。

[②] Roepke 等（1974）认为产业集是功能相关的产业组，产业组包含具有相似交易模式的基本型产业以及基本型产业的重要供给和需求产业。

有最大熵，因此双标准法的本质是对当所有部门具有相同投入水平和相同产出水平时所发生的部门交易量进行刻画的一种统计估计方法，其投入产出中间流量矩阵的标准化采用了 20 世纪 70 年代初流行的双比例平衡法。Slater 以各部门相等的总投入作为行控制向量、以各部门相等的总产出作为列控制向量对 1967 年美国基础中间流量矩阵进行调整，并将控制向量值设定为 1000。中间流量矩阵数据实现标准化后，由于各部门中间交易的价值量不会超过 1000，Slater 对 1000 进行五等分，将 200、400、600、800 和 1000 作为产业部门间关联是否存在的门槛值（Thresholds），分别以五个临界数值过滤中间流量矩阵，对应高于门槛数值的矩阵元素描述的关系在图中以有向弧表示，加上使用门槛值过滤前中间流量矩阵所对应的图，总共提取出六个有向图。在这些子图中，Slater 特别采用产业标准聚类图进行了有向图中强成分（Strong Component）和弱成分（Weak Component）的分析。如果两个点 l 和 k 之间都存在一组从一个节点到达另一个节点的有向弧，则称 l 和 k 存在于有向图共同的强成分中。如果 l 和 k 之间存在一组有向弧连接两个节点，但不考虑弧的方向，则称 l 和 k 存在于有向图共同的弱成分中。强成分也是弱成分，但弱成分不一定是强成分。Slater 认为随着门槛值的减小，更多的有向弧将出现在图中，图中成分（不对强弱成分进行区分）的数目在减小，而每个成分中包含的弧的数量在增大，一直到所有的弧都进入图中连接成一个共同成分。成分（无论是强成分还是弱成分）所体现的产业聚类性质非常重要，其中的强成分可以作为集成性高的能够自我激发的产业群组（Relatively Integrated Self-propulsive Groups），强成分中一个产业生产的增加会提升对所有其他构成产业的引致需求，而反馈效果将刺激初始的扩张产业进一步增加产出。产业标准聚类图清晰表示出产业有向图中的弱成分随门槛值变化而变化的性质和规律。他特别将不同门槛值下较大的产业组及其突链（Salient Linkage）结构（高于对应门槛值并将几个大成分进行分离的边）作为识别出的以特殊子图形式体现的产业群组（产业集/群）。

三　Schnabl 的 QIOA/MFA

投入产出表提供的信息可以分为定量信息和定性信息（或者结构信息）两大类，而定性分析与定量分析有同等的重要性，特别当涉及结构分析问题时，定性分析更加具有意义（Schnabl，1994）。在这种情势下，定性投入产出分析方法（Qualitative Input-Output Analysis，QIOA）被 Czayka（1972）提出，并经 Schnabl 与 Holub（1979）、Holub 与 Schnabl（1985）、Holub 与 Tappeiner（1988）等不断进行完善和发展。在 Schnabl（1994）提出最小流分析（Minimal Flow Analysis，MFA）后，QIOA 已经发展形成较为成熟的分析框架（QIOA/MFA），是产业网络研究发展的重要里程碑。

QIOA 的基本原理是对投入产出框架中的重要（Important）和非重要（Unimportant）中间性产品流进行区分。QIOA 的基本点在于将产业间相对重要或者绝对重要的定量（Quantitative）交易信息转化为定性信息，这虽会带来一部分信息损失，但能对所需的相关投入流进行选择，可以深入考察中间供给和需求关系的基本结构。QIOA 研究的关注点在于发掘出一个内生性过滤值（Endogenous Filter Rate），投影出超过此过滤值的"投入"所形成的基础生产结构，并以产业网络图的形态来表示。在数学方法上，主要是通过两个产业 i 与 j 之间的投入流的二进制转化来实现，一个投入流 s_{ij} 如果超过过滤值 F 则对应设置为 1，相反则设置为 0，从而实现将基本的投入产出表转换成邻接矩阵 $W = [w_{ij}]$。

$$w_{ij} = \begin{cases} 1, & s_{ij} > F \\ 0, & s_{ij} < F \end{cases}$$

过滤值的确定和邻接矩阵 W 的生成是通过一个迭代过程来实现的，主要包含以下几个步骤。

第一步，对投入产出信息进行层级分离，式（2-5）是投入产出基本等式，其中 x 是生产价值向量，C 代表里昂惕夫逆矩阵[①]（Leontief Inverse），而 y 为总需求向量。

$$x = Cy \tag{2-5}$$

式（2-6）是将里昂惕夫逆矩阵分解成的欧拉级数（Eulerian Series），I 代表单位矩阵，A 为投入系数矩阵。

$$x = Cy = (I + A + A^2 + A^3 + \cdots + A^n)y \tag{2-6}$$

---

① 里昂惕夫逆矩阵除此处以 C 表示外，本书其他地方统一以 L 表示。

Schnabl 认为应当使用合成向量（Synthetic Vector）来替代总需求向量也是定性方法的优越之处。使用最终需求向量时，对中间产品绝对值的关注可能会转移研究重点。由于产业间交易的相对重要性决定相关的过滤值和投入流，合成向量结构能够反映出技术关系和向量的相对重要性水平。合成向量经过对角化后与单位矩阵 I 相对应，并且可以避免总需求向量对期望技术结构的扭曲。

第二步，基于里昂惕夫逆矩阵通过分解成的欧拉级数扩展出一系列的交易矩阵。将投入系数与生产价值向量的对角化矩阵 $<x>$ 相乘以获得中间交易矩阵。

$$T = A <x> \qquad\qquad (2-7)$$

根据式（2-7）进行逐层分解形成式（2-8）。

$$
\begin{aligned}
T_0 &= A <Ix> \\
T_1 &= A <Ax> \\
T_2 &= A <A^2 x> \\
&\cdots\cdots\cdots
\end{aligned}
\qquad\qquad (2-8)
$$

投入系数的幂方运算和逐层分解一直持续到矩阵 T_k 没有元素数值 t_{ij}^k 超过一个给定过滤值 F 为止，这个转换生成了一个层级明确的二进制形式的邻接矩阵 $W_k = [w_{ij}^k]$，生成规则如式（2-9）所示。

$$
w_{ij}^k =
\begin{cases}
1, & t_{ij}^k > F \\
0, & t_{ij}^k < F
\end{cases}
\qquad\qquad (2-9)
$$

第三步，使用式（2-9）能够将里昂惕夫逆矩阵中的层级信息转换成以邻接矩阵形式表达的定性信息。

$$
W^k =
\begin{cases}
W_k W^{k-1}, & k > 0 \\
0, & k < 0
\end{cases}
\qquad\qquad (2-10)
$$

W^k [见式（2-10）] 表达了层级变化中邻接矩阵 W_k 之间的联系（尽管高层级 k 包含了增加的不相关的部门 i 与 j 的中间产品流）。这一步的执行能够揭示出投入产出表的间接关联性信息。

下一步以产品矩阵 W^k 进行逐层的布尔加运算（Boolean Addition，以

"#"来表示）来计算依属矩阵 D［见式（2-11）］。尽管对直接或者间接联系存在的判断比较重要，而确定过滤值的迭代步数并不确定。

$$D = \#(W^1 + W^2 + W^3 + \cdots + W^n) \tag{2-11}$$

最终，生成连接矩阵 H［见式（2-12）］（Connectivity Matrix）。

$$H = D + D' + D \tag{2-12}$$

式（2-12）生成了两个部门关系种类的信息。D 的元素值存在 0 或者 1 两种情况，因此连接矩阵 H 的元素 h_{ij} 就被严格限制为 0~3。H 矩阵元素的意义解析如表 2-3 所示。

表 2-3 H 矩阵元素含义

H 元素值	关系含义
0	部门 i 与 j 之间不存在关联关系，部门 i 和 j 都是孤立性部门
1	部门 i 与 j 之间存在弱关系，当考察 i 到 j 的关系时，存在 j 到 i 的反方向关系
2	存在部门 i 与 j 的单向关系，即 i 对 j 的供给关系
3	表明两个部门存在的双向关系，i 供给 j 且 i 受到 j 的供给

资料来源：*The Evolution of Production Structures, Analyzed by a Multi-Layer Procedure*（Schnabl, 1994）。

H 矩阵计算依赖于过滤值 F，而过滤值的确定是 QIOA 的核心，QIOA 发展的重要里程碑是 Schnabl（1994）创建的最小流分析（Minimal Flow Analysis，MFA）。一般认为，同传统的 QIOA 比较，MFA 具有的独特性优点充分体现在过滤值的确定上。MFA 建立了三个过滤值标准，即信息测量法、H_{res} 矩阵元素平均值法和临界点法。

其中最重要的是信息测量法，信息量采用熵 E 来测量，当每一种元素（这里指 H 矩阵中的元素 0，1，2，3）发生的可能性相同时，E 达到最大。在低过滤值向高过滤值变动的过程中，当过滤值较小的时候，单向关系（$h_{ij}=2$）和双向关系（$h_{ij}=3$）占了很大比例，随着过滤值的增加，双向关系逐步变为单向关系或者弱关系（$h_{ij}=2$ 或 1）。而在最高的过滤值层次上，全部关系都被打破，产业部门都变得互相孤立（$h_{ij}=0$）。首先计算 F_f，即双向关系恰好不存在的过滤值，然后将 F_f 等分为 50 个等间隔的临界值。使用威弗-香浓指数（Shannon，1948）方法来计算熵值并确定 E_l，即

$$E_l = \sum_n \left(p_{li} \log_2 \left(\frac{1}{p_{li}} \right) \right)$$

其中 p_{li} 为第 l 个临界值下 H 矩阵中第 i（0~3）种元素出现的概率。最优的过滤值 l_{opt} 代表了最大熵 E，即在 $\max E_l \ \forall_{l=1,2,\cdots,50}$ 条件下确定 l_{opt} 为最优的过滤值。对应 l_{opt}，H 矩阵的信息量达到最大。H_{res} 矩阵元素平均值法与临界点法则比较简单。$H_{res} = \left(\sum_{k=1}^{50} H_k \right) - 50$，$l_{opt}$ 为 H_{res} 全部元素的和与非零元素数目的比值。临界点法是找到使得具有双向连接和单向连接的部门数目相同的 l_{opt}，对应进行产业之间单向与多向连接，建立起基本的产业网络模型。不同于早期产业网络图对流量矩阵或者里昂惕夫逆矩阵系数进行整体的大小或强弱的区分，QIOA 对直接关联关系和各级间接关联关系分别过滤。[①] MFA 方法在特殊关联关系识别中的应用成果主要有 Schnabl（1995）的国家创新系统分析以及 Titze 等（2011）的德国产业簇识别研究等。在 QIOA/MFA 方法的研究带动下，投入产出技术同数学、统计等方法深入结合，围绕基础经济结构[②]（Foundational Economic Structure，FES）提取的重要系数（Imporatant Coefficients，ICs）判定发展出容忍极限法（Tolerable Limits Approach，TLA）（Tarancón et al.，2008）和弹性系数分析法（Elasticity Coefficient Analysis，ECA）（Schnabl，2003）等。[③]

四　Sonis、Liu-Zhou、Aroche-Reyes 模型

（1）Sonis 的产业层级反馈圈（HFL）

Sonis 等（1993，1995，1997a）提出了一种新的产业层级结构特征分析

---

① QIOA/MFA 建立的依属矩阵 D 与产业图或网络模型的邻接矩阵在形式上没有不同，根据矩阵 D 实际上也能够建立有向产业关联图。二者本质上的差异在于研究落脚点，QIOA/MFA 是通过构建 H 矩阵观察关联关系是单向、双向还是反向，而产业图或网络模型的目的在于通过关联关系的梳理为应用图论或者网络方法进行关联结构研究奠定基础。这里是从关联关系选择的角度将二者进行比较，即基础关联关系系数数据选取和过滤值（临界值）的确定两方面。

② FES 提供了分析经济系统共同模式和运行规律的基本框架（Thakur，2008）。

③ 关于 ICs 的定义，一般认为是对部门间关联活动扩散具有强支持能力的系数，TL 方法则是产出变动在一定范围内的部门关联关系系数变动的最大值的测度（Aroche-Reyes，1996）。不同于 MFA 临界值的系统内生，TL 方法中的 p 临界值实质是研究者来定性确定的。

方法——产业层级反馈圈（Hierarchical Feedback Loop，HFL）。HFL 的基本思想是寻找一组产业间的交互流，使得每一个产业节点恰好具有一个出流和一个入流，在网络图的形态上表现为产业圈，经过多轮的选择进行产业系统分层，将所有的交互流都实现映射。产业圈表明一个产业同其他产业的关联方式及其位置重要性。

　　建模的基本过程如下。第一步，设 T 为产业流矩阵，P 为对应的二元关系映射矩阵，P 初始都为 0 元素。令比较选取 T 中具有最大流（或流强度）的关联关系元素 $T(i_1, j_1)$，设定 P_1 中的对应元素 $P_1(i_1, j_1) = 1$，令 $T(i_1, j_1) = -M$（M 为无限大的正整数），选取 T 中具有最大流的关联关系元素 $T(i_2, j_2)$，且 $i_2 \neq i_1$，$j_2 \neq j_1$，设定 P_1 中的对应元素 $P_1(i_2, j_2) = 1$，依此类推，经过 $n-1$ 步后，找到 $T(i(n-1), j(n-1))$，设定 $P_1(i(n-1), j(n-1)) = 1$，则 0 - 1 矩阵 P_1 对应的圈图构成层级 I。第二步，重复第一步，找到 P_2 及对应层级 II，进一步找到 P_3 及对应层级 III，直到找到 P_{N-1} 及对应层级（$I + N - 2$）。整个过程实质是一个线性整数规划求解过程。获得的经济系统层级圈结构如图 2 - 5 所示。

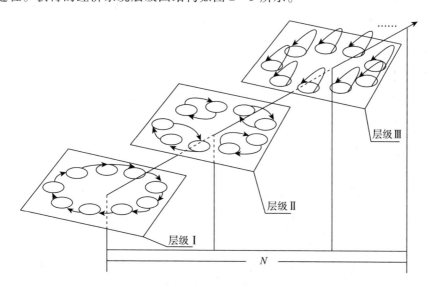

图 2 - 5　产业层级反馈圈结构示例

资料来源：依据 *Interpreting Spatial Economic Structure*：*Feedback Loops in the Indonesian Interregional Economy*，1980，1985（Sonis 等，1997a）提炼。

$(I-A)^{-1} = (I+S) D_n D_{n-1} \cdots D_2 D_1$ 的分解式描述了基于里昂惕夫逆阵可获得圈的结构效应。其中，$D_k = (I - A_k^{mk})^{-1}$ 代表产业在第 k 层的圈中所具有的结构影响效应，$I+S$ 则体现出一种层级之间的交互效应。Sonis 将 HFL 实际用于多区域经济关联层级结构分析。

（2）Liu-Zhou 模型

Liu-Zhou 模型是周传世和刘永清在 20 世纪 90 年代中后期首先提出并创建的产业网络构建及结构分析的系统模型方法。[①] 该模型主要由三块模型与方法构成：M1——产业网络建模方法；M2——产业网络递阶层次分析方法；M3——产业网络层级系统分析方法。

M1：产业网络建模方法

周传世、刘永清（1997）提出确定一个强关联的临界值，据此将里昂惕夫逆矩阵转化为反映产业关联强弱的等级关联矩阵以确定产业关联程度的强弱，实现以强关联及其派生关系作为建立产业网络图的核心设想。关联关系按相互作用的影响程度分成强弱两个等级，即强关联关系和弱关联关系，派生关联关系是由可达强关联关系生成的。产业网络构建的主要步骤如下。第一，强关联的临界值确定。确定强关联临界值 α。在定性分析的基础上试选一个临界值 α，然后进行逐一测试，当 α 有微小变动时，等级关联矩阵没有显著变化，继续增大，很快变为单位矩阵，否则，重新选择 α 进行测试，直到满足上述条件。第二，确定等级关联矩阵。以 α 对关联关系矩阵进行过滤，获得描述强关系的等级关联矩阵。根据 α 划分产业元素的关联等级，将里昂惕夫逆矩阵 R 转化为 $0-1$ 等级关联矩阵 L。第三，确定产业系统的可达矩阵。以等级关联矩阵进行连续幂运算，搜索 k，使得 $M = L^k = L^{k+1}$（Warshall 闭包算法），合成出描述 $0-1$ 派生性关联的可达矩阵 M。M 对应的有向图即为产业网络图。基本算法如图 2-6 所示。

M2：产业网络递阶层次分析方法

在 M1 基础上，定义产业可达集（带动产业集）和产业先行集（推动

---

① 根据作者姓氏拼音首字母排序将相关成果统称为 Liu-Zhou 模型。详见周传世、刘永清（1997），刘永清、周传世（1999）的研究。

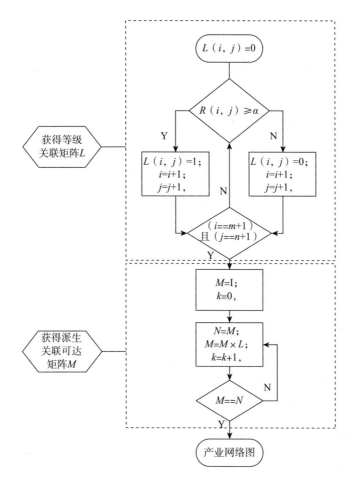

图 2 - 6 Liu-Zhou 模型的产业网络图构建算法

资料来源：依据《产业系统的递阶层次分析及其应用研究》（周传世、刘永清，1997）

提炼。

产业集），其中，$R(h_i) = \{h_j : m_{ij} = 1\}$，$A(h_i) = \{h_j : m_{ji} = 1\}$。主要过程：搜索具有 $A(h_i) = A(h_i) \cap R(h_i)$ 特征的产业 h_i（见图 2 - 7），删除这些元素，进一步进行重复搜索，直到所有的产业节点都被筛选到，每一轮筛选出的节点在同一层级上。递阶层次分析实质破除了产业网络中的圈结构，将产业进行排序，实现了对产业网络的分层分析。

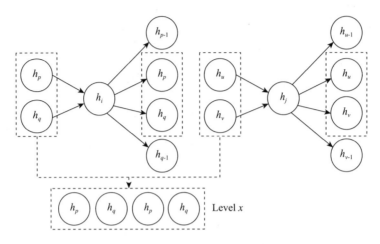

图 2 - 7　第 x 层级构成产业的搜索示意

资料来源：依据《广东省产业系统的层级结构模型及其应用》（刘永清、周传世，1999）提炼。

M3：产业网络层级系统分析方法

刘永清、周传世（1999）采用复杂系统的近可分解性（子系统之间的联系较弱，但不可忽略）原理进行层级系统分析。同一层级分属不同产业群的产业之间的微弱作用在本层不予考虑，它们被认为是相互独立的，而在上一层级，即在较本层级相互作用较弱的层级上，以产业群（集）总的方式来考虑。

分析基本步骤如下。首先按照一定的标准将里昂惕夫逆阵的元素分为五类（见表 2 - 4）。

表 2 - 4　层级划分的测度

类别	第一类	第二类	第三类	第四类	第五类
区间	$a \leqslant r_{ij}$	$b \leqslant r_{ij} < a$	$c \leqslant r_{ij} < b$	$d \leqslant r_{ij} < c$	$e \leqslant r_{ij} < d$
层级	I 层	II 层	III 层	IV 层	V 层

资料来源：《广东省产业系统的层级结构模型及其应用》（刘永清、周传世，1999）。

I 层等级关联矩阵 $R（1）= B \cup I$，其中 $B =（b_{ij}）$，$b_{ij} = \begin{cases} 1 & r_{ij} \geqslant a \\ 0 & a > r_{ij} \geqslant b \end{cases}$，获得 I 层等级可达矩阵 R_1，在 R_1 阵上执行 M2 的递阶算法，获得各产业群

（集）；产业群整体作为Ⅱ层分析的等级关联矩阵的基本元素，获得Ⅱ层等级关联矩阵 R（2）和等级可达矩阵 R_2。依此类推，可建立产业网络层次系统结构，分析整体及各产业的地位和作用。

吴开亚、陈晓剑（2003）引入了二元关系理论将 Liu-Zhou 模型的 M 矩阵元素定义为产业之间的连通关联关系，将对应的产业网络称为产业连通关联关系图。肖丽丽（2008）采用 Liu-Zhou 模型对陕西省进行了实证分析。

（3）Aroche-Reyes 的产业基础经济结构树（FEST）

Aroche-Reyes（2003，2006）认为传统 QIOA 在基础经济结构（FES）的识别分析上依赖于事前的关系临界数值，且造成了信息的过滤损失，进一步提出了产业基础经济结构树（Foundational Economic Structure Tree，FEST）的产业网络优化方法。FEST 不需要矩阵过滤并转化为 0 - 1 模式，减少了信息损失。FEST 基本结构如图 2 - 8 所示。

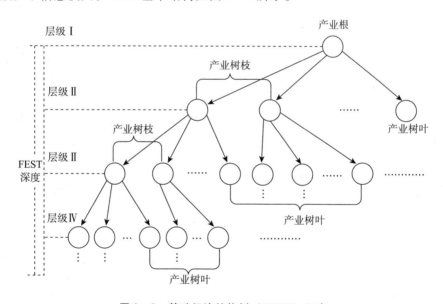

图 2 - 8　基础经济结构树（FEST）示意

资料来源：依据 A *Qualitative Input-Output Method to Find Basic Economic Structures*（Aroche-Reyes，2003）、*Trees of the Essential Economic Structures*：*A Qualitative Input-Output Method*（Aroche-Reyes，2006）提炼。

假定 1：图是连通图，即图中任何两点都有可达路径（一系列由弧连接的顶点）。假设一般的非稀疏矩阵满足此条件。

　　假定 2：图中不存在自环，即图中一条边的两个顶点不能为同一顶点。自环对应投入产出表中主对角线的元素，将这些元素设为零以避免存在自环。

　　在以上假设下，连接图 $G = (V, E)$，其中 V 为图中的点集，E 为边集，权重函数定义为

$$w:E \rightarrow R$$

　　对任意 $(u, v) \in E$，存在一个权重 $w(u, v)$，设非圈点集合 T，则最大生成树具有最大的 $W(T)$，即

$$W(T) = max \sum_{(u,v) \in T} w(u,v)$$

　　定义 $F \subseteq E$，F 为最大生成树的边集，最大生成树 $T = (V, F)$，则 $T \subseteq G$。

　　建模基本原理如下。

　　检查图 G 是否为连通图，如果为连通图，进一步检查 G 对应的邻接矩阵 A 主对角线元素是否为非零，将非零元素变为零。选择 A 中具有最大数值的元素 a_{ij} 作为首边 (i, j)，i 为产业根节点。设 F 为空集，设割集 $(S, V-S)$，S 为已选择边所关联的顶点，S 初始为空集，$V-S$ 为未选择边不在 S 中的顶点。如果边 (u, v) 的始点 u 和终点 v 分别在 S 和 $V-S$ 中，且 (u, v) 的权重在未选择边中最大，则 (u, v) 成为选择的边，v 进入 S，(u, v) 进入 F 中，即 $F = F \cup (u, v)$。依此类推，直到所有顶点进入 S 中。理论上 F 包含 $N-1$ 条边（N 为顶点数目）。这种建模方法每次增加一个新的节点和一条新边，以最大化边的权重和为目标，避免了圈的生成。如果以后向关联关系为分析对象，则根节点在经济系统中为具有最强需求影响的部门顶点。

五　产业网络分析框架形成及进展

（1）复杂性产业网络分析与社会性产业网络分析

　　20 世纪 90 年代末复杂网络研究的兴起，复杂网络方法体系、社会网络分析思想的成功引入及其同经典图论共同成为产业网络分析方法的理论基础是产业网络分析框架形成并继续获得发展的重要原因。这类研究围绕两

个核心点进行。

一是基本网络构造。产业网络建模采用的数据结构主要是投入产出模型，一般从绝对流量和里昂惕夫逆矩阵推广到了直接投入系数和产出系数。如汪云林等（2008）、张许杰等（2008）、刘刚等（2008，2009）与方爱丽等（2009）采用投入系数，朱英明（2007）和王茂军等（2011）综合采用投入系数与产出系数。而为避免信息损失，在基本产业网络连边规则设计上采取简化方式，部分采用均值法和统计法等进行信息过滤，一般则以赋边权补充。

二是网络指标的嵌入与应用，包括社会性产业网络分析指标和复杂性产业网络分析指标。

社会性产业网络分析的典型指标如下。

第一，中心性。吴晓波等（2010）根据 Chang 等（2005）提出的临界值判定方法建立基础产业网络，并在 Freeman 中心度基础上构建了产业部门集群极权度 H_{Cin} 和 H_{Cout} 两个分析指标。$C_{Cin}^{j0} = \left(\sum C_{Cin}^{ij} \right) - C_{Cin}^{ji}$，$C_{Cin}^{j0}$ 和 C_{Cin}^{j0} 表示第 j 个集群的外部入中心度和内部入中心度，C_{Cin}^{ij} 表示第 i 个产业向第 j 个集群的全部入度，k_j 表示第 j 个集群的产业数目（H_{Cout} 中的变量除表示出度外，其他内涵与之相同），则 $H_{Cin} = \dfrac{\sum C_{Cin}^{j*} - C_{Cin}^{j0}}{(n-1)(n-2) - (k_j-1)(k_j-1)}$，

$H_{Cout} = \dfrac{\sum C_{Cout}^{j*} - C_{Cout}^{j0}}{(n-1)(n-2) - (k_j-1)(k_j-1)}$。$H_{Cin}$ 和 H_{Cout} 描述具有最高集中度的集群同其他集群之间集中度的差异情况及其在网络中的位置以探究转型经济中产业部门角色的变化。

第二，结构洞。García-Muñiz 等（2010）采用产业生产网络结构洞方法分析网络信息通道结构同知识信息传输能力的关系，以及对产业部门创新能力的影响。以欧洲和西班牙整体为例的实证分析中，她采用 Burt（1992）的指数测量方法描述结构洞，在投入产出数据结构下，具体选择非冗余关系数 TE_i 和效率 E_i。$TE_i = N_i - \sum\limits_j R_{i(j)}$ $E_i = \dfrac{TE_i}{N_i}$，其中 $R_{i(j)} = \sum\limits_q p_{iq} m_{jq}$，$p_{iq} = $

$\dfrac{x_{iq} + x_{qi}}{\sum\limits_{j=1}^{n} (x_{ij} + x_{ji})}$，$m_{jq} = \dfrac{x_{jq} + x_{qj}}{\max_k (x_{kj} + x_{jk})}$，$x_{uv}$ 为投入产出矩阵的中间流。

第三，中心-边缘度。García-Muñiz 等（2011）采用其 2006 年提出的交叉熵方法进行产业社会网络的中心-边缘结构分析。主要模型为 $\text{Min} \sum\limits_{i=1}^{n} \sum\limits_{j=1}^{n} p_{ij} \log \dfrac{p_{ij}}{q_{ij}}$，其中 $\sum\limits_{i=1}^{n} \sum\limits_{j=1}^{n} p_{ij} = 1$ 且 $0 \leqslant p_{ij} = \dfrac{\delta_{ij}}{\sum\limits_{i=1}^{n} \sum\limits_{j=1}^{n} \delta_{ij}} \leqslant 1$，$q_{ij} = \dfrac{f_{ij}}{\sum\limits_{i=1}^{n} \sum\limits_{j=1}^{n} f_{ij}}$，$\delta_{ij}$ 是理想核心-边缘结构中的产业部门关系测度，而 f_{ij} 为实际观察到的产业部门关系测度。通过反复测试寻找最优值以实现产业社会网络核心-边缘的结构分层。其中产业网络的内核部分则构成产业系统的基础性经济结构（FES）。

复杂性产业网络分析典型指标如下。

第一，复杂网络效率指标。刘刚等（2008）利用 2002 年中国投入产出数据，依据产业间价值流量的均值识别出产业节点间的供需关系，建立了包含有 122 个节点和 2289 条边的产业结构网络。在此基础上，他们定义了产业结构网络效率的 E 值，$E = \dfrac{1}{n(n-1)} \sum \dfrac{1}{d_{ij}}$（其中 n 为网络的节点数，d_{ij} 为节点 i 到节点 j 的最短路径长度，即连接 i、j 两节点最短路径的边的个数）。从网络上，外资并购表达为特定节点的删除，供需关系的垄断表达为特定连接边的删除。基于上述产业网络结构分析方法，他们进而研究了随机并购产业、并购度数大的产业与并购介数大的产业和随机垄断市场与垄断介数大的市场等在不同状态下的网络效率大小及其变动情况。

第二，复杂网络距离、密度、簇系数、度数和介数等指标。张许杰、刘刚（2008）建立了英国产业结构网络，分析了其平均最短距离、平均簇系数、度分布、度-度相关性、度-簇相关性和点介数及其分布等。汪云林等（2008）采用中介中心性作为衡量节点在网络中的重要性的指标。Kim、Park（2009）以网络密度描述了韩国产业技术关联结构的特征。刘刚、郭敏（2009）进一步将复杂网络指标应用在赋权产业网络中，以部门 i 的 GDP_i 占整个经济体 $\sum GDP_i$ 的比重作为点权，以关联部门消耗系数的均值为边权，研究了网络的平均路径长度 L （$L = \dfrac{1}{\frac{1}{2} n(n-1)} \sum\limits_{i \neq j} d_{ij}$）、节点簇系数 C_i （$C_i = \dfrac{E_i}{k_i (k_i - 1) / 2}$）、网络的簇系数 C （$C = \dfrac{1}{n} \sum\limits_{i=1}^{n} C_i$）和网络的节点

度分布 P_k（网络中任意选择的一个节点恰好有 k 条边的概率）等，并对节点权分布、边权分布、节点度与度的相关性（以度数等于 k 的节点的邻接节点度数平均值为函数的增减性）和节点度与点权的相关性等进行了实证性研究分析。方爱丽等（2009）则同时研究了无权和加权投入产出关联网络的聚集系数和度相关系数以及两类网络中对应结构特征间的关系。

第三，复杂网络连通性和社团结构指标等。王茂军、杨雪春（2011）基于2002年四川省投入产出表建立的包含67个部门节点的产业网络研究了网络连通性、产业间联系的强弱等方面的结构特征。除平均最短路径、度分布、聚类系数等指标外，还利用复杂网络的社群分割算法识别和提取了产业网络中存在的社团结构。

（2）产业网络分析整体性理论框架形成与特征

产业空间网络、产业（复杂）网络等成果标志着产业网络分析整体性理论框架的初步形成。以网络构造和结构分析为核心的产业（复杂）网络理论具有产业网络分析一般理论框架的基本特征。其主要包含如下三个方面。

第一，产业（复杂）网络分析具有系统分析视角及系统科学的方法论基础，基于产业关联关系→产业关联结构→产业关联效应的关联系统研究视角进行产业网络的构建、优化和分析。首先通过确定科学的临界值对产业关联二元关系进行梳理，以提取的强关联关系为基础构建产业网络。其次基于多层次经济问题分析的需要和特点，应用多种方法优化产业网络，进行关联结构特征的提取和描述。最后将提取出的结构特征凝练和总结，通过较为清晰规范的指标体系进行表达以为关联效应的研究提供更有针对性的关联描述方式，并利用产业网络指标对关联效应进行评价和分析。整体基于系统关系 - 系统结构 - 系统功能的分析路径最终达到了以网络描述问题和解决问题的目的。

第二，产业（复杂）网络分析能够深入描述和挖掘经济系统中产业主体之间多层次的交互特性。产业在经济系统中具有经济、技术、社会等复合角色，而产业（复杂）网络对产业部门的角色及其之间的关系具有清晰界定，其分析方法能够对产业间不同层次关系所关联的产业聚集、产业集群、产业竞争力、产业技术创新扩散、经济系统层级与结构升级等现实问题进行研究。产业（复杂）网络分析具有聚类性产业网络分析、层级性产业网络分析、技术性产业网络分析、社会性产业网络分析、生态性产业网络分析和复杂性产业网络分析等多位一体的特性。

第三，产业（复杂）网络构造与结构分析方法合理、有效和灵活。产业网络构造中以概率论方法确定强关联关系临界值，以产业认知为基础进行强关联关系多类别和多维度搜索，以矩阵和多种不同形式的网络图表达建立在强关联关系基础上的产业网络。设计出的前向与后向、供给与需求、组合与聚合、有向与无向、无权与赋权等多层次丰富的模型体系（以及在此基础上延伸出的产业技术流网络及扩展的垂直性与水平性产业网络等）提升了产业网络的可扩展性和实际应用的灵活性。在产业（复杂）网络基本模型上发展出的各种优化模型如中心－外围产业分层模型、产业凝聚子群模型、强成分产业集模型以及连通性、网络路径和网络成分、基于核与核度的产业分级模型等，清晰展现了不同侧面的产业关联结构特征。而对优化模型进行提炼和描述的丰富灵活的产业网络关联指标则是经济问题研究分析的有力工具。

上述三方面的特点最集中并综合体现于内生强关联关系区分和能够实现关联效应评价分析的网络结构指标体系创建等方面。这也是产业（复杂）网络核心理论与方法论的贡献。

（3）产业网络分析最新进展

从产业网络分析基本框架形成后的发展情况来看，主要关注点是考虑产业网络的技术性（技术性产业网络分析，T－INA）、社会与生态性（社会性网络分析，S－INA；生态性网络分析，E－INA）和复杂性（复杂性网络分析，C－INA），借鉴图论、概率论（信息论）、复杂网络、社会网络分析、生态网络分析理念，根据实际问题的研究需要，进一步细化、深化和完善产业网络分析方法体系，部分具有代表性的成果如表2－5所示。

表2－5   产业网络分析（INA）的最新发展情况

作者	产业网络 分析特征*	结构特征	产业网络构造、分析方法及指标
Semitiel-García 等 (2012)	T、S、C	产业技术扩散绩效	网络核分析

续表

作者	产业网络分析特征	结构特征	产业网络构造、分析方法及指标
邢李志等（2012b）	S、C	产业系统攻击抗毁性	流介数中心性及介数分布等
邢李志、关峻（2013）	C	最强关联关系	FLOYD 最短路分析
邢李志、关峻、靳敏（2013）	S、C	对于经济冲击的承载能力、敏感程度和周转能力	流介数、随机游走中心性和累计首达介数
Luo（2013）	M	产业对总体经济拉动效应	基于特征向量的网络构建
王茂军、柴箐（2013）	S	网络结构调节效应	产业节点度、介数中心度、聚集系数等
王茂军、包琪（2013）	C	产业网络交易特征的相似与差异性	网络规模、网络约束
文献等（2013）	S	产业系统产业链的连接状况和紧密程度	产品部门中间人属性
Hu 等（2013）	H	空间经济网络分析	门槛方法、树图方法
McNerney 等（2013）	C	产业流概率分布特征	流权分布、点权分布、群结构等
杜华东等（2013）	S、CL	中国产业结构变迁	中心度、密度、中心势、子群
杜华东等（2014）	S	G7 与 BRIC 产业结构演进	中心度、密度、中心势
Cerina 等（2014）	C	世界投入产出网络	聚集系数、度分布、社团、中心度
李凤梧等（2014）	S	经济增长	网络密度、网络 GN 值
张亮等（2014）	C	产业重要性	随机游走中心性
关峻（2014）	C	影响力、感应度系数相关性	拓扑集聚系数、加权集聚系数
文献等（2014）	C	产业网络演化机制	产业节点、点权、边权分布
王茂军等（2014）	S	产业交易地位	产业节点的市场交易规模、产业节点的交易市场数、产业节点市场交易强度
侯明等（2014）	S	结构复杂性	产业节点地位评价指标、整体网络结构评价指标、"块"与"团"等亚结构指标
Essletzbichler（2015）	S	都市区技术凝聚性	接近性、中心度等
李盼道等（2015）	S	产品部门价格关联效应	中心度
邢李志等（2016）	S	对产业系统的影响	共引网络边权、单位权、差异性
关峻等（2017）	C	产业集群网络	加权集聚系数
邢李志（2017）	C、D	产业转移路径	链路预测方法
García-Muñiz 等（2014）	S	产业网络的濡染效应	直接效应指标、调节效应指标等

作者	产业网络分析特征	结构特征	产业网络构造、分析方法及指标
García-Muñiz 等（2015）	S	IT产业的技术扩散效应	结构洞
Huang 等（2014）	E	经济可持续性	增长指标、发展指标
孙露等（2014，2015）	S	产业网络演化效应	密度、中心性、凝聚子群等
孙赵勇等（2014）	L、S	产业结构演化	产业结构基础树、主体调整网络指标
Zhang（2015）	E	区域能源消费	引力中心、流分析
韩赞永（2016）	C	基于产业复杂网络的中国产业关联研究	ICN综合指标
刘丙章等（2016）	C、S	区域间产业网络结构特征	产业度、集聚系数、介数中心性、成环率、结合度、线点率
郭文伟等（2016）	L、D	房地产产业链结构特征及危机传染效应	R-Vine Copula法建立树结构
Hu 等（2017）	L、C	产业网络层级效应	度数中心度、度分布与度相关等
尹翔（2017）	T、C、L、S	产业技术扩散整体及个体结构特征	度分布与度相关、核心–外围结构、产业技术流树等

＊在产业网络分析特征标示中，除前述的 T、S、E、C 分别表示技术性网络分析、社会性网络分析、生态性网络分析和复杂性网络分析外，CL 和 L 分别表示聚类性产业网络分析和层级性产业网络分析，M 表示产业网络构造，D 表示动态性产业网络分析。

资料来源：作者研究整理。

六　产业网络分析发展思考

网络（图）是关系结构研究的有效工具，但早期产业网络方面成果较为独立、零散而应用也尚未充分展开（20 世纪 70 年代和 90 年代）。随着图论、复杂网络和社会网络分析的引入，产业网络整体内涵和分析方法逐渐丰富与完善起来。当前研究更侧重于围绕新经济现象和实际问题进行的网络结构分析方面。其中，产业网络构造与分析方法研究始终存在几个关注并需要重视的问题。

首先，产业网络边的意义及连边原理与规则方面。第一，一般产业网络在构造方法上倾向于保存原有信息，这同对临界值可信度和合理性的疑虑有关。在描述产业关联关系时对决策重要性的关联关系和决策非重要性的关联关系不进行区分，将投入产出矩阵进行简单"图"形式的转化，认为产业间只要存在实际的物质（服务）或者具有价值的投入品与产出品或者非零的关联系数，产业就具有关联关系，网络图的相应节点间就可以连边，进行形式上的投入产出模型的等价简单变换。第二，部分产业网络关注到关联关系性质的差异性，在建模中也以临界值（或过滤值、门槛值等）作为关联关系区分和网络连边的依据，但临界值的确定具有外生性和一定主观性。如采用邻接矩阵疏密变动的敏感度作为临界值的方式，与研究者的判定直接相关，误差极大；如以涉及的部门数为参照的方法（如临界值为 $1/n$，n 为部门数量），其理论依据也不够明确——重要性关联关系与部门数量并不存在必然联系。较少的部门却可能具有较多的重要性关联关系，较多的部门涉及的重要性关系未必也一定是多量。第三，部分产业网络注重产业节点间连边规则的设计，但是内在处理方式具有一定问题，模型的描述准确性程度也降低。如采用投入产出关系的相关系数作为统计量，以一定置信水平下其显著性为依据确定有效关联关系方法中的置信水平选择存在困难；如采用信息熵最大化的 D 矩阵元素值的设定方式中直接关联关系和间接关联关系采用同样的标准，对实际关联关系变化规律的把握能力存在一定不足。因为在一般情形下，直接关联关系数值普遍较高，间接关联关系数值普遍较低，使用同样的临界值水平，其不准确性程度将极大上升，高价值关联信息会因过滤而有较大损失。第四，对关联关系类型区分的重视度不够。如对建模基础的分配系数矩阵、消耗系数矩阵、中间流量矩阵进行选择的依据明显不足，不能把握关联关系的多维性（如推动关系、拉动关系等）和多视角性（如推动或拉动关联关系的主动方和被动方等）。在这种思路下建立的关联图或网络模型在一定程度上也会限制关联结构特征研究的深入进行。因此，对关联关系进行梳理应具有明确的标准。这个标准应当具有客观、科学和明确的经济意义，应当综合考虑投入产出关联系数不同特点并且重视区分不同性质和类型。

其次，产业网络结构分析方法发展中的吸收利用方面。一般复杂网络和以产业部门为节点构建的关联图或网络存在本质上的不同，复杂网络指标也不能直接转移为关联结构特征的描述指标。第一，一般复杂网络强调节点数量的海量性，而产业关联网络中的节点数量具有相对的有限性。一般复杂网络注重大型或超大型网络的拓扑结构以及众多随机性节点相互作用下涌现的网络演进规律和网络动力学特性的分析。对于产业关联网络，由于产业类别的限制，产业部门节点的可能数量在一定时期内较为固定，而不同产业属性的差异能够决定整个经济产业系统的发展状况，并且具有相似结构性质的不同节点也同经济绩效、产业结构的高级化水平等密切相关（如信息产业具有主导地位和纺织业具有主导地位，标志着不同的经济发展阶段和工业化水平）。因而基于产业网络的关联结构研究不应忽视节点的个性特征及其变化规律。第二，一般复杂网络强调节点遵循一定统计规律下连接的自发性，且一般复杂网络的可扩展性和生长性特征较明显。而产业网络受技术创新、技术进步和外部产业政策取向的制约性限制较强。比如新兴产业的产生表现为产业网络上新节点的引入，这种新产业的成长一般是技术创新与技术进步的推动作用、产业政策的引导与调控作用以及新投资/消费/出口需求的拉动作用共同合力下的结果。在这种情形下，图论、社会网络分析方法和一般复杂网络指标不能直接、简单迁移到产业网络上，还需要理解和把握产业网络特殊性，需要明确指标的经济意义和网络意义，将网络指标内在转化为产业关联指标。

最后，产业网络分析体系构建方面。第一，当前对于产业网络分析的基本理论架构尚缺乏明确而统一的界定。如对产业网络的界定和命名差异明显，对产业网络分析发展的背景、方法论基础和逻辑结构缺乏系统性思考及表述。第二，未能清晰界定同关联学科及方法的关系并实现自身清楚的功能与作用定位。如对作为重要方法来源的图论、复杂网络和社会网络分析同产业网络分析的关系缺乏系统表述，对方法迁移应用的经济意义缺乏清晰界定。第三，缺乏核心概念和自有方法。如复杂网络的介数、聚集系数、度分布、社会网络分析的中心度、结构洞等概念尚未内化为产业网络分析的独有概念与方法。第四，对作为产业网络分析对象与目标的区域经济发展问题的定位还未有清晰的表述，不利于建立紧密的产业网络分析架构。以上问题综合限制了产业网络分析的深入发展。

基于以上几点考虑，本书尝试初步引入和定义了产业网络分析内涵，提出并探索构建了产业网络分析基本框架，力求为今后更深入的研究做好铺垫。这是本书的核心意义所在。

第三章 产业网络构造分析理论与方法

第一节 产业网络建模原理

产业网络分为两大类：一是基础型网络，二是扩展型网络。

一 基础网络建模原理

产业网络的核心是产业间的边（有向边）及其意义。节点间的边描述的是产业间存在的前后强关联关系，即产业链[①]，包含了强关联关系的内容（供给推动或者需求拉动，分别以消耗系数和分配系数来描述）和强关联关系的角度（供给与需求的主动或者被动，以系数矩阵的行列的前向或后向关联体现）两层含义。据此两个维度，在投入产出模型的基础上可构建出四类基础产业网络模型：前向供给网（Forward-Supplying Industry Network，FS - IN）、后向供给网（Backward-Supplying Industry Network，BS - IN）、前向需求网（Forward-Demanding Industry Network，FD - IN）和后向需求网（Backward-Demanding Industry Network，BD - IN）。

（1）供给型基础网络：FS - IN 与 BS - IN

FS - IN 是对下游产业产品服务供给的主动视角前向关联网络，其构建原理是从消耗系数矩阵横向分析。某产业与其他产业间系数数值大于某个临界值表明这两个产业间关联关系显著，是强关联关系，在 FS - IN 中用有向边连接起来。BS - IN 是受上游产业供给的供给接受方被动视角后向关联

[①] 产业链是一种相对稳定结构，当产业间为强关联关系时，有效产业链才存在。

网络，构建原理与 FS‒IN 类似，区别是从消耗系数矩阵纵向分析搜索临界数值建立网络模型。

（2）需求型基础网络：FD‒IN 与 BD‒IN

FD‒IN 是下游产业对目标产业产品服务需求的被动视角前向关联网络，BD‒IN 是对上游产业产品服务需求的主动视角后向关联网络。FD‒IN 与 BD‒IN 构建原理同供给网络相同，区别是以分配系数代替消耗系数来进行。

主动视角网络主要用于分析产业的作用，而被动视角网络侧重于分析产业的地位和影响因素。基础产业网络模型是整个建模研究和结构分析的基础。

二 扩展网络建模原理

（1）组合型与聚合型产业网络

根据需要对基础网络进行扩展可首先构建出组合型和聚合型两类扩展模型。组合型扩展模型一种是"交"网，即其边来自对应基础或组合网络中的共有边，如提取 FS‒IN 与 BS‒IN 的共同边构建供给网 S‒IN 描述区域产业供给结构，提取 FD‒IN 与 BD‒IN 的共同边构建需求网 D‒IN 描述区域产业需求结构等。另一种是"并"网，即其边由来自对应基础或组合网络中的所有边构成，如 S‒IN 和 D‒IN 组合的"并"网可描述区域产业一般关联结构。聚合型扩展模型是将基础网络或者组合网络中所有存在双向可达路径的产业节点识别出来构成完全子网络的扩展模型。聚合型产业网络直观展示了区域产业集聚性质。

（2）赋边权与无向产业网络

产业网络一般是无边权的有向图，但在一些结构特征的分析中需要有权值信息，或者需要将有向边转化为无向边。因此，在基础产业网络、组合型与聚合型产业网络基础上可建立赋边权产业网络和无向产业网络。赋边权产业网络的边权可选择产品流量和具体关联强度系数，如在 FS‒IN 边上赋以流量权，形成 W＊FS‒IN（Weighed FS‒IN），在 S‒IN 上赋以消耗系数权形成 W＊S‒IN（Weighed S‒IN）。无向产业网络是根据一定的标准将有向边转化为无向边，如定义产业间只要具有推动或拉动强关联即可连边形成无向产业网络。一般产业网络都为有向网络，当构建或应用无向产业网络时将特别说明，如 FS – IN 扩展的无向网络以 I * FS – IN（Indirection-al FS – IN）表示，原网络则以 D * FS – IN（Directional FS – IN）表示。

第二节　产业网络建模步骤

基于建模原理的分析，以确定强关联关系为核心的产业网络模型构建主要存在四个方面的问题：一是产业间关联关系系数的选择，只有选定了描述关联关系数量大小的关联关系系数，才能在其基础上使用特定方法提取出强关联关系；二是强关联关系认知视角的选取，即解决强关联关系比较范围的问题；三是强关联关系临界值的确定，设定某种规则或方法将强关联关系进行判定并提取出来；四是以强关联关系为基础建立产业网络，并以科学的形式表达。

一　关联关系系数选择

经典投入产出模型提供了基本的关联关系信息，投入产出模型系统、清晰描述了关联关系的绝对流量与相对比重的数量状况。虽然不限于投入产出数据，如认知的关联关系、经验数据等也可描述产业间关联关系，但投入产出是产业关联研究的成熟技术，并且从国家到地方的数据库完整，企业也有大量数据，投入产出模型已具有广阔和较为坚实的应用基础。即使投入产出模型具有重局部而缺乏整体性的缺陷，但从投入产出模型到产业网络模型的转化可弥补其存在的信息过于集中或者分散的缺陷，所以产业网络分析建模的关系数据基础是投入产出系数（和流量）矩阵。

从投入产出模型看，描述关联关系的基本模型有投入产出流量矩阵 Z（中间流量矩阵）、投入系数矩阵 A（直接消耗系数矩阵）、产出系数矩阵 B（直接分配系数矩阵）、里昂惕夫逆矩阵 L（完全需要矩阵）和戈什逆矩阵 G（完全感应矩阵）。在产业网络（图）建模中，早期的 Campbell 和 Slater 等采用投入产出流量矩阵，汪云林等（2008）、张许杰等（2008）、刘刚等（2009）和方爱丽等（2009）采用投入系数矩阵，Morillas 等（2011）采用分配系数矩阵，而朱英明（2007）和王茂军等（2011）综合采用投入系数与产出系数矩阵，Schnabl（1994）、Titze 等（2011）则采用里昂惕夫逆矩阵。

综合不同投入产出系数矩阵的特点，基础产业网络分析的建模采用消耗系数矩阵（A 与 L）和分配系数矩阵（B 与 G）。[①]

消耗系数和分配系数分别描述中间投入与中间产出结构，分别体现产业间的供给推动关系与需求拉动关系。投入系数与产出系数描述了基本的直接产业供给与需求关联关系，而里昂惕夫逆矩阵（L 矩阵）和戈什逆矩阵（G 矩阵）描述了完全性的产业供给与需求关联关系。

投入产出的行模型与列模型分别体现了产业链上下游产业间的前向关联（FL）和后向关联（BL）关系，从而投入产出表的 i 行和 j 列分别描述了产业 i 与其他产业的前向关联关系和产业 j 与其他产业的后向关联关系。

因此，A 与 L 描述了供给关系，B 与 G 描述了需求关系，横向维度和纵向维度分别描述前向关联和后向关联。消耗系数矩阵（A 与 L）的纵向维度与分配系数矩阵（B 与 G）的横向维度可用于被动方的后向供给关联与前向需求关联的测量。而消耗系数矩阵的横向维度和分配系数矩阵的纵向维度可分别作为主动方的前向供给关联与后向需求关联的测量。

二　强关联视角选取

关联关系的强弱具有相对性，其区分需要有比较的范围。由于产业主体对关联关系影响其自身需求或成本程度的判断最为直接、有效，因此通过供给需求关系主动方或者被动方产业的观察视角来确定对产业自身成本与需求具有重要影响的关键产业，进而将其同关键产业的关联关系判定为强关联关系，这就是局部产业认知视角[②]。基础产业网络实质是根据供给与

---

① A、B、L 和 G 是地区或国家而非地区间的投入产出模型中的系数矩阵；从建模原理来说，基础型产业网络分析是以不同系数矩阵的横向和纵向维度进行区分，因此流量矩阵 Z 的强关联关系信息实质包含在 A 与 B 之内，所以在基本关联关系模型选择时不再考虑 Z。

② 复杂适应系统理论认为系统主体在不断地学习或积累经验，并不断调整以适应环境。在同环境的互动中，产业主体也具有自适应性，如通过引入和利用新的技术方式，运用新的不同方法生产、采用新的组织方式等，造就和推动了产业系统的复杂动态过程（李栋华，2010）。因此，产业主体对自身面临的环境状具有最直观和完全的信息，这是利用产业认知视角进行强关联识别的基本依据。产业认知体现了社会性产业网络分析的思想。

需求关系的主动与被动的产业认知视角进行区分和构建的。以下从产业认知视角对一般性的关联关系.P→Q 是否为供给推动或者需求拉动强关联关系进行判断。

（1）供给关系

P 产业为产品（服务）供给方，Q 产业为被供给方。对其中所涉及的供给关系分析存在两个视角：一种是从 P 产业角度考虑 P 产业产品（服务）在其前向关联产业的总投入中的影响程度，比较 P 产业对 Q 产业与对其他前向关联产业的供给关系强弱差异及差异的程度，以此确定 P→Q 是否为强关联关系，这是供给推动关联的主动视角（P 产业前向关联产业分析），即从供给方所供给产业范围考虑［见图 3-1（A）］；另一种是从 Q 产业角度考虑，即后向供给产业中强关联的识别，比较 Q 产业的总投入中 P 产业供给与其他 Q 产业后向关联产业对 Q 产业供给差异及其程度大小，以此确定 P→Q 是否为强关联关系，这是供给推动关联的被动视角（Q 产业后向关联产业分析），即从被供给产业所面临的供给产业范围考虑［见图 3-1（B）］。

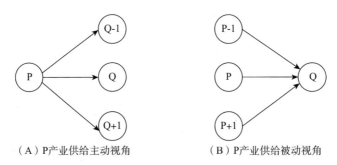

（A）P产业供给主动视角　　　　（B）P产业供给被动视角

图 3-1　产业的强关联认知——供给关系

资料来源：作者研究得出。

（2）需求关系

Q 产业为产品（服务）需求方，P 产业为被需求方。对其中所涉及的需求关系的分析也存在两个视角：一种是从 Q 产业角度考虑，即后向需求产业强关联的识别，比较 Q 产业的需求在 P 产业与在其他后向关联产业的总需求中的影响差异及其程度，以此确定 P→Q 是否为强关联关系，这是需求拉动关联的主动视角（Q 产业后向关联产业分析），即从需求方所需求产品（服务）的生产产业范围考虑［见图 3-2（A）］；另一种是从 P 产业角度考虑，即前向需求产业中强关联的识别，比较 P 产业产品（服务）的总需求中 Q 产业需求与其他 P 产业前向关联产业对 P 产业需求的差异及其程度大小，以此确定 P→Q 是否为强关联关系，这是需求拉动关联的被动视角（P 产业前向关联产业分析），即从被需求产业所面临的产品（服务）需求产业范围考虑［见图 3 - 2（B）］。

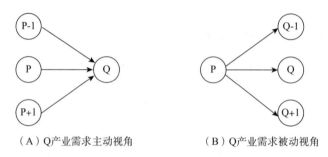

（A）Q产业需求主动视角　　　　　　　（B）Q产业需求被动视角

图 3 - 2　产业的强关联认知——需求关系

资料来源：作者研究得出。

（3）产业认知的实现

对于消耗系数矩阵 A（L），从横向看，a_{i1}，a_{i2}，…，a_{ij}，…，a_{in}（l_{i1}，l_{i2}，…，l_{ij}，…，l_{in}）描述的是 i 产业的产品在其所有前向关联产业总投入中所占的比重。比重越大的产业，i 产业对其前向推动（供给）关联关系越强，这是供给产业的主动视角。从纵向看，a_{1j}，a_{2j}，…，a_{ij}，…，a_{nj}（l_{1j}，l_{2j}，…，l_{ij}，…，l_{nj}）描述的是 j 产业的总投入中所有后向关联产业产品所占的比重。比重越大的产业对 j 产业的推动（供给）关联关系越强，这是供给产业的被动视角。

对于分配系数矩阵 B（G），从横向看，b_{i1}，b_{i2}，…，b_{ij}，…，b_{in}（g_{i1}，g_{i2}，…，g_{ij}，…，g_{in}）描述的是 i 产业所有前向关联产业的需求在其总产出中所占的比重。比重越大的产业，其对 i 产业的后向拉动（需求）关联关系越强，这是需求产业的被动视角。从纵向看，b_{1j}，b_{2j}，…，b_{ij}，…，b_{nj}（g_{1j}，g_{2j}，…，g_{ij}，…，g_{nj}）描述的是 j 产业的需求在其后向关联产业总产出中所占的比重。比重越大的产业，j 产业对其拉动（需求）关联关系越强，这是需求产业的主动视角。

结合产业认知视角和消耗系数与分配系数矩阵横向与纵向维度的分析

能够有效实现供给推动与需求拉动关联关系关联强弱的比较，这是基础产业网络建模实现的关键。

三　强关联临界值确定

强关联与弱关联应该有明确的界限，这个界限就是关联关系的临界值（门槛值、过滤值等）。

（1）已有关联关系临界值的确定方法

对强关联与弱关联或者有效关联与无效关联进行区分采用的技术或方法主要有以下几类。

一是以部门数目为参照的确定方法。Simpson 等（1965）在研究投入系数矩阵的三角性特征时，提出将 $a_{ij} \leqslant (\frac{100}{n})\%$ 的关联系数剔除掉（n 为部门数量）；Campbell 设定 LC 的 $\frac{1}{n}$ 标准以部门数量为依据；夏明（2004）在研究技术结构变动时采用 $(\frac{20}{n})\%$ 的过滤值。

二是经验判断法。朱英明（2007）以投入系数或者产出系数数值 0.2、郭立夫等（2003）以投入系数数值 0.1 和方爱丽等（2009）以直接消耗系数 0 作为依据；张许杰等（2008）以对称投入系数的均值为临界值；而汪云林等（2008）采用 0.5%、1% 和 5% 的多临界值法。

三是敏感性或相关系数法。Morillas 等（2011）对技术系数的临界数值以敏感性的试算方式来确定，以不同敏感性系数确定分配系数 0.5、0.65 和 0.8 为临界值；王茂军等（2011）以产业间关联系数超过 0.05 显著性水平为依据。Liu-Zhou 模型和 Chang 等（2005）也是采用敏感测试的方法。

四是熵最大法。Schnabl（1994）的最小流分析（MFA）中以威弗－香浓（Shannon，1948）指数确定的 H 矩阵信息量最大为临界值基准。

部门参照法、经验法、敏感性及相关系数法主观性较强，误差较大，熵最大法是较好的临界值内生法，但应用弹性较小，不能对不同类型关联关系灵活处理。

（2）概率分布方法

本书采用概率论中的 WI 指数方法来确定关联关系临界值。威弗指数

（Weaver Index，WI）是确定显著性指标值的有效工具，其最早由威弗（Weaver，1954）提出，并经过托马斯（Thomas，1963：1～196）进行了改进。WI 通过把一个观察分布和一个假设分布相比较，建立一个最接近的近似分布，从而识别数值序列中的关键元素。

这个方法的主要特点是把一个实际分布与一系列的假设分布相比较，从而确立一种最接近的近似分布。设某地区经济成分组成的顺序百分比为 a_1，a_2，$\cdots$，a_n，它们满足 $a_1 \geqslant a_2 \geqslant \cdots \geqslant a_n$，并且 $\sum_{i=1}^{n} a_i = 1$，另外做一系列的假设分布：

①有一种经济成分：$p_1^1 = 1$，$p_i^1 = 0$（$i = 2$，3，$\cdots$，n）；

②有两种经济成分且平均分布：$p_1^2 = p_2^2 = 0.5$，$p_i^2 = 0$（$i = 3$，4，$\cdots$，n）；

③有三种经济成分且平均分布：$p_1^3 = p_2^3 = p_3^3 = 0.333$，$p_i^3 = 0$（$i = 4$，$5$，$\cdots$，$n$）。

依此类推，一直到有 n 种经济成分的假定，对每种假设分布，都求它与实际分布之间差值的平方和：

$$S^1 = \sum_i (a_i - p_i^1)^2, S^2 = \sum_i (a_i - p_i^2)^2, \cdots, S^n = \sum_i (a_i - p_i^n)^2$$

其中，p_u^v 为实际有 v 种经济成分而出现 u 种经济成分的概率。一般来说，在 S^1，S^2，$\cdots$，S^n 系列中，随着 n 的增加，S 先增大后减小，直到出现一个最小值，然后持续增大。这个最小值对应的假设分布（只有 r 种经济成分且平均分布）就是最接近实际的近似分布，而 r 就是所求出的威弗指数。它表明，实际的分布最接近于有 r 种经济成分的平均分布，或者说，当把经济成分百分比按从大到小顺序排列时，前面的分布是最重要的。这样威弗指数就成为一种衡量地区经济结构的数量性指标，按照这一指标确定的排在最前面的 r 种经济成分就构成这一经济结构中的主要成分。国内的王景利等（1996）、段瑞娟等（2006）、赵媛（2009）和宋传珍等（2009）都利用威弗指数进行了经济地理成分或影响要素的综合性排序或评价分析。

威弗组合指数可以对多指标、多个样本进行分析，其主要步骤如下。

第一步，设共有 n 个样本和 m 类指标。E（i，1），E（i，2），$\cdots$，E（i，m）是对应于第 i 个样本点的 m 类指标值（$i = 1$，2，$\cdots$，n）。将

$E（1，j）$，$E（2，j）$，…，$E（n，j）$ 按从大到小的顺序排列 $（j = 1，2，…，m）$，排序后样本点序列为 $EE（1，j）$，$EE（2，j）$，…，$EE（n，j）$。

第二步，计算排序后第 i 个样本点在第 j 类指标下的威弗组合指数

$$w（i,j） = \sum_{k=1}^{n} \left[s（k,i） - 100 \times \frac{EE（k,j）}{\sum_{l=1}^{n} EE（l,j）} \right]^2$$

其中 $s（k，i） = \begin{cases} 100/i & （k \leq i） \\ 0 & （k > i） \end{cases}$

然后，确定第 j 个指标下的主要样本。设主要样本容量为 u，则

$$u = \{u \mid w（u,j） = \min_i w（i,j），（i = 1,2,…,n）\}$$

主要样本的集合为 $X_j = \{p \mid p = 1，2，…，u\}$。

第 u 个样本点的指标值 $EE（u，j）$ 即为 WI 确定的指标临界数值，是区别 j 指标下样本数值强弱的临界点，高于临界值的样本 X_j 是重要样本。

投入产出的中间流量矩阵和强度系数矩阵是 $n \times n$ 矩阵，当以纵向维度进行临界值搜索时，n 列表明有 n 个指标，第 j 个列向量相当于是第 j 个指标下的 n 个样本点，根据 WI 可计算出第 j 列的临界值。同理，以横向维度进行临界值搜索，n 行表明有 n 个指标，第 j 个行向量相当于是第 j 个指标下的 n 个样本点，根据 WI 可计算出第 j 行的临界值。

威弗组合指数实质是对样本进行二分，识别主要成分和重要样本，因此对于强关联临界值的识别具有客观意义，同时比较已有方法，采用威弗组合指数确定强关联关系临界值具有如下两点优势。

一是临界值具有多维性，且意义明确。利用 WI 并从供给与需求的不同性质关系以及产业认知的不同视角出发，沿投入产出系数矩阵的各行或各列分别进行搜索，这样得到了系数矩阵横向维度和纵向维度的临界值向量，向量的各分量相互独立，表明了不同性质的关系在不同产业认知视角下的强关联关系水平的标准差异，方法的针对性和灵活性较强，含义清晰。

二是临界值具有完全内生性且定量客观。临界值的确定完全系统内生，排除了人为的随意成分和主观误差，每个维度的临界值是一个唯一而明确的定量数值，排除了模糊成分和不确定性因素。

总之，通过 WI 确定产业强关联关系临界值方法的引入成功解决了以往研究中关联关系重要性判定的不科学性，提高了整体关联研究模型的有效性。

四　具体网络模型表达

以产业认知为中心，基于威弗组合指数的判定规则沿投入产出系数矩阵的行向或列向进行强关联关系的搜索，并以强关联关系作为产业间连边的依据构建产业网络模型，最后将产业网络模型以一定的形式表示，就完成了基础型产业网络的构建。产业网络分析可以采用矩阵和网络（图）等形式来表示。

（1）网络（图）的矩阵表示

一般来说，矩阵是网络（图）的有效表达形式，根据不同的条件和研究问题的特点经常采用的矩阵有邻接矩阵、可达矩阵和完全关联矩阵。

①邻接矩阵

设 $G = (V, E)$ 为简单图，它有 n 个结点 $V = \{v_1, v_2, \cdots, v_n\}$，则 n 阶方阵 $A (G) = [a_{ij}]$ 为 G 的邻接矩阵，其中

$$a_{ij} = \begin{cases} 1, & v_i \text{ 邻接 } v_j \\ 0, & v_i \text{ 不邻接 } v_j, \text{或 } i = j \end{cases}$$

如果给定的图是零图，则其对应的矩阵中所有的元素都为 0，它是一个零矩阵，反之亦然，即邻接矩阵为零矩阵的图必是零图。

②可达矩阵

设 $G = (V, E)$ 为简单有向图，它有 n 个节点 $V = \{v_1, v_2, \cdots, v_n\}$，则 n 阶方阵 $P (G) = [p_{ij}]$ 为 G 的可达矩阵，其中

$$p_{ij} = \begin{cases} 1, & \text{从 } v_i \text{ 到 } v_j \text{ 至少存在一条路} \\ 0, & \text{从 } v_i \text{ 到 } v_j \text{ 不存在路} \end{cases}$$

一般地说，由图 G 的邻接矩阵 A 可得到可达矩阵 P，即令 $B_n = A + A^2 + \cdots + A^n$，再将 B_n 中不为 0 的元素均改换为 1，而为 0 的元素不变，这个生成的矩阵即为可达性矩阵 P。

③完全关联矩阵

给定无向图 G，令 $v_1, v_2, \cdots, v_p$ 和 $e_1, e_2, \cdots, e_q$ 分别记为 G 的顶点和边，则矩阵 $M (G) = [m_{ij}]$ 称为 G 的完全关联矩阵，其中

$$m_{ij} = \begin{cases} 1, & 若 \ v_i \ 关联 \ e_j \\ 0, & 若 \ v_i \ 不关联 \ e_j \end{cases}$$

图中每一边关联两个顶点，故 M（G）的每一列中只有两个 1；每一行中元素的和数是对应顶点的度数；一行中元素全为 0，其对应的顶点为孤立顶点；两个平行边其对应的两列相同；同一个图当顶点或边的编序不同时，对应的 M（G）仅有行序和列序的差别。

当一个图是有向图时，也可用节点和边的关联矩阵表示。给定简单有向图 G，令 $V = \{v_1, v_2, \cdots, v_p\}$ 和 $E = \{e_1, e_2, \cdots, e_q\}$ 分别记为 G 的顶点和边，则 $p \times q$ 矩阵 M（G）$= [m_{ij}]$ 称为 G 的完全关联矩阵，其中

$$m_{ij} = \begin{cases} 1, & 若在 \ G \ 中 \ v_i \ 是 \ e_j \ 的起点 \\ -1, & 若在 \ G \ 中 \ v_i \ 是 \ e_j \ 的终点 \\ 0, & 若 \ v_i \ 不关联 \ e_j \end{cases}$$

这些不同的矩阵可以相互转化。本书主要依据邻接矩阵来存储强关联关系数据和进行网络图的构建，并根据特定问题的差异来应用其他矩阵形式。

（2）基础型产业网络构建

基本的投入产出关联结构矩阵（Z、A、L、B、G 等）以 M 表示，其包含 n 个产业（产品）部门，M 矩阵是 $n \times n$ 矩阵，通过威弗组合指数计算，n 行将获得 n 个独立的临界值 α_1、α_2、$\cdots$、α_n；同理，再以列为单元进行临界值搜索，n 列将获得 n 个独立的临界值 β_1、β_2、$\cdots$、β_n，定义 $n \times n$ 的 0－1 邻接矩阵 ERM 和 ECM，ERM 和 ECM 的元素数值由 M 及对应的强关联临界值来确定。M 矩阵与 ERM 和 ECM 的对应关系如表 3－1 所示。

表 3－1 强关联关系矩阵生成关系

ERM 矩阵生成		ECM 矩阵生成	
M 行元素条件	ERM 元素设定	M 列元素条件	ECM 元素设定
M（i, j）$\geqslant \alpha_i$	ERM（i, j）$= 1$	M（i, j）$\geqslant \beta_j$	ECM（i, j）$= 1$
M（i, j）$< \alpha_i$	ERM（i, j）$= 0$	M（i, j）$< \beta_j$	ECM（i, j）$= 0$

资料来源：作者研究得出。

ERM 和 ECM 就是对应基础网络的邻接矩阵（EM），ERM 和 ECM 邻接

矩阵的行与列都是产业节点的标示（名称或者编号）。EM 矩阵中数值为 1 的元素，即 $EM(i, j) = 1$，表明其对应的产业网络中相应产业节点间存在有向边（从节点 i 指向节点 j），$EM(i, j) = 0$ 则表明相应产业网络的节点间不存在边。

（3）扩展网络模型构建

①组合与聚合网络

首先定义 $1 \oplus 1 = 1$，$1 \oplus 0 = 1$，$1 \otimes 1 = 1$，$1 \otimes 0 = 0$ 的运算规则。以基础网络构建组合网络为例，在 ERM 和 ECM 的基础上构建交阵 SEM [$SEM(i, j) = ERM(i, j) \otimes ECM(i, j)$] 和并阵 DEM [$DEM(i, j) = ERM(i, j) \oplus ECM(i, j)$]，然后计算两个差矩阵 ΔSEM（$\Delta SEM = ERM - SEM$ 或 $\Delta SEM = ECM - SEM$）和 ΔDEM（$\Delta DEM = DEM - ERM$ 或 $\Delta DEM = DEM - ECM$）。其中，$\Delta SEM(i, j) = 1$ 和 $\Delta DEM(i, j) = 1$ 分别表明在对应基础网络中所需删除和增加的从 i 到 j 的有向边，通过删除和增加边便从基础网络得到组合"交"和组合"并"产业网络。

利用强关联关系的 Warshall 传递闭包算法来建立聚合产业网络。在 $1 \oplus 1 = 1$，$1 \oplus 0 = 1$，$1 \otimes 1 = 1$，$1 \otimes 0 = 0$ 的运算规则下，对基础或者组合网络对应的矩阵 EM 做 EM^2，EM^3，$\cdots$，EM^l，直到 $EM^l = EM^{l+1}$，$l = 1, 2, \cdots$。设 $MM = EM + EM^2 + \cdots + EM^{l-1} + EM^l$，以 0 - 1 矩阵 MM 可构建出对应的聚合产业网络。

②赋权网络与无向网络

以容量赋权网络[①]为例，设 AM 表示基础网络、组合网络和聚合网络的邻接矩阵，Z 为产业流量矩阵，C 为生成的权系数矩阵，$C(i, j) = Z(i, j) \times AM(i, j)$，以 C 为基础可构建出容量赋权网络。

以强无向网络为例，当只有产业间同时具有双向强关联，网络节点间才存在边。假定待转化的初始网络为 S - IN，IAM 为无向网络的邻接矩阵，其元素 $IAM(i, j) = \min \{A(i, j), A(j, i)\}$，以 IAM 可构建出 I * S - IN。同理，弱无向网络可采用 $IAM(i, j) = \max \{A(i, j), A(j, i)\}$ 的对应矩阵的元素生成规则。

---

① 以流量作为边权重的网络为容量产业网络，边权表示此边可通行的产业物质/价值流的上界。

第三节　示例 I ：山东省产业网络构造分析

以山东省 2007 年 42 个部门的投入产出表①数据为基础，按照上一节的建模方法建立了山东省的产业网络分析模型，各产业部门依次编号②为 1 ~ 42，不同类型产业网络以不同形式进行表示。采用直接消耗系数③分别建立 DFS－IN、DBS－IN 和 DFD－IN，以完全消耗系数分别建立完全型 BS－IN、BD－IN、FS－IN、FD－IN、W＊CS－IN 和 WI＊CS－IN。其中，DFS－IN、DBS－IN、W＊CS－IN、WI＊CS－IN 以网络的邻接矩阵形式表达；DBS－IN 和 DFD－IN 根据三次产业的类别各分成 3 个子图共同表达，描述三次产业内及其之间的关系；以 BS－IN 与 BD－IN 和 FS－IN 与 FD－IN 建立聚合组合型产业网络，以聚合形态模式图表达，描述区域产业聚集的产业分布；以 DBS－IN 中企业供给链的战略路径决策分析为例，构建产业网络的短链和长链树图形式。

一　产业网络的矩阵形式

山东省 DFS－IN 和 DBS－IN 的邻接矩阵分别如图 3－3 和图 3－4 所示，分别用 0－1 数字形式（A）和黑白格形式（B）表示。从矩阵基本的元素分布来看，DFS－IN 的关系密度明显高于 DBS－IN，且 DFS－IN 的强关联关系在矩阵上的位置分布比较均匀，而 DBS－IN 的强关系的边多分布于矩阵右上方的位置。④

---

① 本书示例和实证分析采用的所有国家和地区投入产出数据均来自对应年份正式公开发布的对应国家或地区投入产出表。下不赘述。

② 1 号为第一产业的农业，2 ~ 26 号为第二产业的工业与建筑业，27 ~ 42 号为第三产业的服务业。42 个部门具体的类型见附录。不同产业节点以不同编号数值进行区分，3 ~ 9 章全部网络图依此规则表达。

③ 下文中用直接系数建立的网络称为直接型网络，以完全系数建立的网络称为完全型网络，直接型网络前以"D"标识，而组合"并"型网络前以"C"进行标识。

④ 此处在强关联关系的提取时考虑了关联系数矩阵的主对角线元素，即将产业内关联纳入了比较体系。在关联效应强度研究中，学者们对是否考虑主对角线元素也存在着争议。本书无特别说明时，都假定产业内关联远高于产业间关联（具体研究中部门不再持续细分是合理的），而仅仅比较产业间关联系数的大小。

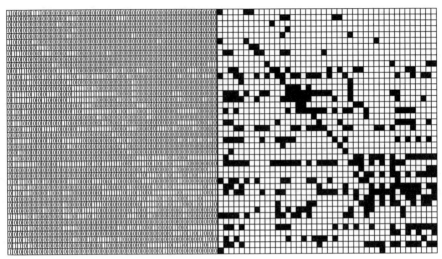

（A）0-1数字形式　　　　　　　　　（B）黑白格形式

图3-3　山东省 DFS-IN 邻接矩阵（42×42）

资料来源：依据《中国地区投入产出表（2007）》（国家统计局国民经济核算司，2011）数据计算。

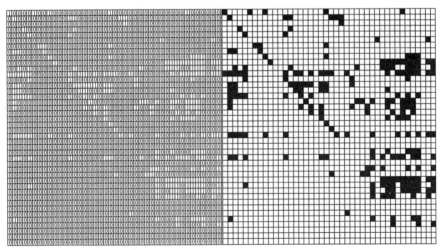

（A）0-1数字形式　　　　　　　　　（B）黑白格形式

图3-4　山东省 DBS-IN 邻接矩阵（42×42）

资料来源：依据《中国地区投入产出表（2007）》（国家统计局国民经济核算司，2011）数据计算。

山东省赋流量边权的 W＊CS－IN 容量矩阵如图 3－5 所示，赋权系数（完全消耗系数）的无向 CS－IN（WI＊CS－IN）权系数矩阵如图 3－6 所示，其无向边是以弱有向连接原理进行转化形成的。容量赋权网络的权值实质是限定了产业间直接最大的价值流量，这为基于网络流的研究（如最大流、流中间中心度等）提供了重要的数据基础；而赋权系数无向网络的邻接矩阵非 0 元素多于对应的有向网络，且其元素呈现沿主对角线对称的特点。

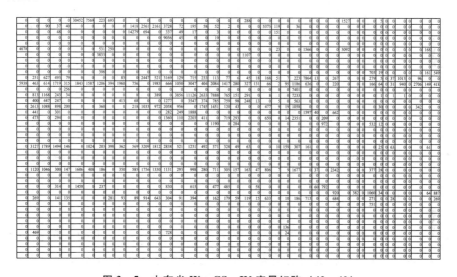

图 3 - 5　山东省 W＊CS－IN 容量矩阵（42×42）

注：此矩阵为原流量数值除以 100 后不保留小数的流量邻接矩阵。流量邻接矩阵实际就是网络的容量矩阵，只有特定产业间存在强关联关系且产业间物质/价值流量具有非零数值，容量矩阵的对应元素才不为 0。

资料来源：依据《中国地区投入产出表（2007）》（国家统计局国民经济核算司，2011）数据计算。

二　产业网络分离子图形式

用直接系数矩阵建立 DBS－IN 和 DFD－IN 两个网络（见图 3－7 和图 3－8），并以三次产业分离子图模型体现。

DBS－IN 和 DFD－IN 两个网络可对局部产业链上的产业供给结构与需求结构进行分析，如可识别出影响产业产品成本的主要上游产业类别和影响产业产品需求的主要下游产业类别；而在网络整体上则能够分析影响产

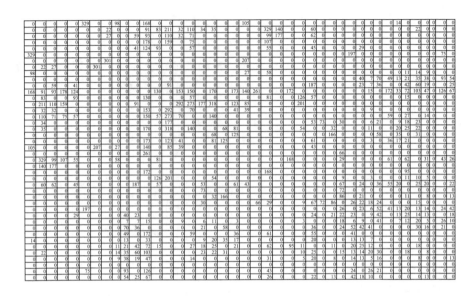

图 3 - 6　山东省 WI * CS - IN 权系数矩阵 （42 × 42）

注：原系数数值一般较小，所以此矩阵为原系数数值乘以 1000 后不保留小数的系数矩阵。

资料来源：依据《中国地区投入产出表（2007）》（国家统计局国民经济核算司，2011）数据计算。

业系统成本或需求的主要产业的关联关系分散或者集中的程度及趋势。依研究需要，根据产业类别的差异对整体网络进行分割或者进行子网提取。如可分割出第二与第三产业间的关联子网络 ［见图 3 - 7 （A） 和图 3 - 8 （A）］，第二产业内的关联网络 ［见图 3 - 7 （B） 和图 3 - 8 （B）］ 和第三产业内的关联网络 ［见图 3 - 7 （C） 和图 3 - 8 （C）］，在此基础上利用特定的指标（如产业关联结构评价指标）能够分别研究第二与第三产业间的关联关系特征，第二产业和第三产业的整体内部关联结构特征。通过对山东省上述三种子网的初步分析发现，山东省农业的下游产业对其拉动性较低，而生产性服务业对工业的整体推动性弱于工业内部相互的整体关联性。[1] 从产业关联角度出发，这些薄弱环节可能是山东省产业结构调整中关注的重点。

---

① 这里的拉动性和推动性特指结构作用，拉动性体现在下游强关联产业的数量上，而推动性体现在上游强关联产业的数量上。

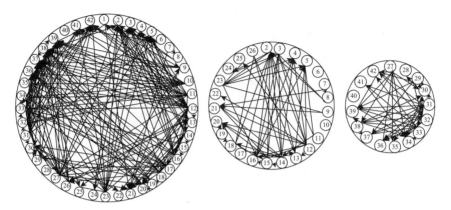

（A）三次产业外部网络　　　　（B）第二产业内部网络　　（C）第三产业内部网络

图 3 - 7　山东省 DBS - IN

资料来源：依据《中国地区投入产出表（2007）》（国家统计局国民经济核算司，2011）数据计算。

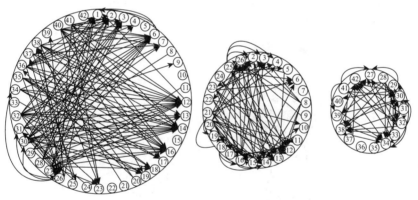

（A）三次产业外部网络　　　　（B）第二产业内部网络　　（C）第三产业内部网络

图 3 - 8　山东省 DFD - IN

资料来源：依据《中国地区投入产出表（2007）》（国家统计局国民经济核算司，2011）数据计算。

三　产业网络聚合图形式

山东省供给型和需求型组合 - 聚合产业网络分别如图 3 - 9 和图 3 - 10 所示。用完全系数构建 FD - IN、BS - IN、BD - IN 和 FS - IN，以 BS - IN 和

FS – IN 组合成"交"网 S – IN，以 FD – IN 和 BD – IN 组合成"交"网 D – IN，再将 S – IN 和 D – IN 分别转化为聚合网。网络以模块化结构表示，关联性质相似的节点在同一框内，其中实线框为完全子网络（任意两个节点间都存在双向的边）。

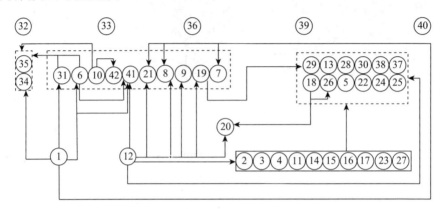

图 3 – 9　山东省供给型组合 – 聚合产业网络

资料来源：依据《中国地区投入产出表（2007）》（国家统计局国民经济核算司，2011）数据计算。

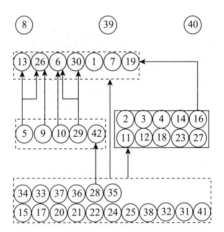

图 3 – 10　山东省需求型组合 – 聚合产业网络

资料来源：依据《中国地区投入产出表（2007）》（国家统计局国民经济核算司，2011）数据计算。

循环产业供给链①存在图 3 - 9 实线框内的 2～4 号、11 号、14～17 号、23 号和 27 号节点间，这些产业相互聚集、彼此支撑，整体对其他产业形成巨大推动作用；循环产业需求链存在于图 3 - 10 实线框内的 2～4 号、11～12 号、14 号、16 号、18 号、23 号和 27 号节点间，在整个需求结构中处于承上启下的位置，对于传导产业的需求拉动力发挥着重要的作用。经过对比可以识别山东省推动力和拉动力均比较强（推动或拉动产业数量多）的产业为 2～4 号、11 号、14 号、16 号、23 号和 27 号，这应该是目前山东省的关键性产业。这种具有双向关联的产业对于推进经济增长具有很强的作用。

四　产业网络（类）树图形式

以 25 号产业为例进行供给结构的战略认知。② BS - IN 中以 25 号为起点逆边的方向分别做广度和深度优先遍历提取子网络，并寻找出最短链数目最多的网络（见图 3 - 11）和最长链长度最长的网络（见图 3 - 12）。最短链网络体现了产业受供给的广度（所受其他产业推动影响的分散程度），最长链网络体现了产业受供给的深度（受供给的直接和间接程度）。企业依据其面临的短链和长链供给结构并结合边的重要性水平可进行针对性的战略优化路径选择，而这种选择的差异性受企业战略目标影响。若实施后向一体化战略的企业是为了增加整体原材料产品的供给稳定性，其可在短链网络中逆边的方向选择与其路径长度最大的产业作为一体化的进入产业（如在图 3 - 11 中选择 5 号产业）。若企业一体化是为了减弱原材料产品成本的波动性对自身的影响，则可在长链网络中逆边的方向选择与其路径长度最大的产业进入（如在图 3 - 12 中选择 39 号产业）。而当短链或长链网络有多条最长产业链时，在同等条件下，具有重要性产业链（如边中间中心度较大的边）的路径所到达产业是企业优先选择的进入产业，这样就为后向

---

①　循环产业链（供给链、需求链）以圈的形式体现，循环产业链上的任意节点间皆双向可达。

②　经计算发现，BS - ICN 中内向接近中心度（Freeman，1977）最高的节点为 25 号产业，对其进行产业链提取的结果比较明显，所以本实例中以 25 号节点为研究分析对象。

一体化的决策提供了分析依据。同理，前向一体化战略分析是在需求型网络上进行的，而企业战略联盟分析则需要同时在供给与需求两类网络上进行。

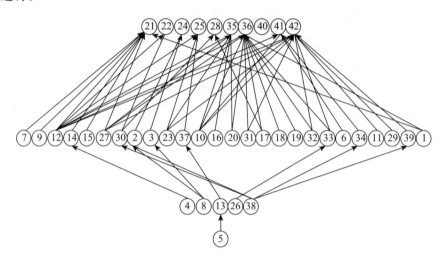

图 3 – 11 山东省 25 号产业面临的供给结构 – 短链网络

资料来源：依据《中国地区投入产出表（2007）》（国家统计局国民经济核算司，2011）数据构建的 BS – IN 计算构建。

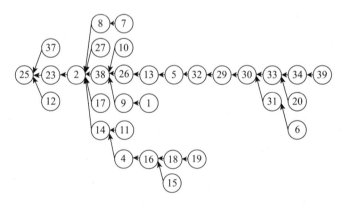

图 3 – 12 山东省 25 号产业面临的供给结构 – 长链网络

资料来源：依据《中国地区投入产出表（2007）》（国家统计局国民经济核算司，2011）数据构建的 BS – IN 计算构建。

第四节　示例Ⅱ：山东省信息部门产业链分析

一　基本说明与分析过程

（1）界定信息产业部门

传统上对信息产业范围的理解存在狭义与广义之分。狭义观点认为信息产业明确是第二产业中的信息制造业和第三产业中的信息服务业。而马克卢普（2007）、波拉特（1987）等认为信息产业是指一切与信息生产、加工、传递和利用有关的产业，不仅包括信息制造产业和信息服务业，也包括新闻、出版、金融、教育、科研、邮政等，是独立于农业、工业、服务业的第四产业。伴随着技术与经济发展，信息产业的内涵和外延也必然会发生变动，但总体来说，信息产业应当包含信息技术研发及应用、信息设备制造和公共信息服务等。我国对信息产业的分类是根据国民经济行业分类（GB/T4754－2002）来确定的，信息产业包含了第二产业中的信息制造业（包括信息产品及设备的生产、销售和租赁等部门）和第三产业中的信息服务业（包括信息传输、软件设计和计算机服务、网络增值服务等部门），是一个横跨第二、第三产业的综合性产业群。我国投入产出表的部门分类虽与一般信息产业界定有一定差异，但基本涵盖了信息产业的两大主体。其中，"通信设备、计算机及其他电子设备制造业"对应信息制造业，"信息传输、计算机服务和软件业"对应信息服务业，对42个部门投入产出表的产业依次编号1～42，信息制造业和信息服务业分列为19号和29号。

（2）建立不同类型产业网络

以2007年山东省42个部门投入产出表建立局部型网络（直接型、完全型，FS－IN、FD－IN、BS－IN、BD－IN），同时构建整体型网络（需求型、供给型、直接型、完全型）作为比照。

（3）提取信息产业的强关联产业

强关联有两个层次，即整体强关联和局部强关联。整体强关联是对全部产业的关联关系进行比较后识别的强关联关系；局部强关联则是基于产业认知，对目标产业直接涉及的全部关联关系进行比较后识别的强关联关系。整体强关联关系实质是对区域经济整体有重要意义的产业链，局部强关联则是特定产业面临的主要供给与需求关系。[①] FD–IN、FS–IN、BD–IN 和 BS–IN 分别描述目标产业（信息部门）的被动需求、主动供给、主动需求和被动供给的强关联产业，这几类性质的产业分别以 A、B、C 和 D 来标识。当某产业是信息产业的对应性质的强关联产业时，其与信息产业的关联边存在于相关网络中并对其进行提取，将产业关联结构相关产业标以对应的符号。

（4）分析信息产业关联关系的局部均衡与整体均衡

假定 P 产业为目标产业（信息部门），将两个网络中 P 产业所有关联产业及 P 与它们之间的边提取出来进行对比，如果从供给方和被供给方视角都判断 P→Q 为强关联关系，即两个网络中都存在这条边，就可以认为 P→Q 为局部供给均衡关系，同理可判断需求强关联的均衡性，并进一步可比较局部供给与需求关系的均衡。局部均衡关系分析通过在 BS–IN、FD–IN、FS–IN 和 BD–IN 这 4 种局部型网络中提取目标产业的产业链来实现。同时建立整体供给网与整体需求网来识别出经济系统中目标产业的整体强关联产业链，并与对应局部网络的产业链结构进行比较，以识别信息产业关联关系的局部均衡与整体均衡的一致性或者差异性。

（5）构建信息产业的产业链

将上述整体与局部、供给或需求结构中均衡和重要不均衡性关联关系综合表示出来，均衡关系是对产业具有支撑性的稳定产品供求链，是产业发展的重要依托，这种稳定关系是目标产业发展的重要推动性或拉动性的关联因素。而不均衡的产业链不仅将是企业战略联盟和一体化扩张的基础技术路径，也是产业政策重要的着力点。

二 信息制造业产业链分析

从整体网络中提取的信息制造业整体强关联产业分布如表 3–2 所示。

---

① 产业（复杂）网络是以局部产业认知为原则进行强关联关系搜索。但为进行多方位对比和全面评价信息部门产业链，在强关联识别时也可将关联系数的全部元素纳入比较，建立此类整体型产业网络。整体型产业网络分析是针对特定问题的衍生模型。

表 3 - 2　山东省信息制造业整体强关联产业分布

前向关联				后向关联			
整体供给强关联产业（直接链）	整体需求强关联产业（直接链）	整体供给强关联产业（完全链）	整体需求强关联产业（完全链）	整体供给强关联产业（直接链）	整体需求强关联产业（直接链）	整体供给强关联产业（完全链）	整体需求强关联产业（完全链）
20、29	18	10、16、18、20、29、34、35、36、38、41	6、10、12、14、16、18、26、29、34	12	15	1~4、6、10~18、23、27、30、32	2~5、10、11、14、15、18、21~25、27、28、30~36、38、40

注：直接型网络中提取的为直接链，完全型网络提取的则为完全链。

资料来源：依据《中国地区投入产出表（2007）》（国家统计局国民经济核算司，2011）数据计算。

信息制造业整体供给直接前向强关联产业为 20 号、29 号，整体需求直接前向强关联产业为 18 号，局部直接强关联结构则如图 3 - 13 所示。信息服务业成为信息制造业 3 种性质的局部强关联产业，是信息制造业最为紧密的直接关联产业。整体上信息制造业对仪器仪表及文化办公用机械制造业具有强推动作用，而受到电气机械及器材制造业的强拉动作用影响。局部的居民服务业依赖信息制造业的供给推动，而商务服务业和综合技术服务业既依赖于信息制造业的推动性，又视自身为信息制造业的重要需求产业。信息制造业整体供给直接后向强关联产业为 12 号，整体需求直接后向强关

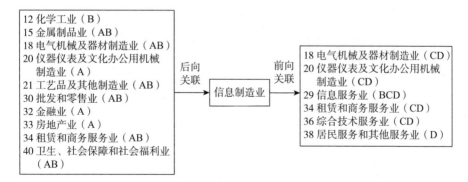

图 3 - 13　山东省信息制造业局部直接强关联产业结构

资料来源：依据《中国地区投入产出表（2007）》（国家统计局国民经济核算司，2011）数据计算构建。

联产业为 15 号。局部的仪器仪表及文化办公用机械制造业、金融业和房地产业依赖于信息制造业的拉动性，电气机械及器材制造业、工艺品及其他制造业、租赁和商务服务业等既依赖于信息制造业的拉动性，又视自身为信息制造业的重要供给产业。其中金融业和房地产业对于信息制造业的单方面需求依赖性较大，18 号、20 号和 34 号是信息制造业的局部双向强关联产业。

信息制造业的整体完全前向强关联产业共有 14 个，而局部强关联产业只包含了其中的 5 个（见图 3 - 14）。信息服务业同时为信息制造业的两种整体强关联和两种局部强关联产业，除研究与试验发展业外，另外 3 个产业同时与信息制造业存在一定的完全强关联关系。信息制造业整体需求前向强关联产业包含的 6 号、12 号、14 号、26 号，整体供给前向强关联产业包含的 36 号、38 号、41 号以及同时作为供给和需求前向强关联产业的 10 号、16 号虽然局部未被信息制造业作为其发展的关键产业，但客观上间接与其具有较强的关联关系。信息制造业的整体完全后向强关联产业共有 31 个，覆盖了大部分的产业类别，而局部强关联的 14 个产业中只包含了其中的 13 个。20 号为信息制造业的局部需求依赖型产业。整体需求后向强关联的 5

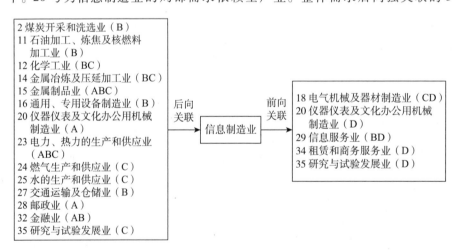

图 3 - 14　山东省信息制造业局部完全强关联产业结构

资料来源：依据《中国地区投入产出表（2007）》（国家统计局国民经济核算司，2011）数据计算构建。

号、21 号、22 号、31 号、33 号、34 号、36 号、38 号和 40 号，整体供给后向强关联的 1 号、6 号、13 号和 17 号以及同时作为整体供给和需求后向强关联的 3 号、4 号、10 号、18 号和 30 号产业局部未成为信息制造业发展或者受其制约的重要产业。

三 信息服务业产业链分析

信息服务业在整体网络中的强关联产业分布如表 3 - 3 所示。

表 3 - 3　山东省信息服务业整体强关联产业分布

前向关联				后向关联			
整体供给强关联产业（直接链）	整体需求强关联产业（直接链）	整体供给强关联产业（完全链）	整体需求强关联产业（完全链）	整体供给强关联产业（直接链）	整体需求强关联产业（直接链）	整体供给强关联产业（完全链）	整体需求强关联产业（完全链）
—	30、32	—	6、11、12、14、16、18、26、27、30、32、42	19、30	—	10、12、14、18、19、23、27、30	19

资料来源：依据《中国地区投入产出表（2007）》（国家统计局国民经济核算司，2011）计算。

信息服务业局部直接强关联产业分布如图 3 - 15 所示。信息服务业整体需求前向强关联的批发和零售业及金融业，也是其局部强关联产业。局部强关联产业还包含 3 号、11 号、12 号、14 号、26 号、27 号、33～35 号、37～42 号，涉及重要的采掘、化工、建筑以及范围广泛的生产与生活性及公益性服务部门。公共管理和社会组织，交通运输及仓储业，水利、环境和公共设施管理业，教育业，卫生、社会保障和社会服务业等与信息服务业具有较为密切的局部强关联关系。信息服务业的整体后向强关联产业有信息制造业、批发和零售业，它们同时也是局部重要关联产业，信息服务业对信息制造业具有局部重要推动效应，而信息制造业对批发和零售业、房地产业具有单方拉动效应。此外，20 号、34 号、35 号产业在需求上较依赖于信息服务业，而信息服务业在供给上较依赖于 18 号产业。

信息服务业的整体完全前向强关联产业有 11 个，除 6 号、18 号、26 号和 42 号外，都为局部强关联产业（见图 3 - 16），这 4 个产业对信息服务业具有整体的强需求带动性，但局部尚未成为影响信息服务业需求或成本的主要因素。信息服务业的完全后向强关联产业有 8 个，其中 18 号、19 号和 30 号也是局部强关联产业，而对于 10 号、12 号、14 号、23 号和 27 号产业的整体强需求拉动作用在局部关联结构中未有体现。

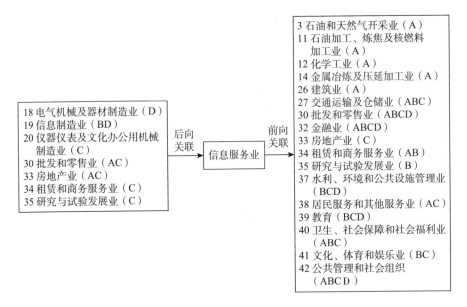

图 3 - 15 山东省信息服务业局部直接强关联产业结构

资料来源：依据《中国地区投入产出表（2007）》（国家统计局国民经济核算司，2011）数据计算构建。

图 3 - 16 山东省信息服务业局部完全强关联产业结构

资料来源：依据《中国地区投入产出表（2007）》（国家统计局国民经济核算司，2011）数据计算构建。

四 信息部门产业链综合分析

结合以上信息产业关联强度分析，以直接强关联产业结构为基础提取山东省信息产业与重要外围和辅助性产业构成的产业链的结构。① 在区域整体中具有重要影响又成为局部信息产业关键要素的关联关系以实边表示，局部较稳定的关联关系以及重要的局部不均衡关联以间断有向边表示（见图 3 - 17）。其中，信息制造业与电气机械及器材制造业、仪器仪表及文化办公用机械制造业等高端加工制造业有整体与局部双稳定的关联关系，对化学工业、金属制品业存在结构和数量较强的拉动作用，而信息服务业对于批发和零售业以及金融业的支持作用也较强。众多的较高端服务业在信息两大产业间搭建了多重的关联"桥"，甚至共同形成重要的循环结构。但

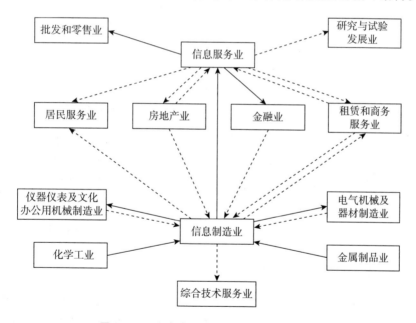

图 3 - 17 山东省信息产业核心产业链结构

资料来源：依据《中国地区投入产出表（2007）》（国家统计局国民经济核算司，2011）数据计算构建。

---

① 并非全部信息产业的强关联产业存在于核心产业链中，构成产业一般至少具有两种局部强关联性质，关联强度数值相对其他地区不能过低且具有经济管理调整的可操作性（如公益性服务业一般作为公共性投资部门而被排除出来）。

这些供给或者需求链存在一定的不稳定性，需要在产业组织和企业层面上进行多方位关系调整，如金融业对信息制造业实行融资优惠以加大资金支持力度；信息服务业的业务进一步延伸为下游商务服务、居民服务、房地产等提供更高质和多样化的信息服务等。

五 示例分析结论

（1）结构薄弱环节的识别性

山东省信息制造业的上游重要关联产业较为广泛，在一定程度上发挥了作为产业链高端产业的需求带动作用，但是从多个方面也体现出较强的不均衡性和不稳定性。山东省信息制造业不均衡性最突出的表现存在于同强关联产业的供给与需求关系的结构性矛盾上，特别是对国民经济影响很大的关联产业却不是信息制造业自身发展的重要性供给或者需求关键性的部门。其经济带动的高间接性和这种关联结构的不均衡性使得山东省信息制造业产业链潜在存在着较高的发展不稳定性，其整体的经济带动作用对关键性产业间关联关系的变化将较为敏感，受技术、市场需求变化的影响波动性较高（如当新研发的电子产品在短期内难以获得下游市场的认可，且这种新产品的规模化生产的实现对于信息制造业自身成本结构或者需求结构造成较大影响时，信息制造业同经济整体关联性产生较大波动）。

山东省信息服务业的下游重要关联产业横跨半数以上的产业部门，在经济发展中对其他产业起到一定的结构推动作用。山东省信息服务业虽然其强关联的产业范围广泛，但关联关系双方结构性地位的不平衡（如一些基础性产业的供给对于信息服务业自身发展较为重要，但信息服务业对这些产业的需求和成本影响程度不大）对经济整体供给与需求关系影响弱，产业升级自身的制约性比较强；同时，即使上下游产业双方在局部互相成为对方的重要关联性产业，但这种较一致的重要性关联关系在经济整体中的影响力一般不大。而且与信息服务业具有多重强关联的很多产业是非市场性因素强的公益性或者政府投资比重高的部门，这就更加限制了信息服务业关联带动力的波及和扩散。

（2）产业政策的启示性

山东省信息制造业与信息服务业存在最稳定的相互支撑关系，信息产业发展的最大动力来自其内部，推动产业园建设、基于信息产业内部产业链体系发展多种形式的区域产业集群对于发挥信息产业的支持互动性具有重要意义。应当进一步提升电子信息产品层次并实现多样化发展，带动下游工业制造业产品向更高端水平迈进，提高信息制造业对于电器、交通运输等专有设备的发展带动力，实现促进信息产业与工业制造业多层次和多类别的深度融合。山东省信息产业与房地产业、金融业、租赁和商务服务业等具有高附加值的生产性服务业具有复杂的循环结构，这是信息产业贡献经济增长的重要机制，也是自身获得发展活力的重要驱动力，而这些高端服务业的发展也与信息产业的支持密切相关。山东省信息服务业不仅应该进一步实现规模扩张，而且要注重创新信息服务产品以增强对其他服务业的发展推动作用，并能够发挥信息产业在促进工业装备素质提高和生产工艺技术改进等方面的独特作用。这种发展模式不仅能够提升产业竞争力和发展活力，而且有利于促进地区经济结构的不断优化。应采取多样化措施，促使山东省信息产业与传统产业以及新兴服务业的发展紧密结合起来，使信息产业自身在获得持续增长动力的同时提高发展质量，以实现带动区域产业整体良性协调发展的目标。

（3）示例综合分析结论

信息产业在区域的主导作用、对其他产业的促进与制约以及对经济整体的带动力本质是以其关联性质决定和体现的。这种多层次、多类别产业网络产业链的综合性分析基于结构的均衡性特征，能够有效识别出信息产业对山东省经济的驱动机制及其自身发展的重要支持性与制约性因素，并能够为产业政策提供支持。

第四章 产业网络结构分析理论与方法

第一节 关联综合效应与关联结构特征

一 产业关联综合效应

产业关联效应是目标产业直接/间接涉及的产业关联关系特定结构对产业个体及经济系统整体产生的影响，产业关联效应实质是产业关联结构效应。[①] 产业关联效应大于产业独立效应[②]的总和，这是产业关联效应的累积性特征。产业关联效应分为内部效应（产业关联系统内效应）和外部效应（产业关联系统外效应）。根据关联效应与关联关系结构（或关联结构）联系的直接性或者间接性，关联效应区分为Ⅰ级效应（直接关联结构效应）和Ⅱ级效应（间接关联结构效应）。Ⅰ级效应直接决定于关系结构状态，而Ⅱ级效应是Ⅰ级效应有机结合的效果。Ⅰ级效应和Ⅱ级效应是基本的产业关联效应。

Ⅰ级效应应当包含经济系统的稳定（抗冲击）效应、产业聚集效应、产业集群的活力效应、产出（或投入）诱发效应[③]、产业链延伸与扩展效应

[①] 李永（2003）首先提出了"产业关联结构效果"的概念，关联结构效应同关联结构效果的意义相似。本书提出的基本关联效应类别参考了有关学者的产业关联结构效应研究（周振华，1995：1~506）。

[②] 产业独立效应不同于产业关联个体效应，前者或者将产业从整体系统中剥离出来或者将产业的关联关系分离对待，割裂了关联关系之间的重要联系。

[③] 李世佳（2010）提出了关联的就业效应而叶安宁（2011）研究了关联漏出效应。实质上，就业效应是对初始投入要素中价值形态劳动力投入的引致作用，漏出效应则是关键产业通过后向关联作用的产业进口扩张效应，都是特殊的产出或投入的诱发效应。

（迂回生产效应）、关键产业的成本推动效应、关键产业的需求拉动效应等方面。Ⅱ级效应主要包含关联的经济增长与发展促进效应、关联的结构优化与升级效应、关联的区域持久竞争力提升效应等方面。

二　产业关联结构特征

从系统视角分析，特定关联效应的发挥必然与一定的关联关系结构的状态相关，这种关联关系结构状态就是产业关联关系结构的特征。[①] 关联关系的结构特征在两个层面上体现出来，一是产业关联系统整体的状态和发展趋势，即关联整体特征；二是产业关联系统中产业个体的地位、影响力或制约力的状态或水平，即关联个体特征。这里的个体是指同其他产业相联系的产业个体，而非孤立的产业个体。

基于产业关联效应分析，基本的产业关联整体特征应当包含四点。一是关联整体的稳定性特征。这是产业关联系统的基础特征。没有稳定性，支离破碎的系统也就无功能效应可言。稳定性是指产业关联系统的抗冲击和关联结构受到破坏后的功能恢复能力。二是关联整体的中心性特征。区域经济特别依赖于部分产业的发展支持，一个地区内的这些聚集产业相互支持、联系密切，成为地区贸易和生产交换活动的中心。中心性是指产业关联系统的中心产业与外围产业分层的显著性及分层结构的具体形式。三是关联整体的聚类性特征。相对其他产业而言，具有功能上纵向或水平依赖性或支持性关系的部分产业即产业集（Industrial Complexes），是地区产业集群的产业分工基础和经济增长的微型引擎。聚类性特征是指产业关联系统所包含产业集的分布及具体形式。四是关联整体的循环性特征。产业关联系统同样具有新陈代谢的功能，产业间物质流、价值流的输入、传输、转化、输出和再输入的循环过程也是产出诱发和经济增长乘数效应的结构基础。循环性特征是指产业关联系统内部物质或价值的循环流动能力和状态。

基本的产业关联个体结构特征应当包含四个方面。一是产业个体的关

---

① 王岳平、葛岳静（2007）所提到的产业结构的关联特征是产业关联关系结构特征内涵的一方面。

联关系连接特征，即产业是否处于众多密集分布的关联关系的交汇处，是否处于其他重要产业间关联关系的沟通枢纽位置等。二是产业个体的上下游产业位置特征（产业位势），即产业是否处于产业链上游的低端位置或处于产业链下游的高端位置。三是产业个体的（物质、价值等）流特征，即产业是否为重要系统流传输或者转化的枢纽，其关联关系是否为流传输的关键通道等。四是产业个体的循环能力，即产业是否且多大程度上处于循环性产业链上以及产业能够形成循环产业链的能力和潜力等。

三　产业网络结构分析思路

产业关联关系结构[①]是产业关联效应的基础。由于产业网络是产业关联系统的抽象描述，关联结构研究可以转化为产业网络的结构分析。从关联系统特征到网络特征分析视角的转换形成了产业网络结构的研究思路，其基本原理如图 4-1 所示，即从关联效应分析入手设置关联结构的标识（特征类型及内涵），基于产业网络应用图论或网络优化技术对产业关联结构特征对应的产业网络结构特征进行分析，探索功能效应内在的结构基础。

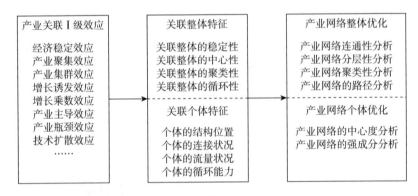

图 4-1　产业网络结构分析思路

资料来源：作者研究得出。

产业网络结构特征分析具有以下两个特点。第一，当以产业网络描述产业关联系统时，关联结构特征本质就表现为一个特定子网络，这个子网络决定着整体网络的某一特定功能（产业关联效应）。而关联结构研究和关

---

① 产业关联关系结构本书也简称为"产业关联结构"或"关联结构"。

联结构特征分析的中心就是在产业网络中搜索和提取出这个特殊的子网络并对其进行描述。第二，产业网络的关联结构特征分析的实质是产业节点的聚类分析①，也即类搜索，是指将功能结构相关的网络节点归于特定的属类或者将满足某一属类性质的产业节点搜索和识别出来。这种聚类分析具有个体和整体两个层次。个体聚类分析是对产业节点个体及其"邻居性"连接关系特征的分析，是基于节点个体特征的差异以及节点相互之间连接关系的节点聚类。而整体聚类分析是对基于产业集合（子系统或子网络）局部特征的差异以及产业集合相互之间连接关系的特点而进行的一体化、综合性的系统（或网络）特征分析，是一种重点在于区分产业集合之间联系特征差异的节点聚类。

第二节　关联整体特征的产业网络分析

从关联效应特点分析，产业网络的基本整体特征包括关联整体稳定性、关联整体中心性、关联整体聚类性和关联整体循环性四个静态或动态特征。

一　关联整体稳定性的分析方法

1. 关联整体稳定性

稳定性是最基本的关联整体特征，是指当系统受到内部因素影响或者外部事件冲击时，因特定产业、产业链或者产业组合受到破坏而对整体经济关联系统结构造成的不利影响。这些产业、产业链或者产业组合受到破坏而带来的影响越大，关联系统的稳定性则越弱。关联整体的稳定性主要表现在三个层面上。

第一，区域某产业脱离关联系统对整体产业关联系统的影响性。如某产业完全被外资并购且垄断，被剥离出区域产业关联系统；又如房地产业成本遭到扭曲，其他原材料或服务成本的影响因超高的土地使用价格（初始投入）而被削弱，从而房地产业自身同其他产业的关联性大幅降低，并

---

① 聚类分析同关联聚类特征是不同的概念，网络结构特征研究本质是聚类分析，包括了对聚类特征在内的所有整体与个体结构特征的分析，而聚类特征中的"聚类"含义较为狭窄，特指对网络的平等性分割（区别于中心性特征分析的网络不平等性分割）。

从产业关联系统中被完全孤立出来。

第二，区域某产业链断裂对整体产业关联系统的影响性。如受经济危机冲击，某区域产业的产品完全滞销，与其相关的产品供给和需求关系不复存在；如技术创新带来的产品升级造成整体产业对原材料类别或品质的需求发生急剧转换，因而同对应原材料产业的关联关系完全中断。

第三，区域某产业组（一组特定产业）发生连锁性生产停滞对经济系统整体的影响性。如特殊国际政治事件造成某区域原油输入或供给中断，区域的石油加工业、化学工业等以石油为原材料的其他部门生产停滞，造成下游依赖石油和化工原材料成品的其他行业全面停业甚至导致经济系统整体的崩溃。

当以产业网络表达经济产业系统时，表现为内部安全性、外部适应性及抗风险能力等方面的产业系统整体稳定性可以由产业网络的连通性来描述，产业系统的稳定性分析就能够转化为产业网络的连通性分析，即搜索能够直接决定产业网络连通性或对其具有强影响性的节点、边或子网络并描述其形态特征。

2. 产业网络的连通性分析方法

连通性是图论中的一个重要概念。在无向图中，若从顶点 u 到 v 有路径，则称顶点 u 和 v 连通（Connected），如果无向图中任意一对顶点都是连通的，则称此图是连通图（Connected Graph）；相反，如果一个无向图不是连通图，则称为非连通图（Disconnected Graph），其极大连通子图称为连通分量（Connected Component）（这里的极大是指包含的顶点个数极大）。有向图中，若每一对顶点 u 和 v，既存在从 u 到 v 的路径，也存在从 v 到 u 的路径，则称此有向图为强连通图（Strongly Connected Digraph）；而对于非强连通有向图，其极大强连通子图称为强连通分量（Strongly Connected Component），非连通图 D 的极大连通子图称为连通分量，连通分支数记为 $w（D）$。

因此对应产业网络产业节点、关联关系的边和产业组的子网络图三个分析视角，连通性可利用三种基本的描述方法，即点连通度、边连通度和核度。

第一，点连通度。点连通度（Vertex Connectivity Degree）描述的是图的点连通性（Vertex Connectivity），点连通性是与顶点有关的连通性。设 V' 是连通图 G 的一个顶点子集，如果在连通图 G 中删去 V' 及与 V' 关联的边后图不连通，则称 V' 是连通图 G 的割顶集（Vertex-cut Set）。如果割顶集 V' 的任何真子集都不是割顶集，则 V' 为极小割顶集。顶点个数最小的极小割顶集为最小割顶集，而最小割顶集中的顶点个数为连通图 G 的点连通度，记为 k（G），且连通图 G 为 k-连通图（k-connected Graph）。如果顶点集中只有一个顶点，则该顶点称为割点或关节点。

第二，边连通度。设 E' 是连通图 G 的边集的子集，在连通图 G 中删去 E' 后图不连通，则称 E' 是连通图 G 的割边集（Edge-cut Set）。如果割边集 E' 的任何真子集都不是割边集，则称 E' 为极小割边集，边数最小的割边集为最小割边集。最小割边集中边的个数为连通图 G 的边连通度（Edge Connectivity Degree），记作 λ（G），连通图 G 是 λ-边连通图（λ-Connected Graph）。如果割边集中只有一条边，则该边为割边或桥（Bridge）。

第三，核度。系统的元素集合中存在着对系统功能起重要性或支配性作用的核心元素。为寻找和描述这些核心元素及其重要性，许进（1994）提出了"核"与"核度"两个重要概念。设 X 是一个系统，其要素为 X_1，X_2，$\cdots$，X_n。如果 X_i 与 X_j 之间有关系且相互关联，就用 X_{ij} 表示。由此可构造一个无向网络图 G，其顶点集为 V（G）= $\{X_1$，X_2，$\cdots$，$X_n\}$，边集 E（G）= $\{X_{ij}$，X_i 与 X_j 之间相互关联$\}$。设 G 是一个连通图，它的顶点集 V（G）满足 $|V$（G）$|\geqslant 4$，则称 h（G）= max $\{\omega$（$G-S$）$-|S|$；$S \in C$（G）$\}$ 为图 G 的核度，其中 C（G）表示连通图 G 的全体点割集构成的集合，ω（$G-S$）表示 $G-S$ 的连通分支数。若 $S^* \in C$（G）且满足 h（G）= ω（$G-S^*$）$-|S^*|$；$S^* \in C$（G），则称 S^* 是连通图 G 的一个核，$|S^*|$ 称为连通图 G 关于 S^* 的核值。网络图的核表示了系统 X 的核，网络图的核度表示系统 X 的核度（Coreness），记为 h（X）。核度是衡量核的一个工具，以点断集元素数目同连通分支数的差来计算。索忠林等（1997）设计了计算核度的一般性算法，为产业网络的核与核度分析提供了重要的方法支持。

在产业网络中，上述三种网络连通性的度量和分析方法可针对性地描述分别因产业、产业链和特定产业组的极端变动，系统整体的关联结构稳定所受到不利影响的程度。因此，关联整体稳定性分析的主要步骤是搜索特定产业网络的割点、割边和核，并计算和分析点连通度、边连通度和核度。

二　关联整体中心性的分析方法

1. 关联整体中心性

关联整体中心性是关联整体的基本特征之一，是指经济系统整体中产业所具有的等级分层的结构性质。根据产业层级的地位和性质差异，经济产业关联系统分为中心性结构和外围性结构。中心性结构是区域经济资源转换利用和中间交易活动的重心，而与之对应的外围性结构的产业在区域经济中则以区域产品输出为主或者定位于区域内最终性需求（投资或消费需求），处于一种关联关系相对边缘性的关联位置上。中心性结构的存在是整体关联中心性特征的结构根源，中心性结构产业是区域的生产聚集性产业，是总产出增长的核心动力源。

经济关联系统的分析转化为产业网络分析后，关联整体中心性特征表现为基于节点联系程度差异的产业网络中 – 外围结构（Core/Periphery Structure）的分层，这种分层特征越明显则系统中心性越强。关联整体中心性分析就是在产业网络中区分中心性结构和外围性结构，并分析其分层显著性和形态特点。

2. 产业网络的中心 – 外围结构分层分析方法

网络的中心 – 外围结构在网络分析中又被称为"核心/边缘结构"，其概念描述上有三种经典的代表性观点。第一，Scott（1991）、Pattison（1993）以及 Wasserman、Faust（1994）均认为中心 – 外围结构是一个群，虽然其中一些个体比其他个体具有更好的连接性，但这个群不能或难以被分割成相互独立（Exclusive）的子群（Subgroups）或构件（Factions）。这种观点源自"凝聚子群"的相关研究。第二，Breiger 等（1981）认为中心 – 外围结构来自对节点中心和外围部分的二类分割（Two-class Partition）。对邻接矩阵进行分块，中心可以看作包含"1"的块，而外围是包含"0"的块。这种观点源自"块模型"研究，进一步明确了中心结构与外围结构的关系特征。第三，Laumann、Pappi（1976）认为类似于建立在欧几里德空间（Euclidean Space）点云的物理中心与外围结构，通过多维尺度，空间图中心的点之间并且同其他点具有最短距离，而图边缘的点仅同中心具有较短的距离。

完美中心 – 外围网络图的邻接矩阵具有如下特点：第一，在分块邻接矩阵中，中心节点间相互邻接（1 - 分块）；第二，中心节点与部分外围节点邻接（1 - 分块）；第三，外围节点间不邻接（0 - 分块）。无向网络图中的这种完美模式可以看作具有最大弗里曼（Freeman）中心度的星形网络的抽象［见表 4 - 1 和图 4 - 2（A）］。而进一步将星形网络的中心点进行复制并连接到原有中心点上，且与外围点连接，则形成了星形网络的中心 - 外围的扩展网络［见表 4 - 2 和图 4 - 2（B）］。Borgatti、Everett（1999）认为实际中的网络多与完美网络形式有差异，1 - 分块中"1"的密度可能低于完美状况下的密度值，而 0 - 分块区域也可能存在一定数量标示连接关系存在的非 0 元素。

表 4 - 1　Freeman 星形网络分块邻接矩阵

	1	2	3	4	5	6
1	—	1	1	1	1	1
2	1	—	0	0	0	0
3	1		—	0	0	0
4	1	0	0	—	0	0
5	1	0	0		—	0
6	1	0	0	0	0	—

资料来源：*Models of Core/Periphery Structures*（Borgatti、Everett，1999）。

表 4 - 2　完美中心 - 外围网络分块邻接矩阵

	1	7	8	9	2	3	4	5	6
1	—	1	1	1	1	1	1	1	1
7	1	—	1	1	1	1	1	1	1
8	1	1	—	1	1	1	1	1	1
9	1	1	1	—	1	1	1	1	1
2	1	1	1	1	—	0	0	0	0
3	1	1	1	1	0	—	0	0	0
4	1	1	1	1	0	0	—	0	0
5	1	1	1	1	0	0		—	0
6	1	1	1	1	0	0	0	0	—

资料来源：*Models of Core/Periphery Structures*（Borgatti、Everett，1999）。

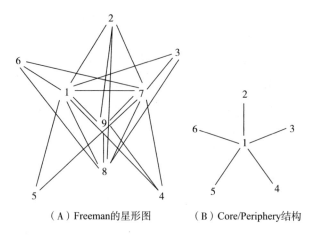

（A）Freeman的星形图　　　（B）Core/Periphery结构

图 4 - 2　无向网络中心 - 外围结构的标准形式

资料来源：*Models of Core/Periphery Structures*（Borgatti、Everett，1999）。

Borgatti 定义了间断型和连续型两种网络中心 - 外围分层效果的评价模型，即设计出评价现实结构与理想或完美分层结构接近程度的测量指数 ρ。

（1）间断型分层。这种评价模式认为中心性结构与外围性结构区分明确，二者不存在过渡性结构。基本模型如式（4 - 1）所示

$$\rho = \sum_{i,j} a_{ij} \delta_{ij}$$

$$\delta_{ij} = \begin{cases} 1, & c_i = \text{CORE 或 } c_j = \text{CORE} \\ 0, & \text{其他} \end{cases} \qquad (4-1)$$

其中 a_{ij} 是网络邻接矩阵元素数值，c_i 表示节点 i 是否为网络中心部分的节点（1 表示"是"，0 则表示"否"），δ_{ij} 则为模式矩阵 Δ 的元素，表明理想情境中的对应关系是否存在（1 表示"存在"，0 则表示"不存在"）。ρ 达到最大值的条件是矩阵 A 和矩阵 Δ 都为理想状况且 A 与 Δ 无限接近，即邻接矩阵 A 表示的网络与 Δ 所指示的理想中心 - 外围结构形式基本相同。理想中心 - 外围结构的标准可进行修订（调整 Δ），如可定义中心部分的节点间存在关系，而中心节点与外围节点以及外围节点之间都不存在任何关系，即外围节点都是孤立点[①]，该模式矩阵元素的生成规则为式（4 - 2）

---

① White、Boorman、Breiger（1976）提出一种极端的中心 - 外围结构的概念。

$$\delta_{ij} = \begin{cases} 1, & c_i = \text{CORE} \text{ 且 } c_j = \text{CORE} \\ 0, & \text{其他} \end{cases} \qquad (4-2)$$

在式（4-2）定义的完美模式下，网络中心－外围结构的划分将等价于网络的连通性分析，即中心部分为包含多点（$n \geq 2$）的网络连通子图，外围部分由只包含 1 个点的子图构成。这种模型的一种调整方式是将中心节点与外围节点间的关系密度设置为固定数值（如 0.5）。将点之间的不严格确定关系在模式矩阵中定义为缺失值，模式矩阵的进一步修正形式为[①]式（4-3）

$$\delta_{ij} = \begin{cases} 1, & c_i = \text{CORE} \text{ 且 } c_j = \text{CORE} \\ 0, & c_i = \text{PERIPHERY} \text{ 且 } c_j = \text{PERIPHERY} \\ \text{缺失}, & \text{其他} \end{cases} \qquad (4-3)$$

ρ 实际上同 Hubert、Schultz（1976）和 Panning（1982）等提出的应用于矩阵的非标准化皮尔逊（Pearson）相关系数的形式相似。在无向、非自反网络中，ρ 是其邻接矩阵上三角部分（不包含对角线元素）的 Pearson 相关系数。

（2）连续型分层。这种评价模式认为中心性结构同外围性结构间存在过渡性结构，节点不能被强制分入中心性或外围性结构，但是可以比较其靠近中心的程度。[②] 采用 $\delta_{ij} = c_i c_j$ 作为模型适配性的评估指数，其中 c_i 为核度，即某节点根据其联系的疏密性而处于中心的程度，C 是表示节点 A－核度[③]的非负向量。模式矩阵 Δ 具有以下特点：两个核度值都大的节点，其模式矩阵对应的元素值大；若两个节点的核度值一高一低，则模式矩阵对应的元素处于中等水平；若两个节点都是外围性节点，其核度数值都较低，模式矩阵的元素也是低数值。

在定义理想模式矩阵的基础上，存在两种网络分层研究的具体思路：

[①]　实现算法是将"1"和"0"分配到缺失值中，使得核心部分的密度尽可能大，以及外围部分的密度尽可能小。

[②]　复杂网络中心－外围的节点二分类法被认为过于简单，于是半外围性（Semiperiphery）的概念被提出，其试图将节点分为多类。

[③]　为与连通性分析中的核度相区分，这里以 A－核度表示关联整体中心性分析中所定义的刻画中心聚集程度的核度。

一是从理想模式出发搜索使得 ρ 最大的实际网络的中心 – 外围分层形式；二是根据某种规则建立一种实际分层形式，然后检验与理想模式的拟合程度。

第一种思路，可通过特定的组合优化技术，如模拟退火（Simulating Annealing）、塔布搜索（Tabu Search）或者基因算法（Genetic Algorithm）等来实现。对于第二种思路，可分两步进行。

第一步，建立聚合产业网络。定义中心结构由能够双向可达的节点构成。聚合产业网络中存在一个类团式（节点间距离为1的强成分或完全子网络）的结构，内部节点间都存在双向的可达路径，且其原产业网络中的对应路径长度不超过 l（二元关系闭包运算的最高阶幂方数），除孤立性节点外，其他节点单向连接于此类团式结构上，其他节点则构成外围性结构。

第二步，进行 QAP 检验。将聚合产业网络中类团式结构的节点区分为中心节点，其他则列为外围节点，据此定义模式矩阵，然后对原网络的邻接矩阵与模式矩阵进行 QAP 检验。其中 QAP（Quadratic Assignment Procedure）即二次指派程序，是一种比较两个方阵中各个格值的相似性并以矩阵数据置换的重新抽样为基础的非参数检验的统计验证方法，QAP 已经在社会网络分析中得到了较广泛的应用。QAP 是将每个比较矩阵中的所有取值看成一个长向量，每个向量包含 $n(n-1)$ 个数字（不包括对角线的元素），计算两个向量的 Pearson 相关系数，然后采用一种矩阵标签置换的重排法（Permutation Approach）对相关系数在统计意义上的显著性进行检验。一个矩阵与另外一个矩阵的全部可能的转置矩阵之间相关系数的均值和标准差是两个矩阵元素值的函数，观察到的相关系数可表示为一个标准化的 Z 值。因此，假设在进行全部置换，并且置换的矩阵和原矩阵之间的相关系数服从标准正态分布的情形下，观察到的相关系数的显著性水平取决于标准正态曲线下超出 Z 值之外的区域面积（Krackhardt，1987），这样就实现了两个矩阵的 QAP 相关检验。

关联整体中心性特征的分析将综合采用这两种思路，基于离散模式的探索型方法适用于无向产业网络（有权或无权），而基于连续模式的探索型方法适用于有权产业网络（有向或无向）进行最佳分层的探索；基于聚合型产业网络的分层验证方法则适用于特殊有向无权产业网络。

三　关联整体聚类性的分析方法

1. 关联整体聚类性

关联整体聚类性是指经济系统内部功能相似或者功能互补的产业间相互联系的密切程度及其所构成的产业集的具体形态特点等。产业集是区域经济学和产业经济学中的一个重要概念，指的是具有功能关联关系的一组产业集合。产业集（Industrial Complex）是对资源的获得性、占据性和控制性相似并且在运用资源时共享一些规则和程序的产业部门的集合。集合内产业部门间具有功能支持性或者辅助性的关联关系，即具有相对较强、直接、紧密、固定和积极的经济技术关系。产业集不同于产业集群（Industry Cluster），产业集群是一个具有地理特性的产业组织概念，产业集是产业集群内在的产业分工基础。几种典型的产业集形式（Huallachain，1984）如图4－3所示。

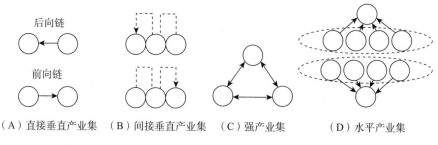

（A）直接垂直产业集　（B）间接垂直产业集　（C）强产业集　　（D）水平产业集

图4－3　产业集的典型形式

资料来源：*The Identification of Industrial Complexes*（Huallachain，1984）。

产业集建立在相互低可接近、相互关联高频次以及产业集内联系程度大大高于产业集外联系程度的基础上，因此，产业集在产业网络中以特殊凝聚子群的形式体现。[①] 凝聚子群可从四个角度进行定义：第一，集群成员之间关系的互惠性；第二，集群成员之间的接近性或者可达性；第三，集群内部成员之间关系的频次；第四，集群内部成员之间的关系密度相对于内、外部成员之间关系的密度。（Wasserman，Faust，1994：249～290）

[①]　凝聚子群是网络分析理论中的重要概念，产业集与凝聚子群的内涵虽然不同，但就网络特征的共同表现来说，产业集是产业网络的凝聚子群。

关联整体聚类性特征分析是在产业网络中搜索描述产业集的凝聚子群。分别考虑产业集节点的可接近性、相互关联高频次和产业集内联系程度大大高于产业集外的特点，在产业网络中可分别通过 n - 宗派、k - 核以及块模型的凝聚子群分析来实现产业集识别与描述的关联整体聚类性研究。

2. 产业网络的凝聚子群分析方法

从产业关联系统特征和产业网络特点考虑，可采用下列三种凝聚子群的分析方法。

第一，n - 派系/n - 宗派。派系是建立在可达性基础上的凝聚子群概念，是包含至少 3 个点的完备子图；而 n - 派系（n-clique）是指任何两点之间在总图中的距离（捷径距离）最大不超过 n 的子图；Alba（1973）等对 n - 派系进行了推广，提出 n - 宗派（n-clan）的概念，是指任何两点之间在子图中的距离（捷径距离）最大不超过 n 的子图。n - 宗派是定义更加严格的 n - 派系。

第二，k - 丛/k - 核。k - 丛（k - plex）是建立在度数基础上的凝聚子群概念，是指每个点都至少与除了 k 个点之外的其他点直接相连的子网络。如果一个子图中全部点都至少与该子图中的 k 个其他点邻接，则这样的子图为 k - 核（k-core）（Seidman，1983）。

第三，块模型与 CONCOR 方法。块是指一个图中内部联系性高于外部联系性的一些相对独立的子图。块模型最早是由 White、Breiger（1976）在社会角色的网络位置研究中提出的。分块的搜索可通过一种迭代相关收敛法（Convergent Correlations/Convergence of Iterated Correlation，CONCOR）来实现。CONCOR 的基本原理是对一个矩阵中的各个行或列之间的相关系数进行重复计算，最终产生一个仅由 "1" 和 "0" 组成的相关系数矩阵，然后根据这个相关系数矩阵把网络节点分类。基于 CONCOR 在网络中可划分出多个分区，并且每个分区还可以进一步细分。分区越细致，凝聚子群内的节点数目越少，分区的显著性程度也越高。

关联整体聚类性研究将综合采用 n - 宗派、k - 核和块模型的分析方法进行。除了分别从产业集节点的可接近性、高联系频率及产业集内部与外部联系程度的对比考虑外，针对具体产业网络类别，n - 宗派与 k - 核适合于无向无权产业网络，而块模型则可用于有向有权产业网络的产业集分析。

四　关联整体循环性的分析方法

1. 关联整体循环性

关联整体循环性是产业的产出增长诱发与交叉乘数效应的基础结构特征，也是经济产业关联系统的重要动态性结构特征。循环性体现了系统物质利用与价值增值的动态能力，是由产业系统中的循环产业链状况决定的。从产业个体看，当顺产业网络的循环产业链方向，目标产业的产品成为其毗邻下游产业的重要投入，而下游产业产出又可沿这条链转化为更下游产业的投入。沿回路层层转化之后目标产业最初产出的产品又以某种物质形态成为其自身原料投入时，这种循环因素是产业自身降低成本及提高效益的动力。而从经济增长看，目标产业由投资或需求等因素引发的产出增加一般能够推动下游产业增加产出，这种作用也能够不断沿循环产业链传导下去而最终反馈回初始产业自身，从而成为新一轮产出增加的诱因，这种循环性能够带来产出增长的乘数效应。[①] 因此体现关联整体循环性特征的产业链是区域经济绩效和经济增长能力的集中表现和重要源泉。

产业网络中的循环产业链以闭合回路、环和圈等形式体现出来，多点参与的大循环结构则集中表现为有向产业网络的强成分（强连通分量），因此关联整体循环性分析就是搜索描述循环产业链的网络圈和强成分的产业网络子网络并分析其形态特征。

2. 产业网络的回路和强连通分量分析

第一，网络回路。在图或网络中，若从节点 v_i 出发，沿着一些边经过一些节点 v_{p1}, v_{p2}, $\cdots$, v_{pm} 到达顶点 v_j，则称节点序列 v_i, v_{p1}, v_{p2}, $\cdots$, v_{pm}, v_j 为顶点 v_i 到顶点 v_j 的一条路径，其中 (v_i, v_{p1}), (v_{p1}, v_{p2}), $\cdots$, (v_{pm}, v_j) 为图或网络的边。简单路径（Simple Path）是指各边 (v_i, v_{p1}), (v_{p1}, v_{p2}), $\cdots$, (v_{pm}, v_j) 均互不重复的路径。若路径上第一个节点 v_i 与最后一个节点 v_j 重合，则这样的路径为回路或者环（Loop），而除第一个和最后一个节点外，没有节点重复的回路为简单回路或者圈（Cycle）。产业网络中的路径分析对象是

---

① 不同于萨缪尔森的乘数 – 加速数原理（萨缪尔森等，2012）强调投资需求的作用与地位，关联乘数效应的实现机制在于产业链上中间性投入的前向推动作用以及中间性产出成为中间性再投入的层层转化作用。

简单路径，而循环产业链在产业网络中则以圈的形式体现。

第二，强连通分量。对于非强连通图，其极大强连通图为其强连通分量（Strongly Connected Component）。在强连通分量中，每一对顶点 u 和 v，既存在从 u 到 v 的路径，也存在从 v 到 u 的路径。强连通分量中路径长度不超过 $p-1$（p 为强连通分量中的节点数目），其中路径长度为 1 的路径形成节点间的直接性双向投入产出的刺激 – 反应结构，这些边组成的强成分也应当是重点考察分析对象。

特定节点对之间的循环产业链并不唯一，可能数量庞大，而在关联整体特征研究中也不必要描述出全部的循环产业链。因此关联整体循环性研究主要是搜索处于循环产业链上的产业节点，并描述出产业网络的强连通分量的形态特征，而且特别提取其中节点路径长度为 1 的强连通分量。

第三节　关联个体特征的产业网络分析

一　产业关联个体特征

关联个体特征是指目标产业基于产业关联关系而在经济产业关联系统中所具有的结构性地位状态，即对其他产业或关联关系的制约力和对整体系统的影响力。区域内关键产业（Key Sector）（如主导产业、瓶颈产业、战略先导产业等）的重要特征是对其他产业或者经济系统整体具有控制性、制约性或者诱发性的影响作用。Hirschman 关联重心在于产业个体的关联效应，而传统描述产业关联效应强度的指标如影响力系数、感应度系数等，是一种在个体特征层面的关联结构研究。

在产业网络所表示的经济系统中，产业的地位分析转化为产业节点的结构重要性分析，而产业节点的结构重要性是通过产业网络节点的中心性来描述的。[①] 首先，一个产业节点具有较高的中心性，则这个产业可能成为

---

① 网络节点的中心性从不同角度上考虑有不同的含义，比如一般网络节点的重要程度可以由网络的拓扑属性、结构特点及节点在网络中的具体位置等决定，根据不同网络和结构特点及关系表现为节点的影响力、权威性（重要思想、知识或判断决策的源头）、流行度、控制力（如传输、流量的控制能力）、便利性（位置上的优势，易于访问）或某种特殊意义，也可以表现为节点的脆弱性和易受攻击性等方面（吴思竹等，2010）。

区域结构关键性产业，若产业自身具有较强的上升性（如具有较高的需求收入弹性与供给弹性、较高的劳动生产率，能体现技术进步的发展方向等），则这个高中心性产业可能成为地区主导性产业；若这个产业本身发展不足，在数量或者结构上不能满足下游产业的需要或者不能充分吸收上游产业的产品，则这个高中心性产业会成为经济发展的短板和瓶颈性产业。其次，主导性产业发展引起的技术经济效应沿产业链的传导与扩散能够对上下游产业供给需求关系与结构带来"质"的变革，而对经济具有高制约性的瓶颈产业发展滞后性的消除也将能够促成更多产业稳定供需关系的形成。这些改变在产业网络上则体现为特定产业中心性的改变，如有更多产业节点趋于围绕中心性产业搭建产业链（特定产业节点的度数中心度改变），新的强支持性产业间关联边的建立与强依赖性产业间关联边的破除（特定产业节点的接近中心度的改变，产业链延伸性提高）以及不连通节点之间关联桥的生成（特定产业节点的中间中心度的改变）等方面。

产业个体关联地位（或产业网络节点的重要性）综合体现在其产业连接（目标产业对或者受到其他产业与关联关系的综合制约程度）、产业位置（目标产业处于产业链的上游或者下游位置的程度）以及产业流（目标产业对产品或价值流的控制和转化能力）三个方面上。而这三个方面可通过产业网络的中心度指标来描述，具体是以弗里曼度数中心度与中间中心度和卡茨指数分析产业连接，以弗里曼接近中心度分析产业位置，以弗里曼流中间中心度分析产业流。

二　关联个体特征的分析方法

中心度是研究识别网络中重要节点的有效工具。研究产业网络中产业个体结构特征主要采用以下五种节点中心度计算方法。

一是度数中心度。网络中以度数为基础的局部中心度称为度数中心度[1]，在有向网络中，每个点都有两种度数中心度[2]：一是入度，二是出度。

---

[1] Nieminen（1974）认为以度数为基础的对点中心度的测量仅仅根据与该点直接相连的点数，忽略间接相连的点数，将这种方式测量出来的度数称为局部中心度（Local Centrality）。

[2] Knoke、Burt（1983）对各个点的内中心度（In-centrality）和外中心度（Out-centrality）进行区分。

由于一个点的度数依赖于图的规模，如果图的规模不同，不同点的局部中心度则不可比较。Freeman（1977）提出了度数中心度的相对测度，它以点的实际度数与最大可能度数之比表示，作为测量局部度数中心度的标准化量。

　　二是接近中心度。Freeman（1977）提出了一种整体中心度（Global）的测度方法，它根据不同点之间的距离测量各个点之间的接近性。如果一个点与其他许多点的距离都很短，则称该点是整体中心点，这样的点与图中其他许多点都接近。接近中心性最简单的测量是计算距离和，即该点与其他各个点之间的捷径长度之和。接近性与距离和是反向的关系，一个距离和比较低的点与其他许多点都接近。有向图节点的接近中心度可以根据内接近性（In-closeness）和外接近性（Out-closeness）来分别计算内接近中心度和外接近中心度。

　　三是中间中心度。Freeman（1977）提出了中间中心度（Betweenness）以测量一个点在多大程度上位于图中其他点中间。这个测量指数是围绕"局部依赖性（Local Dependency）"的概念建立的，如果连接一个点同其他一些点的途径经过某点，则称前一点依赖于后一点。Burt（1992）用"结构洞（Structural Holes）"概念对此进行了描述，即当两个点以距离2（而非1）相连的时候，二者就存在一个结构洞，结构洞的存在使得第三者扮演经纪人或者中间人的角色。Freeman 中间中心度描述节点处于其他点对的捷径上的能力和在多大程度上控制其他节点之间的联系，由其他点对经过其捷径的数目与其他点对捷径数目的比来计算，即 $\sum\limits_{ij;i\neq j,k\notin(i,j)}\dfrac{\dfrac{p_k(ij)}{p(ij)}}{(n-1)(n-2)}$，其中 $p(ij)$ 为 i 与 j 之间的最短路径数目，$p_k(ij)$ 为经过 k 的 i 与 j 之间的最短路径数目（Jackson，2008：64～65）。

　　四是卡茨－泰勒－哈贝尔指数。Katz（1953）认为人的社会地位在关系中决定于被完全选择的程度（完全选择包括直接选择和间接选择），基于这种观点他提出一种描述节点网络地位的测量指数，称为卡茨地位指数（Katz Status Index）。设 C 为选择矩阵，类似于里昂惕夫逆矩阵，计算直接选择与间接选择共同作用的完全选择效力，完全选择矩阵 $T=aC+a^2C^2+\cdots+a^k$

$C^k + \cdots = (I - aC)^{-1} - I$，其中 a 为缩减指数，表示随着关系间接性的增强选择的效力也相应降低，其数值一般是根据经验判定的，T 的元素为 $T(i, j)$，其每一列的元素和为 T_j，$T_j = \sum_i T(i, j)$。设置元素为 T_j 的列向量 t 及元素值全部为 1 的列向量 u，可得 $t' = u'[(I - aC)^{-1} - I]$，在这个式子等号两边同乘以 $(I - aC)$，则 $t'(I - aC) = u' - u'(I - aC) = au'C$，然后等式两边同时转置，变换为 $(I - aC')t = au'C$，进一步在此线性方程组中解出 t，而其元素 T_j 就为 j 的卡茨地位指数。随后 Tylor（1969）和 Hunbbell（1965）进一步对模型进行了扩展或者提出了更加明确的解释，卡茨地位指数因此也被称为卡茨－泰勒－哈贝尔（地位/影响力）指数（Katz-Tylor-Hunbbell Index）。

Bonacich 将 Freeman 三大中心度同卡茨－泰勒－哈贝尔指数进行了统一。与 Katz 的观点类似，Bonacich（1972）也认为点自身中心度的增加能够相应提高与之相连的其他点的中心度水平，从而对某点中心度的测量不能脱离与之相关的其他点的中心度。但是这种情况下中心度将出现循环计算的问题，对此 Bonacich（1987）给出了一般的中心度测量公式 $c_i(\alpha, \beta) = \sum_j R_{ij}(\alpha + \beta c_j)$，其中，$R_{ij}$ 为关系矩阵 R 的元素，α 是一个为保证最终各个中心度值围绕平均值 1 变动的标准化常数，而 β 表示 j 节点中心度对 i 节点中心度的影响程度，称为 β 中心度。当 R 为对称矩阵时，R 最大正特征值的特征向量对应各点的 $c_i(\alpha, \beta)$。[1] 根据 β 数值的变动，β 中心度能够转换出其他形式的 Freeman 中心度，当 β 设定为 0，β 中心度等于 Freeman 度数中心度；当 β 数值增加，由于途径的长度也相应增加，则 β 中心度与 Freeman 中间中心度和接近中心度的意义等价。

五是流中间中心度。基于图论中网络最大流最小割理论，Freeman 等（1991）提出了基于网络流的中间中心度（流中间中心度）概念，其计算公式为

$$C_F = \frac{\sum_{j<k}^{n} \sum^{n} m_{jk}(x_i)}{\sum_{j<k}^{n} \sum^{n} m_{jk}}$$

---

[1] Bonacich 等（2001，2004）随后也提出了非对称 R 矩阵和超网络的 $c_i(\alpha, \beta)$ 的计算方法。

即 x_i 既不作为源点也不作为汇点的情况下，经过 x_i 的网络流 $[m_{jk}(x_i)]$ 代数和占其他节点间网络流 (m_{jk}) 代数和的最大值的比例。流中间中心度是基于网络流理论发展出的价值网络（Value-network）上的中心度测度方法，描述了目标节点对网络其他节点间网络流量的控制程度或能力（Freeman et al.，1991）。

产业个体关联特征表现为产业的系统关联地位，决定于目标产业的连接、位置和物质或价值流的控制能力状况三方面。对应在产业网络中，产业地位等价于产业节点的网络中心性。弗里曼（Freeman）度数中心度和中间中心度分别描述了产业节点的直接连接和整体间接产业连接特征，卡茨地位指数描述了完全连接状况；弗里曼接近中心度描述了产业位置；而流中间中心度则描述了产业的流特征。因此关联特征分析将综合采用上述五类节点中心度测量方法。①

第四节　示例：山东省产业关联结构特征分析

利用山东省 2007 年 42 个部门产业网络提取和描述山东省关联结构特征，对基于产业网络的关联结构特征分析方法进行验证性分析。

一　关联整体稳定性分析

山东省关联整体稳定性分析分如下六步进行。

第一，基础产业网络的赋权。以 DBS – IN 为关联整体稳定性分析的基本网络（邻接矩阵为 A，元素为 a_{ij}），采用里昂惕夫逆矩阵作为权重矩阵 W（元素为 w_{ij}），获得赋权的 W ∗ DBS – IN（对应的赋权邻接矩阵为 B，元素 $b_{ij} = a_{ij} \times w_{ij}$）。

第二，W ∗ DBS – IN 无向化处理，得到赋权无向产业网络 WI ∗ DBS –

---

① 其他视角的中心度计算方法暂未采用，如基于随机游走（Lee et al.，2009）、基于网络效率（Latora et al.，2007）和基于模块（Newman，2003；Wang et al.，2008）的中心度计算方法。基于产业在经济系统中的社会地位与作用，进行社会性产业网络分析，有针对性地选择如上五种中心度测量方法进行产业节点的结构特征研究。β 虽然包含了弗里曼中心度，但是 β 值难以确定，所以也未采用。

IN。设定 W * DBS – IN 中产业部门节点间只要存在一个单向边，在 WI *
DBS – IN 中就进行连边，且无向边的赋权邻接矩阵为 C，元素生成的规则为
$c_{ij} = c_{ji} = 1/2 \ (b_{ij} + b_{ji})$，由此构建出赋权无向产业网络 WI * DBS – IN。

第三，提取 WI * DBS – IN 的最大生成树。[①] 采用克鲁斯卡尔算法求得
WI * DBS – IN 的最大生成树[②]（见图 4 – 4），此连通树图中共包含 42 个节
点和 41 条边。

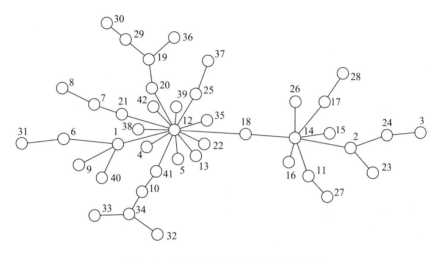

图 4 – 4　山东省产业网络的最大生成树

资料来源：依据以《中国地区投入产出表（2007）》（国家统计局国民经济核算司，
2011）数据构建的 WI * DBS – IN 计算构建。

第四，搜索割点。由于在树图中除树叶外都为割点，全部边都为割边，
数量为 20。42 个节点中树叶节点为 20 个，树叶外其他节点都为割点，数量
为 22。

第五，对 WI * DBS – IN 的生成树进行核元素搜索，并计算核度。[③] 共

---

① 参照 Aroche-Reyes（2003，2006）的成果，以无回路且连通的生成树来描述基础经济结构
（FES）。但是基于不同研究需要和分析视角而采用不同的生成算法，产业网络转化为树图
后，其割点易于识别，因此问题转化为在固定点连通度数值（数值为 1）的状态下观察割
点的分布数量。

② 图论中经常涉及的是最小生成树问题，最大生成树与最小生成树相反，是以权值最大的边
为基础进行构建的。这里最大生成树采用经典的克鲁斯卡尔（Kruskal）算法生成。

③ 按照许进（1994）提出的树图核的搜索算法实现。

有七个步骤。一是连续剪掉树叶节点 3 号、7 号、8 号、27 号、28 号、30 号、31 号、37 号；二是提取外枝点及其相邻的悬挂节点 2（23，24），19（29，36），1（6，9，40），34（32，33），14（11，15，16，17，26）；三是计算外枝（外枝点及其树叶）的核度，第二步得到的外枝的核度值依次为 1、1、2、1、4；四是剪掉以上外枝后，进一步剪掉树叶节点 10；五是提取外分枝结构 12（4，5，13，18，20，21，22，25，35，38，39，41，42）；六是计算得到的外分枝的核度为 12；七是综合以上各步，识别出产业网络的最大生成树的核元素为节点 2 号、19 号、1 号、34 号、14 号、12 号（见图 4 - 5），树的核度为 1 + 1 + 2 + 1 + 4 + 12 = 21。

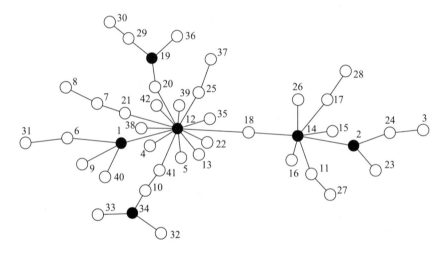

图 4 - 5   山东省产业网络的核元素

资料来源：依据以《中国地区投入产出表（2007）》（国家统计局国民经济核算司，2011）数据构建的 WI * DBS - IN 计算构建。

第六，在识别的核元素基础上对产业节点进行分级。核元素为第 I 级，同核元素具有直接关联关系的次核产业节点为第 II 级，其他中间级依次类推，树的所有悬挂点为最低一级。产业网络梯度分级结构如图 4 - 6 所示，共包括 4 个产业级次，第 I 级为由节点 2 号、19 号、1 号、34 号、14 号和 12 号构成的核级，第 II 级由 12 个节点构成，第 III 级只有 7 号节点，而第 IV 级包含 23 个产业节点（见图 4 - 6）。

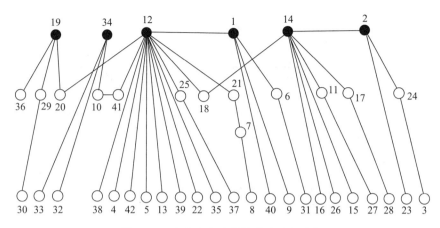

图 4 - 6　山东省产业网络梯度分级结构

资料来源：依据以《中国地区投入产出表（2007）》（国家统计局国民经济核算司，2011）数据构建的 WI * DBS - IN 计算构建。

二　关联整体中心性分析

关联整体中心性描述分如下四步进行。

1. 组合型产业网络生成赋权和无向网络

以 CS - IN 为关联整体中心性分析的基本网络（邻接矩阵为 A，元素为 a_{ij}），采用里昂惕夫逆矩阵为权重矩阵 W（元素为 w_{ij}），获得 W * CS - IN（对应的赋权邻接矩阵为 B，元素 $b_{ij} = a_{ij} \times w_{ij}$），这是一个强度赋权的产业网络。进一步得到 W * CS - IN 的无向形式（WI * CS - IN），其赋权邻接矩阵为 C，元素生成规则为 $c_{ij} = c_{ji} = \max (b_{ij}, b_{ji})$。在有向无权、有向赋权、无向无权、无向赋权 CS - IN 扩展网络基础上进行关联整体中心性分析，其中离散模式探索使用以上四种网络，连续模式探索采用其中两种赋权（有向赋权和无向赋权）网络进行，分层检验采用 CS - IN 的聚合网络进行。

2. 离散模式探索

第一，有向无权产业网络（D * CS - IN）。经优化后，D * CS - IN 的最佳分层结构如图 4 - 7 所示。各层节点分布和网络各分层密度分别如表 4 - 3 和表 4 - 4 所示，模型适配度（Fitness）为 0.080。适配度主要用于比较同区域或同时点的不同类型网络分层，以及不同区域或不同时点的同类型网络分层的显著性。

表 4 - 3　山东省 D * CS - IN 中心 - 外围产业节点分布

中心节点	1、2、3、4、5、6、7、8、9、10、11、12、13、14、15、16、17、18、19、20、21、22、23、24、25、26、27、28、30、32、34、35、37、38、40
外围节点	29、31、33、36、39、33、41、42

资料来源：依据以《中国地区投入产出表（2007）》（国家统计局国民经济核算司，2011）数据构建的 D * CS - IN 计算。

表 4 - 4　山东省 D * CS - IN 分层密度

分层	中心块	外围块
中心层	0.233	0.053
外围层	0.020	0.048

资料来源：依据以《中国地区投入产出表（2007）》（国家统计局国民经济核算司，2011）数据构建的 D * CS - IN 计算。

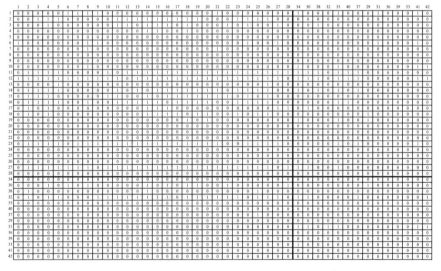

图 4 - 7　山东省 D * CS - IN 中心 - 外围结构①

资料来源：依据以《中国地区投入产出表（2007）》（国家统计局国民经济核算司，2011）数据构建的 D * CS - IN 计算构建。

---

① 选择 UCINET 软件包中的 MINRES 算法（最小残差法）计算，具体见 Boyd（2010）的解释。

第二，有向有权产业网络（WD＊CS－IN）。WD＊CS－IN的最佳分层结构如图4－8所示。各层节点分布和网络各分层密度分别如表4－5和表4－6所示，模型适配度（Fitness）为0.180。

表4－5　山东省 WD＊CS－IN 中心－外围产业节点分布

中心节点	1、2、3、4、5、6、7、8、10、11、12、13、14、15、16、17、18、19、20、21、22、23、24、25、26、27、35、40
外围节点	9、28、29、30、31、32、33、34、36、37、38、39、41、42

资料来源：依据以《中国地区投入产出表（2007）》（国家统计局国民经济核算司，2011）数据构建的 WD＊CS－IN 计算。

表4－6　山东省 WD＊CS－IN 分层密度

分层	中心层	外围层
中心层	0.047	0.013
外围层	0.005	0.005

资料来源：依据以《中国地区投入产出表（2007）》（国家统计局国民经济核算司，2011）数据构建的 WD＊CS－IN 计算。

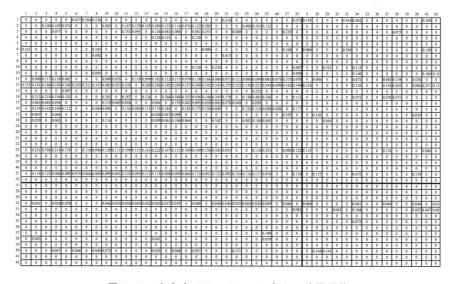

图4－8　山东省 WD＊CS－IN 中心－外围结构

资料来源：依据以《中国地区投入产出表（2007）》（国家统计局国民经济核算司，2011）数据构建的 WD＊CS－IN 计算构建。

第三，无向无权产业网络（I * CS – IN）。I * CS – IN 的最佳分层结构如图 4 – 9 所示。

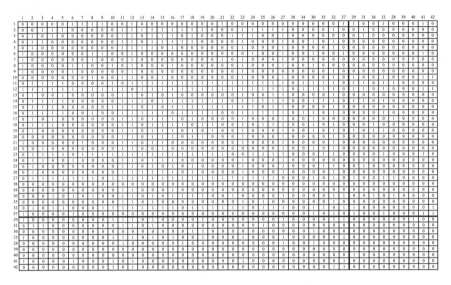

图 4 – 9　山东省 I * CS – IN 中心 – 外围结构

资料来源：依据以《中国地区投入产出表（2007）》（国家统计局国民经济核算司，2011）数据构建的 I * CS – IN 计算构建。

各层节点分布和网络各分层密度分别如表 4 – 7 和表 4 – 8 所示，模型适配度（Fitness）为 0.186。

表 4 – 7　山东省 I * CS – IN 中心 – 外围产业节点分布

中心节点	1、2、3、4、5、6、7、8、9、10、11、12、13、14、15、16、17、18、19、20、21、22、23、24、25、26、27、30、32、34、35、37、38
外围节点	28、29、31、33、36、39、40、41、42

资料来源：依据以《中国地区投入产出表（2007）》（国家统计局国民经济核算司，2011）数据构建的 I * CS – IN 计算。

表 4 – 8　山东省 I * CS – IN 分层密度

分层	中心层	外围层
中心层	0.428	0.084
外围层	0.084	0.056

资料来源：依据以《中国地区投入产出表（2007）》（国家统计局国民经济核算司，2011）数据构建的 I * CS – IN 计算。

第四，无向有权产业网络（WI＊CS－IN）。WI＊CS－IN 的最佳分层结构如图 4－10 所示。各层节点分布和网络各分层密度分别如表 4－9 和表 4－10 所示，适配度（Fitness）为 0.239。

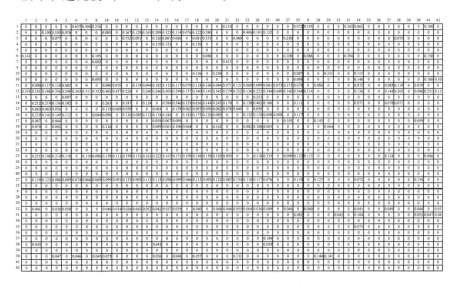

图 4－10　山东省 WI＊CS－IN 中心－外围结构

资料来源：依据以《中国地区投入产出表（2007）》（国家统计局国民经济核算司，2011）数据构建的 WI＊CS－IN 计算构建。

表 4－9　山东省 WI＊CS－IN 中心－外围产业节点分布

中心节点	1、2、3、4、5、6、7、8、10、11、12、13、14、15、16、17、18、19、20、21、22、23、24、25、26、27、35、40
外围节点	9、28、29、30、31、32、33、34、36、37、38、39、41、42

资料来源：依据以《中国地区投入产出表（2007）》（国家统计局国民经济核算司，2011）数据构建的 WI＊CS－IN 计算。

表 4－10　山东省 WI＊CS－IN 分层密度

分层	中心层	外围层
中心层	0.083	0.017
外围层	0.017	0.010

资料来源：依据以《中国地区投入产出表（2007）》（国家统计局国民经济核算司，2011）数据构建的 WI＊CS－IN 计算。

　　四个模型中共同的中心结构节点为 1～8 号、10～27 号、35 号；共同的外围节点为 29 号、31 号、33 号、36 号、39 号、41 号、42 号。

　　3. 连续模式探索

　　第一，有向有权产业网络（WD * CS - IN）。WD * CS - IN 产业内核度分布如表 4-11 所示，Correlation = 0.390（Correlation 为实际模型同理想模型的相关系数，同间断分层的适配度），Concentration = 0.934（A - 核度值排前 8 的中心指数）。

表 4-11　山东省 WD * CS - IN 产业 A - 核度分布

产业	核度	产业	核度	产业	核度	产业	核度	产业	核度	产业	核度
1	0.008	8	0	15	0.098	22	0	29	0	36	0
2	0.330	9	0	16	0.267	23	0.368	30	0.032	37	0
3	0.286	10	0	17	0.074	24	0	31	0.003	38	0.021
4	0.107	11	0.275	18	0.092	25	0	32	0.008	39	0
5	0	12	0.495	19	0.008	26	0	33	0	40	0
6	0.016	13	0	20	0	27	0.218	34	0	41	0
7	0	14	0.437	21	0	28	0	35	0	42	0

　　资料来源：依据以《中国地区投入产出表（2007）》（国家统计局国民经济核算司，2011）数据构建的 WD * CS - IN 计算。

　　A - 核度排前 8 的中心结构节点为 12 号、14 号、23 号、2 号、3 号、11 号、16 号、27 号。

　　第二，无向有权产业网络（WI * CS - IN）分层结构。WI * CS - IN 产业内核度分布如表 4-12 所示，Correlation = 0.618，Concentration = 0.754（A - 核度值排前 12 的中心指数）。

表 4-12　山东省 WI * CS - IN 产业 A - 核度分布

产业	核度	产业	核度	产业	核度	产业	核度	产业	核度	产业	核度
1	0.113	8	0.107	15	0.201	22	0.110	29	0.023	36	0
2	0.177	9	0.051	16	0.237	23	0.220	30	0.057	37	0.053
3	0.182	10	0.107	17	0.112	24	0.114	31	0.030	38	0.057
4	0.160	11	0.230	18	0.214	25	0.122	32	0.052	39	0

产业	核度	产业	核度	产业	核度	产业	核度	产业	核度	产业	核度
5	0.084	12	0.512	19	0.161	26	0.134	33	0.001	40	0.122
6	0.084	13	0.109	20	0.137	27	0.177	34	0.052	41	0.059
7	0.110	14	0.351	21	0.105	28	0.020	35	0.105	42	0.026

资料来源：依据以《中国地区投入产出表（2007）》（国家统计局国民经济核算司，2011）数据构建的 WI * CS – IN 计算。

A – 核度前 12 的中心结构节点为 12 号、14 号、16 号、11 号、23 号、18 号、15 号、3 号、2 号、27 号、19 号和 4 号。两种赋权网络共有的中心结构节点为 12 号、14 号、23 号、2 号、3 号和 27 号。

4. 聚合型产业网络的分层验证

首先，对 D * CS – IN 对应的邻接矩阵 A 做幂方运算 $T = A + A^2 + \cdots + A^n$ 得到其传递闭包的邻接矩阵 T（即 CS – IN 的聚合网络形式），T 中强连通分量即为待搜索的分层核心结构，产业孤岛（孤立节点）成为最外层，其他产业节点构成中间层，孤岛层和中间层共同构成产业关联分层的外围结构（见表 4 – 13）。

表 4 – 13　山东省各层产业类别分布[①]

产业层次	农业与采掘业	轻工业	冶金及原材料工业	设备加工制造业	能源产业	建筑业	流通性服务业	生产与居民服务业	公共性服务业
I	1、2、3、4	6	11、12	14 ~ 19	23	—	27、30、31、32	38	—
II	—	—	10、13	—	—	—	—	—	—
III	5	7 ~ 9	—	20 ~ 22	24、25	26	28、29	33 ~ 35、37	40 ~ 42
IV	—	—	—	—	—	—	—	36、39	—

资料来源：依据以《中国地区投入产出表（2007）》（国家统计局国民经济核算司，2011）数据构建的 D * CS – IN 计算。

其次，QAP 检验。进行模式矩阵 S（见图 4 – 11）与 T 的 QAP 相关系数

[①] 由于是描述产业结构特征（节点的网络特征），尚不分析关联效应，可不显示产业属性，即三次产业类别。

的检验分析，QAP 检验结果如表 4-14 所示。

表 4-14　山东省产业网络邻接矩阵与模式矩阵的 QAP 检验

观测值	显著性水平	随机相关系数均值	随机相关系数标准差	随机相关系数最小值	随机相关系数最大值	随机相关系数 ≥ 实际值的概率	随机相关系数 < 实际值的概率
0.468	0.000	-0.001	0.097	-0.319	0.336	0.000	1.000

资料来源：依据以《中国地区投入产出表（2007）》（国家统计局国民经济核算司，2011）数据构建的 D * CS - IN 计算。

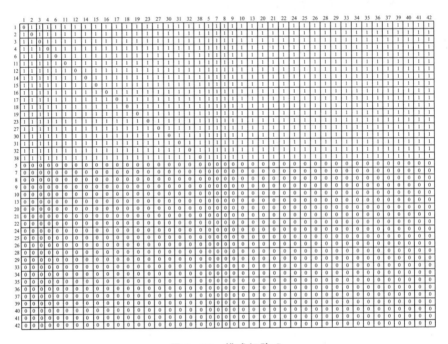

图 4-11　模式矩阵 S

资料来源：作者研究设定。

　　从 QAP 检验结果看，T 与 S 两个矩阵正相关，相关系数为 0.468，并且二者关系在统计意义上显著，因此建立的核心 - 外围结构同理想模式结构是强相关的，聚合型产业网络分层统计有效。

　　根据不同的研究需要，基于不同产业网络和关联整体中心性研究方法进行中心性产业的识别，上述全部分析中共有的 12 号、14 号、23 号、2 号、3 号和 27 号为中心节点，对应的中心指数高达 0.934（WD * CS - IN 的中心指数数值）。

三 关联整体聚类性分析

1. n - 宗派分析

在 I * CS - IN 中分别提取的 1 - 宗派、2 - 宗派及 u - 宗派（$u \geqslant 3$）分别如表 4 - 15、表 4 - 16 和表 4 - 17 所示。

表 4 - 15 山东省 I * CS - IN 的 1 - 宗派及其产业构成

宗派	宗派内产业	宗派	宗派内产业	宗派	宗派内产业	宗派	宗派内产业
1	2、3、4、11、12、14、15、16、18、23、27	11	11、12、14、16、19、23、27、35	21	10、11、12、23、27、35	31	1、6、12、41
2	2、4、11、12、14、15、16、17、18、23、27	12	4、11、12、14、16、17、18、27、30	22	10、11、12、27、32、34	32	7、8、12、23、27
3	2、4、11、12、14、15、16、18、19、23、27、32	13	4、11、12、14、16、18、27、30、32	23	3、11、12、15、22、27	33	1、7、8、12
4	2、11、12、14、15、16、18、19、23、27、32	14	11、12、14、16、18、19、27、30、32	24	11、12、15、22、27、32	34	7、12、21、23、27
5	2、11、12、14、15、16、18、23、26、27、32	15	11、12、14、15、21、23、27、32	25	11、12、22、27、30、32	35	1、7、12、21
6	2、3、11、12、14、15、16、23、24、27	16	11、12、14、19、27、32、34	26	11、12、16、40	36	8、12、16、23、27
7	2、5、11、12、13、14、16、23、27、32	17	11、12、14、23、25、32、37	27	6、8、12、27、30	37	8、12、16、27、30
8	2、11、12、13、14、16、23、26、27、32	18	2、11、12、14、25、38	28	1、6、8、12	38	8、10、12、23、27
9	2、11、12、14、16、18、23、25、27、32	19	2、3、11、12、14、38	29	1、6、9、12	39	9、12、23、32
10	11、12、14、15、16、18、19、20、23、27、32	20	10、11、12、15、23、27、32	30	6、12、24、27	40	1、12、35

宗派	宗派内产业	宗派	宗派内产业	宗派	宗派内产业	宗派	宗派内产业
41	1、12、34	44	11、17、27、28、30	47	1、31、34	50	30、31、32
42	10、12、23、41	45	18、19、29、30	48	1、31、35	51	31、32、34
43	10、12、32、42	46	1、6、31、41	49	6、30、31	52	31、32、42

资料来源：依据以《中国地区投入产出表（2007）》（国家统计局国民经济核算司，2011）数据构建的 I∗CS－IN 计算。

表 4－16　山东省 I∗CS－IN 的 2－宗派及其产业构成

宗派	宗派内产业
1	1 ~ 27、30、32、34、35、37、38、40 ~ 42
2	1、2、4 ~ 27、30 ~ 32、34、35、37、41、42
3	2 ~ 8、10 ~ 28、30、32、34、35、37、38、40
4	2 ~ 4、6、8、11、12、14 ~ 20、22、23、25 ~ 30、32、34、35
5	2、4、6、8、11、12、14 ~ 20、22、23、25 ~ 32、34、35
6	1、10 ~ 12、14、19、27、31 ~ 34

资料来源：依据以《中国地区投入产出表（2007）》（国家统计局国民经济核算司，2011）数据构建的 I∗CS－IN 计算。

表 4－17　山东省 I∗CS－IN 的 u－宗派（u≥3）及其产业构成

宗派	宗派内产业
1	1 ~ 35、37、38、40 ~ 42

资料来源：依据以《中国地区投入产出表（2007）》（国家统计局国民经济核算司，2011）数据构建的 I∗CS－IN 计算。

当 $n = u \geq 3$ 时，全部产业构成 1 个宗派，因此 n 为 1 和 2 具有相关研究意义。

2. k－核

I∗CS－IN 中不同 k 值下的 k－核分布聚类图及核点构成分布如图 4－12 所示。

其中只有一个节点数目大于 1 的 k－核，当 k 值从 10 降低到 9 时，其构成节点数目也逐渐增加，清晰展现出不同标准下的 k－核所体现的产业集。

3. 块

WI∗CS－IN 的产业分块结构如图 4－13（level－3）和图 4－14（level－5）所示。

（A）聚类

	1	2	3	4	5	6	7	8
nClusters	3.000	4.000	6.000	8.000	9.000	17.000	22.000	26.000
CL1	0.952	0.929	0.881	0.833	0.810	0.024	0.024	0.024
CL2	0.024	0.024	0.024	0.024	0.024	0.619	0.500	0.410
CL3	0.024	0.024	0.024	0.024	0.024	0.024	0.024	0.024
CL4		0.024	0.024	0.024	0.024	0.024	0.024	0.024
CL5			0.024	0.024	0.024	0.024	0.024	0.024
CL6			0.024	0.024	0.024	0.024	0.024	0.024
CL7				0.024	0.024	0.024	0.024	0.024
CL8				0.024	0.024	0.024	0.024	0.024
CL9					0.024	0.024	0.024	0.024
CL10						0.024	0.024	0.024
CL11						0.024	0.024	0.024
CL12						0.024	0.024	0.024
CL13						0.024	0.024	0.024
CL14						0.024	0.024	0.024
CL15						0.024	0.024	0.024
CL16						0.024	0.024	0.024
CL17						0.024	0.024	0.024
CL18							0.024	0.024
CL19							0.024	0.024
CL20							0.024	0.024
CL21							0.024	0.024
CL22							0.024	0.024
CL23								0.024
CL24								0.024
CL25								0.024
CL26								0.024

（B）分割矩阵

图4-12　山东省不同 k 值下的核分布

资料来源：依据以《中国地区投入产出表（2007）》（国家统计局国民经济核算司，2011）数据构建的 I * CS - IN 计算。

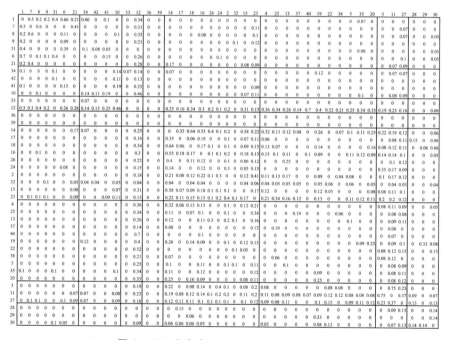

图4-13　山东省 level-3　下的产业分块

资料来源：依据以《中国地区投入产出表（2007）》（国家统计局国民经济核算司，2011）数据构建的 WI * CS - IN 计算。

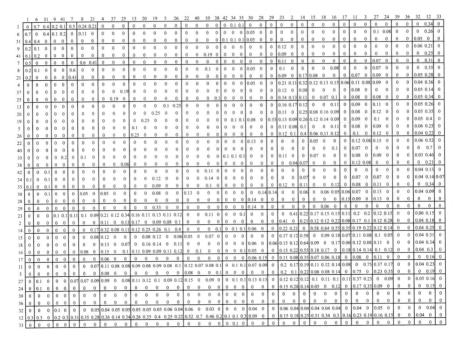

图 4 - 14 山东省 evel - 5 下的产业分块

资料来源：依据以《中国地区投入产出表（2007）》（国家统计局国民经济核算司，2011）数据构建的 WI＊CS - IN 计算。

level - 3 分块拟合指数 $R^2 = 0.349$。level - 5 分块拟合指数 $R^2 = 0.670$。在 level - 3 的块数量为 8，在 level - 5 的分块数为 20，分别代表 8 个和 20 个产业集，level 程度越高，适配度越高，但是分块的区分则不明显，从而在实际中需要根据产业特性来具体判定。

四 关联整体循环性分析

搜索到的强连通分量的节点和边构成如图 4 - 15 所示。

由图 4 - 15（A）任意路径长度的强连通分量，1～4 号、6 号、12 号、14～19 号、23 号、27 号、30～32 号和 38 号产业位于循环性产业链上；由图 4 - 15（B）路径长度为 1 的强连通分量，直接存在循环链关系节点有 1～4 号、6 号、11 号、12 号、14～19 号、23 号、27 号和 38 号节点。

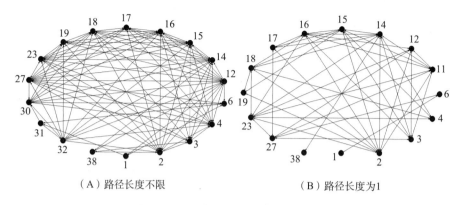

（A）路径长度不限　　　　　　　　（B）路径长度为1

图 4 - 15　山东省 CS - IN 强连通分量

资料来源：依据以《中国地区投入产出表（2007）》（国家统计局国民经济核算司，2011）数据构建的 CS - IN 计算构建。

五　关联个体中心性分析

分别计算弗里曼度数中心度、中间中心度、接近中心度、卡茨 - 哈贝尔 - 泰勒指数和流中间中心度。

1. 弗里曼中心度

第一，度数中心度、中间中心度与接近中心度。以山东省 CS - IN 为基础计算的弗里曼中心度数值如表 4 - 18 所示。

表 4 - 18　山东省基于位置的产业节点中心度[①]

产业节点	内度数中心度	外度数中心度	总度数中心度	中间中心度	内接近中心度	外接近中心度	总接近中心度
1	2	9	11	0.678	93	44	137
2	11	16	27	1.954	58	26	84
3	8	11	19	0.476	68	31	99
4	13	3	16	0.029	94	24	118
5	9	0	9	0.000	0	33	33

---

① 中间中心度以 UCINET 6.275 计算的标准化数值表示，接近中心度以距离矩阵的行和与列和为基础，度数中心度和接近中心度以绝对数值表示。

续表

产业节点	内度数中心度	外度数中心度	总度数中心度	中间中心度	内接近中心度	外接近中心度	总接近中心度
6	4	7	11	2.584	73	40	113
7	4	2	6	0.000	2	40	42
8	9	0	9	0.000	0	36	36
9	5	0	5	0.000	0	38	38
10	6	5	11	0.564	5	36	41
11	9	28	37	1.833	51	29	80
12	7	34	41	4.372	43	32	75
13	8	2	10	0.000	2	32	34
14	14	21	35	3.908	63	23	86
15	12	15	27	1.476	71	25	96
16	12	20	32	2.230	59	25	84
17	9	8	17	0.993	75	29	104
18	13	12	25	3.097	72	24	96
19	11	5	16	0.485	103	26	129
20	10	0	10	0.000	0	29	29
21	9	0	9	0.000	0	32	32
22	7	0	7	0.000	0	34	34
23	8	26	34	2.545	53	29	82
24	10	0	10	0.000	0	30	30
25	11	0	11	0.000	0	30	30
26	11	0	11	0.000	0	30	30
27	7	28	35	3.754	49	32	81
28	4	0	4	0.000	0	38	38
29	3	0	3	0.000	0	38	38
30	6	10	16	1.386	70	33	103
31	2	6	8	2.146	77	55	132
32	1	24	25	1.999	53	70	123

续表

产业 节点	内度数 中心度	外度数 中心度	总度数 中心度	中间 中心度	内接近 中心度	外接近 中心度	总接近 中心度
33	0	1	1	0.000	1	0	1
34	10	0	10	0.000	0	32	32
35	10	0	10	0.000	0	30	30
36	0	0	0	0.000	0	0	0
37	5	1	6	0.000	1	36	37
38	4	3	7	0.016	92	37	129
39	0	0	0	0.000	0	0	0
40	3	0	3	0.000	0	42	42
41	6	0	6	0.000	0	38	38
42	4	0	4	0.000	0	44	44

资料来源：依据以《中国地区投入产出表（2007）》（国家统计局国民经济核算司，2011）数据构建的 CS – IN 计算。

第二，产业链生长深度。除了通过产业间距离和描述产业链位势，也可以尝试采用距离乘积来描述。将直接型 BS – IN 邻接矩阵 A 的主对角线元素设置为 0，设直接型 BS – IN 以直接消耗系数为强度边权的权重矩阵 W，则可得到赋权邻接矩阵 B（$b_{ij} = a_{ij} \times w_{ij}$），构建出直接型 W ∗ BS – IN。设 W ∗ BS – IN 任意节点 S 到 T 的一条可达路径为 P_{ST}，这条路径所经过的网络边依次为 P_{SS_1}，$P_{S_1S_2}$，…，P_{S_kT}，各边对应的强度权值为 b_{SS_1}，$b_{S_1S_2}$，…，b_{S_kT}，则将产业链（$S{\to}T$）生长深度定义为 $LS = b_{SS_1} \times b_{S_1S_2} \times \cdots \times b_{S_kT}$。$LS$ 是接近中心度的辅助或替代分析工具。

计算方法为将 B 变换得到矩阵 P，转化为 S 到 T 在 P 矩阵上的最短路径问题。其中，P 与 B 的对应关系如表 4 – 19 所示。

表 4 – 19　P 矩阵元素设定

B 矩阵元素数值	P 矩阵元素数值
$0 < b_{ij} < 1$	$-\ln b_{ij}$
0	Inf

续表

B 矩阵元素数值	P 矩阵元素数值
$i = j$	Inf
1	0

资料来源：作者设定。

　　W * BS - IN 的 B 矩阵如图 4 - 16 所示。最短距离 P 矩阵如图 4 - 17 所示。采用迪杰斯特拉（Dijkstra）算法，全部产业链生长深度矩阵如图 4 - 18 所示，而生长路径矩阵如图 4 - 19 所示。路径矩阵元素数值表示对应节点间路径必然经过的其他节点，数值为 0 的元素表示对应节点不通过其他节点而进行直接连接，"－"表示产业间路径不存在任何其他节点，即两个节点间不存在可达路径或者最短路径。如 1 号节点与 2 号节点之间的最强关联路径必然经过 38 号节点，1 号节点到 38 号节点必然经过 31

图 4 - 16　山东省 W * BS - IN 的 B 矩阵（42 × 42）

资料来源：依据以《中国地区投入产出表（2007）》（国家统计局国民经济核算司，2011）数据计算。

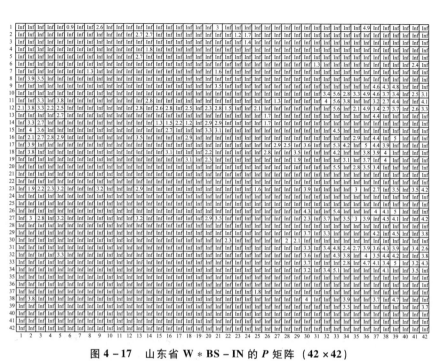

图 4 - 17　山东省 W * BS - IN 的 P 矩阵（42 × 42）

资料来源：依据图 4 - 16 的山东省 W * BS - IN 的 B 矩阵分析计算。

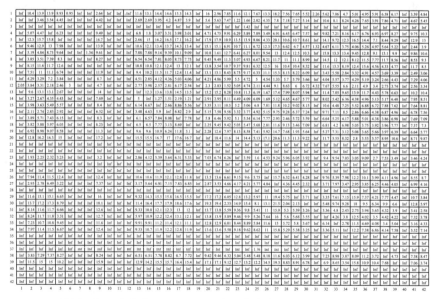

图 4 - 18　山东省 W * BS - IN 产业链生长深度矩阵（42 × 42）

资料来源：依据图 4 - 17 的山东省 W * BS - IN 的 P 矩阵分析计算。

	1	2	3	4	5	6	7	8	9	10	11	12	13	14	15	16	17	18	19	20	21	22	23	24	25	26	27	28	29	30	31	32	33	34	35	36	37	38	39	40	41	42
1	*	38	38	38	32	0	--	--	0	--	--	--	32	38	38	38	38	38	--	38	0	31	38	38	37	32	38	31	31	31	6	31	31	31	31	0	31	31	31	--	6	31
2	--	*	23	23	23	--	--	--	23	--	--	--	0	0	14	14	14	14	--	14	14	30	0	0	23	13	17	30	30	23	--	30	18	39	23	18	23	18	23	--	23	23
3	--	--	*	--	--	--	--	--	--	--	--	--	--	--	--	--	--	--	--	--	--	--	--	0	--	--	--	--	--	--	--	--	--	--	--	--	--	--	--	--	--	--
4	--	14	14	*	16	--	--	--	23	--	--	--	16	0	14	14	14	14	--	14	14	30	14	14	23	14	17	17	18	17	--	29	18	17	16	18	18	18	16	--	23	29
5	--	38	38	38	*	--	--	--	38	--	--	--	0	38	38	38	38	38	--	38	38	30	38	38	37	13	38	30	30	26	--	30	26	38	38	33	13	26	26	--	33	39
6	--	38	38	38	32	*	--	--	38	--	--	--	32	38	38	38	38	38	--	38	38	31	38	38	37	32	38	31	31	31	0	31	31	31	31	31	31	31	31	--	0	31
7	--	8	8	23	23	--	*	0	23	--	--	--	8	8	14	14	14	14	--	14	0	30	8	8	23	13	17	30	30	23	--	30	18	39	23	18	23	18	23	--	23	23
8	--	0	0	23	23	--	--	*	23	--	--	--	2	2	14	14	14	14	--	14	14	30	2	3	23	13	17	30	30	23	--	30	18	39	23	18	23	18	23	--	23	23
9	--	38	38	38	38	--	--	--	*	--	--	--	38	38	38	38	38	38	--	38	0	38	38	38	37	38	38	38	38	38	--	38	38	38	38	38	0	0	0	--	38	39
10	--	38	38	38	32	--	--	--	38	*	--	--	32	38	38	38	38	38	--	38	38	34	38	38	37	32	38	34	34	34	--	0	0	0	0	0	0	0	0	--	0	0
11	--	27	0	16	0	--	--	--	27	--	*	--	27	0	14	14	14	14	--	27	27	30	27	3	37	14	0	30	30	27	--	0	0	0	27	27	0	0	0	--	34	0
12	0	0	0	0	0	1	--	--	1	--	--	*	0	4	0	0	14	0	--	0	0	0	2	3	0	13	17	17	18	38	6	31	0	38	0	0	0	0	0	--	0	0
13	--	38	38	38	0	--	--	--	38	--	--	--	*	38	38	38	38	38	--	38	38	30	38	38	37	0	38	30	30	26	--	30	26	38	38	33	0	26	26	--	33	39
14	--	0	0	16	16	--	--	--	23	--	--	--	16	*	0	0	0	0	--	0	0	30	2	3	23	0	17	17	18	17	--	29	18	17	16	18	18	18	16	--	23	29
15	--	0	0	16	16	--	--	--	23	--	--	--	16	2	*	0	14	16	--	0	0	33	2	3	23	16	17	33	18	33	--	34	0	33	16	20	20	33	16	--	33	33
16	--	0	0	0	0	--	--	--	23	--	--	--	0	4	14	*	14	0	--	18	14	30	2	2	23	13	17	17	18	23	--	29	18	39	0	18	0	18	0	--	23	23
17	--	0	27	23	27	--	--	--	23	--	--	--	27	2	14	14	*	14	--	27	27	30	2	2	37	27	0	0	30	0	--	27	0	0	27	0	0	0	27	--	34	27
18	--	0	16	16	16	--	--	--	23	--	--	--	2	2	14	0	14	*	--	0	14	30	2	2	37	0	17	30	0	26	--	29	0	33	20	0	0	0	26	--	33	29
19	--	18	18	18	32	--	--	--	23	--	--	--	18	18	18	18	18	0	*	0	18	30	18	18	37	18	18	30	0	29	--	29	18	0	20	0	20	0	29	--	34	29
20	--	38	38	38	34	--	--	--	38	--	--	--	38	38	38	38	38	38	--	*	38	33	38	38	37	38	38	33	33	33	--	34	0	33	0	0	0	33	33	--	33	33
21	--	--	--	--	--	--	--	--	--	--	--	--	--	--	--	--	--	--	--	--	*	--	--	--	--	--	--	--	--	--	--	--	--	--	--	--	--	--	--	--	--	--
22	--	--	--	--	--	--	--	--	--	--	--	--	--	--	--	--	--	--	--	--	--	*	--	--	--	--	--	--	--	--	--	--	--	--	--	--	--	--	--	--	--	--
23	--	0	0	0	0	--	--	--	0	--	--	--	0	4	14	14	14	14	--	14	9	30	*	2	0	13	17	30	30	0	--	30	18	39	0	18	0	9	0	--	0	0
24	--	--	--	--	--	--	--	--	--	--	--	--	--	--	--	--	--	--	--	--	--	--	--	*	--	--	--	--	--	--	--	--	--	--	--	--	--	--	--	--	--	--
25	--	--	--	--	--	--	--	--	--	--	--	--	--	--	--	--	--	--	--	--	--	--	--	--	*	--	--	--	--	--	--	--	--	--	--	--	--	--	--	--	--	--
26	--	38	38	38	38	--	--	--	38	--	--	--	38	38	38	38	38	38	--	38	38	30	38	38	37	*	38	30	30	0	--	30	0	38	38	33	0	0	0	--	33	39
27	--	0	0	23	0	--	--	--	23	--	--	--	0	2	14	14	14	14	--	0	0	30	2	3	23	13	*	30	30	0	--	0	32	0	0	0	20	0	0	--	34	0
28	--	--	--	--	--	--	--	--	--	--	--	--	--	--	--	--	--	--	--	--	--	--	--	--	--	--	--	*	--	--	--	--	--	--	--	--	--	--	--	--	--	--
29	--	38	38	38	32	--	--	--	38	--	--	--	32	38	38	38	38	38	--	38	38	30	38	38	37	32	38	30	*	0	--	0	32	32	38	32	0	32	0	--	34	0
30	--	38	38	38	32	--	--	--	38	--	--	--	32	38	38	38	38	38	--	38	38	0	38	38	37	32	38	0	0	*	--	29	32	32	38	32	29	32	29	--	34	29
31	--	38	38	38	32	--	--	--	38	--	--	--	32	38	38	38	38	38	--	38	38	30	38	38	37	32	38	30	30	0	*	0	0	0	0	0	0	0	0	--	0	0
32	--	38	38	38	0	--	--	--	38	--	--	--	5	38	38	38	38	38	--	38	38	30	38	38	37	13	38	30	30	0	--	*	0	0	38	0	0	0	0	--	34	0
33	--	38	38	38	34	--	--	--	38	--	--	--	38	38	38	38	38	38	--	38	38	30	38	38	37	38	38	30	30	0	--	34	*	0	38	0	0	0	0	--	0	0
34	--	38	38	38	32	--	--	--	38	--	--	--	32	38	38	38	38	38	--	38	38	30	38	38	37	32	38	30	30	0	--	0	0	*	38	32	32	0	32	--	0	32
35	--	--	--	--	--	--	--	--	--	--	--	--	--	--	--	--	--	--	--	--	--	--	--	--	--	--	--	--	--	--	--	--	--	--	*	--	--	--	--	--	--	--
36	--	--	--	--	--	--	--	--	--	--	--	--	--	--	--	--	--	--	--	--	--	--	--	--	--	--	--	--	--	--	--	--	--	--	--	*	--	--	--	--	--	--
37	--	--	--	--	--	--	--	--	--	--	--	--	--	--	--	--	--	--	--	--	--	--	--	--	0	--	--	--	--	--	--	--	--	--	--	--	*	--	--	--	--	--
38	--	0	23	23	23	--	--	--	23	--	--	--	2	2	14	14	14	14	--	14	14	30	2	2	37	13	17	30	30	0	--	34	34	0	23	34	0	*	0	--	34	39
39	--	38	38	38	34	--	--	--	38	--	--	--	34	38	38	38	38	38	--	38	38	34	38	38	37	34	38	34	34	34	--	34	34	0	38	34	34	34	*	--	34	0
40	--	--	--	--	--	--	--	--	--	--	--	--	--	--	--	--	--	--	--	--	--	--	--	--	--	--	--	--	--	--	--	--	--	--	--	--	--	--	--	*	--	--
41	--	--	--	--	--	--	--	--	--	--	--	--	--	--	--	--	--	--	--	--	--	--	--	--	--	--	--	--	--	--	--	--	--	--	--	--	--	--	--	--	*	--
42	--	--	--	--	--	--	--	--	--	--	--	--	--	--	--	--	--	--	--	--	--	--	--	--	--	--	--	--	--	--	--	--	--	--	--	--	--	--	--	--	--	*

图 4－19　山东省 W ∗ BS－IN 产业链生长路径矩阵（42×42）

资料来源：依据图 4－17 的山东省 W ∗ BS－IN 的 P 矩阵分析计算。

号，1 号节点到 31 号必然经过 6 号节点，而 1 号节点到 6 号节点可直达而不需要经过其他任何节点，38 号节点到 2 号产业节点也不存在中间节点可直达，因此 1 号节点到 2 号产业节点的产业链生长路径为 1→6→31→38→2，产业链生长强度为 10.41。

2. 卡茨－哈贝尔－泰勒指数

第一，生成影响结构矩阵。以 CS－IN 为基础设定衰减因子① $\alpha=1$，卡茨和泰勒影响结构矩阵如图 4－20、图 4－21、图 4－22、图 4－23 所示（矩阵中所示各数值为原数值乘以 10^5）。矩阵横向维度体现目标产业直接与间接的供给推动影响力，纵向维度体现目标产业直接与间接的需求拉动影响力。卡茨－哈贝尔－泰勒指数是产业网络中 Rasmussen 扩散系数模型的修正和实现形式。

第二，卡茨－哈贝尔－泰勒指数。各产业节点的三大指数分布如表 4－20 所示。

---

① 设定 $\alpha=1$，即不考虑产业关系间接递减性。

	1	2	3	4	5	6	7	8	9	10	11	12	13	14	15	16	17	18	19	20	21
1	1.13	0.01	0.00	0.01	0.01	336.71	336.71	338.98	337.84	0.01	0.01	0.01	0.01	0.01	0.01	0.01	0.00	0.01	0.01	0.01	337.85
2	1.15	9.33	343.71	347.21	343.70	1.18	2.33	3.53	2.31	4.65	343.71	341.38	342.55	347.23	347.20	346.05	344.88	347.21	344.90	9.31	5.83
3	1.15	9.28	6.98	344.90	5.84	2.30	2.31	3.51	1.18	4.63	342.55	340.23	5.82	346.04	344.89	343.75	8.14	344.90	8.15	8.14	5.80
4	0.00	3.47	2.32	3.48	1.18	0.00	0.01	0.02	0.01	1.16	2.32	0.05	1.18	339.06	339.05	3.47	3.46	339.05	3.46	3.46	2.30
5	0.00	0.00	0.00	0.00	0.00	0.00	0.00	0.00	0.00	0.00	0.00	0.00	0.00	0.00	0.00	0.00	0.00	0.00	0.00	0.00	0.00
6	336.71	1.17	1.16	1.18	1.17	2.28	2.28	339.01	337.85	1.15	1.17	1.16	1.16	1.18	1.18	1.18	1.17	1.18	1.18	1.17	2.30
7	0.00	0.00	0.00	0.00	0.00	0.00	0.00	336.70	0.00	0.00	0.00	0.00	0.00	0.00	0.00	0.00	0.00	0.00	0.00	0.00	336.70
8	0.00	0.00	0.00	0.00	0.00	0.00	0.00	0.00	0.00	0.00	0.00	0.00	0.00	0.00	0.00	0.00	0.00	0.00	0.00	0.00	0.00
9	0.00	0.00	0.00	0.00	0.00	0.00	0.00	0.00	0.00	0.00	0.00	0.00	0.00	0.00	0.00	0.00	0.00	0.00	0.00	0.00	0.00
10	0.00	0.00	0.00	0.00	0.00	0.00	0.00	336.70	0.00	0.00	0.00	0.00	0.00	0.00	0.00	0.00	0.00	0.00	0.00	0.00	0.00
11	1.16	347.21	344.89	349.54	344.87	3.45	3.46	6.96	2.33	341.36	9.32	342.54	343.71	350.68	348.39	348.36	346.06	349.54	347.21	346.06	342.56
12	337.87	347.21	344.89	349.54	344.88	340.16	340.17	345.93	340.16	341.37	344.89	6.98	343.72	350.68	348.40	348.37	346.07	349.54	347.21	346.07	344.83
13	0.00	0.00	0.00	0.00	336.70	0.00	0.00	0.00	0.00	0.00	0.00	0.00	0.00	0.00	0.00	0.00	0.00	0.00	0.00	0.00	0.00
14	0.02	344.87	342.57	346.05	342.55	0.04	1.18	2.37	1.17	3.50	342.57	5.79	341.40	11.62	346.04	344.89	343.73	346.05	343.74	343.73	340.25
15	0.02	342.57	341.40	344.87	4.68	0.04	0.05	2.35	0.04	337.93	341.40	4.64	4.67	344.88	9.29	343.71	342.56	344.87	342.57	342.56	339.09
16	1.15	344.90	343.71	347.21	343.70	1.18	2.33	339.10	2.31	4.65	343.71	341.38	342.55	347.23	347.20	10.48	344.88	347.21	344.90	344.88	5.83
17	0.02	341.40	5.79	343.70	4.66	2.28	1.16	3.47	0.04	2.33	5.79	3.49	4.64	343.70	342.57	342.55	5.82	8.13	6.96	4.70	3.50
18	0.01	342.54	5.81	343.71	4.66	0.02	1.17	2.33	1.16	2.34	5.81	3.50	4.65	343.71	343.71	342.56	342.53	8.14	342.54	342.53	3.50
19	0.00	1.15	0.02	1.16	0.02	0.00	0.00	0.01	0.00	0.01	0.02	0.01	0.02	1.16	1.16	1.15	1.15	336.73	1.15	337.85	0.01
20	0.00	0.00	0.00	0.00	0.00	0.00	0.00	0.00	0.00	0.00	0.00	0.00	0.00	0.00	0.00	0.00	0.00	0.00	0.00	0.00	0.00
21	0.00	0.00	0.00	0.00	0.00	0.00	0.00	0.00	0.00	0.00	0.00	0.00	0.00	0.00	0.00	0.00	0.00	0.00	0.00	0.00	0.00
22	0.00	0.00	0.00	0.00	0.00	0.00	0.00	0.00	0.00	0.00	0.00	0.00	0.00	0.00	0.00	0.00	0.00	0.00	0.00	0.00	0.00
23	1.16	346.06	344.87	348.39	344.86	2.32	339.03	342.52	337.89	341.36	344.87	342.53	343.70	348.40	348.37	347.22	346.05	348.39	346.06	346.05	343.68
24	0.00	0.00	0.00	0.00	0.00	0.00	0.00	0.00	0.00	0.00	0.00	0.00	0.00	0.00	0.00	0.00	0.00	0.00	0.00	0.00	0.00
25	0.00	0.00	0.00	0.00	0.00	0.00	0.00	0.00	0.00	0.00	0.00	0.00	0.00	0.00	0.00	0.00	0.00	0.00	0.00	0.00	0.00
26	0.00	0.00	0.00	0.00	0.00	0.00	0.00	0.00	0.00	0.00	0.00	0.00	0.00	0.00	0.00	0.00	0.00	0.00	0.00	0.00	0.00
27	2.29	346.08	344.88	349.53	344.87	339.03	339.04	344.79	3.46	341.37	344.88	342.54	343.71	349.55	348.39	348.36	346.06	349.54	347.21	346.06	343.69
28	0.00	0.00	0.00	0.00	0.00	0.00	0.00	0.00	0.00	0.00	0.00	0.00	0.00	0.00	0.00	0.00	0.00	0.00	0.00	0.00	0.00
29	0.00	0.00	0.00	0.00	0.00	0.00	0.00	0.00	0.00	0.00	0.00	0.00	0.00	0.00	0.00	0.00	0.00	0.00	0.00	0.00	0.00
30	1.14	3.50	2.34	340.21	2.33	336.71	0.02	339.00	1.15	0.04	2.34	1.18	2.33	340.22	4.64	339.07	3.49	341.34	340.19	4.63	1.19
31	0.01	1.18	0.04	2.32	1.17	1.15	0.01	1.16	1.15	1.15	1.17	1.16	1.17	2.32	1.18	2.31	0.05	2.33	2.32	1.18	1.16
32	1.16	346.06	9.30	348.39	345.99	3.45	3.46	6.95	339.03	342.49	344.87	342.53	344.83	348.40	347.25	347.22	10.47	349.52	348.32	347.18	343.68
33	0.00	0.00	0.00	0.00	0.00	0.00	0.00	0.00	0.00	0.00	0.00	0.00	0.00	0.00	0.00	0.00	0.00	0.00	0.00	0.00	0.00
34	0.00	0.00	0.00	0.00	0.00	0.00	0.00	0.00	0.00	0.00	0.00	0.00	0.00	0.00	0.00	0.00	0.00	0.00	0.00	0.00	0.00
35	0.00	0.00	0.00	0.00	0.00	0.00	0.00	0.00	0.00	0.00	0.00	0.00	0.00	0.00	0.00	0.00	0.00	0.00	0.00	0.00	0.00
36	0.00	0.00	0.00	0.00	0.00	0.00	0.00	0.00	0.00	0.00	0.00	0.00	0.00	0.00	0.00	0.00	0.00	0.00	0.00	0.00	0.00
37	0.00	0.00	0.00	0.00	0.00	0.00	0.00	0.00	0.00	0.00	0.00	0.00	0.00	0.00	0.00	0.00	0.00	0.00	0.00	0.00	0.00
38	0.00	337.89	2.31	2.33	2.31	0.00	0.01	0.02	0.01	0.03	2.31	1.17	2.30	337.91	2.33	2.33	2.32	2.33	2.32	1.19	1.17
39	0.00	0.00	0.00	0.00	0.00	0.00	0.00	0.00	0.00	0.00	0.00	0.00	0.00	0.00	0.00	0.00	0.00	0.00	0.00	0.00	0.00
40	0.00	0.00	0.00	0.00	0.00	0.00	0.00	0.00	0.00	0.00	0.00	0.00	0.00	0.00	0.00	0.00	0.00	0.00	0.00	0.00	0.00
41	0.00	0.00	0.00	0.00	0.00	0.00	0.00	0.00	0.00	0.00	0.00	0.00	0.00	0.00	0.00	0.00	0.00	0.00	0.00	0.00	0.00
42	0.00	0.00	0.00	0.00	0.00	0.00	0.00	0.00	0.00	0.00	0.00	0.00	0.00	0.00	0.00	0.00	0.00	0.00	0.00	0.00	0.00

图 4-20 山东省卡茨影响结构矩阵（42×42）（A）

资料来源：依据以《中国地区投入产出表（2007）》（国家统计局国民经济核算司，2011）数据构建的 CS-IN 计算。

	22	23	24	25	26	27	28	29	30	31	32	33	34	35	36	37	38	39	40	41	42
1	0.01	0.01	1.14	0.01	0.01	1.14	0.01	0.00	1.15	337.84	1.14	0.00	337.85	337.85	0.00	0.00	0.00	0.00	0.00	338.98	1.14
2	4.66	342.56	344.88	343.75	346.04	5.78	2.35	2.34	3.49	0.01	0.00	0.00	4.68	6.99	0.00	4.63	4.63	0.00	3.47	2.33	1.17
3	341.34	6.96	343.71	8.14	8.16	339.08	2.33	1.20	3.47	0.01	0.00	0.00	4.65	5.83	0.00	3.49	340.19	0.00	3.46	1.20	1.16
4	1.16	2.31	2.33	2.33	3.47	0.04	0.02	1.15	0.02	0.00	0.00	0.00	1.17	1.18	0.00	1.16	1.16	0.00	0.02	0.01	0.00
5	0.00	0.00	0.00	0.00	0.00	0.00	0.00	0.00	0.00	0.00	0.00	0.00	0.00	0.00	0.00	0.00	0.00	0.00	0.00	0.00	0.00
6	1.16	1.16	337.87	1.17	1.17	336.73	1.15	0.02	2.29	337.84	1.14	0.00	3.43	3.43	0.00	0.02	0.02	0.00	0.01	338.99	1.15
7	0.00	0.00	0.00	0.00	0.00	0.00	0.00	0.00	0.00	0.00	0.00	0.00	0.00	0.00	0.00	0.00	0.00	0.00	0.00	0.00	0.00
8	0.00	0.00	0.00	0.00	0.00	0.00	0.00	0.00	0.00	0.00	0.00	0.00	0.00	0.00	0.00	0.00	0.00	0.00	0.00	0.00	0.00
9	0.00	0.00	0.00	0.00	0.00	0.00	0.00	0.00	0.00	0.00	0.00	0.00	0.00	0.00	0.00	0.00	0.00	0.00	0.00	0.00	0.00
10	0.00	0.00	0.00	0.00	0.00	0.00	0.00	0.00	0.00	0.00	0.00	0.00	336.70	336.70	0.00	0.00	0.00	0.00	0.00	336.70	336.70
11	342.51	343.73	346.06	347.18	347.22	341.38	340.19	3.49	340.20	0.02	0.00	0.00	342.54	344.87	0.00	340.22	340.23	0.00	339.06	3.48	2.30
12	342.52	343.74	347.20	347.19	347.23	342.51	4.63	3.49	340.21	2.28	0.01	0.00	343.68	346.01	0.00	340.22	340.23	0.00	339.06	341.32	337.88
13	0.00	0.00	0.00	0.00	336.70	0.00	0.00	0.00	0.00	0.00	0.00	0.00	0.00	0.00	0.00	0.00	0.00	0.00	0.00	0.00	0.00
14	3.51	341.42	343.72	344.85	344.88	4.63	2.33	2.33	2.35	0.00	0.00	0.00	339.10	341.41	0.00	339.06	339.07	0.00	2.33	1.18	0.03
15	339.07	5.81	342.55	5.85	342.58	3.49	2.32	2.32	2.33	0.00	0.00	0.00	4.63	5.81	0.00	2.35	3.48	0.00	2.32	1.17	1.15
16	4.66	342.56	344.88	343.75	346.04	5.78	2.35	2.34	3.49	0.01	0.00	0.00	4.68	342.57	0.00	4.63	4.63	0.00	339.04	2.33	1.17
17	3.48	4.65	5.82	4.68	5.84	336.79	339.01	1.19	337.89	0.01	0.00	0.00	2.35	3.52	0.00	1.20	1.21	0.00	1.18	0.04	0.02
18	1.22	340.23	5.83	341.39	342.55	2.35	1.18	337.89	1.19	0.00	0.00	0.00	2.36	4.66	0.00	2.33	1.21	0.00	1.18	1.17	0.02
19	0.00	1.15	0.02	1.15	1.15	0.01	0.00	337.84	0.00	0.00	0.00	0.00	336.71	336.72	0.00	0.01	0.00	0.00	0.00	0.00	0.00
20	0.00	0.00	0.00	0.00	0.00	0.00	0.00	0.00	0.00	0.00	0.00	0.00	0.00	0.00	0.00	0.00	0.00	0.00	0.00	0.00	0.00
21	0.00	0.00	0.00	0.00	0.00	0.00	0.00	0.00	0.00	0.00	0.00	0.00	0.00	0.00	0.00	0.00	0.00	0.00	0.00	0.00	0.00
22	0.00	0.00	0.00	0.00	0.00	0.00	0.00	0.00	0.00	0.00	0.00	0.00	0.00	0.00	0.00	0.00	0.00	0.00	0.00	0.00	0.00
23	5.81	8.14	346.04	346.03	347.20	341.38	3.49	2.35	4.63	0.01	0.00	0.00	6.96	344.85	0.00	340.22	4.65	0.00	3.48	339.04	2.30
24	0.00	0.00	0.00	0.00	0.00	0.00	0.00	0.00	0.00	0.00	0.00	0.00	0.00	0.00	0.00	0.00	0.00	0.00	0.00	0.00	0.00
25	0.00	0.00	0.00	0.00	0.00	0.00	0.00	0.00	0.00	0.00	0.00	0.00	0.00	0.00	0.00	0.00	0.00	0.00	0.00	0.00	0.00
26	0.00	0.00	0.00	0.00	0.00	0.00	0.00	0.00	0.00	0.00	0.00	0.00	0.00	0.00	0.00	0.00	0.00	0.00	0.00	0.00	0.00
27	342.52	343.73	347.19	344.92	347.22	6.94	340.20	3.49	340.21	1.15	0.00	0.00	342.55	344.88	0.00	4.65	4.65	0.00	3.49	4.61	2.31
28	0.00	0.00	0.00	0.00	0.00	0.00	0.00	0.00	0.00	0.00	0.00	0.00	0.00	0.00	0.00	0.00	0.00	0.00	0.00	0.00	0.00
29	0.00	0.00	0.00	0.00	0.00	0.00	0.00	0.00	0.00	0.00	0.00	0.00	0.00	0.00	0.00	0.00	0.00	0.00	0.00	0.00	0.00
30	336.74	3.46	3.48	3.48	3.50	1.18	336.72	339.00	0.03	1.14	0.00	0.00	2.31	3.47	0.00	1.17	1.17	0.00	1.15	1.16	0.01
31	2.29	1.17	0.04	1.18	1.18	1.15	1.15	1.15	337.85	0.00	336.70	0.00	337.87	336.74	0.00	1.15	0.02	0.00	0.02	336.72	337.84
32	342.51	344.84	9.34	347.17	348.34	340.25	3.49	3.50	340.20	0.02	0.00	0.00	343.66	9.29	0.00	341.35	3.52	0.00	3.48	3.48	339.01
33	0.00	0.00	0.00	0.00	0.00	0.00	0.00	0.00	0.00	0.00	0.00	0.00	336.70	0.00	0.00	0.00	0.00	0.00	0.00	0.00	0.00
34	0.00	0.00	0.00	0.00	0.00	0.00	0.00	0.00	0.00	0.00	0.00	0.00	0.00	0.00	0.00	0.00	0.00	0.00	0.00	0.00	0.00
35	0.00	0.00	0.00	0.00	0.00	0.00	0.00	0.00	0.00	0.00	0.00	0.00	0.00	0.00	0.00	0.00	0.00	0.00	0.00	0.00	0.00
36	0.00	0.00	0.00	0.00	0.00	0.00	0.00	0.00	0.00	0.00	0.00	0.00	0.00	0.00	0.00	0.00	0.00	0.00	0.00	0.00	0.00
37	0.00	0.00	0.00	336.70	0.00	0.00	0.00	0.00	0.00	0.00	0.00	0.00	0.00	0.00	0.00	0.00	0.00	0.00	0.00	0.00	0.00
38	0.03	2.30	2.32	339.02	2.33	0.04	0.02	0.02	0.02	0.00	0.00	0.00	1.16	1.17	0.00	1.16	1.16	0.00	0.02	0.01	0.00
39	0.00	0.00	0.00	0.00	0.00	0.00	0.00	0.00	0.00	0.00	0.00	0.00	0.00	0.00	0.00	0.00	0.00	0.00	0.00	0.00	0.00
40	0.00	0.00	0.00	0.00	0.00	0.00	0.00	0.00	0.00	0.00	0.00	0.00	0.00	0.00	0.00	0.00	0.00	0.00	0.00	0.00	0.00
41	0.00	0.00	0.00	0.00	0.00	0.00	0.00	0.00	0.00	0.00	0.00	0.00	0.00	0.00	0.00	0.00	0.00	0.00	0.00	0.00	0.00
42	0.00	0.00	0.00	0.00	0.00	0.00	0.00	0.00	0.00	0.00	0.00	0.00	0.00	0.00	0.00	0.00	0.00	0.00	0.00	0.00	0.00

图 4-21 山东省卡茨影响结构矩阵（42×42）（B）

资料来源：依据以《中国地区投入产出表（2007）》（国家统计局国民经济核算司，2011）数据构建的 CS-IN 计算。

	1	2	3	4	5	6	7	8	9	10	11	12	13	14	15	16	17	18	19	20	21
1	0.505	-0.024	-0.258	0.324	-0.663	-0.219	-0.115	-0.442	0.318	-0.104	-0.120	-0.286	-0.331	-0.016	0.350	0.162	0.179	0.436	0.403	0.882	0.260
2	0.107	-0.867	-0.372	0.146	-0.272	0.173	0.094	0.718	0.621	0.079	-0.232	-0.066	-0.136	-0.377	0.044	0.073	0.017	0.389	0.502	0.666	-0.097
3	0.247	-0.728	-1.409	0.399	-1.379	0.577	0.196	2.141	1.527	0.381	-0.497	-0.330	-0.689	-0.438	0.105	0.200	-0.303	1.107	1.111	2.361	0.387
4	-0.103	0.459	0.736	-0.996	0.840	-0.414	-0.139	-2.054	-1.037	-0.275	0.478	0.311	0.420	0.534	-0.201	-0.498	-0.313	-1.049	-1.419	-2.707	0.017
5	0.000	0.000	0.000	0.000	0.000	0.000	0.000	0.000	0.000	0.000	0.000	0.000	0.000	0.000	0.000	0.000	0.000	0.000	0.000	0.000	0.000
6	-0.057	-0.260	-0.503	0.564	-1.290	-0.572	-0.597	-0.357	0.335	0.025	-0.318	-0.485	-0.645	-0.179	0.512	0.282	0.297	0.800	0.770	1.698	-0.808
7	0.000	0.000	0.000	0.000	0.000	0.000	0.000	1.000	0.000	0.000	0.000	0.000	0.000	0.000	0.000	0.000	0.000	0.000	0.000	0.000	1.000
8	0.000	0.000	0.000	0.000	0.000	0.000	0.000	0.000	0.000	0.000	0.000	0.000	0.000	0.000	0.000	0.000	0.000	0.000	0.000	0.000	0.000
9	0.000	0.000	0.000	0.000	0.000	0.000	0.000	0.000	0.000	0.000	0.000	0.000	0.000	0.000	0.000	0.000	0.000	0.000	0.000	0.000	0.000
10	0.000	0.000	0.000	0.000	0.000	0.000	0.000	1.000	0.000	0.000	0.000	0.000	0.000	0.000	0.000	0.000	0.000	0.000	0.000	0.000	0.000
11	0.020	-0.337	-0.529	0.179	-0.444	0.248	-0.033	0.989	0.463	0.281	-0.895	-0.228	-0.222	-0.294	-0.039	0.089	0.002	0.531	0.706	1.314	-0.026
12	0.239	-0.479	-0.910	0.623	-1.420	0.353	0.111	1.589	1.289	0.242	-0.614	-1.114	-0.710	-0.392	0.392	0.311	0.240	1.149	1.293	2.604	0.200
13	0.000	0.000	0.000	0.000	1.000	0.000	0.000	0.000	0.000	0.000	0.000	0.000	0.000	0.000	0.000	0.000	0.000	0.000	0.000	0.000	0.000
14	0.083	-0.121	-0.207	-0.183	0.604	0.166	0.172	0.565	0.574	-0.006	-0.083	-0.083	0.302	-0.740	-0.260	-0.092	-0.189	0.018	0.213	0.393	0.509
15	-0.040	0.175	0.392	-0.358	-0.112	-0.163	-0.267	-0.978	-0.592	0.104	0.290	0.123	-0.056	0.089	-0.755	-0.179	-0.171	-0.562	-0.579	-1.127	-0.114
16	0.107	-0.367	-0.372	0.146	-0.272	0.173	0.094	1.218	0.621	0.079	-0.232	-0.066	-0.136	-0.377	0.044	-0.427	0.017	0.389	0.502	1.166	-0.097
17	-0.210	0.325	0.442	-0.142	0.112	-0.253	-0.566	-2.272	-1.324	-0.687	0.210	0.043	0.056	0.411	-0.078	-0.071	-0.496	-0.938	-1.088	-2.373	-1.052
18	-0.146	0.405	0.552	-0.454	0.349	-0.416	-0.043	-1.641	-1.018	-0.374	0.271	0.271	0.175	0.185	-0.185	-0.227	0.047	-1.504	-1.053	-1.973	-0.377
19	-0.146	0.405	0.552	-0.454	0.349	-0.416	-0.043	-1.641	-1.018	-0.374	0.271	0.271	0.175	0.185	-0.185	-0.227	0.047	-0.504	-1.053	-0.973	-0.377
20	0.000	0.000	0.000	0.000	0.000	0.000	0.000	0.000	0.000	0.000	0.000	0.000	0.000	0.000	0.000	0.000	0.000	0.000	0.000	0.000	0.000
21	0.000	0.000	0.000	0.000	0.000	0.000	0.000	0.000	0.000	0.000	0.000	0.000	0.000	0.000	0.000	0.000	0.000	0.000	0.000	0.000	0.000
22	0.000	0.000	0.000	0.000	0.000	0.000	0.000	0.000	0.000	0.000	0.000	0.000	0.000	0.000	0.000	0.000	0.000	0.000	0.000	0.000	0.000
23	0.055	-0.604	-0.618	0.386	-0.899	0.319	0.612	2.803	1.137	0.707	-0.430	-0.264	-0.450	-0.540	0.207	0.193	0.135	0.753	0.869	1.982	0.835
24	0.000	0.000	0.000	0.000	0.000	0.000	0.000	0.000	0.000	0.000	0.000	0.000	0.000	0.000	0.000	0.000	0.000	0.000	0.000	0.000	0.000
25	0.000	0.000	0.000	0.000	0.000	0.000	0.000	0.000	0.000	0.000	0.000	0.000	0.000	0.000	0.000	0.000	0.000	0.000	0.000	0.000	0.000
26	0.000	0.000	0.000	0.000	0.000	0.000	0.000	0.000	0.000	0.000	0.000	0.000	0.000	0.000	0.000	0.000	0.000	0.000	0.000	0.000	0.000
27	-0.104	-0.473	-0.491	0.479	-1.254	0.293	0.036	1.169	0.033	0.257	-0.396	-0.396	-0.627	-0.325	0.325	0.240	0.237	0.728	0.734	1.633	-0.136
28	0.000	0.000	0.000	0.000	0.000	0.000	0.000	0.000	0.000	0.000	0.000	0.000	0.000	0.000	0.000	0.000	0.000	0.000	0.000	0.000	0.000
29	0.000	0.000	0.000	0.000	0.000	0.000	0.000	0.000	0.000	0.000	0.000	0.000	0.000	0.000	0.000	0.000	0.000	0.000	0.000	0.000	0.000
30	-0.261	0.521	0.757	-0.377	0.580	-0.481	-0.556	-2.911	-1.544	-0.925	0.386	0.219	0.290	0.608	-0.275	-0.189	-0.094	-0.851	-1.040	-2.396	-1.134
31	-0.448	0.237	0.246	-0.240	0.627	-0.646	-0.518	-2.084	-1.016	-0.129	0.198	0.198	0.314	0.163	-0.163	-0.120	-0.118	-0.364	-0.367	-0.817	-0.932
32	-0.187	-0.284	-0.511	0.138	0.047	-0.166	0.038	0.826	0.528	0.796	-0.188	-0.021	0.024	-0.445	0.112	0.069	-0.025	0.487	0.674	1.580	0.202
33	0.000	0.000	0.000	0.000	0.000	0.000	0.000	0.000	0.000	0.000	0.000	0.000	0.000	0.000	0.000	0.000	0.000	0.000	0.000	0.000	0.000
34	0.000	0.000	0.000	0.000	0.000	0.000	0.000	0.000	0.000	0.000	0.000	0.000	0.000	0.000	0.000	0.000	0.000	0.000	0.000	0.000	0.000
35	0.000	0.000	0.000	0.000	0.000	0.000	0.000	0.000	0.000	0.000	0.000	0.000	0.000	0.000	0.000	0.000	0.000	0.000	0.000	0.000	0.000
36	0.000	0.000	0.000	0.000	0.000	0.000	0.000	0.000	0.000	0.000	0.000	0.000	0.000	0.000	0.000	0.000	0.000	0.000	0.000	0.000	0.000
37	0.000	0.000	0.000	0.000	0.000	0.000	0.000	0.000	0.000	0.000	0.000	0.000	0.000	0.000	0.000	0.000	0.000	0.000	0.000	0.000	0.000
38	0.190	0.012	-0.579	-0.037	0.331	0.339	0.266	1.283	1.195	0.073	-0.315	-0.148	0.166	-0.117	-0.216	-0.018	-0.173	0.407	0.715	1.059	0.412
39	0.000	0.000	0.000	0.000	0.000	0.000	0.000	0.000	0.000	0.000	0.000	0.000	0.000	0.000	0.000	0.000	0.000	0.000	0.000	0.000	0.000
40	0.000	0.000	0.000	0.000	0.000	0.000	0.000	0.000	0.000	0.000	0.000	0.000	0.000	0.000	0.000	0.000	0.000	0.000	0.000	0.000	0.000
41	0.000	0.000	0.000	0.000	0.000	0.000	0.000	0.000	0.000	0.000	0.000	0.000	0.000	0.000	0.000	0.000	0.000	0.000	0.000	0.000	0.000
42	0.000	0.000	0.000	0.000	0.000	0.000	0.000	0.000	0.000	0.000	0.000	0.000	0.000	0.000	0.000	0.000	0.000	0.000	0.000	0.000	0.000

图 4－22　山东省泰勒影响结构矩阵（42×42）（A）

资料来源：依据以《中国地区投入产出表（2007）》（国家统计局国民经济核算司，2011）数据构建的 CS－IN 计算。

	22	23	24	25	26	27	28	29	30	31	32	33	34	35	36	37	38	39	40	41	42
1	-0.465	0.053	-0.734	-0.669	0.123	-0.376	-0.368	0.788	-0.051	0.276	0.276	0.000	0.548	0.487	0.000	-0.094	-0.680	0.000	-0.244	0.214	0.162
2	-0.215	0.126	-0.572	-1.063	0.161	-0.074	-0.084	1.096	0.205	0.280	0.280	0.000	0.499	0.419	0.000	-0.268	-1.047	0.000	-0.225	0.700	0.573
3	0.353	0.209	-1.241	-1.490	-0.168	0.071	-0.139	2.808	0.590	0.824	0.824	0.000	2.194	1.778	0.000	-0.232	-1.675	0.000	-0.628	1.908	1.700
4	0.185	-0.314	1.058	1.922	-0.409	-0.033	-0.457	-3.058	-0.590	-0.517	-0.517	0.000	-1.540	-1.836	0.000	0.492	2.059	0.000	0.291	-1.312	-0.998
5	0.000	0.000	0.000	0.000	0.000	0.000	0.000	0.000	0.000	0.000	0.000	0.000	0.000	0.000	0.000	0.000	0.000	0.000	0.000	0.000	0.000
6	-0.454	0.078	-0.579	-1.863	0.023	-0.133	-0.052	1.673	0.103	0.371	0.371	0.000	0.365	0.354	0.000	-0.533	-1.485	0.000	-0.521	0.359	0.282
7	0.000	0.000	0.000	0.000	0.000	0.000	0.000	0.000	0.000	0.000	0.000	0.000	0.000	0.000	0.000	0.000	0.000	0.000	0.000	0.000	0.000
8	0.000	0.000	0.000	0.000	0.000	0.000	0.000	0.000	0.000	0.000	0.000	0.000	0.000	0.000	0.000	0.000	0.000	0.000	0.000	0.000	0.000
9	0.000	0.000	0.000	0.000	0.000	0.000	0.000	0.000	0.000	0.000	0.000	0.000	0.000	0.000	0.000	0.000	0.000	0.000	0.000	0.000	0.000
10	0.000	0.000	0.000	0.000	0.000	0.000	0.000	0.000	0.000	0.000	0.000	0.000	1.000	1.000	0.000	0.000	0.000	0.000	0.000	1.000	1.000
11	0.034	0.155	-0.810	-0.632	0.048	0.021	0.564	1.673	0.436	0.268	0.268	0.000	1.147	1.123	0.000	0.005	-0.947	0.000	-0.034	0.744	0.589
12	-0.426	0.220	-1.467	-1.899	0.121	-0.234	-0.146	2.904	0.462	0.592	0.592	0.000	1.604	1.543	0.000	-0.308	-2.030	0.000	-0.416	1.531	1.311
13	0.000	0.000	0.000	0.000	1.000	0.000	0.000	0.000	0.000	0.000	0.000	0.000	0.000	0.000	0.000	0.000	0.000	0.000	0.000	0.000	0.000
14	-0.219	0.160	-0.249	0.710	0.361	0.012	-0.107	0.385	0.154	0.249	0.249	0.000	0.893	0.713	0.000	0.503	-0.112	0.000	-0.257	0.568	0.408
15	0.600	-0.309	0.620	0.265	-0.430	-0.041	-0.127	-1.346	-0.205	-0.203	-0.203	0.000	-0.461	-0.746	0.000	-0.010	0.893	0.000	0.234	-0.488	-0.179
16	-0.215	0.126	-0.572	-1.063	0.161	-0.074	-0.084	1.096	0.205	0.280	0.280	0.000	0.499	0.919	0.000	-0.268	-1.047	0.000	0.275	0.700	0.573
17	0.067	-0.441	0.630	-0.015	-0.903	0.041	0.627	-2.154	-0.128	-0.464	-0.464	0.000	-2.206	-2.254	0.000	-0.240	1.107	0.000	0.182	-2.012	-1.571
18	-0.195	-0.165	0.687	0.947	-0.340	-0.003	-0.223	-2.096	-0.538	-0.562	-0.562	0.000	-1.973	-1.803	0.000	-0.001	1.278	0.000	0.314	-1.392	-1.227
19	-0.195	-0.165	0.687	0.947	-0.340	-0.003	-0.223	-1.096	-0.538	-0.562	-0.562	0.000	-0.973	-0.803	0.000	-0.001	1.278	0.000	0.314	-1.392	-1.227
20	0.000	0.000	0.000	0.000	0.000	0.000	0.000	0.000	0.000	0.000	0.000	0.000	0.000	0.000	0.000	0.000	0.000	0.000	0.000	0.000	0.000
21	0.000	0.000	0.000	0.000	0.000	0.000	0.000	0.000	0.000	0.000	0.000	0.000	0.000	0.000	0.000	0.000	0.000	0.000	0.000	0.000	0.000
22	0.000	0.000	0.000	0.000	0.000	0.000	0.000	0.000	0.000	0.000	0.000	0.000	0.000	0.000	0.000	0.000	0.000	0.000	0.000	0.000	0.000
23	-0.203	-0.348	-0.916	-1.757	0.060	0.169	0.232	1.981	0.359	0.375	0.375	0.000	1.316	1.786	0.000	-0.208	-1.852	0.000	-0.501	1.845	1.193
24	0.000	0.000	0.000	0.000	0.000	0.000	0.000	0.000	0.000	0.000	0.000	0.000	0.000	0.000	0.000	0.000	0.000	0.000	0.000	0.000	0.000
25	0.000	0.000	0.000	0.000	0.000	0.000	0.000	0.000	0.000	0.000	0.000	0.000	0.000	0.000	0.000	0.000	0.000	0.000	0.000	0.000	0.000
26	0.000	0.000	0.000	0.000	0.000	0.000	0.000	0.000	0.000	0.000	0.000	0.000	0.000	0.000	0.000	0.000	0.000	0.000	0.000	0.000	0.000
27	0.024	0.050	-0.689	-2.388	-0.201	-0.515	0.633	1.769	0.308	0.189	0.189	0.000	0.633	0.734	0.000	-0.879	-1.609	0.000	-0.553	0.290	0.240
28	0.000	0.000	0.000	0.000	0.000	0.000	0.000	0.000	0.000	0.000	0.000	0.000	0.000	0.000	0.000	0.000	0.000	0.000	0.000	0.000	0.000
29	0.000	0.000	0.000	0.000	0.000	0.000	0.000	0.000	0.000	0.000	0.000	0.000	0.000	0.000	0.000	0.000	0.000	0.000	0.000	0.000	0.000
30	-0.093	-0.280	1.033	1.601	-0.545	-0.234	-0.146	-2.096	-1.205	-0.742	-0.742	0.000	-2.730	-2.457	0.000	0.192	1.970	0.000	0.417	-2.469	-2.189
31	-0.012	-0.025	-0.155	1.194	0.101	-0.243	-0.317	-0.885	-0.154	-1.095	-0.095	0.000	-0.817	-0.867	0.000	0.439	0.805	0.000	0.277	-1.145	-0.120
32	0.081	0.255	-1.189	-0.408	0.646	-0.009	-0.170	1.212	0.051	-0.353	-0.353	0.000	0.913	0.590	0.000	0.248	-1.166	0.000	-0.140	0.324	1.069
33	0.000	0.000	0.000	0.000	0.000	0.000	0.000	0.000	0.000	0.000	0.000	0.000	1.000	0.000	0.000	0.000	0.000	0.000	0.000	0.000	0.000
34	0.000	0.000	0.000	0.000	0.000	0.000	0.000	0.000	0.000	0.000	0.000	0.000	0.000	0.000	0.000	0.000	0.000	0.000	0.000	0.000	0.000
35	0.000	0.000	0.000	0.000	0.000	0.000	0.000	0.000	0.000	0.000	0.000	0.000	0.000	0.000	0.000	0.000	0.000	0.000	0.000	0.000	0.000
36	0.000	0.000	0.000	0.000	0.000	0.000	0.000	0.000	0.000	0.000	0.000	0.000	0.000	0.000	0.000	0.000	0.000	0.000	0.000	0.000	0.000
37	0.000	0.000	0.000	1.000	0.000	0.000	0.000	0.000	0.000	0.000	0.000	0.000	0.000	0.000	0.000	0.000	0.000	0.000	0.000	0.000	0.000
38	-0.434	0.286	-0.820	0.647	0.522	-0.062	-0.191	1.481	0.359	0.529	0.529	0.000	1.393	1.132	0.000	0.234	-1.160	0.000	-0.482	1.268	0.982
39	0.000	0.000	0.000	0.000	0.000	0.000	0.000	0.000	0.000	0.000	0.000	0.000	0.000	0.000	0.000	0.000	0.000	0.000	0.000	0.000	0.000
40	0.000	0.000	0.000	0.000	0.000	0.000	0.000	0.000	0.000	0.000	0.000	0.000	0.000	0.000	0.000	0.000	0.000	0.000	0.000	0.000	0.000
41	0.000	0.000	0.000	0.000	0.000	0.000	0.000	0.000	0.000	0.000	0.000	0.000	0.000	0.000	0.000	0.000	0.000	0.000	0.000	0.000	0.000
42	0.000	0.000	0.000	0.000	0.000	0.000	0.000	0.000	0.000	0.000	0.000	0.000	0.000	0.000	0.000	0.000	0.000	0.000	0.000	0.000	0.000

图 4－23　山东省泰勒影响结构矩阵（42×42）（B）

资料来源：依据以《中国地区投入产出表（2007）》（国家统计局国民经济核算司，2011）数据构建的 CS－IN 计算。

表 4 - 20　山东省卡茨指数、哈贝尔指数和泰勒指数

节点	卡茨指数		哈贝尔指数		泰勒指数		
	r	c	r	c	r	c	d
1	0.006862	0.030476	1.006862	1.030476	− 1.157544	− 0.524162	− 0.028771
2	0.038159	0.056031	1.038159	1.056031	− 2.005917	2.000493	− 0.181987
3	0.027870	0.038949	1.027870	1.038949	− 3.085306	12.652860	− 0.714890
4	0.045137	0.010661	1.045137	1.010661	0.143491	− 12.979783	0.596112
5	0.031201	0	1.031201	1	− 3.165680	0	− 0.143798
6	0.013723	0.024067	1.013723	1.024067	− 1.106755	− 2.432446	0.060218
7	0.013747	0.006734	1.013747	1.006734	− 1.257890	2	− 0.147986
8	0.030954	0	1.030954	1	0.920858	0	0.041829
9	0.017091	0	1.017091	1	1.089990	0	0.049512
10	0.020715	0.016835	1.020715	1.016835	0.151134	5	− 0.220255
11	0.031237	0.096844	1.031237	1.096844	− 2.217456	6.426529	− 0.392644
12	0.024223	0.117183	1.024223	1.117183	− 2.050789	8.948225	− 0.499619
13	0.027741	0.006734	1.027741	1.006734	− 2.082840	2	− 0.185459
14	0.048540	0.072463	1.048540	1.072463	− 2.066568	6.053254	− 0.368835
15	0.041713	0.052014	1.041713	1.052014	− 0.266765	− 7.019724	0.306746
16	0.041630	0.069454	1.041630	1.069454	− 0.428254	4.000493	− 0.201171
17	0.031389	0.028256	1.031389	1.028256	− 0.663708	− 20.146943	0.885006
18	0.045160	0.041737	1.045160	1.041737	1.421598	− 15.013314	0.746539
19	0.038204	0.016976	1.038204	1.016976	1.892505	− 10.013314	0.540810
20	0.034768	0	1.034768	1	4.970414	0	0.225776
21	0.031049	0	1.031049	1	− 1.330868	0	− 0.060453
22	0.024152	0	1.024152	1	− 1.783037	0	− 0.080993
23	0.027799	0.090004	1.027799	1.090004	− 0.330621	11.092209	− 0.518871
24	0.034744	0	1.034744	1	− 5.277367	0	− 0.239719
25	0.038099	0	1.038099	1	− 4.011095	0	− 0.182200
26	0.038228	0	1.038228	1	− 0.010848	0	− 0.000493
27	0.024107	0.096900	1.024107	1.096900	− 1.718935	0.183432	− 0.086413
28	0.013829	0	1.013829	1	− 0.779586	0	− 0.035412
29	0.010451	0	1.010451	1	6.134615	0	0.278659

节点	卡茨指数		哈贝尔指数		泰勒指数		
	r	c	r	c	r	c	d
30	0.020610	0.034462	1.020610	1.034462	−0.179487	−20.385108	0.917820
31	0.006803	0.020599	1.006803	1.020599	−0.264300	−9.091716	0.400977
32	0.003390	0.083440	1.003390	1.083440	0.735700	5.293393	−0.207029
33	0.000000	0.003367	1	1.003367	0	1	−0.045424
34	0.034357	0	1.034357	1	3.303748	0	0.150069
35	0.034580	0	1.034580	1	1.809172	0	0.082180
36	0.000000	0	1	1	0	0	0
37	0.017290	0.003367	1.017290	1.003367	−0.929734	1	−0.087656
38	0.013912	0.010534	1.013912	1.010534	−5.420118	11.053748	−0.748309
39	0.000000	0	1	1	0	0	0
40	0.010428	0	1.0104279	1	−1.696499	0	−0.077062
41	0.020539	0	1.0205391	1	1.241124	0	0.056377
42	0.013654	0	1.0136536	1	2.571746	0	0.116819

资料来源：依据以《中国地区投入产出表（2007）》（国家统计局国民经济核算司，2011）数据构建的 CS – IN 计算。

影响结构矩阵展示了任意节点间的完全影响关系，行向元素总和与列向元素总和（这里进一步标准化）共同构成产业的地位/影响指数。[①]

3. 流中间中心度

第一，计算网络最大流。WD ∗ CS – IN 的强连通分量包含节点 19 个，孤立节点 2 个，其他中间性节点（同时有入度和出度）4 个，终端性（有入度无出度）节点 17 个。孤立节点处于主体网络之外，因此存在网络最大流的节点数为 40 个。其中强连通分量的 19 个节点既可以作源点，也可以作汇点，而 21 个中间性节点可以作为汇点。所以得到的最大流分为两部分：一是同时以强连通分量节点作为源点和汇点的最大生产流；二是以强连通分量节点作为源点、中间性和终端性节点作为汇点的最大消费流。采用标号

---

① 泰勒指数、卡茨指数和哈贝尔指数差异的意义具体参见 Tylor（1969）和 Hunbbell（1965）的解释。

法计算的最大流分布如图 4 – 24 和图 4 – 25 所示。然后分别计算节点路径流在路径上各个节点的分布，将分布比例加总可得流中间中心度。

	1	2	3	4	6	11	12	14	15	16	17	18	19	23	27	30	31	32	38
1	*	1390	1046	755	30452	674	1948	1871	384	1948	280	1351	970	1188	1948	2868	4619	382	0
2	4069	*	6869	6388	4907	3713	10066	11210	7330	9603	6631	8745	4977	7550	3902	3491	1527	0	149
3	3141	8356	*	6263	5580	15427	9793	12467	7330	9929	6631	9206	4977	7550	10258	3491	1527	0	149
4	0	6998	4973	*	2420	7238	7020	9120	6151	9120	5874	9120	3483	7317	1758	2420	0	0	136
6	4078	1390	1136	839	*	1924	1948	1948	550	1948	338	1425	972	1948	1948	2868	4619	382	97
11	5511	8346	6448	6263	4907	*	9793	12811	7308	8798	6631	8080	4977	7550	11824	3491	4619	0	11824
12	10016	8089	5771	6095	10845	7539	*	12665	4139	9100	4664	7923	4878	7550	9452	3491	4619	0	9452
14	8358	7711	6215	6029	4263	7993	9467	*	7330	22940	6512	15145	4977	7550	8535	2907	2420	0	8535
15	5621	6435	6207	6021	4124	5630	5621	7145	*	7145	6512	7904	4977	5348	5621	2768	2281	0	5621
16	7844	7702	6207	6021	3749	6371	8298	12490	7330	*	6512	12486	4977	6200	6322	2393	1906	0	6322
17	2700	5421	4620	4042	2700	2334	3071	5421	4488	5421	*	4983	3652	2523	2700	2700	2259	0	2700
18	1124	5391	3826	3106	1124	1419	2156	5227	4092	5501	5043	*	3486	1608	2721	1310	161	0	2721
19	0	473	0	294	0		1190	110	1391	411		650	*						0
23	6099	8742	5984	5934	2004	5078	9887	15592	7198	15802	6512	14118	4348	*	6260	1310	161	0	1954
27	7571	8750	6869	6388	4907	4371	7481	11263	7330	11263	6631	10958	4977	3295	*	3491	3064	0	1954
30	1458	3357	3282	2537	3064	1449	3694	3368	2530	3234	2700	2259		2523	2700	*	1458	0	1
31	382	382	382	696	1302	382	382	1212	382	997	1310	161	0	1608	2721	1302	*	382	382
32	1272	3711	3711	3612	3760	2563	3711	4395	3126	4326	0	0		650	0	3760		*	1273
38	469	1196	1196	1196	1196	1196	1196	1196	1196	1196	1196	1196	1196	1196	1196	0	0		*
	1	2	3	4	6	11	12	14	15	16	17	18	19	23	27	30	31	32	38

图 4 – 24　山东省 WD * CS – IN 节点间最大生产流分布矩阵（19×19）

资料来源：依据以《中国地区投入产出表（2007）》（国家统计局国民经济核算司，2011）数据构建的 WD * CS – IN 计算。

	5	7	8	9	10	13	20	21	22	24	25	26	28	29	33	34	35	37	40	41	42
1	282	7977	5011	1225	443	1712	216	216	1676	30	47	1752	97	792	0	1708	67	28	0	232	1156
2	1218	5092	2416	1485	3168	9169	1362	1362	1425	293	459	10876	149	1973	0	1354	170	131	3143	210	418
3	1218	4337	2416	1485	3168	8725	1362	1362	1425	354	459	10346	149	1973	0	1354	170	131	3143	210	418
4	567	1432	986	398	1125	5987	1076	1076	766	301	266	9120	136	1973	0	909	95	64	342	61	0
6	322	4486	1178	1225	443	1948	216	570	120	300	47	1788	97	792	0	1708	67	28	0	232	1156
11	1218	3621	5228	1736	3168	8725	1362	2532	267	377	459	9198	149	1973	0	2057	189	131	2885	539	967
12	1218	8957	7178	1736	3168	8557	1362	2532	267	377	422	10051	149	1973	0	2057	189	131	3143	539	967
14	1218	3019	4462	1042	3168	8492	1362	2244	267	377	368	21256	149	1973	0	2057	183	131	3143	539	967
15	1218	3019	4454	1042	3168	6010	1362	2244	267	377	366	7709	149	1973	0	2057	183	131	3143	539	967
16	1218	3019	4406	1042	3168	8484	1362	2244	267	377	366	14174	149	1973	0	2057	183	131	3143	539	967
17	1072	1996	2636	645	2452	3400	736	1482	267	367	131	4591	149	792	0	1172	147	69	2380	478	768
18	1218	1124	1484	953	1537	2484	1362	1561	267	377	366	6296	149	1089	0	1500	183	131	1465	532	941
19	0	0	0	0	0	578				14	1190		1181		532	12	0		0		
23	1218	2772	3316	953	2979	7999	1362	2159	267	377	366	17429	149	1973	0	2057	183	131	3143	532	967
27	1218	3019	3482	1042	3168	8128	1362	1546	267	303		13491	149	1973	1704	183	131	1954	3143	539	768
30	527	1432	1518	648	1125	3567	1076	766	118	54	201	3694	136	1973	0	909	95	64	342	229	0
31	382	382	619	382	382	382	382	282		293	341	382	149	1174	0	1442	217	160	382	367	1269
32	1353	2704	2285	1073	2490	4353	1421	1256	282	293	341	4374	149	1718		183	160	1613		303	780
38	996	1196	1196	792	1196	1196	1196	1137	267	293	459	1196	149	1196		1196	164	131	810	210	418
	5	7	8	9	10	13	20	21	22	24	25	26	28	29	33	34	35	37	40	41	42

图 4 – 25　山东省 WD * CS – IN 节点间最大消费流分布矩阵（19×21）

资料来源：依据以《中国地区投入产出表（2007）》（国家统计局国民经济核算司，2011）数据构建的 WD * CS – IN 计算。

　　第二，计算流中间中心度。WD * CS – IN 中产业节点的流中心度数值分布如表 4 – 21 所示。① 2 号节点具有最大的流中间中心度，而 3 号、14 号、16 号和 23 号节点的数值也较大。

表 4 – 21　山东省流中间中心度

序号	流中间中心度	序号	流中间中心度	序号	流中间中心度	序号	流中间中心度	序号	流中间中心度	序号	流中间中心度
1	6	8	0	15	82.17	22	0	29	0	36	0
2	90	9	0	16	84.38	23	89.92	30	27	37	0
3	87	10	0	17	70	24	0	31	70	38	38.78
4	64	11	80.78	18	58.53	25	0	32	58	39	0
5	0	12	72.07	19	48	26	0	33	0	40	0
6	41	13	12	20	0	27	80.31	34	0	41	0
7	0	14	84.03	21	0	28	0	35	0	42	0

资料来源：依据以《中国地区投入产出表（2007）》（国家统计局国民经济核算司，2011）数据构建的 WD * CS – IN 计算。

六　示例分析结论

基于产业网络的山东省关联结构特征示例分析可得如下结论。

第一，根据不同关联结构特征的网络意义，综合验证了特定图论和网络分析方法在产业网络上的适用性。图的连通性、核与核度、路径、子图和网络流等技术，网络分析的中心 – 外围结构识别、凝聚子群提取和中心度的测量等技术能够在产业网络中挖掘出重要结构信息和描述经济结构特征。

第二，在应用中对依据关联理论设置的特定网络结构分析方法进行了不同模型形式的比较并提出了补充性方法。如中心度测量中的地位/影响力指数分别采用卡茨、哈贝尔和泰勒的不同模型计算，清晰展示出节点间不同指数的差异；而在描述产业位势上设置以边权乘积而非边权代数和的产业链生长深度作为接近中心度的一种补充性或替代性方法。

第三，根据实际问题的不同特点对具体网络结构分析方法进行了适当

---

① 采用 UCIENT 6.275 计算的标准化数值表示。

调整和改进。如将产业网络中点连通度与边连通度的分析转化为最大生成树的割点集与割边集的搜索，简化了计算复杂性；将弗里曼接近中心度直接采用节点捷径的距离和表示，以更明确标示网络路径长度的产业位势特征等。

总之，相关的图论和网络技术方法适用于产业网络，合理而且可行，是产业网络结构特征分析的有力工具。

第五章 产业网络指标分析理论与方法

第一节 产业网络指标原理与思路

一 产业关联指标含义

1. 产业关联指标

产业关联指标是刻画产业关联结构特征进而分析关联效应的有效工具。现有关联指标主要有三大类。

第一，基于投入产出模型的关联效应强度指标。这类指标如中间投入率、中间产出率、影响力系数和感应度系数等，侧重于产业个体的产出诱发与增长乘数效应。前已分析，这种指标本身具有投入产出模型的共同不足，且建立在关联效应片面理解的基础上，在应用性方面也较为单一。

第二，基于图论模型的关联子图指标。这类指标侧重于提取产业关联网络图中的一个子图描述局部性关联结构，如 Campbell 的核、Slater 的强/弱成分和 Liu-Zhou 模型的带动产业集、推动产业集等。这类设计提供了发展关联指标的重要思路。由于建立在早期产业网络建模基础上，指标的提出也较为分散，在一定程度上多层次关联结构特征的描述力度不够。

第三，基于复杂网络理论的关联网络拓扑指标。这类指标侧重描述产业网络的拓扑形态和统计意义上的整体关联网络结构特征，如网络密度、聚类系数、网络直径、度相关系数等。由于这种方法倾向将一般复杂网络指标简单迁移到产业网络中，所以其关联理论基础不明确，内在经济意义和方法适用性也不清晰。

一般网络指标不能直接简单迁移到产业网络上，这需要理解和把握产业网络的特殊性，明确指标的经济意义和网络意义，将网络指标真正转化为产业关联指标。

2. 产业网络指标的提出

已有指标虽存有一定局限性，但其产生具有特定的社会经济背景。如关联效应强度指标是为确立基于关键产业识别的经济战略，关联子图指标是为识别和分析产业功能集，关联网络拓扑指标是为测度经济系统的安全性等。借鉴已有指标的优点与不足以吸收和发挥传统关联指标的优势并能改进其薄弱环节是基于产业网络的关联指标研究必然的现实性要求。

关联效应调控是经济决策的基点，也是关联指标具有实际意义和应用价值的基础。关联效应决定于内在的关系结构，关联效应发挥的内在依据是关联结构的特征，关联指标是关联结构的（而非关联效应的）描述指标。产业网络能够有效描述关联关系和关联结构，以产业网络为基础设计关联指标具有实施的可行性，也是关联指标研究的有效路径。

在产业网络基础上可建立一套描述关系结构特征并相互有机联系的产业网络指标体系，为关联效应分析提供有效的方法工具，实现产业关联研究应用性提升的目标。

二 产业网络指标原理

产业网络指标是产业网络的模型深化和理论应用，是区域关联结构特征的形象描述和深刻表达，也是经济关联问题决策的重要参考依据。

1. 产业网络指标描述了关联效应的结构性决定因素

Hirschman 产业关联效应的要点在于引起的新产业净产出，而效应的强度为这些新产业实际上可能产生和引起净产出的概率。全部效应以产业净产出的期望值来衡量，即如果产业 W 的建立通过关联效应能够导致净产量约等于 x_i 的 n 个其他产业的建立，且假设产业 W 的建立使每个产业得以建立的概率为 P_i，则产业 W 的关联效应总和等于 $\sum_{i=1}^{n} x_i p_i$。其中包含两个要素，一个是效应的强度向量，另一个是产业的净产量向量，即产业 W 的关联效应为 $p'x$。其中，p 实质是描述关联关系结构特征的向量。可以对 Hirschman

效应函数进行扩展，将产业关联效应 E 界定为 $E = E(S, X)$，即关联效应等于特定关联关系结构特征系数 S（关联指标）与构成产业属性 X 的函数①。产业关联综合效应原理如图 5-1 所示。

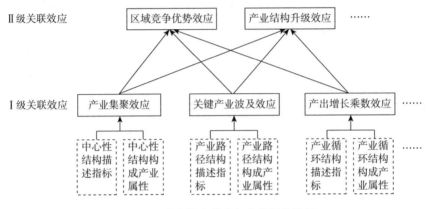

图 5-1　产业综合效应与产业网络指标

资料来源：作者研究得出。

2. 产业网络指标是产业网络基础分析模型的延伸与应用

这种产业网络的延伸与应用具体表现在信息处理方式和二元关系的表达方式两个方面。如图 5-2 所示，在二元关系的描述方式上，产业网络模型能够系统表达关联二元关系，而产业网络指标实质是基于产业网络基本模型对具体二元关系结构模式的挖掘；在信息处理方式上，投入产出模型转化为产业网络模型完成了产业关联重要信息的提取，而产业网络指标是对这些信息进行深度的再加工和再提取，能够为实践决策提供支持。基于产业网络设置的一套产业关联指标体系本质上是来刻画二元关系模式并挖掘重要关联信息以实现对产业关联结构特征的深入而形象的描述，并为关联效应评价提供方法工具。

从投入产出关联模型到产业网络基本模型，再到产业网络指标体系，产业网络指标在信息处理方式和二元关系的描述方式两个方面实现了产业关联研究的提升。

---

① 如果将产业属性赋为产业网络的点权，则产业网络指标描述了决定关联效应的两方面因素。

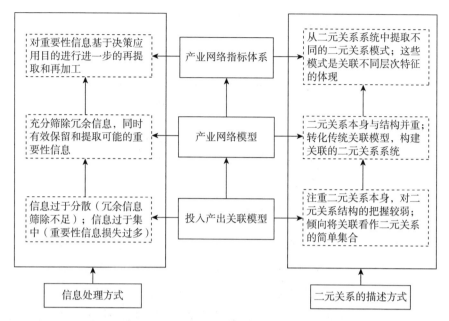

图 5 - 2　产业网络指标体系原理

资料来源：作者研究得出。

3. 产业网络指标是在关联结构特征产业网络分析基础上的概括和提炼

产业网络指标是关联结构特征产业网络分析的自然结果，关联指标必须建立在关联结构特征产业网络分析结果的基础上。关联结构特征产业网络分析采用了综合性的图论和网络优化方法。图和网络模型优化的结果需要以一定有组织和条理化的数据形式表示出来，或者是一个生成网络，或者是一个特定状态的数值。这些不同形式的研究结果是关联结构特征描述的必然产物。产业网络指标就是这些分散的结构特征产业网络分析结果的规范化和结构化的系统整理与组织。

4. 产业网络指标本质是一种网络拓扑指标

产业网络基本模型构建后，产业关联系统的结构分析有效转化为产业网络的结构分析，产业关联结构特征研究同时也就转化为产业网络结构特征研究，而描述关联特征的指标必然也是由描述网络结构特征的网络拓扑指标来表示（见图 5 - 3）。

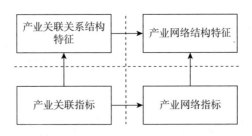

图 5 - 3　从关联指标到产业网络指标

资料来源：作者研究得出。

三　产业网络指标设计思路

产业网络指标设计的根本依据是产业关联效应，这是指标具有经济和管理意义的前提。产业网络指标是描述产业关联结构的指标，关联结构特征产业网络分析研究成果则是产业网络指标设计的直接依据。

产业网络模型是对关联二元关系系统的深刻表达，建立在产业网络模型上的产业关联指标能够实现对产业关联特征的描述，产业网络指标设计的基本思路如图 5 - 4 所示。其中，产业关联的基本特征由关联二元关系系统结构决定，并在两大层次上体现出来，即产业关联整体特征和产业关联个体特征。产业关联整体特征是产业系统的整体性质或趋势，是个体特征的集中表现；产业关联个体特征则是具体产业在产业系统中的地位和作用状况，是整体特征的基础。

描述关联特征的基本指标因此也可分为两类，即产业网络整体指标和产业网络个体指标。由于这两类指标实质都是对关联结构特征研究所提取出的特定子网络的描绘，关联指标数据基本的类型有两种：一是数值（指代数数值）类型，二是集合（关系）类型（点的集合、边的集合或者点和边集合的集合）。将产业网络整体指标和产业网络个体指标中的集合数据类型指标单独提取，特别组成产业网络结构指标①（见图 5 - 5），以集中表

---

①　产业网络整体指标和产业网络个体指标同样是描述关联结构特征的，只是基于数据类型的差异，将产业网络整体和个体指标中集合类型数据提取出来组成产业网络结构指标。产业网络整体指标、产业网络结构指标和产业网络个体指标都是关联结构特征描述的产业网络指标。

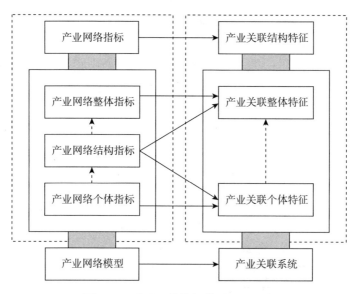

图5-4　产业网络指标模型研究思路

资料来源：作者研究得出。

达产业关联子系统的同构性或者异构性的具体状态。基本的产业网络指标就由产业网络整体、产业网络结构和产业网络个体三个产业网络Ⅰ级指标构成，而这三个Ⅰ级指标又各自包含相关的Ⅱ级子指标及其指标属性，这样就形成一个描述产业关联特征的多层次、多维度的产业网络指标体系。

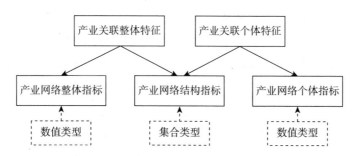

图5-5　基于数据类型的产业网络指标分解

资料来源：作者研究得出。

第二节　产业网络整体指标设计

产业关联整体特征是系统整体的性质或趋势，从关联效应的分析出发，产业关联整体具有稳定性、中心性、聚类性和循环性的特征，而这些整体特征决定于系统的特定结构。产业网络整体指标是对这种整体状态的界定和衡量。在关联特征研究的基础上综合分析，Ⅰ级产业网络整体指标下分别设置网络整体稳定性、网络整体中心性、网络整体聚类性和网络整体循环性四个产业网络整体Ⅱ级指标。

产业网络整体指标体系包含的指标和指标属性如表 5-1 所示。

表 5-1　产业网络整体指标

指标属性	Ⅱ级整体指标 1	Ⅱ级整体指标 2	Ⅱ级整体指标 3	Ⅱ级整体指标 4
	网络整体稳定性	网络整体中心性	网络整体聚类性	网络整体循环性
属性 1	整体产业稳定度	整体产业组中心度	整体产业子群密度	整体产业弱循环度
属性 2	整体产业链稳定度	整体产业内中心度	整体产业链密度	整体产业强循环度
属性 3	整体产业核稳定度	产业整体外中心度	整体产业凝聚度	—

资料来源：作者研究得出。

一　网络整体稳定性指标

网络整体稳定性[①]是描述产业关联系统对于系统内部或外部不确定性或突发性事件冲击的结构适应能力的产业网络整体指标。网络稳定性设计的出发点是假定产业系统中特定产业、产业链或相关产业组因受到极端性破坏从产业系统中消失而对系统结构的整体影响程度。关联整体稳定性已等价转化为产业网络的连通性。可分别根据破坏网络连通性所需要从网络中剥离的产业节点、产业链的边的数量情况设置整体产业稳定度和整体产业链稳定度，并根据对网络连通性造成最大破坏的程度所需剥离的最少产业节点数量设置整体产业核稳定度，共三个指标属性。

---

① 产业网络Ⅱ级指标对应描述第四章具体关联整体或者关联个体特征。

基于产业网络设置网络整体稳定性（W1）Ⅱ级产业网络指标，其包含整体产业稳定度、整体产业链稳定度和整体产业核稳定度 3 个数值类型的指标属性。

1. 整体产业稳定度（W1.1）

整体产业稳定度是描述产业关联系统为保持自身完整性而对于特定产业的依赖程度（产业关联系统对于内部产业受到冲击而完全消失导致的系统解体的敏感性或者适应程度）的网络整体稳定性指标属性。整体产业稳定度采用产业网络的点连通度来表示，$W1.1 = K（G）$，即破坏产业网络连通性所需要剔除的最小节点数。整体产业稳定度数值越高，网络整体稳定性越强。

2. 整体产业链稳定度（W1.2）

整体产业链稳定度是描述产业关联系统为保持自身完整性而对于特定产业链或产业间供需关系的依赖程度（产业系统整体对于内部产业链受到冲击造成此产业链断裂和供求关系消失导致的产业关联系统自身解体的敏感性或者适应程度）的网络整体稳定性指标属性。整体产业链稳定度采用产业网络的边连通度来表示，$W1.2 = \lambda（G）$，即破坏产业网络连通性所需要剔除的最少边数。整体产业链稳定度数值越高，网络整体稳定性越强。

3. 整体产业核稳定度（W1.3）

整体产业核稳定度是描述产业关联系统由于其内部特定产业组受到冲击、破坏或者瘫痪而退出系统对系统完整性的影响程度（产业组退出系统对产业系统的肢解程度）的关联整体稳定性指标属性。整体产业核稳定度采用产业网络的核度的倒数来表示，$W1.3 = 1/C（G）$，即在产业网络连通性程度受到最强破坏后，产业网络的连通分支数量与受破坏节点数量差的倒数。整体产业核稳定度数值越高，网络整体稳定性越强。

这三个指标属性从整体系统稳定受产业、产业链制约，以及受相关产业组制约程度的角度共同刻画了关联整体稳定性特征。

二　网络整体中心性指标

网络整体中心性是描述区域产业中心聚集特征显著程度的产业网络

整体指标。经济发展具有不均衡性，地区发展的中心性产业一定具有较为完善的辅助性或支持性产业，而这些辅助性与支持性产业同样也存在自己的辅助性与支持性产业，这样层层延伸，就形成了以中心性产业为核心的产业体系，纳入这个体系的产业构成区域经济产业的中心结构，而相对脱离这个体系的则为外围结构。关联整体的中心性已等价转化为产业网络的中心性。根据网络整体中心－外围结构分层的显著性设置整体产业组中心度，同时分别根据整体的产业需求中心定位与供给中心定位的差异程度设置整体产业内中心度和整体产业外中心度，共三个指标属性。

基于产业网络设置网络整体中心性（W2）Ⅱ级产业网络指标，其包含整体产业组中心度、整体产业内中心度和整体产业外中心度三个数值类型的指标属性。

1. 整体产业组中心度（W2.1）

整体产业组中心度是描述产业中心聚集特征显著程度的网络整体中心性指标属性。整体产业组中心度以产业网络中心－外围结构分层的适配度表示。中心－外围分层具有主动探索和验证评价两种思路，主动探索分为离散模式和连续模式，这时的分层适配度以模型拟合指数表示[①]；而在验证评价时，则采用聚合型产业网络的 QAP 检验数值表示。整体产业组中心度数值越高，网络整体中心性越强。

2. 整体产业内中心度（W2.2）

整体产业内中心度是描述分散性产业需求关系中心化程度的网络整体中心性指标属性。整体产业内中心度由网络的度数内中心势来表示。度数中心势为节点最大度数同全部节点度数差的和的实际值与最大理论值的比值，算式为 $\left[\sum \left(C_{ADmax} - C_{ADi} \right) \right] / \left(n^2 - 3n + 2 \right)$，其中 C_{ADi} 和 C_{ADmax} 分别是节点 i 的度数和网络中节点度数的最大值，度数中心势根据点关联的边的方向分为入度中心势（内中心势）和出度中心势（外中心势）。整体产业内中

---

① 不同类型产业网络具有不同的拟合指数值，由于整体指标主要用于不同区域或时间点的对比，可采用其中一种相同类型网络的拟合指数数值表示整体产业组中心度。

心度数值越高，网络整体中心性越强。

3. 整体产业外中心度（W2.3）

产业整体外中心度则是描述分散性产业供给关系中心化程度的指标属性。产业整体外中心度相应由网络的度数外中心势来表示。整体产业外中心度数值越高，网络整体中心性越强。

三　网络整体聚类性指标

网络整体聚类性是描述区域产业关联系统基于功能联系差异性的整体产业分类特征的产业网络整体指标。如果系统内部可以划分出功能子群，则子群的数量是首要特征；如果系统内部不能划分或者难以提取出显著性的产业功能子群，则认为其自身就是一个特殊性的产业集，其凝聚度和产业链密集程度是重要性特征。关联整体聚类性特征分析已等价转化为产业网络的聚类性特征分析。从是否可划分子群和子群状态的角度考虑，设置整体产业子群密度、整体产业链密度和整体产业凝聚度三个指标属性。

基于产业网络，设置网络整体聚类性（W3）Ⅱ级产业网络指标，包含整体产业子群密度、整体产业链密度和整体产业凝聚度三个指标属性。

1. 整体产业子群密度（W3.1）

整体产业子群密度是描述产业功能集数量的网络整体聚类性指标属性。根据产业子群特征及其构成节点的重叠性和子群主要产业链形态的差异（边有向或无向），有 n – 宗派、k – 核和块模型等不同凝聚子群提取方法。整体产业子群密度以根据特定研究要求选择的凝聚子群提取方式（如显著性水平最高）划分出的子群数量表示。整体产业子群密度数值越高，网络整体聚类性越强。

2. 整体产业链密度（W3.2）

整体产业链密度是描述产业关联系统整体作为一个产业集时，其内部联系紧密性程度的网络整体聚类性指标属性。联系紧密的关联系统不仅能对产业个体提供各种资源，而且会成为限制产业发展的重要力量。整体产业链密度以网络密度表示，网络密度则为实际网络边数与同节点数网络的最大可能边数的比。整体产业链密度数值越高，网络整体聚类性越强。

3. 整体产业凝聚度（W3.3）

整体产业凝聚度是描述产业关联系统整体作为一个产业集时，其内部分散性产业链密集程度的网络整体聚类性指标属性。产业整体凝聚度以网络整体聚类系数来表示。某网络节点的聚类系数为其相关的三角形与三元组的数量之比，网络整体的聚类系数为所有节点聚类系数的平均值（汪小帆等，2007）。整体产业凝聚度数值越高，网络整体聚类性越强。

四　网络整体循环性指标

网络整体循环性是描述产业系统整体经济循环能力的产业网络指标。从价值层面分析，产业间价值流动是系统总产出价值增值的基本途径，如果关联系统内部不存在循环产业链，持久的增长则不能得到保障；从物质层面来说，循环产业链也是资源充分转化和高效利用的有效方式之一。没有良好的循环性，产业关联系统不能有效新陈代谢，也难以具有持久的生命力。关联关系结构分析转化为产业网络强成分和回路等方面分析。如果网络强成分只有两个节点，产业循环的面较小，而区域全部循环产业链构成的关联回路才是区域发展的主动脉，基于这种考虑，设置整体产业弱循环度和整体产业强循环度两个指标属性。

基于产业网络，设置网络整体循环性（W4）Ⅱ级产业网络指标，其包含整体产业弱循环度和整体产业强循环度两个指标属性。

1. 整体产业弱循环度（W4.1）

整体产业弱循环度是描述产业系统内的两个或多个产业之间的直接双向关联结构数量多少的网络整体循环性指标属性。产业网络中这种双向关联边一般可用一条无向边代替，整体产业弱循环度表示为网络全部无向边实际数量的1/2。整体产业弱循环度数值越高，网络整体循环性越强。

2. 整体产业强循环度（W4.2）

整体产业强循环度是描述参与经济系统大循环的产业数量多少的指标属性。产业强循环指全部循环性产业链涉及的产业范围和实现的产业循环覆盖状况，循环产业链不仅包含两个产业之间的直接双向关联结构，也包含多产业节点所形成的圈式网络结构。整体产业强循环度以产业网络中所有直接双向关联结构和网络圈式结构中的全部产业节点的数量来表示。整体产业强循环度数值越高，网络整体循环性越强。

第三节　产业网络个体指标设计

产业网络个体指标是描述由关联二元关系及其结构决定的具体产业在产业系统中的地位和作用特征的产业网络指标。在关联个体Ⅰ级指标下设置产业个体宽广性、产业个体纵深性、产业个体波及性、产业个体主导性和产业个体循环性等五个Ⅱ级指标。

产业网络个体指标体系包含的指标和指标属性如表5-2所示。

表5-2　产业网络个体指标

指标属性	Ⅱ级个体指标1 产业个体宽广性	Ⅱ级个体指标2 产业个体纵深性	Ⅱ级个体指标3 产业个体波及性	Ⅱ级个体指标4 产业个体主导性	Ⅱ级个体指标5 产业个体循环性
属性1	产业前向广度	产业前向深度	产业前向波及度	产业关系主导度	产业直接循环度
属性2	产业后向广度	产业后向深度	产业后向波及度	产业流量主导度	产业完全循环度
属性3	产业综合广度	产业综合深度	产业综合波及度	—	产业饱和循环度

资料来源：作者研究得出。

一　产业个体宽广性指标

产业个体宽广性（I1）是描述目标产业通过关联关系直接影响①其他产业能力的产业网络个体指标。根据前向与后向关联的差异，设置产业前向广度、产业后向广度和产业综合广度三个指标属性，分别刻画目标产业直接推动的产业范围、直接拉动的产业范围和具有直接强关联的全部产业范围大小。

---

① 直接影响并非直接关联关系，是指产业网络中涉及产业节点间存在直接边相连。下文间接影响含义与之类似。

1. 产业前向广度（I1.1）

产业前向广度是描述产业关联系统中产业通过主动性供给关系或者被动性需求关系直接影响的前向强关联产业数量的产业个体宽广性指标属性。产业前向广度以产业网络中节点的出度数值 OD_i 表示，即网络节点的度数外中心度。产业网络中每一个节点都存在着入度（In-degree，ID）与出度（Out-degree，OD），产业节点的度数反映节点在网络中具有直接边关系节点的丰富程度。产业前向广度数值越高，产业个体宽广性也越强。

2. 产业后向广度（I1.2）

产业后向广度是描述产业关联系统中产业通过被动性供给关系或者主动性需求关系直接影响的后向强关联产业数量的产业个体宽广性指标属性。产业后向广度以产业网络中节点的入度数值 ID_i 表示，即网络节点的度数内中心度。产业后向广度数值越高，产业个体宽广性也越强。

3. 产业综合广度（I1.3）

产业综合广度是描述产业关联系统中产业通过供给关系或者需求关系直接影响的前向或者后向强关联产业数量的产业个体宽广性指标属性。产业综合广度以产业节点入度（ID_i）与出度（OD_i）之和表示。产业综合广度数值越高，产业个体宽广性也越强。

二　产业个体纵深性指标

产业个体纵深性（I2）是描述目标产业通过网络关联关系直接和间接传递影响其他产业能力的产业网络个体指标。产业个体纵深性可等价转化为产业网络的遍历问题。从目标产业 A 的直接前向/后向关联影响的产业节点 A_1，A_2，…出发，沿（或逆）网络边的方向搜索这些节点的所有直接前向/后向关联产业 A_{11}，A_{12}，…，A_{21}，A_{22}，…，再从 A_{11}，A_{12}，…，A_{21}，A_{22}，…出发继续沿（或逆）边方向搜索其所有直接前向/后向关联产业 A_{111}，A_{112}，…，A_{211}，A_{212}。依此类推，直到搜索结束（不再具有前向/后向关联产业或者回到前已搜索到的产业），搜索到的全部间接前向/后向关联的节点是 A_{11}，A_{12}，…，A_{21}，A_{22}，…，A_{111}，A_{112}，…，A_{211}，A_{212}，…。

根据前向与后向关联的差异，设置产业前向深度、产业后向深度和产业综合深度三个指标属性，分别刻画产业链上的位势低度、位势高度和整体位势大小。[①]

1. 产业前向深度（I2.1）

产业前向深度是描述产业系统中产业通过供给链前向延伸程度（产业低度）的产业个体纵深性指标属性，以产业网络节点的外向接近中心度的倒数表示。在产业网络中，目标产业与连通网络的其他产业节点一般都有最短路径（捷径），这个路径可顺（逆）边方向分别搜索获得；在网络理论中，节点接近中心度根据边的方向分为外向接近中心度和内向接近中心度两类（刘军，2009）。外向接近中心度可表示为顺产业网络边的方向，目标产业与其他所有产业的捷径长度之和的倒数；内向接近中心度为逆产业网络边的方向，目标产业与其他所有产业的捷径长度之和的倒数。产业前向深度数值越高，产业个体纵深性越强。

2. 产业后向深度（I2.2）

产业后向深度是描述产业系统中产业通过需求链逐级后向延伸程度的产业个体纵深性指标属性，以产业网络节点的内向接近中心度倒数表示。产业后向深度数值越高，产业个体纵深性越强。

3. 产业综合深度（I2.3）

产业综合深度是描述产业系统中产业通过供给链或者需求链逐级前向或者后向延伸程度的产业个体纵深性指标属性，在产业网络中以节点的内向接近中心度倒数与外向中心度倒数的代数和表示。产业综合深度数值越高，产业个体纵深性越强。

三 产业个体波及性指标

产业个体波及性是描述目标产业基于其在产业链上的直接和间接连接差异而形成的对其他产业的综合影响能力的产业网络个体指标。设置产业前向波及度、产业后向波及度和产业综合波及度三个指标属性分别刻画目标产业前向推动能力、后向拉动能力和综合推动与拉动关联影响能力。

---

① 一般而言，高端产业链产业产品具有较大附加值，低端产业链产业的成本控制性则较强，产业位势低度和产业位势高度分别指产业处于产业链低端或高端的程度。

1. 产业前向波及度（I3.1）

产业前向波及度是描述产业前向综合影响能力的产业个体波及性指标属性。在产业网络中，产业前向波及度以横向卡茨指数①（以网络邻接矩阵或者流量矩阵的行和计算）表示，其数值越高，产业个体波及性越大。

2. 产业后向波及度（I3.2）

产业后向波及度是描述产业后向综合影响能力的产业个体波及性指标属性。在产业网络中，产业后向波及度以纵向卡茨指数（以网络邻接矩阵或者流量矩阵的列和计算）表示，其数值越高，产业个体波及性越大。

3. 产业综合波及度（I3.3）

产业综合波及度是刻画目标产业在产业链上的综合位势水平的产业个体波及性指标属性。在产业网络中，产业综合波及度以横向卡茨指数和纵向卡茨指数的代数和表示，其数值越高，产业个体波及性越大。

四　产业个体主导性指标

产业个体主导性（I4）是描述产业对其他产业或者产业间关系控制程度的产业网络个体指标。产业在关联系统中的位置实际上决定了产业的地位和其发展的优或劣的外部关系条件，根据产业关联控制对象的不同，设置产业关系主导度和产业流量主导度两个指标属性分别刻画产业对其他产业间关系和流量的控制程度。

1. 产业关系主导度（I4.1）

产业关系主导度是描述产业在整个网络上的关系控制能力的产业个体主导性指标属性。在产业网络中，如果一个节点处于许多其他节点间互动必经的网络路径上，则其居于重要地位，处于这种位置的节点可以通过控制产品与服务的传递或者通过改变价格信息的传递而影响其他产业群体，设置产业关系主导度刻画此产业关联特性。在产业网络中，以经过目标产业节点的其他任意两点的捷径数量的和占其他节点间全部捷径数量和的比

---

① 也可采用哈贝尔或者泰勒指数表示，产业后向波及度与之相同。

例表示，即以网络节点的中间中心度来表示其产业关系主导度①，其数值越高，目标产业个体主导性越强。

2. 产业流量主导度（I4.2）

产业流量主导度是刻画节点处于其他节点间互动必经的网络路径上而对其他产业间物质和价值流量传输控制程度的产业个体主导性指标属性，可用流中间中心度表示。产业流量主导度数值越高，则产业个体主导性越强。

五　产业个体循环性指标

产业个体循环性（I5）是描述产业参与区域经济循环程度以及其在关联系统中的经济绩效和竞争力水平的产业网络个体指标。设置产业直接循环度、产业完全循环度和产业饱和循环度分别刻画产业的直接循环能力、完全循环能力和可能的最大循环能力。

1. 产业直接循环度（I5.1）

产业间的双向关联关系构成最简单的循环产业链形式，之间存在双向关系的两个产业节点具有直接的相互供给与需求关联关系。一个产业供给中间产品的增加会激发另一个产业相应产出的提高，并立刻反馈回去，此双向作用在一定条件下能够循环往复。具有双向关联关系的产业群是区域经济增长的重要引擎。通过产业直接循环度刻画产业的这种能力特征，并以产业网络中与目标节点具有双向边的产业节点的数目表示。产业直接循环度数值越高，产业个体循环性越强。

2. 产业完全循环度（I5.2）

产业系统深度循环性产业链由多于 2 个的产业构成，往往在产业网络中以多个产业节点构成的一种闭合式的网络结构来体现。这种循环型产业链与产业在系统中的竞争力紧密相关，综合体现了目标产业参与区域产业循环的程度，决定了产业在网络上的经济绩效和增长能力。产业完全循环度综合考虑了双向关联结构和圈式结构，以经过产业节点的所有循环产业链（直接双向关联结构和圈）上的不同产业节点的数目表示。产业完全循环度

---

① 产业关系主导度的计算同 Freeman 所定义的点中间中心度类似。

越高，产业个体循环性越强。

3. 产业饱和循环度（I5.3）

产业饱和循环度是刻画产业在目前状况下的循环能力最大潜力的产业个体循环指标属性。产业饱和循环度以经过产业（产业网络节点）循环产业链（产业网络直接双向关联结构或圈）的最大可能数目，即产业网络产业节点的入度（ID_i）与出度（OD_i）的乘积表示，产业 i 的饱和循环度 = $ID_i \times OD_i$。产业饱和循环度越高，产业个体循环性越强。

第四节　产业网络结构指标设计

产业网络结构指标包含产业网络整体结构指标和产业网络个体结构指标两个 Ⅰ 级分指标。

一　产业网络整体结构指标

为更全面把握关联整体特征，在关联结构 Ⅰ 级整体特征分指标下设置网络核心结构、网络层级结构、网络聚类结构和网络循环结构四个 Ⅱ 级产业网络整体结构指标。

产业网络整体结构指标所包含的指标及指标属性如表 5 - 3 所示。

表 5 - 3　产业网络整体结构指标

指标属性	Ⅱ级结构指标 1	Ⅱ级结构指标 2	Ⅱ级结构指标 3	Ⅱ级结构指标 4
	网络核心结构	网络层级结构	网络聚类结构	网络循环结构
属性 1	枢纽产业集合	产业群岛集合	产业子群集合	弱循环产业链集合
属性 2	中枢产业链集合	产业半岛集合	产业最大独立集合	强循环产业集合
属性 3	产业核集合	产业孤岛集合	产业最小覆盖集合	—

资料来源：作者研究得出。

1. 网络核心结构（SW1）

网络核心结构是补充描述关联整体稳定性的产业网络整体结构指标，设置枢纽产业集合、中枢产业链集合和产业核集合三个指标属性。

（1）枢纽产业集合（SW1.1）

枢纽产业集合为产业网络的最小割顶集的集合，即 SW1.1 = $\{\{v_p,$ $v_{p+1}, \cdots, v_q\}, \{v_u, v_{u+1}, \cdots, v_v\}, \cdots\}$，其数据类型为集合，集合元素为顶点连通度 $k(G)$ 下的割顶集。

（2）中枢产业链集合（SW1.2）

中枢产业链集合为产业网络的最小割边集的集合，即 SW1.2 = $\{\{e_p,$ $e_{p+1}, \cdots, e_q\}, \{e_u, e_{u+1}, \cdots, e_v\}, \cdots\}$，其数据类型为集合，集合元素为顶点连通度 $\lambda(G)$ 下的全部割边集。

（3）产业核集合（SW1.3）

产业核集合为产业网络的核，即 SW1.3 = $\{v_p, v_{p+1}, \cdots, v_q\}$，其数据类型为集合，集合元素为网络核所包含的顶点。

2. 网络层级结构（SW2）

网络层级结构是补充描述关联整体中心性的产业网络整体结构指标，设置产业群岛集合、产业半岛集合和产业孤岛集合三个指标属性。产业群岛、产业半岛和产业孤岛是基于节点相互联系程度进行划分的。产业群岛的产业关联密切性最强，产业孤岛最弱。产业半岛集合和产业孤岛集合共同构成了外围性产业节点集合。

（1）产业群岛集合（SW2.1）

产业群岛集合为产业网络的中心结构所包含的点，即 SW2.1 = $\{v_p,$ $v_{p+1}, \cdots, v_q\}$，其数据类型为集合，集合元素为中心结构所包含的点。

（2）产业半岛集合（SW2.2）

产业半岛集合为产业网络去除孤立点后的外围结构所包含的点，即 SW2.2 = $\{v_p, v_{p+1}, \cdots, v_q\}$，其数据类型为集合，集合元素为外围结构所包含的非孤立点。

（3）产业孤岛集合（SW2.3）

产业孤岛集合为产业网络外围结构所包含的孤立点，即 SW2.3 = $\{v_p,$ $v_{p+1}, \cdots, v_q\}$，其数据类型为集合，集合元素为非连通的孤立点。

3. 网络聚类结构（SW3）

网络聚类结构是补充描述关联整体聚类性的产业网络整体结构指标，设置产业子群集合、产业最大独立集合和产业最小覆盖集合三个指标属性。

（1）产业子群集合（SW3.1）

产业子群集合为整体聚类分析中在产业网络所提取的各个子网络所包含的点，即 SW3.1 = $\{ \{v_p, v_{p+1}, \cdots, v_q\}, \{v_u, v_{u+1}, \cdots, v_v\}, \cdots \}$，其数据类型为集合，集合元素为子群，子群集合元素为各子群（子网络）的构成产业节点。

（2）产业最大独立集合（SW3.2）

产业最大独立集合刻画具有产业链独立形成能力的产业群，以网络中不具有直接边的最大数目节点构成的产业集合表示，即 SW3.2 = $\{v_p, v_{p+1}, \cdots, v_q\}$，数据类型为集合，最大独立集合元素为产业网络最大节点独立集所包含的节点。

（3）产业最小覆盖集合（SW3.3）

产业最小覆盖集合刻画具有产业链支配性或者形成产业链能力较强的产业群，以网络全部边所关联的最小数目产业节点构成的产业集合表示，即 SW3.3 = $\{v_p, v_{p+1}, \cdots, v_q\}$，数据类型为集合，最小覆盖集合元素为产业网络最小节点覆盖集所包含的节点。

4. 网络循环结构（SW4）

网络循环结构是补充描述关联整体循环性的产业网络整体结构指标，设置弱循环产业链集合和强循环产业集合两个指标属性。

（1）弱循环产业链集合（SW4.1）

以产业网络强成分分析时提取的无向边的集合表示，即 SW4.1 = $\{e_p, e_{p+1}, \cdots, e_q\}$，数据类型为集合，集合元素为产业网络表示强成分的无向边。

（2）强循环产业集合（SW4.2）

以产业网络中全部回路中所包含的点的集合表示，即 SW4.2 = $\{v_p, v_{p+1}, \cdots, v_q\}$，数据类型为集合，集合元素为处于产业网络闭合回路或强成分上的点。

二　产业网络个体结构指标

为全面把握产业网络个体特征，在Ⅰ级关联个体结构分指标下设置产业个体邻居结构、产业个体路径结构、产业个体中介结构和产业个体循环结构四个Ⅱ级指标。

产业网络个体结构分指标所包含的指标及其属性如表5-4所示。

表5-4　产业网络个体结构指标

指标属性	Ⅱ级结构指标1	Ⅱ级结构指标2	Ⅱ级结构指标3	Ⅱ级结构指标4
	产业个体邻居结构	产业个体路径结构	产业个体中介结构	产业个体循环结构
属性1	先行产业集合	源点路径集合	中介路径集合	弱循环产业集合
属性2	后行产业集合	汇点路径集合	—	强循环产业集合

资料来源：作者研究得出。

1. 产业个体邻居结构（SI1）

产业个体邻居结构是补充描述产业链结构的产业网络个体结构指标，设置先行产业集和后行产业集两个指标属性。

（1）先行产业集合（SI1.1）

如果存在从产业i到产业j的有向边，则称产业j为产业i的先行产业；产业i所有先行产业的集合称为产业i的先行产业集合。

先行产业集是以产业节点为元素的集合类型指标，$SI1.1 = \{v_p, v_{p+1}, \cdots, v_q\}$。

（2）后行产业集合（SI1.2）

如果存在从产业i到产业j的有向边，则称产业i为产业j的后行产业；产业j的所有后行产业的集合称为产业j的后行产业集合。

后行产业集合是以产业节点为元素的集合类型指标，$SI1.2 = \{v_p, v_{p+1}, \cdots, v_q\}$。

2. 产业个体路径结构（SI2）

产业个体路径结构是补充描述产业在产业链上位势特征的产业网络个体结构指标，设置源点路径集合和汇点路径集合两个指标属性。

（1）源点路径集合（SI2.1）

源点路径集合是描述目标产业节点同其他产业节点的最短路径的指标属性。

源点路径集合是以产业链为构成元素的集合型指标，$SI2.1 = \{\{s\rightarrow p, p\rightarrow q, \cdots, u\rightarrow t\}, \cdots\}$，其中$s$为作为源点的目标产业，$t$为作为汇点的其

他产业。

（2）汇点路径集合（SI2.2）

汇点路径集合是描述其他产业节点同目标产业节点的最短路径的指标属性。

汇点路径集合是以产业链元素构成的集合型指标属性，SI2.2 = ｛ ｛s→p，p→q，…，u→t｝，…｝，其中 s 为作为源点的其他产业，t 为作为汇点的目标产业。

3. 产业个体中介结构（SI3）

产业个体中介结构是补充描述关联个体主导性的产业网络个体结构指标，其包含一个指标属性，即中介路径集合（SI3.1），表示目标产业节点所处的其他节点间最短路径的集合。

SI3.1 = ｛ ｛s→p，…，u→v，…，q→t｝，…｝，其中集合元素为 s 到 t 的最短路径，u（$u \neq s$，$u \neq t$）为处于此路径上的目标产业节点。

4. 产业个体循环结构（SI4）

产业个体循环结构是补充描述关联个体循环性的产业网络个体结构指标，设置弱循环产业集合和强循环产业集合两个指标属性。

（1）弱循环产业集合（SI4.1）

弱循环产业集合为产业节点构成的集合型指标属性，其元素为与目标产业节点具有双向关联边的产业节点，即 SI4.1 = $\{v_p, v_{p+1}, \cdots, v_q\}$。

（2）强循环产业集合（SI4.2）

强循环产业集合为产业节点构成的集合型指标属性，其元素为与目标产业节点邻接的处于产业网络循环产业链的节点，即 SI4.2 = $\{v_p, v_{p+1}, \cdots, v_q\}$。

产业网络指标体系（V1）构建完成，这个指标体系包含三个 I 级指标，即产业网络整体指标、产业网络结构指标（包括产业网络整体结构指标和产业网络个体结构指标两个分指标）和产业网络个体指标。子指标及指标属性构成如图 5－6 所示，共包含三个 I 级指标和十七个 II 级指标。

其中，产业网络整体指标包含网络整体稳定性、网络整体中心性、网络整体聚类性和网络整体循环性四个 II 级指标。产业网络整体结构指标包

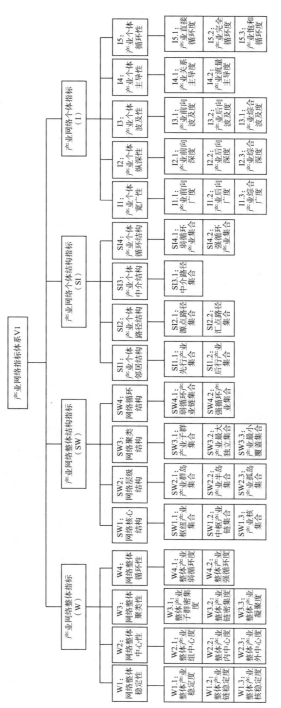

图 5 - 6　产业网络指标体系（V1）

资料来源：依据表5-1至表5-4信息整理。

含网络核心结构、网络层级结构、网络聚类结构和网络循环结构四个Ⅱ级指标；产业网络个体结构指标包含产业个体邻居结构、产业个体路径结构、产业个体中介结构和产业个体循环结构四个Ⅱ级指标。产业网络个体指标包含产业个体宽广性、产业个体纵深性、产业个体波及性、产业个体主导性和产业个体循环性五个Ⅱ级指标。

第五节　示例Ⅰ：山东省产业关联效应分析

以山东省产业关联效应评价为例进行指标（V1）的验证性分析。

一　基本说明

指标分析中涉及山东省42个部门 CS – IN 及其聚合网络。

其中以 CS – IN 为基础进行指标计算，以聚合形态网络进行辅助分析，两个模型以节点的环状分布来展示（见图5－7与图5－8）。

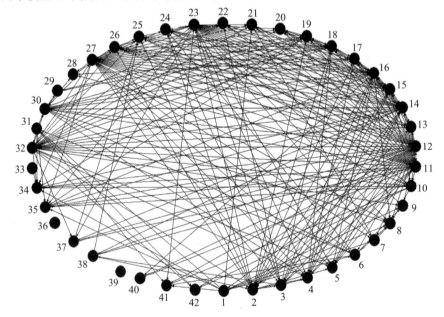

图5－7　山东省完全型 CS – IN 基本形态

资料来源：依据《中国地区投入产出表（2007）》（国家统计局国民经济核算司，2011）数据计算构建。

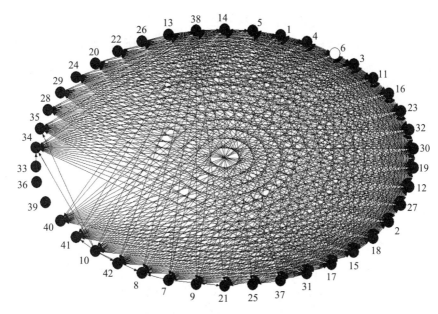

图 5-8　山东省完全型 CS-IN 聚合形态

资料来源：依据《中国地区投入产出表（2007）》（国家统计局国民经济核算司，2011）数据计算构建。

　　由于产业网络整体指标描述了产业系统的整体状态，主要用于不同区域经济的关联特征的比较研究，计算后仅列示，不再进一步分析。[①] 本节主要以产业个体指标为基础并结合产业网络整体结构指标进行验证分析。

二　产业网络指标数值

1. 产业网络整体指标数据

山东省产业网络整体指标数值如表 5-5 所示。

表 5-5　山东省产业网络整体指标数值

指标	W1.1	W1.2	W1.3	W2.1	W2.2	W2.3	W3.1	W3.2	W3.3	W4.1	W4.2
数值	1	1	0.0476	0.4680	0.1731	0.6728	10	0.1725	0.4780	44	19

资料来源：依据以《中国地区投入产出表（2007）》（国家统计局国民经济核算司，2011）数据构建的 CS-IN 计算。

---

① 下一节对原指标体系进行了调整，设计了针对区域间比较的产业网络指标体系 V2，并在其后进行了示例分析。

2. 产业网络整体结构指标数值

产业网络整体结构指标数值如表5－6至表5－9所示，SW4.1对应的子网如图5－9所示。

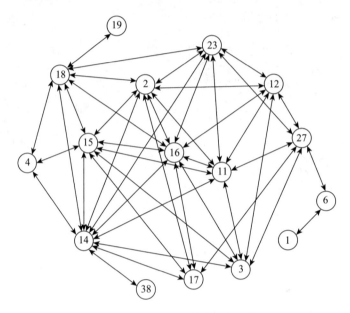

图5－9 山东省关联整体弱循环结构

资料来源：依据以《中国地区投入产出表（2007）》（国家统计局国民经济核算司，2011）数据构建的 CS－IN 计算构建。

表5－6 山东省产业网络整体结构指标数值（SW1）

指标	SW1.1	SW1.2	SW1.3
集合元素	{1}，{2}，{6}，{7}，{10}，{11}，{17}，{18}，{12}，{14}，{19}，{20}，{21}，{24}，{25}，{29}，{41}，{34}	{1-6}，{1-12}，{1-21}，{2-14}，{2-16}，{2-23}，{2-24}，{3-14}，{3-23}，{3-24}，{4-12}，{4-14}，{4-23}，{5-12}，{6-31}，{7-8}，{7-21}，{11-27}，{12-13}，{12-15}，{12-16}，{12-18}，{12-20}，{12-21}，{12-22}，{12-25}，{12-35}，{12-38}，{12-41}，{13-26}，{14-15}，{14-16}，{14-17}，{14-18}，{14-20}，{14-26}，{16-18}，{19-20}，{19-29}，{23-25}	1, 2, 12, 14, 19, 34

资料来源：依据以《中国地区投入产出表（2007）》（国家统计局国民经济核算司，2011）数据构建的 CS－IN 计算。

表 5 – 7　山东省产业网络整体结构指标数值（SW2）

指标	SW2.1	SW2.2	SW2.3
集合元素	1 ~ 4, 6, 11, 12, 14 ~ 19, 23, 27, 30 ~ 32, 38	10, 13, 5, 7 ~ 9, 20 ~ 22, 24 ~ 26, 28, 29, 33 ~ 35, 37, 40 ~ 42	36, 39

资料来源：依据以《中国地区投入产出表（2007）》（国家统计局国民经济核算司，2011）数据构建的 CS – IN 计算。

表 5 – 8　山东省产业网络整体结构指标数值（SW3）

指标	SW3.1	SW3.2	SW3.3
集合元素	{1, 6, 7, 8, 9, 21, 31}, {10, 34, 41, 42}, {12, 33}, {36}, {39}, {2, 14 ~ 18}, {23, 24, 26, 32}, {4, 25, 13, 37, 40, 19, 22, 38, 8, 35, 20}, {3, 11, 27}, {28 ~ 30}	1 ~ 3, 6, 7, 10 ~ 19, 23, 25, 27, 30 ~ 33	5, 8, 9, 20 ~ 22, 24 ~ 26, 28, 29, 33 ~ 37, 39

资料来源：依据以《中国地区投入产出表（2007）》（国家统计局国民经济核算司，2011）数据构建的 CS – IN 计算。

表 5 – 9　山东省产业网络整体结构指标数值（SW4）

指标	SW4.1	SW4.2
集合元素	18 – 19, 18 – 4, 18 – 15, 18 – 2, 18 – 14, 18 – 16, 18 – 23, 4 – 14, 4 – 15, 14 – 15, 14 – 2, 14 – 23, 14 – 16, 14 – 11, 14 – 3, 14 – 17, 14 – 38, 17 – 15, 17 – 2, 17 – 16, 17 – 27, 3 – 15, 3 – 16, 3 – 11, 3 – 12, 3 – 27, 6 – 1, 6 – 27, 27 – 11, 27 – 23, 27 – 12, 12 – 11, 12 – 16, 12 – 2, 12 – 23, 23 – 11, 23 – 16, 23 – 2, 2 – 16, 2 – 11, 2 – 15, 15 – 26, 15 – 11, 16 – 11	1 ~ 4, 6, 11, 12, 14 ~ 19, 23, 27, 30 ~ 32, 38

资料来源：依据以《中国地区投入产出表（2007）》（国家统计局国民经济核算司，2011）数据构建的 CS – IN 计算。

需要注意的是山东省主要集聚产业、产业功能集和弱循环产业的构成（图 5 – 9 的关联整体循环子网络结构）。集聚产业主要为农业，轻工，采掘、化工、冶金和加工制造等重工业，住宿和餐饮业，电力、热力的二次能源产业以及物流业等；产业功能集有 10 个，主要为以农业、食品加工制造、住宿和餐饮业为中心的产业集（1 号、6 ~ 9 号、21 号和 31 号），以流通部门为中心的产业集（28 ~ 30 号），以煤炭业和工业制造业为中心的产业集（2 号、14 ~ 18 号），以及以分散性多类别产业为中心的产业集（4 号、25 号、13 号、37 号、40 号、19 号、22 号、38 号、8 号、35 号和 20 号）

等；参与弱循环的产业有 16 个，弱循环产业链多是由工业制造业（14 ~ 19 号）、煤炭业（2 号）和电力、热力（23 号）等部门形成的。

3. 产业网络个体指标数值

山东产业网络个体指标数值如表 5 - 10 所示。

表 5 - 10　山东省产业网络个体指标数值

产业	I1.1	I1.2	I1.3	I2.1	I2.2	I2.3	I3.1	I3.2	I3.3	I4.1	I4.2	I5.1	I5.2	I5.3
1	9	2	10	93	44	137	0.0305	0.0069	0.0373	0.1112	6	1	18	18
2	16	11	19	58	26	84	0.0560	0.0382	0.0942	0.3204	90	8	18	176
3	11	8	13	68	31	99	0.0389	0.0279	0.0668	0.0780	87	6	18	88
4	3	13	13	94	24	118	0.0107	0.0451	0.0558	0.0048	64	3	18	39
5	0	9	9	0	33	33	0.0000	0.0312	0.0312	0	0	0	0	0
6	7	4	9	73	40	113	0.0241	0.0137	0.0378	0.4238	41	2	18	28
7	2	4	6	2	40	42	0.0067	0.0137	0.0205	0	0	0	0	8
8	0	9	9	0	36	36	0.0000	0.0310	0.0310	0	0	0	0	0
9	0	5	5	0	38	38	0.0000	0.0171	0.0171	0	0	0	0	0
10	5	6	11	5	36	41	0.0168	0.0207	0.0376	0.0925	0	0	0	30
11	28	9	29	51	29	80	0.0968	0.0312	0.1281	0.3005	80.78	8	18	252
12	34	7	35	43	32	75	0.1172	0.0242	0.1414	0.7170	72.07	6	18	238
13	2	8	10	2	32	34	0.0067	0.0277	0.0345	0	12	0	0	16
14	21	14	25	63	23	86	0.0725	0.0485	0.1210	0.6410	84.03	10	18	294
15	15	12	19	71	25	96	0.0520	0.0417	0.0937	0.2421	82.17	8	18	180
16	20	12	23	59	25	84	0.0695	0.0416	0.1111	0.3657	84.38	9	18	240
17	8	9	12	75	29	104	0.0283	0.0314	0.0596	0.1629	70	5	18	72
18	12	13	18	72	24	96	0.0417	0.0452	0.0869	0.5080	58.53	7	18	156
19	5	11	15	103	26	129	0.0170	0.0382	0.0552	0.0795	48	1	18	55
20	0	10	10	0	29	29	0.0000	0.0348	0.0348	0	0	0	0	0
21	0	9	9	0	32	32	0.0000	0.0310	0.0310	0	0	0	0	0
22	0	7	7	0	34	34	0.0000	0.0242	0.0242	0	0	0	0	0
23	26	8	27	53	29	82	0.0900	0.0278	0.1178	0.4175	89.92	7	18	208
24	0	10	10	0	30	30	0.0000	0.0347	0.0347	0	0	0	0	0
25	0	11	11	0	30	30	0.0000	0.0381	0.0381	0	0	0	0	0

续表

产业	I1.1	I1.2	I1.3	I2.1	I2.2	I2.3	I3.1	I3.2	I3.3	I4.1	I4.2	I5.1	I5.2	I5.3
26	0	11	11	0	30	30	0.0000	0.0382	0.0382	0	0	0	0	0
27	28	7	30	49	32	81	0.0969	0.0241	0.1210	0.6156	80.31	6	18	196
28	0	4	4	0	38	38	0.0000	0.0138	0.0138	0	0	0	0	0
29	0	3	3	0	38	38	0.0000	0.0105	0.0105	0	0	0	0	0
30	10	6	16	70	33	103	0.0345	0.0206	0.0551	0.2273	27	0	18	60
31	6	2	8	77	55	132	0.0206	0.0068	0.0274	0.3519	70	0	18	12
32	24	1	25	53	70	123	0.0834	0.0034	0.0868	0.3278	58	0	18	24
33	1	0	1	1	0	1	0.0034	0.0000	0.0034	0	0	0	0	0
34	0	10	10	0	32	32	0.0000	0.0344	0.0344	0	0	0	0	0
35	0	10	10	0	30	30	0.0000	0.0346	0.0346	0	0	0	0	0
36	0	0	0	0	0	0	0.0000	0.0000	0.0000	0	0	0	0	0
37	1	5	6	1	36	37	0.0034	0.0173	0.0207	0	0	0	0	5
38	3	4	6	92	37	129	0.0105	0.0139	0.0244	0.0027	38.78	1	18	12
39	0	0	0	0	0	0	0.0000	0.0000	0.0000	0	0	0	0	0
40	0	3	3	0	42	42	0.0000	0.0104	0.0104	0	0	0	0	0
41	0	6	6	0	38	38	0.0000	0.0205	0.0205	0	0	0	0	0
42	0	4	4	0	44	44	0.0000	0.0137	0.0137	0	0	0	0	0

资料来源：依据以《中国地区投入产出表（2007）》（国家统计局国民经济核算司，2011）数据构建的 CS – IN 计算。

三 分析结论

基于山东省产业网络指标，对山东省经济三次产业的关联效应状况进行示例分析得到如下基本认识。

山东农业（1 号）位于产业群岛、产业核集、枢纽产业集合、最小产业覆盖集和强循环产业集合中，是重要产业功能集的中心产业和弱循环产业链的重要形成产业。山东农业具有较高的产业个体前向广度、产业个体综合深度，对其直接关联影响产业的支配性较强，农业生产率和农业发展水平在很大程度上能够影响山东整体的经济绩效，也较全面印证了农业在山东经济中的基础性地位和作用。

从第二产业显著性的个体指标来看，采掘（2 ~ 4 号）、轻工（6 ~ 7

号）、化工（11～12号）、冶金及原材料产业（14～15号）、交通、机械、电子设备等制造业（16～19号）和电力、热力生产和供应业（23号）在多数产业网络个体指标特别是产业个体波及度上高于其他工业部门，处于最小产业覆盖集和产业群岛中，具有较大的产业个体主导度。其中的石油加工、化学、金属冶炼与压延加工、金属制品和装备制造等产业分布于直接或完全性的循环产业链上，是目前山东省经济增长和发展的主要动力。而采掘业（2号、4号）及上述能源及原材料产业也与多个重要中枢性产业链的形成相关。以上分析说明工业在山东省三次产业经济中居于中心地位。总体而言，山东省制造业发展比较成熟，有完整的产业链并发挥着重要生产带动作用，山东省在能源、冶金及原材料等基础产业发展上也具有一定的比较优势。但经济发展明显表现出受能源和资源制约的现状，这在一定程度上解释了山东省作为资源依赖和能源消耗大省以及经济长期粗放式增长的内在原因。

山东省具有优势的传统服务业得到蓬勃发展，对经济的影响力和其他产业的发展贡献都比较大。物流业（27号）、批发和零售业（30号）、住宿及餐饮业（31号）、金融业（32号）和居民服务业（38号）等处于产业群岛中，并具有较强的产业完全波及度。但新兴服务业特别是生产性服务业比较薄弱。如研究与试验发展业（35号），租赁与商务服务业（34号），房地产业（33号），综合技术服务业（36号），信息传输业、计算机服务和软件产业（29号）等，其多数关联特征不显著，由产业个体广度、深度及波及度描述的不同侧面的产业关联覆盖面较为狭窄[①]，基本没有产业个体主导能力，与上下游产业无循环性产业链结构，甚至有的产业还为产业孤岛（36号、39号），对产业经济的整体带动力较弱。同时自身同上下游产业因强关联形成的产业链也不完备，缺乏发展的有效推动力与拉动力。但上述发展较薄弱的服务业多为最大产业独立集中，应该作为需求或者供给的重要增长点来培育。为全面提升和繁荣山东省第三产业，这些产业和产业链条的薄弱环节应当得到充分重视并进行重点解决。此外，40～42号的公益

---

① 虽然如35号产业的后向广度，34号、35号的后向波及度等个别指标数值也不算低，但相关产业多数指标整体较弱，综合影响力不强。

性服务业也存在较强的关联影响性，是经济社会和谐发展不容忽视的重要因素。

第六节　产业网络应用调整指标

产业网络指标 V1 具有较强的结构特征描述的覆盖性，主要用于区域内经济结构与绩效分析。基于区域经济直接比较与分析评价的目的，对产业网络指标体系 V1 进行调整，获得产业网络指标体系 V2（用于区域比较分析）。产业网络指标体系 V2 包含三个Ⅰ级指标，即产业网络个体指标（L）、产业网络层级指标（S）与产业网络整体指标（W），这三个Ⅰ级指标又各包含多个Ⅱ级指标。

一　产业网络个体指标

产业网络个体指标是描述由关联二元关系及其结构决定的具体产业在产业系统中的地位和影响效应的关联指标。在产业个体关联Ⅰ级指标下设置六个Ⅱ级指标（见表 5 – 11）。

表 5 – 11　产业网络个体指标

指标属性	Ⅱ级个体指标 1 产业个体广度	Ⅱ级个体指标 2 产业个体深度	Ⅱ级个体指标 3 产业个体紧密度	Ⅱ级个体指标 4 产业个体中介度	Ⅱ级个体指标 5 产业个体聚集度	Ⅱ级个体指标 6 产业个体循环度
属性 1	产业前向广度	产业前向深度	产业前向紧密度	产业中介度	产业聚集度	产业直接循环度
属性 2	产业后向广度	产业后向深度	产业后向紧密度	—	—	产业完全循环度
属性 3	产业完全广度	产业完全深度	产业完全紧密度	—	—	产业饱和循环度

资料来源：作者研究得出。

1. 产业个体广度（V2. L1）

产业个体广度（类似于 V1. I1）是描述目标产业通过网络关联边直接影响其他产业能力的指标。根据前向与后向关联的差异，设置产业前向广度、产业后向广度和产业完全广度三个指标属性，分别刻画目标产业直接推动的产业范围、直接拉动的产业范围和具有直接强关联的全部产业范围大小。

同 V1 对应指标设计原理，产业关联广度用节点的度数来测量。OD_i 是某产业 i 前向关联影响的其他产业数目，表示产业前向广度；ID_i 是某产业 i 后向关联影响的其他产业数目，表示产业后向广度；产业完全广度则表示产业前向和后向关联影响的全部产业的数量，即产业直接前向广度与直接后向广度之和。这三个指标属性数值越高，产业个体广度越大。

2. 产业个体深度（V2. L2）

产业个体深度（V2 新增）是描述目标产业关联关系对其他产业间关系容纳能力和影响其他产业途径多样化程度的指标。根据前向关联与后向关联的差异，设置产业前向深度、产业后向深度和产业完全深度三个指标属性，分别刻画目标产业作为后行产业、先行产业影响其他全部产业的关系路径数目和同其他产业关联关系所容纳的全部关联路径数目。

两个产业间如果存在衍生关联关系，则产业网络中的两个产业节点间存在一个或多个可达路径，可达路径的数量越多，两个产业间的关联深度或者层次性越强。产业前向深度是以目标产业为起点、其他产业为汇点的目标产业与其他产业间最大流数值之和表示；产业后向深度是以目标产业为汇点、其他产业为源点的目标产业与其他产业间最大流数值之和表示；产业完全深度则为产业前向深度与后向深度的和。三个指标属性数值越大，产业个体关联深度水平越高。

3. 产业个体紧密度（V2. L3）

产业个体紧密度（V2 新增）是描述目标产业基于其在产业链上的位置差异而形成的对其他产业综合影响能力的指标。设置产业前向紧密度、产业后向紧密度和产业完全紧密度三个指标属性分别刻画产业在关系链上的高位势能力、低位势能力和整体位势能力大小。产业位势低度体现产业处于产业链低端同高端产业的关联能力，产业位势高度体现产业处于产业链高端同低端产业的关联能力。而以产业完全紧密度刻画目标产业在产业链上的综合位势能力水平。

在产业网络中，目标产业与连通网络内的其他产业节点一般都有最短路径（捷径），这个路径可顺（逆）边方向分别搜索获得。在产业网络理论中，节点的接近中心度根据边的方向分为外向接近中心度和内向接近中心度两类。外向接近中心度为顺产业网络边的方向的目标产业与其他所有产业的捷径长度之和，内向接近中心度为逆产业网络边的方向的目标产业与其他所有产业的捷径长度之和。产业前向紧密度和后向紧密度分别以节点外向接近中心度和内向接近中心度表示，并以二者数值的代数和表示产业完全紧密度。这三个指标属性数值越大，产业个体紧密度越高。

4. 产业个体中介度（V2. L4）

产业个体中介度（类似于 V1. I4）是描述产业对其他产业节点或者节点间关系控制程度或效果的指标。产业网络中的产业位置实际上决定了产业的地位和其发展的优或劣的外部关系条件，根据产业关联的关系控制力的大小，设置产业中介度指标属性。

同 V1 指标设计原理对应，产业中介度是对目标产业在整个网络上的关系控制能力的刻画。在产业网络中，以网络中间中心度即经过目标产业节点的所有其他任意两点的捷径数量的和占其他节点间全部捷径数量和的比例表示产业中介度。其数值越高，目标产业对其他产业间关联路径的生成和传导具有更强的影响效应。

5. 产业个体聚集度（V2. L5）

产业个体聚集度（V2 新增）是描述产业生成产业集（Industrial Complex）和发挥产业集聚效应能力的指标。

产业个体聚集度刻画了目标产业个体网（Ego Network）上关系的密集程度。如果与目标产业有直接关联的其他产业间关联关系密集，则一般情况下目标产业是产业集上的重要构成产业，对于产业集聚效应的发挥具有重要影响。产业节点 i 的总度数为 D_i，其 D_i 个邻居节点间的最大可能边为 B_i，实际边数为 E_i，则称 E_i/B_i 为 i 的聚类系数。用节点 i 的聚类系数表示产业聚集度，其数值越高，则 i 产业具有的产业聚集能力或效应越强。

6. 产业个体循环度（V2. L6）

产业个体循环度（类似于 V1. I5）是描述产业参与区域经济循环程度以及其在网络上的经济绩效和贡献经济增长能力的指标。设置产业直接循环度、产业完全循环度和产业饱和循环度三个指标属性分别刻画产业的直接循环能力、完全循环能力和可能的最大循环能力。

同 V1 对应指标设计原理，产业直接循环度以产业网络中与目标节点具有双向边的产业节点的数目表示；产业完全循环度综合考虑了双向关联结构和圈式结构，以经过产业节点 i 的同其他全部节点构成的最短圈的长度之和表示；产业饱和循环度刻画产业节点的循环产业链（直接双向关联结构或圈）的最大可能数目，以产业节点的入度与出度的乘积表示，即产业 i 的饱和循环度 $= ID_i \times OD_i$。以上三个指标属性的数值越大，产业个体循环度越高。

二　产业网络层级指标

产业网络层级指标是描述由关联的二元关系及其结构决定的产业子系统的同质性与异质性关系状况的指标。在 I 级产业结构指标下设置产业岛群凝聚性和产业层级树复杂性两个 II 级指标（见表 5 – 12）。与产业关联个体指标及产业关联整体指标分别对节点和全网络进行描述不同，产业关联层级指标对产业岛群和产业层级树两个特殊子网络结构进行描述。

表 5 – 12　产业网络层级指标

指标属性	II 级层级指标 1	II 级结构指标 2
	产业岛群凝聚性	产业层级树复杂性
属性 1	群岛产业数	产业树宽度
属性 2	半岛连接数	产业树深度
属性 3	孤岛产业数	产业树枝数

资料来源：作者研究得出。

1. 产业岛群凝聚性（V2. S1）

产业岛群（对 V1. SW2 主要特征进行描述）是描述因产业关联密切程度差异引起产业系统结构分层效应的子网络。产业网络中存在产业群岛、产业半岛和产业孤岛三种主要结构。产业群岛、产业半岛和产业孤岛是基于节点相互联系特点进行划分的。其中，产业群岛中的任何两个节点都存在双向可达路径，其结构最为稳定，是对区域产业聚集形态特征的基本描述。产业半岛中任一节点同其他节点只存在单向路径，由于是区域产业供给链或者需求链的末端产业，同群岛产业间存在单侧交互关系。产业孤岛中节点与其他任何节点都不存在边，孤岛产业游离于区域聚集系统之外。产业群岛的产业间关联密切性最强，产业孤岛最弱。

分别设置群岛产业数、半岛连接数和孤岛产业数三个指标属性。群岛产业数以产业群岛中产业数目表示，其数值越高，产业岛群凝聚性越强；半岛连接数以半岛产业之间及其同产业群岛之间的关系数目表示，在相同群岛产业数目情况下，其数值越高，产业岛群凝聚性越强；孤岛产业数以产业孤岛数目表示，其数值越高，产业岛群凝聚性越弱。

2. 产业层级树复杂性（V2. S2）

产业层级树是描述经济系统基础结构的产业网络的子网络，包括产业垂直层级和产业水平层级。产业垂直层级是描述垂直产业链上产业在供给与需求关系中因位置差异而形成的具有上下游梯度序列关系特征的产业集合；产业水平层级是描述水平产业链上因具有共同前向关联产业或者后向关联产业，基于特定产业资源形成竞争或者互补关系的产业集合。

产业层级树构建基本过程[①]如下：第一，设置初始节点空集 T 和边空集 L，搜索具有最大中间投入的产业节点作为根节点（root），root 进入 T；第二，以基于产业网络生成的描述产业关联深度的产业距离矩阵作为网络边的权重，搜索 root 具有最大权重的出边，若其最大权重的出边有多条，选择具有最大中间投入的对应关联节点作为 root 的下层关联树枝节点 branch1，branch1 进入集合 T，选择的边进入集合 L；第三，搜索 root 和 branch1 具有最大权重的出边（关联节点非 root 和 branch1），若其最大权重的出边有多条，首先比较边的始点中间投入，若相同，再比较边的入点的中间投入，选择具有更大中间投入的点（branch2）所关联的边，branch2 进入集合 T，对应边进入 L；第四，依此类推，在 root、branch1、branch2 等中搜索具有最大权重的关联边，直到所有的点进入集合 T；第五，T 中的点和 L 中的边构成对应的产业层级树。

---

① Aroche-Reyes（2003，2006）基于投入系数矩阵 A 构建产业树，第三章示例中也以产业网络中的直接连接边作为建模基础，且二者未考虑节点的属性；这里进一步采用了产业网络中基于节点衍生关系的产业间距作为边的权重矩阵，且以中间投入作为节点权重向量，建模中综合考虑了节点和边的属性。

设置产业树深度、产业树宽度和产业树枝数三个指标属性。产业树深度以全部节点所处的平均层级表示；产业树宽度以产业树各节点的平均分支数表示；产业树枝数则以产业树中树枝节点的总数目表示，三个指标属性数值越高，产业层级树复杂性越强。

三 产业网络整体指标

产业网络整体指标是描述由关联二元关系及其结构决定的区域经济整体性态的指标。在Ⅰ级产业网络整体指标下设置三个Ⅱ级指标（见表 5 - 13）。[①]

表 5 - 13 产业网络整体指标

指标属性	Ⅱ级整体指标 1	Ⅱ级整体指标 2	Ⅱ级整体指标 3
	产业整体聚集性	产业整体中心性	产业整体循环性
属性 1	产业整体凝聚度	产业整体内中心度	产业整体弱循环度
属性 2	产业整体密集度	产业整体外中心度	产业整体强循环度
属性 3	—	产业整体全中心度	

资料来源：作者研究得出。

1. 产业整体聚集性（V2. W1）

产业整体聚集性（类似于 V1. W3）是描述区域整体产业联系紧密程度和聚集能力的指标。设置产业整体凝聚度和产业整体密集度两个指标属性分别刻画全部产业节点的整体聚类状况和产业链的聚集程度。

某网络节点的聚类系数为其相关的三角形与三元组的数量之比，而网络整体的聚类系数为所有节点聚类系数的平均值，产业整体凝聚度以网络整体聚类系数表示；网络密度是网络实际存在的边数与其理论最大可能边数的比，产业整体密集度以网络密度表示。总的来说，产业整体凝聚度和产业整体密集度越大，该网络中产业越易于发挥自身影响作用，联系紧密

[①] V1 中产业网络整体指标的二级指标名称前置"网络整体"，V2 则前置"产业整体"，内涵都是相同的，对应描述第四章的"关联整体特征"。

的产业网络越能够对产业个体发展提供各种资源的有效支持。

2. 产业整体中心性（V2. W2）

产业整体中心性（类似于 V1. W2）是描述产业系统整体内向集中（关联关系的边指向共同的中心节点）和外向集中（关联关系的边由共同的中心节点发出）趋势或程度的指标。对应设置产业整体内中心度和产业整体外中心度两个指标属性刻画内向与外向集中，并以产业整体全中心度综合刻画产业系统的关系收敛程度。

产业整体内/外中心度由网络的度数中心势来表示。度数中心势根据点关联的边的方向分为入度中心势和出度中心势，分别表示产业整体内中心度和产业整体外中心度，而产业整体全中心度 =（产业整体内中心度 + 产业整体外中心度）/2。一般来说，三个指标属性数值越高，表明产业整体中心性越强，产业整体紧密度越高，产业的供给或需求产生的发展带动作用更加直接，对外部环境变化的敏感性和对政策的响应能力越强。

3. 产业整体循环性（V2. W3）

产业整体循环性（相当于 V1. W4）是描述产业系统整体经济循环能力和经济增长自发促进能力的指标。设置产业整体弱循环度和产业整体强循环度两个指标属性分别刻画产业整体直接循环能力和综合强循环能力。

直接循环性是指两个产业节点之间的直接双向关联性，这种双向关联边一般可用一条无向边表示。产业整体直接循环能力以产业整体弱循环度刻画，表示为网络全部无向边实际数量的 1/2。综合的强循环是指全部循环性产业链所实现的产业循环状况，循环性产业链不仅包含了两个产业之间的直接双向关联结构，也包含了多产业节点所形成的圈式网络结构。所有处于循环性产业链上的产业节点为聚合形态产业网络中完全子网络中的节点，产业整体强循环度则是以完全子网络节点的数量（产业网络中所有直接双向关联结构和网络圈式结构中的全部产业节点的数量）表示。一般来说，两个指标属性数值越高，产业整体循环性越强。

综上所述，基于产业网络，由产业网络个体指标、产业网络层级指标和产业网络整体指标及其属性构成的产业网络指标系统（V2）如图 5 - 10 所示，共包含 3 个 I 级指标和 11 个 II 级指标。

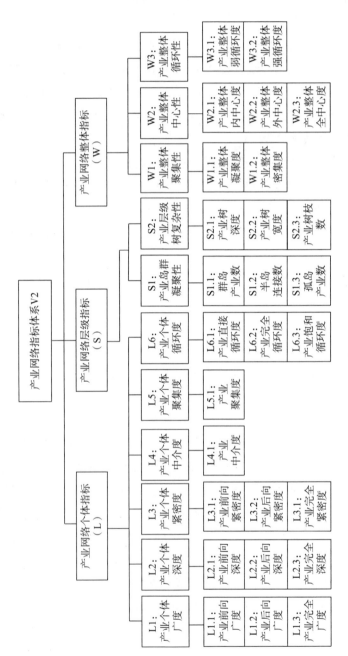

图 5 - 10 产业网络指标体系 (V2)

资料来源：依据表5-11至表5-13信息整理。

第七节　示例Ⅱ：国家与省域产业关联效应比较分析

利用 2012 年国家和山东省 42 个部门投入产出数据对产业网络指标进行示例研究分析。通过国家和省域两个层面的关联效应比较对产业网络指标（V2）描述与解析经济产业结构演化规律和经济系统结构与发展模式差异的能力进行综合示例分析，并指示应用方式。42 个产业依次编号 1～42。

一　关联个体效应

分别建立全国和山东省的 CS – IN。在根据上述方法获得国家（C）和山东省（S）产业网络个体指标数值，计算各指标的均值（M）和标准差（SD），并分别提取各指标按照数值大小排序前五位和后五位的产业（见表 5–14）。I1、I2、I3.1、I3.3 等大多数指标的方差全国高于山东省，表明我国内部包含多样性的区域经济发展模式，国家层面的产业关联结构效应具有更强的波动性。

表 5 – 14　全国和山东产业关联个体指标

		I1.1	I1.2	I1.3	I2.1	I2.2	I2.3	I3.1	I3.2	I3.3	I4	I5	I6.1	I6.2	I6.3	BC
M	C	7.8	7.8	13.0	3.6	3.6	3.6	16.3	8.3	12.3	1.7	0.3	2.6	2.1	72.2	—
	S	7.0	7.0	11.4	3.3	3.3	3.3	17.5	10.9	14.2	1.9	0.4	2.6	3.0	68.0	
SD	C	7.3	6.5	8.5	2.6	2.0	1.8	8.0	1.7	4.1	3.4	0.1	3.3	1.3	116.7	—
	S	7.1	5.8	7.6	2.2	1.7	1.6	7.0	2.5	3.8	4.8	0.2	4.1	1.2	141.1	
前五	C	12、33、25、14、30	2、14、12、18、20	12、14、12、33、30	33、25、12、14、11	28、18、20、25、19	12、14、30、25、24	23、12、37、42、32	28、13、25、30	12、14、33、35	8、13、32、7、26	12、14、24、35、30	26、7、17、31	12、14、30、20、24	12、14、33、30、25	
	S	12、14、25、35、30	12、14、28、13、18	12、14、25、33、28	25、14、35、12、30	28、18、12、13、14	12、14、25、16、33	12、1、14、25、35	28、36、42、26、9	12、14、25、35	34、41、5、3、15	12、14、16、24、25	7、34、41、29、31	12、14、25、33、16	12、14、25、33、35	

続表（续表）

		I1.1	I1.2	I1.3	I2.1	I2.2	I2.3	I3.1	I3.2	I3.3	I4	I5	I6.1	I6.2	I6.3	BC
后五	C	34、37、39、40、42	31、34、23、39、40	8、9、34、39、40	8、34、9、39、40	9、31、23、39、40	8、9、34、39、40	42、34、9、39、40	31、26、23、39、40	8、9、34、39、40	42、28、9、39、40	12、34、9、39、40	42、28、9、39、40	42、28、9、39、40	42、28、9、39、40	89、34、39、40
	S	28、34、39、40、42	41、1、34、39、40	8、34、9、39、40	28、42、9、39、40	34、31、1、39、40	1、34、9、39、40	28、42、9、39、40	31、41、1、39、40	42、26、9、39、40	42、28、9、39、40	12、1、9、39、40	42、28、9、39、40	42、28、9、39、40	42、28、9、39、40	26、34、9、39、40

资料来源：依据以《中国投入产出表（2012）》（国家统计局国民经济核算司，2015）和《中国地区投入产出表（2012）》（国家统计局国民经济核算司，2016）数据构建的全国与山东省 CS - IN 计算。

1. 产业个体关联基础效应

全国和山东省产业个体广度、深度和紧密度较强的产业分布相似度大，主要为能源、资源与原材料产业（CS12、CS14、CS25、C2、S13、C11），设备制造产业（CS18、C20、S16、C19），建筑（CS28）和生产性服务业（CS30、CS33、S35、C32）。此外，全国的公共服务（C37、C36），山东省的农业（S1）、轻工（S9）的产业个体紧密度较强。全国与山东省的轻工（CS8、CS9）、公共服务（C37、CS39、CS40、S41、CS42）、餐饮与住宿（CS31）、房地产（CS34）等产业个体广度和深度较弱。I1 ~ I3 描述了产业个体关联效应的三个基本维度，以 BC = I1 × I2 × I3 代表产业个体基础关联效应。双方共同的高 BC 产业为化学（CS12）、金属冶炼和压延加工（CS14）、电力热力（CS25）、金融（CS33），山东省特有的为商务服务（S35），全国特有的为物流（C30）。此外，山东省农业（S1）的基础关联效应水平较低。

2. 产业个体中介效应

产业个体中介度全国与山东省排前五位的为基础原材料产业（CS12、CS14）、生产服务业（CS33、CS35）、轻工（S10）和修理服务（C24），后五位产业完全相同，为建筑（CS28）、轻工（CS9）、公共服务（CS39、

CS40、CS42）等。

3. 产业个体聚集效应

产业个体聚集度前五位产业全国与山东省差异大。全国主要为纺织类（C7、C8）、信息服务（C32）、燃气（C26）和非金属矿（C13），山东省为石油（S3）、非金属矿（S5）、金属制品（S15）、房地产（S34）和文化体育（S41），后五位共同产业为9号、12号、39号、40号，全国和山东省特有的分别为房地产（34号）和农业（1号）。

4. 产业个体循环效应

全国与山东省的直接循环度和饱和循环度较为相似，最强的共同为12号和14号。间接循环度差异较大，除了纺织品（CS7）相同外，全国的农业（C1）、专用设备（C17）和电力热力（C26），山东省的批发零售（S29）、住宿和餐饮（S31）、房地产（S34）和文化体育（S41）较强，而弱循环产业完全相同的为木材、建筑（CS28）和公共服务（CS39、CS40、CS42）。

二　关联层级效应与关联整体效应

1. 产业岛群

全国和山东省的产业岛群分布如图5-11所示。产业群岛中（实框中）全国和山东省的产业数目分别为31个和34个。全国和山东省的产业半岛群有两个（虚框中），但两者差异较大，共同产业为9号、28号和42号。山东省农业（S1）、燃气（S26）、科学研究和技术服务（S36）等处于产业群岛之外，而全国的纺织制品（C8）、信息服务（C32）、房地产（C34）、非金属矿制品（C13），以及水利、环境和公共设施管理（C37）等处于产业群岛之外。国家与山东省的孤岛产业共同的为教育（CS39）、卫生和社会工作（CS40）。

2. 产业层级树

国家和山东省的产业层级树如图5-12、图5-13所示。国家和山东省产业层级树的结构差异较大。其中，国家主要的树根节点、树枝节点和树叶节点最长序列为12（化学）→14（金属冶炼和压延加工）→20（通信设备、计算机和其他电子设备）→41（文化、体育和娱乐）→35（租赁和商

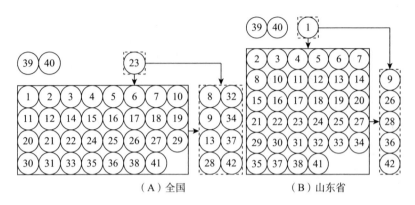

图 5 - 11　全国和山东省产业岛群

资料来源：依据以《中国投入产出表（2012）》（国家统计局国民经济核算司，2015）
和《中国地区投入产出表（2012）》（国家统计局国民经济核算司，2016）数据构建的全国
和山东省 CS - IN 计算构建。

务服务）→11（石油、炼焦产品和核燃料加工品），山东省主要为 12（化
学）→16（通用设备）→11（石油、炼焦产品和核燃料加工品）→7（纺
织品）→20（通信设备、计算机和其他电子设备）。

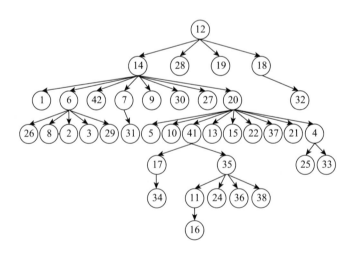

图 5 - 12　全国产业层级树

资料来源：依据以《中国投入产出表（2012）》（国家统计局国民经济核算司，2015）
数据构建的 CS - IN 计算构建。

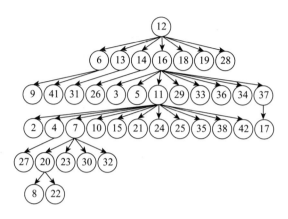

图 5 - 13　山东省产业层级树

资料来源：依据以《中国地区投入产出表（2012）》（国家统计局国民经济核算司，2016）数据构建的 CS - IN 计算构建。

3. 关联层级效应

全国和山东省产业关联层级指标如表 5 - 15 所示。全国的群岛产业数目低于山东省，山东省产业整体聚集效应较强；而山东省产业层级树深度和产业树枝节点数都小于全国，产业层级树复杂性整体弱于全国。

表 5 - 15　全国和山东省产业关联层级指标数值

地区	S1. 1	S1. 2	S1. 3	S2. 1	S2. 2	S2. 3
全国	31	279	2	3.92	0.974	11
山东省	34	204	2	3.49	0.974	9

资料来源：依据以《中国投入产出表（2012）》（国家统计局国民经济核算司，2015）和《中国地区投入产出表（2012）》（国家统计局国民经济核算司，2016）数据构建的全国与山东省 CS - IN 计算。

4. 关联整体效应

全国和山东省产业关联整体指标如表 5 - 16 所示。除了产业整体密集度和弱循环度之外，山东省关联整体指标数值均高于全国水平。

表 5 – 16　全国和山东省产业关联整体指标数值

地区	W 1.1	W 1.2	W 2.1	W 2.2	W 2.3	W 3.1	W 3.2
全国	0.3850	0.1899	16.39	8.26	12.33	0.0958	0.7062
山东省	0.3980	0.1713	17.51	10.93	14.22	0.0616	0.7735

资料来源：依据以《中国投入产出表（2012）》（国家统计局国民经济核算司，2015）和《中国地区投入产出表（2012）》（国家统计局国民经济核算司，2016）数据构建的全国与山东省 CS – IN 计算。

三　分析结论与对策启示

本章构建了产业网络指标体系 V2，并利用这套指标对全国和山东省进行了示例分析，得到如下基本结论与启示。

第一，指标能够从关联层面对经济产业系统演化发展的规律进行揭示。总体上看，全国与山东省的多个指标的比较体现出我国区域经济产业结构的异质性。由于全国区域间或者省域间存在关联效应的吸收与溢出的复杂性交互影响作用，全国产业整体凝聚性中的密集度、产业关联个体指标的方差、产业层级树复杂性体现的产业链延伸效应等都强于山东省，而全国整体产业间的连通效应、中心效应和产业聚集效应水平等则弱于山东省。因此，国家和山东省两个层面的关联效应对比表明，我国不同区域经济板块的发展模式存在差异性和多样化特征，不同产业系统内部及外部相互影响有利于产业分工体系的深化。但在这个过程中，我国整体的产业聚集状态在稳定性上弱于经济结构相对单一的省域经济（如山东省），结构转换会给经济发展带来更大的波动效应。

第二，指标能够从关联层面对我国主导产业、区域基础经济结构、产业聚集状态、主产业集等进行较为清晰地描述。综合三个层面的产业网络指标分析发现，基础原材料、设备制造、建筑和生产服务业是国家和地区（如山东省）的关联结构强效应产业；轻工，教育、卫生和社会工作等公共部门是关联结构弱效应产业；而以石油化学、金属冶炼和压延加工为代表的基础产业，以交通、信息为代表的设备制造业，以电力、热力为代表的能源产业，以交通运输、仓储、邮政和金融为代表的生产性服务业是当前我国的主导产业。产业层级树描述的基础经济结构较明确地展现出我国以基础化学工业驱动金属冶炼和压延加工、石油加工，推动通用设备制造和信息设备制造，并进一步带动其他产业发展的深层交互感应机制，表明我国已处于工业化后期和信息化前期。纺织、非金属矿、信息服务、石油（山东省）等产业具有高聚类性，是我国产业集的主要构成产业。

第三，指标能够从关联层面对区域经济发展模式的优势与不足进行识别。一般来看，不同于全国产业层级树中信息制造、租赁和商务服务等具有强大的分支扩展作用，山东省产业层级树的成长更依赖于通用设备、石油加工、纺织等（主要的树枝节点），产业分工体系的深化能力与效应水平低于全国。从多个产业网络个体指标来看，山东省农业仍处于发展的弱势地位，个体聚集度、个体广度和个体深度同国家相比都处于全部产业靠后的位置，并脱离产业群岛，更不属于基础经济结构的主要构成产业。全国农业虽处于 EFS 中，但也缺乏向下游的延伸能力。山东省石油（S3）、非金属矿（S5）、金属制品（S15）等资源类产业聚集效应较强，而纺织业（S7）在 EFS 中处于重要支撑位置。国家和山东省自身发展受农业、传统产业、资源类行业的影响较强，而具有高产业中介度的金融业对山东省经济发展的制约依旧比较明显。

由此可见，我国在推进供给侧改革时，需注重促进产业间的关联结构效应和区域间的关联扩散效应发挥。一方面，需要优化生产和创新要素配置，"建链"、"补链"和"强链"并行，提升产业结构层级。针对我国（以及山东省等省份）农业处于明显相对关联弱势地位的现状，重点是"补链"，应着力于农产品品种、品质和品牌的改善，并可适当对农业下游产业进行补贴，优化农产品供给结构、供给关系与供给价格。同时，也可以以涉农工业和服务业为基点带动农业转型升级（如借助"互联网＋"创新农业生产结构和调整农业生产关系，实现三次产业深度融合发展）。对于高新技术产业、战略新兴产业，重点是"建链"，引导和激活全社会资源，以培育发展创新创业、科技金融、研究与试验发展等服务业为重点，构建产业强力的发展支撑和大纵深的需求领域，有力保障高新技术产业、战略新兴产业的经济渗透力与发展延伸力，提升对结构升级的高带动作用。对产能过剩、供需结构失调的部分资源类产业，应以"强链"为主，采用差异化的政府科技投入引导、更加严格的环保与能源政策约束和深层次的国有企业与市场机制改革等组合手段大力推动产业技术与产品升级。另一方面，在着重推动区域经济一体化的同时，我国也需要重点关注"一带一路"、京津冀经济区、长江经济带等经济板块间的战略协同性，特别是应破除制约区域间、产业间实体性技术扩散效应发挥的瓶颈，打破生产与创新要素特别是劳动力、人才和资本要素流动的空间与产业约束，推进国家整体性经济结构提质。而核心是围绕构建有效的创新激励机制、低公共成本的资源获取与转移方式和宽松的成长环境来提升企业和社会大众的创新动力和能力，促进产业技术不断创新与有效扩散。

总之，通过国家和山东省的比较进一步对这套指标的有效性和可行性进行了示例分析，基于产业网络的关联结构指标较清晰地呈现出产业关联效应的多层性与多维性特征，从较深层面上揭示我国经济产业发展的主要特点和规律，并可基于此进行有针对性的对策研究。在此基础上，根据具体应用的需要对产业网络指标体系进行丰富和完善，或者进一步结合系统综合评价方法，则能够为我国经济管理决策提供更具体有效、更具针对性的理论与方法支持。

第八节　产业网络指标特征及应用说明

上述示例的应用分析表明，产业网络指标具有经济理论根植性与强目的性、广泛性与灵活性和开放性等基本特征，在实际设计及应用中也有几点需要注意。

第一，产业网络指标体系需具有理论合理性，应用设计也应紧密围绕实际经济管理问题解决的需要。首先，经济基础意义清晰与应用目的明确。产业网络指标体系的设计基础是产业关联效应和产业关联结构特征，产业关联效应调控的核心是促进经济发展与增长和经济产业结构优化。产业关联结构特征是产业关联效应存在、发生与否及其效力强弱的内在决定因素。根据问题解决需要，采用网络描述问题，并且构造和优化网络。在结构特征科学研究的基础上，产业网络指标需要对这种内在决定因素进行形象描述和概括提炼，体现清晰明确的经济基础意义。其次，具有相对完整性和重要内含信息揭示能力。产业关联效应及内含结构特征包含的内容和类别具有动态性，是不断发展变化的（如新旧动能转换的提出、"四新"经济的出现等）。难以也没有必要对关联效应全部进行识别和完全准确界定，关联指标也很难绝对完整。因此在产业网络分析路径及针对具体问题的指标设计与应用的实践中应更注重重要内含结构信息的揭示。最后，具有系统性和层次性。产业网络指标是分析和解决现实问题的一种系统工具模型。需要基于关联结构特点并综合考虑指标数据类型而进行全部指标的构建及其体系的划分。从整体指标到个体指标，从状态代数数值界定指标到结构描述性指标，从总指标到分指标、子指标和指标属性，指标体系应当具有较为清晰的多层次性和多维度性。

第二，关联指标体系具有应用的广泛性、灵活性与开放性。首先，横向、纵向关联效应的比较分析及综合关联效应联合分析应用的广泛性。基于关联效应的结构基础特征分析，产业网络指标体系可以进行不同区域、不同时点上关联结构和效应差异的比较；也可进一步实现关联综合效应，如区域竞争优势、产业结构升级、产业技术扩散等方面理论与实证的综合分析。其次，指标应用的灵活性。由于是从不同效应结构特征出发进行指标设计，不同类型指标的侧重点不同。在实际应用中可基于一定标准选取和调整部分指标。如对区域产业集聚效应的分析可选取整体中心性指标，对增长效应的分析选取整体循环性指标，对主导产业扩散效应的分析选取产业个体指标等。根据不同研究需要，比如上述的区域经济发展动力探究、区域经济发展模式比较等，指标选取和构建将会有所差异。最后，产业网络指标体系自身具有开放性特征。产业网络指标本身并不是绝对完整或者不会发生改变的。由于自身具有的强目的性、广泛性和灵活性，更深入的经济理论与现象研究和实践应用将有利于各层次指标及各指标属性进一步的修正、调整和补充。

第六章 应用 I：经济发展竞争力区域比较分析

第一节 基本说明与研究设计

一 比较的对象

经济发展竞争力区域比较对象确定为粤苏鲁三省，这是基于三省经济发展的重要性、受关注度和内在差异性确定的。粤苏鲁三省在全国经济中具有重要地位和影响，三省经济总量位于全国前茅①，其产业经济竞争力在全国 31 个省区市中占据前三位，江苏、广东和山东综合经济竞争力 2008 ~ 2009 年也分列第三、第四和第七位（李建平等，2009），"十二五"中期和 2015 ~ 2016 年则达到第一、第二和第六位（李建平等，2014；李建平等，2017）。同时三省地处沿海，同属经济最强势的东部板块，分别是我国经济发达的三大经济圈（长三角、珠三角和环渤海）内的重要省份。粤苏鲁三省经济当前发展的强劲势头令人瞩目，其经济发展状况甚至能够决定未来中国经济的整体水平和发展趋势。虽然广东、江苏和山东经济总体实力都较强，但三省经济产业发展模式存在较大的差异性。从产业结构层面上看，广东、江苏三次产业的构成较优，而山东则长期表现出第一、第二产业占

① 根据国家统计局国民经济核算年度数据，2015 年广东、江苏和山东的地区 GDP 超 6 万亿元，分别为 72812.55 万亿元、70116.38 万亿元和 63002.33 万亿元，居全国前三位，增速分别为 7.38%、7.73% 和 6.02%，三省 GDP 合计占全国同期的 30%；广东、江苏和山东三省就业人数分别为 6219.31 万人、4758.5 万人和 6632.5 万人，合计占同期全国职工人数的 22.74%。

主导，资源、能源高消耗的经济产业系统的特征。关于三省整体经济产业发展情况的研究成果较多，如产业结构与需求结构、消费结构的相互影响关系，产业集群形成与优化和生产性服务业的比较优势等方面（张文玺，2011；陈海波、朱华丽、刘洁，2012；陈晓红等，2013；安虎森等，2015），多聚焦在宏观或产业组织层面上，而从产业关联角度对促进三省经济持续快速增长和确立本省发展优势的内在因素研究的成果较少。在这种情势下，从关联视角比较和研究三省经济发展模式和经验，以及各自的比较优势和成功因素，能更全面认知三省的产业关联现状，从较深层次上揭示三省经济与产业发展的主要特点，具有重要现实意义。

二 比较的内容

在产业关联的三个层面上进行区域竞争力比较分析：一是关联关系比较（产业网络的比较），即比较不同地区产业强关联关系的分布特点，主要通过不同地区产业网络的同构性和异构性的网络形态对比来实现；二是产业关联结构特征比较，即通过关联指标（包括投入产出关联强度指标和产业网络指标）比较分析不同地区产业关联结构的特征；三是产业关联效应比较，即基于关联指标数值和产业属性①进行关联效应分析。重点关注的是区域产业集聚效应和产业链延伸效应。产业强关联关系分布、产业关联结构特征和产业关联效应状态在实际比较分析中结合起来进行。

三 比较的方法

虽然比较分析的主体方法是产业网络的构建和产业网络指标的计算分析，但是经典投入产出关联基本模型得到了广泛的应用，尤其是产业关联效应强度系数在区域主导产业选择上成为重要基准。同时，如关联后向系数（产业影响力系数）实质描述了在最理想情况下特定产业后向拉动作用

---

① 产业属性涉及产业一般特征（如 GDP 比重、全行业盈利率、全行业资产周转率和全行业劳动资产比等）、地理分布特征（如区位、资源等）以及产业组织（如竞争结构、企业分布等）等多方面，在研究中主要结合最基本的产业属性，即其产业类别，如农业、采掘业、冶金业、制造业、流通服务业、生产服务业等。而基于产业网络的关联效应分析实质就是将关联结构特征与产业属性进行结合的分析，如基于产业网络研究农业、工业的中心性特征的差异。

的最大潜力。因此在特定情境下，关联效应强度系数是一种特殊性的关联结构特征的描述指标。而且在产业网络指标体系 V1 中，关联个体波及性也是基于网络结构对关联相应强度系数的修正。但在考虑波及效果时，衰减系数 α 的确定存在一定主观性，尚不完善，在这种情形下，采用原始的关联效应强度系数，并将其融入基于产业网络的关联研究体系中不仅具有理论合理性，而且具有现实的必要性。

2008 年金融危机来临前的 2002~2007 年，是 1997 年金融危机后中国经济发展周期的重要增长阶段，这一轮的中国经济高速增长同宏观及区域经济产业结构的深层变动具有密切关系。利用 2002 年和 2007 年广东、江苏和山东三省的投入产出数据，以投入产出模型进行产业关联强度分析，进一步重点应用产业网络模型对三省产业关联结构进行实证分析。在综合两个层面分析结果的基础上更全面认知了三省的产业关联现状，从较深层次上揭示了三省经济与产业发展的主要特点，有利于把握经济高速增长下产业关联关系与结构的基本形态特征与变化规律。这不仅对于粤苏鲁三省经济分析能够提供研究启示，也能够在后危机时期为我国经济新常态背景下改造传统动能、培育发展新动能、实现产业结构和经济结构调整提供理论参考和支持。

第二节 粤苏鲁关联效应强度比较

利用粤苏鲁三省 2002 年和 2007 年的投入产出表进行关联强度的比较分析。[①] 42 个产业部门依次编号 1~42，其中 1 号为第一产业农业，2~26 号为第二产业的工业和建筑业，27~42 号为第三产业。

---

① 2002 年国家统计局和粤苏鲁三省都发布了 42 个部门的投入产出表；2007 年国家投入产出表采用 42 个部门和 135 个部门两种分类方法，山东为 42 个部门的 I 级分类和 144 个部门的 II 级分类，江苏采用 135 个部门和 144 个部门分类，而广东则采用 42 个部门和 135 个部门分类进行编制。区域经济分析与比较所采用的产业部门分类不能过粗也不宜太细，此处以 42 个部门为基础对山东、江苏和广东的投入产出数据进行模型建立与分析。根据国民经济行业分类（GB/T 4754 - 2002）的说明进行产业部门合并，将 2007 年江苏投入产出表144 个部门调整为 42 个部门。

一　直接关联强度系数

1. 指标选取

第一，中间投入率。基本的投入平衡关系为总投入 = 中间投入 + 初始投入，其中中间投入是某产业对其他产业的中间产品或服务的消耗，初始投入（增加值）则包含了固定资产折旧、劳动者报酬、生产税净额和营业盈余等。产业中间投入占其总投入的比重表示为中间投入率，数量上为直接消耗系数的列和。中间投入率描述了产业的投入结构，实质是该部门的直接后向关联系数（李善同等，1998）。中间投入率高则说明对应产业对其他产业的整体依存性强，参与的社会化分工程度深，具有深加工性质。

第二，中间产出率。基本的产出平衡关系为总产出 = 中间使用 + 最终使用，其中中间使用是某产业产品或服务作为中间产品或服务被其他产业所使用或消耗，最终需求则包含了最终消费、资本形成和出口等方面。产业中间产出占其总产出的比重表示为中间产出率，数量上为直接分配系数的行和。中间产出率描述了产出结构，与中间投入率相对应，也是该部门的直接前向关联系数。中间产出率高说明对应产业对其他产业的支持性强，部门产品作为生产资料的性质较强，一般属于高生产性的基础类产业。

在具体分析时，为有效比较及实现产业分类，中间投入率（中间产出率）以相对值来表示，即原始中间投入率（中间产出率）除以整体中间投入率（中间产出率）的平均值。大于 1 则说明其高于社会平均水平，小于 1 则说明其低于社会平均水平。

2. 指标计算及分析

三省直接关联强度系数的计算结果如表 6 - 1 所示。三省农业呈现不同的变化规律，山东的中间投入率与中间产出率从 2002 年到 2007 年呈现出上升趋势，而江苏两系数以及广东的中间投入率呈现为减少趋势，山东 2002 年中间投入率低于粤、苏，2007 年反超，虽然广东农业的中间产出率也不断增加，但粤、苏的中间产出率一直低于山东。三省采掘业在直接关联上具有较大差异，无明显的规律性，除石油和天然气开采业（3 号）的中间投入率较低外，其他都高于社会平均水平。三省轻工业（6~10 号）的特点基本一致：中间投入率高，中间产出率低。值得注意的是，江苏、山东特别是山东的木材加工及家具制造业（9号）的中间产出率下降幅度较大，这和两省的相关产业产品更多用于最终需求有关。山东造纸印刷及文教体育用品制造业（10号）也不同于粤、苏，其中间产出率具有明显的上升趋势。粤、鲁冶金及工业原材料类产业（11～15号）直接关联强度都较高，苏、鲁非金属矿物制品业（13号）的中间产出率2002～2007年大幅下降，江苏的化学工业（12号）的中间产出率大幅上升。三省的主要设备制造业（11～21号）的后向直接关联普遍较强，而前向关联相对较弱，这与这些产业处于产业链较高端的位置有关，产品更多用于生产性投资。山东的仪器仪表及文化办公用机械制造业（20号）的中间产出率数值高，下降幅度也比较大。此外，粤、鲁的废品废料（22号）直接前向关联强度远超江苏。山东二次能源产业（23～25号）的前向关联系数明显高于苏、粤，并继续呈上升趋势。三省建筑业（26号）的后向直接关联性高，直接需求带动力强。服务业的直接关联强度总体上较低，但三省一些流通性行业，如批发和零售业（30号）、住宿和餐饮业（31号）、金融业（32号）、租赁和商务服务业（34号）、研究与试验发展业（35号）和综合技术服务业（36号）等新兴服务业也分布有较高的直接关联系数。

总体上看，三省制造业处于区域产业链条的末端，利用自身的技术进步和快速增长，对上游中间工业品供给部门的发展具有很强的直接引导和促进作用；三省流通业和生产性服务业则已成为区域主体产业链的重要构成产业，对工业的直接支持能力较强。此外，山东农业的供给结构和经济效益有一定的优化和提升的趋势，体现为同上下游产业的联系更趋紧密，特别是对下游轻工业关联特征的变化产生较大的影响。但山东能源产业较高的直接关联强度表明其对工业的长期增长依旧有一定潜在制约作用。

表6-1　三省中间投入率与中间产出率

部门编号	粤				苏				鲁			
	2002年中间投入率	2007年中间投入率	2002年中间产出率	2007年中间产出率	2002年中间投入率	2007年中间投入率	2002年中间产出率	2007年中间产出率	2002年中间投入率	2007年中间投入率	2002年中间产出率	2007年中间产出率
1	0.7247	0.6757	0.5214	0.9725	0.8044	0.6765	0.8494	0.5464	0.7192	0.7899	0.9327	1.3967

续表

部门编号	粤				苏				鲁			
	2002年中间投入率	2007年中间投入率	2002年中间产出率	2007年中间产出率	2002年中间投入率	2007年中间投入率	2002年中间产出率	2007年中间产出率	2002年中间投入率	2007年中间投入率	2002年中间产出率	2007年中间产出率
2	0.8846	0.0000	12.9973	0.0000	0.6650	0.8927	1.6116	2.6176	1.4842	1.0861	1.5664	1.0224
3	0.4716	0.5037	1.1250	2.5116	0.2410	0.8907	9.4859	9.2922	0.6468	0.9677	0.9483	1.1986
4	1.0468	1.0619	1.9489	5.9696	1.2446	1.0848	3.1306	10.0503	1.2992	1.1357	1.3099	1.0061
5	1.1631	1.2297	1.2290	1.7733	1.1084	1.1946	1.0740	2.0471	1.1500	0.8229	1.9323	1.4750
6	1.1684	1.2616	0.4668	0.5965	1.3115	1.2081	0.4351	0.4088	1.2212	1.2938	0.8829	0.4547
7	1.2295	1.2426	0.7815	1.1815	1.3259	1.3061	0.7214	0.2561	1.3673	1.3422	0.6804	0.8182
8	1.2249	1.1302	0.3419	0.3551	1.1340	1.2864	0.1876	0.4521	1.2321	1.2259	0.5538	0.6886
9	1.2269	1.3200	0.6095	0.5803	1.3173	1.3576	0.6064	0.2604	1.2588	1.0712	2.3849	0.8610
10	1.2138	1.3010	0.9507	0.9089	1.2744	1.2078	0.9670	0.7063	1.2418	1.3404	0.9320	1.0635
11	1.3470	1.5034	1.6171	1.5392	1.3823	1.3962	1.0336	0.1333	1.5560	1.5046	1.1822	1.2252
12	1.2192	1.2830	1.1256	1.3267	1.2518	1.2727	1.0611	2.9489	1.2132	1.2475	1.0979	1.0902
13	1.1497	1.2772	0.7939	0.9911	1.2509	1.2422	0.8830	0.1473	1.2156	1.1365	2.0426	0.7057
14	1.3367	1.4684	1.5519	1.8344	1.3695	1.3431	1.1799	2.2266	1.5387	1.4549	1.2861	1.2264
15	1.2336	1.3282	0.8233	1.2261	1.3237	1.3570	0.6160	0.1757	1.2985	1.2142	1.9970	1.2548
16	1.2309	1.3035	0.4646	0.7333	1.2896	1.2947	0.6487	0.6113	1.2919	1.2862	0.6984	0.6410
17	1.2498	1.3332	0.6355	0.7022	1.3018	1.2277	0.5163	0.2122	1.3997	1.0218	0.5554	0.7967
18	1.2887	1.3840	0.4455	0.7039	1.3250	1.2810	0.7176	0.2576	1.6786	1.3322	0.5501	0.6985
19	1.3567	1.4224	0.7471	0.9838	1.2967	1.2979	0.7213	0.3733	1.2894	1.4232	0.9688	0.9664
20	1.3295	1.3683	0.9378	0.9787	1.3607	1.2766	0.7048	0.3243	1.3416	1.0739	2.2188	1.3868
21	1.2658	1.2663	0.8013	0.5357	1.3530	1.2451	0.8198	0.5369	1.1530	1.1187	0.8806	0.6957
22	0.0000	0.7005	0.9367	2.3579	0.0000	0.1483	1.3806	0.6216	0.0000	1.0687	0.0000	4.9408
23	1.2033	1.1850	0.9191	1.3593	1.0232	1.2340	0.9675	0.6321	0.9509	1.0844	1.0680	1.8211
24	1.3807	1.4599	0.8480	1.7461	1.4198	1.2717	1.6651	0.4639	0.4323	1.1736	1.5551	1.5695
25	0.9217	0.7735	0.8885	1.0827	1.0108	0.8965	0.9007	0.4491	0.5804	1.2544	1.1411	2.0117
26	1.2148	1.2896	0.0329	0.0341	1.1668	1.2044	0.0054	0.0187	1.3010	1.1471	0.0293	0.0655
27	0.8942	0.9003	0.7806	0.9191	0.8919	0.8690	0.9367	0.6082	0.9170	1.0217	1.2361	0.9418
28	0.7238	0.8062	0.7438	0.8947	0.7615	0.8392	0.9136	0.5774	0.6304	0.7061	0.7567	1.1866

续表

部门编号	粤				苏				鲁			
	2002年中间投入率	2007年中间投入率	2002年中间产出率	2007年中间产出率	2002年中间投入率	2007年中间投入率	2002年中间产出率	2007年中间产出率	2002年中间投入率	2007年中间投入率	2002年中间产出率	2007年中间产出率
29	0.7449	0.7474	0.5900	0.4850	0.7216	0.7641	0.6733	0.3581	0.9199	0.7451	1.1706	0.6163
30	0.5393	0.4715	0.4887	0.5258	0.8158	0.3804	0.9621	0.3170	1.0982	0.7070	1.0443	0.5208
31	1.0750	1.0500	0.5204	0.4812	0.7216	1.0121	0.6632	0.4068	1.2277	0.9367	0.9506	0.7985
32	0.7772	0.6576	0.7168	0.9971	0.6627	0.4432	1.0109	0.5240	0.8032	0.4987	1.1454	1.0293
33	0.3354	0.3239	0.4022	0.4486	0.3963	0.3118	0.1066	0.1426	0.5935	0.1755	0.5113	0.4736
34	0.7750	0.8491	1.0080	1.2098	0.7149	1.1246	0.8427	0.4327	0.3158	0.9207	1.3438	0.5706
35	1.4613	0.9432	0.2963	1.0272	0.9966	0.7681	0.8140	0.5207	0.9222	0.9957	0.0364	1.2824
36	0.9730	0.9763	0.8158	0.8066	0.8432	1.0178	0.7836	0.5205	0.2906	0.3654	1.4462	1.0618
37	0.9277	0.5848	0.2103	0.1738	0.7697	0.7699	0.5822	0.1357	0.8383	0.7371	0.6379	0.6678
38	0.7016	0.7306	0.4084	0.5603	0.8493	0.8279	0.2909	0.2529	0.7013	0.7407	0.7886	0.5614
39	0.5183	0.4962	0.0259	0.0267	0.5876	0.5018	0.0147	0.0551	0.4015	0.4277	0.1954	0.1956
40	0.9004	0.9289	0.0550	0.0767	1.0110	0.9108	0.0060	0.0936	0.8506	0.9102	0.1422	0.2281
41	0.7987	0.7825	0.3857	0.3777	0.7484	0.7732	0.5069	0.2782	0.7187	0.8824	1.1302	0.7655
42	0.7718	0.6791	0.0112	0.0050	0.9558	0.5917	0.0023	0.0063	0.9098	0.6119	0.0695	0.0194

资料来源：依据《中国地区投入产出表（2007）》（国家统计局国民经济核算司，2011）计算。

二　完全关联强度系数

1. 指标选择

一是影响力系数。影响力系数又称为拉动力系数，是指某一产品部门增加一个单位最终产品时对国民经济各个部门所产生的生产需求波及程度。其数值大于 1 则说明该部门的影响力水平高于社会平均水平。其计算公式为

$$m_j = \frac{\sum_{i=1}^{n} \bar{l}_{ij}}{\frac{1}{n}\sum_{j=1}^{n}\sum_{i=1}^{n} \bar{l}_{ij}}$$ （式中 $\bar{l}_{ij}$ 为完全需要矩阵，即里昂惕夫逆矩阵的元素）。

二是感应度系数。感应度系数又称为推动力系数，是指其他各部门均增加一个单位产品时，一个部门由此受到的需求感应程度。其数值大于 1 则

说明该部门的感应度水平高于社会平均水平。其计算公式为 $n_i = \dfrac{\sum\limits_{j=1}^{n} \bar{l}_{ij}}{\dfrac{1}{n}\sum\limits_{i=1}^{n}\sum\limits_{j=1}^{n} \bar{l}_{ij}}$

（式中 $\bar{l}_{ij}$ 为完全需要矩阵，即里昂惕夫逆矩阵的元素）。[①]

2. 指标计算及分析

三省完全关联强度测量系数计算结果如表 6 - 2 所示。从三省比较来看，山东农业的影响力系数和感应度系数都最高，粤、苏较低。山东煤炭开采和洗选业（2 号）2002～2007 年的完全关联强度有降低趋势，但数值仍然明显高于粤、苏。三省石油和天然气开采业（3 号）的前向关联程度高，并且 2002～2007 年的数值继续上升，金属矿采选业（4 号）后向关联程度高，2002～2007 年数值降低。山东食品制造及烟草加工业（6 号）的感应度系数 2002～2007 年大幅度减小，但其两个系数仍然超过社会平均水平，且苏、鲁高于粤。三省轻工业中的纺织业（7 号）、造纸印刷及文教体育用品制造业（10 号）以及 12～19 号的冶金、工业材料和设备制造业的整体前向与后向完全关联程度都很高。山东交通运输设备制造业（17 号）的感应度 2002～2007 年有较大提高，而其通信设备、计算机及其他电子设备制造业（19 号）的前后向关联程度虽然得到提高，但还是落后于粤、苏，特别是广东的感应度数值超高，对经济的推动力很强。在服务业中，三省交通运输及仓储业（27 号）的感应度系数较高，房地产业（33 号）整体关联程度较低。山东 2007 年金融业（32 号）的感应度系数、租赁和商务服务业（34 号）的感应度与影响力系数、综合技术服务业（36 号）影响力系数都明显低于粤、苏，且不具有明显的上升趋势。

总体上看，三省的设备制造业和物流业的产业波及性明显都很强。特别是粤、苏的设备制造业和新兴服务业在区域经济中发挥着重要的直接与间接关联带动作用。而山东农业、食品等传统行业的关联波及性水平较其他两省高，表明山东在主导产业更替方面一定程度上落后于粤、苏。

[①] 虽然 Jones（1976）和刘起运（2002）对感应度系数都进行了改进，但基于里昂惕夫逆矩阵的感应度系数得到了较广泛的应用和实践检验，所以仍然采用最基本的感应度系数表达形式进行计算和分析。

表 6 - 2　三省影响力系数与感应度系数

部门编号	粤				苏				鲁			
	2002年影响力系数	2007年影响力系数	2002年感应度系数	2007年感应度系数	2002年影响力系数	2007年影响力系数	2002年感应度系数	2007年感应度系数	2002年影响力系数	2007年影响力系数	2002年感应度系数	2007年感应度系数
1	0.7569	0.7253	1.1078	1.0112	0.8177	0.7343	2.1620	1.6365	0.8055	0.8059	2.1656	1.7661
2	0.9405	0.3551	0.5585	0.7754	0.7828	0.9258	0.6523	0.9791	1.3293	1.0685	1.2718	1.5986
3	0.6482	0.6091	1.2273	1.8304	0.4908	0.9643	0.8503	1.7744	0.6764	0.9934	1.2364	1.5191
4	1.0071	0.9832	0.5630	1.0043	1.2787	1.0823	0.4151	0.8962	1.1899	1.0931	0.7052	0.9719
5	1.1142	1.1245	0.4401	0.4644	1.0750	1.1403	0.4353	0.5286	1.1185	0.8676	0.593	0.4705
6	0.9921	1.0093	0.8724	0.7789	1.1064	0.9707	0.9291	1.1970	1.0558	1.0651	3.7156	1.2569
7	1.1536	1.1276	0.9918	1.0382	1.2498	1.1845	1.6110	1.1759	1.2046	1.2196	1.1070	1.4006
8	1.1500	1.0441	0.7320	0.5854	1.1302	1.2235	0.4860	0.5938	1.1274	1.1915	0.6740	0.7593
9	1.1398	1.1935	0.6849	0.5799	1.2263	1.2222	0.5688	0.7520	1.1927	0.9843	0.7288	0.7468
10	1.1806	1.2352	1.8259	1.3541	1.1782	1.1168	1.2553	1.0034	1.1474	1.3290	1.0655	1.4247
11	0.9872	0.9990	1.5736	1.5989	0.9958	1.1811	0.8960	1.6111	1.2746	1.2819	1.3412	1.6495
12	1.1722	2.0016	3.9123	3.3108	1.2103	1.2138	4.9370	3.3848	1.1253	1.1773	2.9071	3.9844
13	1.1216	1.1322	0.6263	0.8139	1.1954	1.1666	0.7296	0.8800	1.1420	1.0625	1.1799	0.8679
14	1.2780	1.3888	1.3693	2.3227	1.3031	1.2830	2.5519	3.6748	1.4464	1.3881	1.3985	2.6469
15	1.2210	1.3306	1.1347	1.5831	1.3162	1.3432	0.9195	1.0181	1.3478	1.2422	0.9249	1.0366
16	1.2611	1.3542	0.7540	0.9409	1.3229	1.2895	1.6069	1.6226	1.3030	1.2979	1.4430	1.6301
17	1.2730	1.3916	0.9107	0.9164	1.3115	1.2405	0.9442	1.0786	1.3282	1.0481	0.7868	1.0822
18	1.3166	1.4402	0.9828	1.3656	1.3609	1.2851	1.0048	1.1427	1.5235	1.3545	0.6953	1.0773
19	1.4887	1.5960	2.8191	3.0804	1.3288	1.3049	1.8757	1.7005	1.2246	1.4844	0.9542	1.4165
20	1.4486	1.5098	0.9745	0.8364	1.3740	1.2872	0.5880	0.6785	1.2341	1.1151	0.5185	0.5727
21	1.2501	1.2665	0.9318	0.5054	1.3633	1.1700	0.8837	0.4869	1.1518	1.0984	0.6230	0.4966
22	0.3558	0.6922	0.4213	0.7984	0.3513	0.4083	0.5470	0.6380	0.3851	1.005	0.3851	0.5230
23	1.0904	0.9551	2.4644	2.1093	0.9125	1.1504	1.7477	2.1306	1.0116	1.0231	1.0776	2.0177
24	1.3079	1.4807	0.7477	1.4005	1.3074	1.1011	0.6602	0.4159	0.6531	1.0897	0.4118	0.3824
25	0.9422	0.7360	0.5092	0.4202	0.9591	0.9037	0.5447	0.3859	0.7360	1.0971	0.4323	0.4447
26	1.1821	1.2057	0.4303	0.4101	1.1824	1.1809	0.3663	0.4289	1.2719	1.1472	0.4759	0.4597
27	0.8756	0.8954	1.9193	1.1928	0.8834	0.8936	1.2509	1.4276	0.9457	1.0241	1.5697	1.5678

续表

部门编号	粤				苏				鲁			
	2002年影响力系数	2007年影响力系数	2002年感应度系数	2007年感应度系数	2002年影响力系数	2007年影响力系数	2002年感应度系数	2007年感应度系数	2002年影响力系数	2007年影响力系数	2002年感应度系数	2007年感应度系数
28	0.7222	0.8205	0.4021	0.3867	0.7445	0.8488	0.4002	0.3891	0.7511	0.7390	0.4428	0.3739
29	0.8180	0.8510	0.9622	0.6566	0.8428	0.8270	0.7275	0.5826	0.9178	0.8162	0.7009	0.5341
30	0.6207	0.6161	1.3570	0.8269	0.8018	0.5671	2.5264	1.0659	0.9351	0.7388	2.3516	0.9242
31	0.9431	0.8953	0.9290	0.6589	0.7414	0.9053	0.8505	0.7603	1.0346	0.8934	1.082	0.7829
32	0.7654	0.6505	1.1392	1.4935	0.7247	0.5825	1.2324	1.1234	0.8181	0.6170	1.1746	0.8790
33	0.5223	0.5302	0.7624	0.7289	0.5762	0.5373	0.4328	0.5303	0.7146	0.4482	0.7307	0.5735
34	0.7472	0.8837	1.5072	1.0209	0.7301	1.0770	0.5274	0.7476	0.5688	0.8769	0.8646	0.6371
35	1.2584	0.8777	0.4841	0.3717	0.8924	0.8572	0.9323	0.4144	0.8788	0.9966	0.3861	0.3611
36	0.9304	1.1330	0.3993	0.4244	0.8468	1.0038	0.4310	0.5344	0.5578	0.5697	0.4828	0.4317
37	0.9078	0.7061	0.4080	0.3832	0.7574	0.8262	0.4447	0.4146	0.8815	0.7910	0.5170	0.4366
38	0.7824	0.7883	0.5805	0.5200	0.8477	0.8737	0.4880	0.5836	0.8234	0.8095	0.5877	0.7016
39	0.6663	0.6727	0.3690	0.3650	0.7012	0.6504	0.3630	0.4012	0.5956	0.6023	0.4080	0.4013
40	0.9815	0.9876	0.3785	0.3753	1.0556	0.9676	0.3545	0.4070	0.9369	0.9598	0.4227	0.4335
41	0.8548	0.8592	0.4741	0.4028	0.8140	0.8057	0.5173	0.4454	0.7549	0.8882	1.0390	0.4114
42	0.8242	0.7453	0.3627	0.3572	0.9093	0.7031	0.3526	0.3578	0.8785	0.6988	0.4215	0.3475

资料来源：依据《中国地区投入产出表（2007）》（国家统计局国民经济核算司，2011）计算。

三　强度关键性产业

将三省各产业 2007 年的关联强度指标数值进行排序，并将各指标数值高于 1 的产业定为"准强度关键性产业"进行列示（见表 6 - 3）。

三省高中间投入率产业大多包含于高影响力系数产业集合内，而高中间产出率产业则与高感应度系数产业差异明显，说明后向关联中直接关联的影响作用强于前向关联。不同于粤、苏的石油和天然气开采业、金属矿采选业（3 号、4 号）具有前几位的强直接前向关联强度，山东的废品废料（22 号）、燃气生产和供应业（24 号）、水的生产和供应业（25 号）等直接前向关联性较高，而完全前向关联则相对较弱。

表6－3　三省准强度关键性产业分布

部门编号	粤				苏				鲁			
	中间投入率	中间产出率	影响力系数	感应度系数	中间投入率	中间产出率	影响力系数	感应度系数	中间投入率	中间产出率	影响力系数	感应度系数
1	11	4	19	12	11	4	15	14	11	22	19	12
2	14	3	20	19	9	3	19	12	14	25	14	14
3	24	22	24	14	15	12	16	23	19	23	18	23
4	19	14	18	23	14	2	20	3	7	24	10	1
5	18	5	17	3	7	14	18	19	10	5	16	11
6	20	24	14	11	19	5	14	1	18	1	11	16
7	17	11	16	15	16	—	17	16	6	20	15	2
8	15	23	15	32	8	—	8	11	16	35	7	27
9	9	12	21	24	18	—	9	27	25	15	8	3
10	16	15	10	18	20	—	12	6	12	14	12	10
11	10	34	26	10	12	—	7	7	8	11	26	19
12	26	7	12	27	24	—	11	18	15	3	20	7
13	12	25	9	7	21	—	26	32	24	28	21	6
14	13	35	36	34	13	—	21	17	26	12	25	17
15	21	—	13	1	23	—	13	30	13	10	4	18
16	6	—	7	4	17	—	23	15	4	36	24	15
17	7	—	5	—	6	—	5	10	21	32	2	—
18	5	—	8	—	10	—	10	—	2	2	6	—
19	23	—	6	—	26	—	24	—	23	4	13	—
20	8	—	—	—	5	—	4	—	20	—	17	—
21	4	—	—	—	34	—	34	—	9	—	27	—
22	31	—	—	—	4	—	36	—	22	—	23	—
23	—	—	—	—	36	—	—	—	17	—	22	—
24	—	—	—	—	31	—	—	—	27	—	—	—

资料来源：依据表6－1和表6－2分析。

在准强度关键性产业中界定排前十位的产业为强度关键性产业。中间投入率高于1的前十位产业为高加工性产业，中间产出率高于1的前十位产业为高生产性产业。由于产业关联的波及效应是通过完全关联体现的，取影响力系数或感应度系数排前十的产业共同作为高带动性产业，其后的影响力系数或感应度系数高于1的产业作为潜在高带动性产业。这些强度关键性产业的类型分布如表6－4所示。

表6－4 三省强度关键性产业类别及分布

类别	粤	苏	鲁
高加工性产业	9、11、14、15、16、17、18、19、20、24	7、8、9、11、14、15、16、18、19、20	6、7、10、11、12、14、16、18、19、25
高生产性产业	3、4、5、11、12、14、15、22、23、24	2、3、4、5、12、14	1、5、14、15、20、22、23、24、25、35
高带动性产业	3、10、11、12、14、15、16、17、18、19、20、21、23、24、32	1、3、6、8、9、11、12、14、15、16、17、18、19、20、23、27	1、2、3、7、8、10、11、12、14、15、16、18、19、23、27
潜在高带动性产业	1、4、5、6、7、8、9、13、26、27、34、36	4、5、7、10、13、21、24、26、30、32、34、36	4、6、13、17、20、21、22、24、25、26

资料来源：依据表6－1和表6－2分析。

苏、鲁的高加工性产业虽有一定相似性，但三省总体上的差异非常大，苏、鲁两省均有轻工、石化、设备制造和能源产业，而广东以设备制造为主体的重工业为主。高生产性产业三省共同的有5号、14号，江苏的数量较少，粤、鲁有一定的相似性。三省高带动性产业中共有3号、11号、12号、14~16号、18号、19号和23号，潜在高带动产业共有4号、13号和26号，主要都为石油化工类和设备制造业。山东处于第二梯队的潜在高带动性产业为工业，而粤、苏分布有第三产业的批发和零售业（30号）、金融业（32号）、租赁和商务服务业（34号）以及综合技术服务业（36号）等。

从关联强度的分析上综合来看，广东具有主导性质的产业主要有重工业和服务业；江苏主要为轻工业、重工业和服务业；山东为轻工业和重工业。此外，农业在山东处于特殊性关联位置，既是工业发展的有利基础，也对产业结构升级存在一定制约作用。

第三节 关联结构指标设计

区域经济产业的发展存在基本的不均衡规律。部分产业间形成复杂紧密的供给与需求关系，而另有部分产业与其他产业联系较少或者孤立于产业系统，缺乏同其他产业的发展互动。这种整体上产业系统的不均衡状态表现为产业网络的层级性或梯度性的结构差异。另外，处于复杂关联关系中的一些产业由于其网络位置不同或者关系结构的差异，对其他产业以及产业间关系的影响有不同表现。如果这个具有重要影响的产业极具活力并体现着强劲的上升势头，将强力带动区域内众多产业的发展；如果其陷入停滞甚至萎缩，也会严重阻碍其他区域内产业的发展。

据此原理和分析需要，产业层级差异和产业地位差异最能从关联结构层面体现区域间发展特征的差异，结构分析拟采用产业层级的产业网络指标和产业地位的产业网络指标。本章进一步通过产业分层、产业集聚的产业分工体系结构和结构关键性产业识别等方面分析三省经济发展竞争力的内在差异。

一　产业层级的产业网络指标

产业关联的层级特征显著体现于产业网络内部连通性的强弱上，选取核心子网层、中间性产业层、终端性产业层和产业孤岛层（同第五章的 SW2 指标）来区分网络连通性强弱的不同结构，描述产业关联的整体层级结构特征。

1. 核心子网层（产业群岛）

产业网络中具有双向可达路径的全部产业节点构成的子网络称为核心子网，它是整体网络连通性最强的结构，描述了区域经济中稳定性最强的关联结构层级，其中包含着对于产出增加具有重要意义的循环产业链以及区域产业集聚的产业分工体系的基本结构。①

---

① 由于核心子网的任意两个节点都存在双向可达路径，因此其中任意产业节点都位于一条或多条网络的回路上，这种回路称为循环产业链。顺产业网络的循环产业链方向，目标产业的产品成为其毗邻下游产业的重要投入，而下游产业产出又可沿这条链转化为更下游产业的投入，沿回路层层转化后，目标产业最初产出的产品又以某种物质形态成为其自身原料投入，这种循环因素是产业自身降低成本、提高效益的动力。从经济增长看，目标产业由投资或需求等因素引发的产出增加一般能够推动下游产业增加产出，这种作用也能够不断沿循环产业链传导下去而最终反馈回产业自身，从而成为新一轮产出增加的诱因。这种循环能够带来产出增长的乘数效应。因此，以循环产业链为支撑的产业核心子网络是区域经济绩效和经济增长能力的集中体现和重要源泉。另外，核心子网也刻画了区域产业集聚现象背后的产业链技术结构以及产业集群中的产业间垂直性、水平性的技术协同关系，区域产业集群的产业分工体系的骨架一般就是核心子网。

2. 产业孤岛层、终端性产业层和中间性产业层（产业半岛）

同任何产业都不具有可达路径的产业称为产业孤岛，这些产业在网络形式上表现为一些独立性散点。孤岛产业与其他所有产业都不存在强关联，其自身数量扩张并非通过技术扩张来实现，不仅对其他产业的带动性弱，而且可能会因吸收了过多资源而盲目扩张造成整体经济结构的失衡，并阻碍区域产业升级。此外，处于产业链终端不存在任何前向强关联下游产业的节点称为终端性产业，而同核心子网产业、终端性产业或者相互之间只存在单向路径的产业为中间性产业。中间性产业和终端性产业内一般分布着区域内自身发展不完善、对经济带动性不强或者高度依赖公共投资或政策支持而市场化程度较低的产业（如教育、文化及卫生等）。中间性产业、终端性产业和孤岛产业的集合分别构成对应的产业层级。

二　产业地位的产业网络指标

产业由于其关联结构差异会对其他产业和区域经济整体产生不同的作用，选择产业的中心度和产业的延伸度描述产业的地位特征，区分具有不同性质和地位的产业。

1. 产业的中心度

产业网络中的产业中心度[①]是指目标产业对其他产业或者产业间关联关系的影响和制约的能力或状态。它包含两个方面的含义：一是对其他产业的直接关联带动性；二是对其他产业间关联关系的间接制约性，可分别采用节点度数中心度（产业综合广度）和中间中心度（产业关系主导度）进行描述。

由第四章，度数中心度是产业节点所关联的边的数目，根据边的方向差异分为入度和出度，分别表示强拉动和推动的其他产业数量，以节点总度数（入度与出度之和）描述产业的总直接关联带动性；中间中心度则描述了目标产业位于其他产业捷径上的能力，以通过目标节点的其他产业节

[①] 中心性来自社会性产业网络分析，用于描述社会网络中特定节点产业的地位、关系面、交互沟通中的信息传递与控制能力等。网络中心性本质是节点在网络上的控制力，可应用中心性来评价产业基于网络结构的影响和作用。此指标源于产业个体特征的分析方法。（见第四章）

点间最短距离数目占关联节点间全部最短距离的比例来表示（Jackson，2008），刻画对其他产业的间接制约作用。具有高中心性的产业是具有主导性或瓶颈性特征的产业。[①]

　　2. 产业的延伸度

　　基础类产业一般处于产业链的较上游位置，为其他产业提供初级原料，这些初级原料随着产业链的延伸在下游获得进一步深加工，而高端类产业处于产业链的较下游位置且一般具有比较高的整体技术和附加值水平。基础类产业的产品是其他产业必需的投入品，是区域经济的支撑，甚至可以决定其他产业的发展水平。而随着产业链的不断延伸、生产的迂回程度的加深，总增加值水平获得提高，高端类产业则实质体现出区域分工及生产专业化的水平。产业延伸度（产业综合深度）用来描述目标产业作为基础类或者高端类产业特征的显著性，数值上以目标产业与其他全部强关联产业之间的最短可达路径之和表示。[②]

　　在关联结构意义上，具有高中心度的产业是区域的主导性或瓶颈性产业，具有高产业延伸度的产业是区域的基础类或者高端类产业[③]，需要结合产业的技术、经济效益等方面特点进行具体判断分析。

---

①　如果产业自身具有较强的上升性（如具有较高的需求收入弹性和供给弹性、较高的劳动生产率，能体现技术进步的发展方向等），则这个产业可能成为地区主导性产业。如果这个产业本身发展不足，在数量或者结构上不能满足下游产业的需要或者不能充分吸收上游产业的产品，则会成为经济发展的短板和瓶颈性产业。结构关键性产业的存在和发展对区域经济能够产生重要影响，主导性产业发展沿产业链引起的技术经济效应的传导与扩散能够对上下游产业供给需求关系与结构带来变革，而对经济具有高制约性的瓶颈性产业发展滞后性的消除也将能够促成更多产业稳定供需关系的形成。这些改变在产业网络上则体现为有更多产业节点趋于围绕中心产业搭建产业链，新的强支持性产业间关联边的建立与强依赖性产业间关联边的破除以及不连通节点之间关联桥的生成等，这些实质是产业结构升级的具体技术路径。

②　产业网络中两个产业节点间可能存在多条可达路径，一般来说，目标产业对近技术距离产业的成本与需求作用及所受到的近距离产业影响力要强于较远技术距离产业。而从企业战略角度考虑，由于产业网络体现区域现实的技术关联结构状况，基于成本与风险约束，企业向特定产业领域的最优扩张路径也必将是其所在产业到达目标产业的最短路径。因此，产业链的深度或者高度水平应以产业间最短路径的长度来描述，产业的延伸度以目标产业与其他所有可达节点的最短路径的和表示。

③　强度关键性产业的类型与结构关键性产业的类型具有相关性。强度的高加工性产业、高生产性产业和高带动性产业分别与结构的高端类产业、基础类产业和主导性或瓶颈性产业相对应，是分别从数量和产业链位置或结构两个不同角度刻画产业的同一种性质。

第四节　粤苏鲁关联基础结构比较

一　关联同构性与异构性

以 2007 年广东、江苏和山东的 42 个部门完全消耗系数为基础，分别构建三省的"组合并型"产业网络模型（CS – IN）。

对三省网络的边数进行统计，山东、江苏和广东 CS – IN 中分别包含的边数为 297 条、305 条和 208 条。其中苏、鲁网络共同边为 228 条，分别占两省网络总边数的 74.75% 和 76.77%；粤、鲁共同边为 143 条，占两省的 68.75% 和 48.15%；粤、苏共同边为 169 条，占两省的 81.25% 和 55.41%；三省网络的共同边则达到 139 条，分别占鲁、苏、粤三省总边数的 46.80%、45.57% 和 66.83%。

1994 年世界银行报告提出中国各省份产业的专业化程度不高，一体化程度不强，经济产业存在一定同构问题。一些学者也认为中国各省份产业结构比较相似（Young，2000），特别是地方产业结构的趋同现象严重（唐立国，2002）。而在国际投资和对外贸易强化了区域比较优势的情况下，相同的国际市场需求促使沿海地区的产业结构进一步趋同（贺灿飞等，2008）。从产业网络基本形态和边的分布数量来看，苏、鲁同边数目最大，这应当与苏、鲁的资源禀赋具有较高的相似性有关。广东网络中粤、苏同边的高比例也与两省较高的经济外向型程度紧密联系。因此在开放市场环境下，随着全球化和市场化对我国影响的加深，资源、区位优势相近的省份能够更加充分发挥自身的比较优势，其产业结构的相似性程度较高，三省经济发展就具有一些相同或相近的因素。

在构建的三省产业网络基础上，将三省产业网络的共同边提取出来组成三省同构性网络（见图 6 – 1）。三省产业网络在提取出共有边之后形成三省的异构性网络。从其直观包含的具体产业节点和边的分布情况可初步分析三省产业关联的异同点。

从三省同构性网络看，农业直接支持的产业主要为食品制造及烟草加工业（6 号）、住宿和餐饮业（31 号）；冶金业以及不同层次的设备制造业

（14～21 号）前后关联产业广泛，是三省经济中的重要主导和支撑力量；交通运输及仓储业（27 号）在整体网络中具有很强的结构推动与拉动作用，金融业（32 号）对其他产业也有极强的推动作用，发达的交通运输及仓储业与金融业是三省经济充满活力的基础。直观上不同于广东，苏、鲁两省异构性网络的边分布比较密集，两省的采掘业（2～5 号）和能源类产业（23～25 号）都具有非常广泛的关联产业，在两省中具有重要地位，而广东网络中上述产业的关联边则较少，整体与其他产业的关联性不强。在三省特别是广东的异构性网络中，批发和零售业及租赁和商务服务业（30 号、34 号）和金融业（32 号）在整个网络中明显处于较中心的位置，其关联影响能够直接和间接辐射产业网络中的大多数产业。

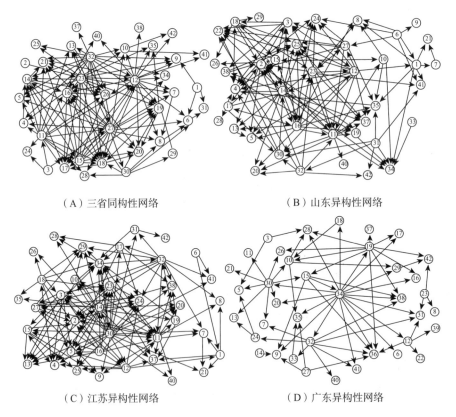

（A）三省同构性网络　　　　（B）山东异构性网络

（C）江苏异构性网络　　　　（D）广东异构性网络

图 6－1　三省产业网络

资料来源：依据《中国地区投入产出表（2007）》（国家统计局国民经济核算司，2011）数据计算构建。

二 产业完全纵深度

产业个体延伸性刻画了基础产业的产业链高度（产业处于上游产业的能力或状态）和高端产业的产业链深度（产业处于下游产业的能力或状态）。网络全部产业的产业综合延伸度的总和描述了区域经济的产业链总长度（产业完全纵深度）。边平均负载（产业完全纵深度/总边数）则体现了网络中每条边对产业链延伸的平均贡献力，在一定意义上能反映出区域经济整体的生产迂回程度与分工细化程度。

三省产业间捷径长度数值的数量分布如表6-5所示。数值1和数值2都为苏、鲁高，广东低。数值3和数值4为广东最高，江苏其次，山东最低，特别是粤、苏数值4远高于山东。数值5和数值6则为广东最高，山东其次，江苏最低，且这两种数值广东都远高于苏、鲁，而苏、鲁之间相差不大。整体上，广东的网络边的数量大幅低于苏、鲁，其产业完全纵深度虽低于江苏但高于山东。同时，边平均负载是广东最高，江苏居中，山东最低。依此看来，粤、苏产业间的关联更多是一种比较隐蔽的结构性间接影响，而山东则是更加依靠产业间的结构性直接影响。

表6-5 三省产业间捷径长度数值及产业完全纵深度

省份	数值1	数值2	数值3	数值4	数值5	数值6	产业完全纵深度	边平均负载
鲁	297 (0.405)	308 (0.420)	103 (0.141)	17 (0.023)	6 (0.008)	2 (0.003)	2660	8.96
苏	305 (0.399)	280 (0.366)	125 (0.164)	52 (0.068)	2 (0.003)	0 (0.000)	2916	9.56
粤	208 (0.324)	222 (0.346)	128 (0.200)	56 (0.087)	24 (0.037)	3 (0.005)	2796	13.44

注：表中为三省所具有的产业间捷径长度数值的数量（所占比例），产业完全纵深度则为全部产业的双向可达距离之和，即全部产业综合深度总和。

资料来源：依据以《中国地区投入产出表（2007）》（国家统计局国民经济核算司，2011）数据构建的 CS-IN 计算。

第五节 粤苏鲁关联整体特征比较

一 关联整体层级结构

分别对三省网络进行聚合，得到聚合型产业网络，然后分离出各网络层级。三省的产业群岛集合的核心子网层产业、产业半岛集合中间性产业、产业半岛集合终端性产业和产业孤岛集合产业的分布如表6-6～表6-9所示。[①] 从产业群岛到产业孤岛，网络的连通性不断减弱。

表6-6 三省产业群岛集合产业分布

| 省份 | 第一产业 | 第二产业 | | | 第三产业 | |
	农业	采掘业	轻工业	设备加工制造业与能源产业	流通性服务业	生产与生活性服务业
粤	—	3、4	—	11、12、14～19、23	27、30、32	34
苏	1	2、3、4	6、10	11、12、14～19、23	27、30、31、32	34
鲁	1	2、3、4	6	11、12、14～19、23	27、30、31、32	38

资料来源：依据以《中国地区投入产出表（2007）》（国家统计局国民经济核算司，2011）数据构建的 CS - IN 计算。

表6-7 三省产业半岛集合中间性产业分布

| 省份 | 第二产业 | | | | 第三产业 | |
	农业、轻工业	采掘业、冶金及原材料类工业	设备加工制造业	能源产业	流通性服务业	生产与生活性服务业
粤	1、7	2、10、13	—	24	29	33
苏	7	13	20	—	—	—
鲁	7	10、13	—	—	—	33

资料来源：依据以《中国地区投入产出表（2007）》（国家统计局国民经济核算司，2011）数据构建的 CS - IN 计算。

---

① 直接用关联个体结构指标进行比较。

表6-8 三省产业半岛集合终端性产业分布

省份	第二产业						第三产业		
	采掘业	轻工业	设备加工制造业	能源产业	废品废料业	建筑业	流通性服务业	生产与生活性服务业	居民或公益性服务业
粤	5	6、8、9	20、21	25	22	26	28、31	33、35~38	39~42
苏	5	8、9	21	24、25	—	26	28、29	35~38	40~42
鲁	5	8、9	20、21	24、25	22	26	28、29	34、35、37	40~42

资料来源：依据以《中国地区投入产出表（2007）》（国家统计局国民经济核算司，2011）数据构建的 CS-IN 计算。

表6-9 三省产业孤岛集合产业分布

省份	第二产业	第三产业
粤	—	—
苏	22	33、39
鲁	—	36、39

资料来源：依据以《中国地区投入产出表（2007）》（国家统计局国民经济核算司，2011）数据构建的 CS-IN 计算。

三省核心子网共有的14个产业分布于设备制造、二次能源的电力热力和流通性服务业。广东煤炭主要依赖于外省调入和国外进口，其采掘业中的煤炭开采和洗选业（2号）无供给链。广东重工业化程度高于鲁、苏，自身轻工业整体影响较小，因而轻工业（如食品加工业和制造业）下游的住宿和餐饮业（31号）和轻工业（如食品加工业、纺织业等）上游的农业（1号）等脱离于核心子网。广东核心子网的租赁和商务服务业（34号）的下游产业覆盖了广泛的工业和服务业部门，江苏也体现出对信息服务业、金融业和商业的强力支持作用，造纸印刷及文教体育用品制造业（10号）则由于受到租赁和商务服务业的强拉动作用进入了江苏核心子网之中。但是山东缺乏成熟稳定的商业服务需求链，生产服务业整体发展较为滞后。

广东的中间性产业包括燃气生产和供应业（24号）、信息传输、计算机服务和软件业（29号）和房地产业（33号），苏、鲁相关产业则为终端性产业或产业孤岛，这不仅体现出广东在能源利用上的特殊性，也表明在信息、房地产这样的热点产业上具有相对的发展优势。江苏和山东都存在产业孤岛，除教育（39号）比较正常外，江苏的废品废料（22号）没有如广东得到化学工业（12号），如山东得到多个采掘业及制造业（3号、15号）、交通运输及仓储业（27号）和金融业（32号）的后向关联支持。山东的综合技术服务业（36号）也没有如广东和江苏的通信设备、计算机及其他电子设备制造业（19号）、交通运输及仓储业（27号）和金融业（32号）的强力推动作用。即使山东存在房地产业→租赁和商务服务业，广东存在金融业→房地产业→研究与试验发展业的产业链，粤、鲁房地产业未如江苏一样成为孤岛，但其对建筑、冶金及原材料类产业和国民经济发展的整体拉动作用有限。

二 产业集聚分工体系

不同行业企业聚集的分工协作基础是产业关联结构，产业网络刻画了区域产业集聚的基本状况，其核心子网是这种产业分工和聚集体系的骨干。[①] 结合已有研究，以产业网络为基础将粤苏鲁三省产业聚集的产业链结构进行基本描述，这个产业链结构也是产业集群发展与企业扩张性战略（如联盟或垂直一体化）的重要基础路径。

据已有成果，江苏产业集聚主要表现为产业基地形式，主要有南通、无锡和常州的新材料产业基地，镇江的化工产业基地，泰兴、太仓的精细化工产业基地，南京、张家港、江阴的冶金产业基地，苏州、无锡的电子及精密器械产业基地等（马霞等，2009）。江苏产业集聚的主要产业链集中于产业网络的核心子网中［见图6-2（A）］。江苏产业集聚的核心产业是化工、机械设备制造和电子信息产业，其特点是依托地区丰富的自然矿产资源和便利的水陆运输条件，形成资源开采→冶金→加工→制造完整的产业链，并辅以流通性服务产业和能源产业的强力支持。

广东主要存在开发区（园区）和专业镇两种主要产业集聚形式，全省主要分布有以东莞、深圳和惠州为中心的电子及通信设备制造产业带，中

---

① 核心子网对产业集聚的描述有两层含义：一是从国家层面看，三省产业网络刻画了中国内部的地区产业集聚状况，如苏鲁三省是中国重要的重工业集聚区；二是从各省份层面看，网络刻画了省内的综合产业集聚状况，如江苏的产业基地和广东珠江两岸的产业集聚带的产业分布及关系等。

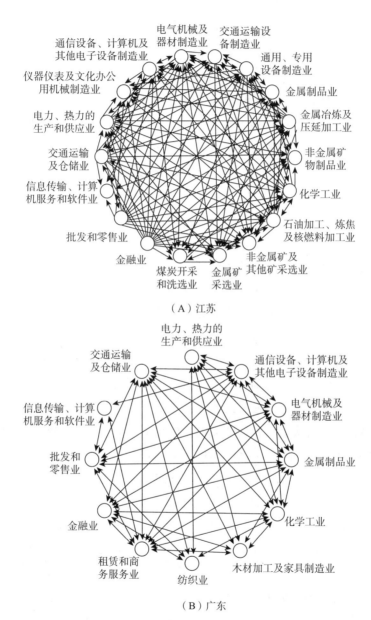

（A）江苏

（B）广东

图6-2　江苏省与广东省主要产业分工和集聚体系

资料来源：依据以《中国地区投入产出表（2007）》（国家统计局国民经济核算司，2011）数据构建的 CS-IN 计算构建。

部的广州、佛山的电气机械、钢铁、纺织、器材产业带和珠海、中山的电器、五金产业带（吕景春等，2006；陈建军等，2007）。在广东产业网络的核心网络中提取相关工业产业协作链，并连接上核心子网外围的支持性的中间产业共同构成一个产业群，整体描述了广东产业聚集带的产业分工与协作体系［见图6-2（B）］。电子电气、机械、纺织、家具等是广东集聚的核心产业。广东产业集聚特点是依托沿海地缘优势和良好的基础设施条件发展外向型的产业集聚模式。不同于江苏，广东在国际产业转移推动下，产业链以加工制造为主，并辅以配套的服务产业建设，电力工业、化学产业、物流业、金融业和商业不仅强力推动核心集聚产业发展，而且将各集聚带相对独立的产业链条融合协调起来，共同构成了广东省的经济产业基础。

不同于粤、苏两省，山东缺少在全国有重要影响的产业集聚模式或形式。但从区位特征来看，山东经济发展的优势在于海洋，蓝色经济是山东经济的根本，山东以"蓝色"为主题打造优势产业带。从产业技术经济关联现状出发提取的山东蓝色经济聚集带产业的分工体系如图6-3所示。目前来看，山东港口密度居全国之首，海洋运输业、港口物流经济是山东海洋经济发展的优先选择。胶东半岛整体的装备制造业和高新技术产业在全省水平最高，海洋化工、海洋船舶、海洋生物制药和海洋盐业等无疑是进一步要获得推动的优势产业。此外海洋渔业及滨海旅游业也需要深入促进。山东半岛蓝色经济集聚区发展的关键是以"海"带"陆"，辐射并能够拉动内地经济的强力发展，立足于由"陆"延伸入"海"的产业链进行建设。这是山东吸取粤、苏经验，立于山东实际进行产业发展战略规划的重要依据。

其中以交通运输设备制造业为主的高端制造业链条（金属矿采选业→金属冶炼及压延加工业→金属制品业→通用、专用设备制造业→交通运输设备制造业→交通运输及仓储业）是以船舶制造业为中心性产业的产业链。对船舶制造业来说，大企业更有利于形成技术装备优势和规模经济效应。山东可以通过市场经济手段并购中小企业，改组大企业，建立大型船舶制造集团，提高产业集中度和资源利用效率，从而能够沿产业链向下形成集中统一的物流配送渠道，向上增强对原材料和零部件产业的控制力。山东可以通过垂直一体化战略，将部分专有设备制造业企业并购进来以进一步提高企业专有设备的专业化水平和行业整体竞争力水平。

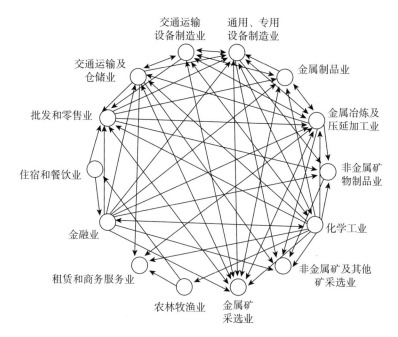

图6-3 山东省蓝色经济聚集带产业分工体系

资料来源：依据以《中国地区投入产出表（2007）》（国家统计局国民经济核算司，2011）数据构建的 CS-IN 计算构建。

三 产业集聚绩效分析

产业集聚绩效是对区域产业集聚的有效程度和发展状态的评估，是集聚效应的重要方面之一。以三省主要集聚产业分布的企业数量、产业增加值和产业内的企业平均增加值来表示集聚绩效。[①] 平均增加值越高则认为集聚绩效较高。在高绩效的前提下，高企业数量的产业更有利于发挥产业集聚效应；而在低绩效的前提下，高企业数量的产业则应进行一定程度的重组。

三省主要地区集聚性工业的企业数量及增加值如表6-10所示。山东采掘业整体绩效较低，煤炭开采和洗选业的企业数量远高于江苏，石油和天

---

① 特定产业的企业数量、产业增加值和产业内的企业平均增加值是产业属性，但与区域产业集聚分工体系（产业结构特征）相结合后，则转化为产业集聚绩效（关联效应）的评价分析。

然气开采业、金属矿采选业企业数量也高于粤、苏，黑色金属矿采选业企业平均贡献的增加值与广东基本持平。在食品制造及烟草加工业中，除烟草制品业外，山东企业数量仍然大幅高于粤、苏，而平均增加值也大幅低于广东，与江苏较为接近，烟草制品业平均增加值则与粤、苏差距都较大。山东石油加工、炼焦及核燃料加工业企业数量三省最高，平均增加值高于江苏并低于广东。山东轻工类的纺织服装鞋帽制造业和造纸及纸制品业较有集聚优势，印刷业和记录媒介的复制与粤、苏则有较大差距。化学工业的状况较为复杂，在化工原料及化学制品制造业和医药制造业上，山东依旧呈现企业数量大、平均增加值低的状况，化学纤维制造业分布的企业数量与平均增加值都不高，橡胶制品业则双高于粤、苏，塑料制品业企业数量低于粤、苏，平均增加值却较一致。山东黑色金属冶炼及压延加工业企业数量高于粤、苏，有色金属冶炼及压延加工业低于粤、苏，但两者的平均增加值较高，金属制品业和平均增加值与粤、苏差距都不大。山东通用、专用设备制造业的平均增加值高于粤、苏，企业数量也高于粤、苏，交通运输设备制造业企业数量高于广东，平均增加值与其也有较大差距，电气机械及器材制造业的平均增加值与粤、苏较一致，但企业数量较少。

表 6-10　三省主要集聚产业的工业企业数目与增加值

单位：家，亿元

主要地区集聚产业	粤			苏			鲁		
	企业数量	增加值	企业平均增加值	企业数量	增加值	企业平均增加值	企业数量	增加值	企业平均增加值
2 煤炭开采和洗选业	—	—	—	20	95.57	4.78	304	477.07	1.57
3 石油和天然气开采业	9	530.5	58.94	2	64.09	32.05	24	573.26	23.89
4-1 黑色金属矿采选业	70	24.74	0.35	26	19.14	0.74	229	83.62	0.37
4-2 有色金属矿采选业	50	36.81	0.74	3	2.49	0.83	126	73.83	0.59
6-1 农副食品加工业	799	253.42	0.32	1221	256.22	0.21	4507	1157.03	0.26
6-2 食品制造业	656	193.81	0.30	328	71.6	0.22	1252	291.15	0.23
6-3 饮料制造业	214	139.3	0.65	220	101.96	0.46	538	167.82	0.31
6-4 烟草制品业	7	174.35	24.91	5	214.58	42.92	13	92.17	7.09
7 纺织业	2494	397.17	0.16	6382	1061.43	0.17	3824	906.46	0.24

续表

主要地区集聚产业	粤			苏			鲁		
	企业数量	增加值	企业平均增加值	企业数量	增加值	企业平均增加值	企业数量	增加值	企业平均增加值
8-1 纺织服装鞋帽制造业	2897	414.93	0.14	2649	459.55	0.17	1420	254.04	0.18
8-2 皮革、毛皮、羽毛（绒）及其制品业	1494	288.06	0.19	504	98.13	0.19	543	145.18	0.27
10-1 造纸及纸制品业	1468	252.37	0.17	637	194.64	0.31	1010	329.91	0.33
10-2 印刷业和记录媒介的复制	1099	154.5	0.14	380	50.18	0.13	457	52.1	0.11
10-3 文教体育用品制造业	1037	210.53	0.20	653	81.49	0.12	403	69.2	0.17
11 石油加工、炼焦及核燃料加工业	95	280.22	2.95	144	144.36	1.00	274	428.22	1.56
12-1 化学原料及化学制品制造业	2119	835.08	0.39	3578	1252.58	0.35	3685	1189.33	0.32
12-2 医药制造业	334	152.94	0.46	504	210.75	0.42	666	223.92	0.34
12-3 化学纤维制造业	96	44.6	0.46	586	286.68	0.49	103	32.13	0.31
12-4 橡胶制品业	469	73.37	0.16	446	115.87	0.26	608	263.41	0.43
12-5 塑料制品业	3408	512.37	0.15	1623	243.36	0.15	1487	220.89	0.15
14-1 黑色金属冶炼及压延加工业	327	241.83	0.74	1104	1139.78	1.03	414	724.83	1.75
14-2 有色金属冶炼及压延加工业	675	335.7	0.50	935	371.81	0.40	365	392.70	1.08
15 金属制品业	3879	640.8	0.17	2494	505.98	0.20	1792	329.78	0.18
16-1 通用设备制造业	1485	271.78	0.18	4506	814.88	0.18	4300	820.22	0.19
16-2 专用设备制造业	1373	269.12	0.20	2049	387.27	0.19	1988	463.33	0.23
17 交通运输设备制造业	954	815.73	0.86	1722	603.07	0.35	1495	505.88	0.34
18 电气机械及器材制造业	4344	1525	0.35	2685	963.49	0.36	1627	570.58	0.35
19 通信设备、计算机及其他电子设备制造业	3649	2520.78	0.69	1814	1676.96	0.92	752	518.21	0.69

注：这里的各产业部门内企业性质以主营业务来确定，与投入产出表中基于纯产品部门的经济活动统计有一定差别，但不影响基本理论分析。其中"增加值"和"企业平均增加值"的单位为亿元。

资料来源：《山东统计年鉴（2008）》、《江苏统计年鉴（2008）》和《广东统计年鉴（2008）》（山东统计局等，2008；江苏统计局等，2008；广东统计局等，2008）。

对于企业数量较多但平均增加值较低的产业，如山东的煤炭开采和洗选、医药制造业和江苏的黑色金属冶炼及压延加工业等应当积极推动重组，增加企业规模和产业集中度，提高规模化水平和工业效率。对于平均增加值较高、企业数量不多却是地区的重要支柱性或者有潜力的产业，如山东的机械产业、电气机械及器材制造业等，则应当加强资金和人才的政策引导，鼓励行业进入，基于区域产业集聚的技术链进一步发展相关产业集聚子区（如山东半岛的高端制造业集聚区）。而对于分布在产业链上不均衡的重要上下游产业［如山东交通运输设备制造业（船舶制造）与通用、专用设备制造业，山东金属矿采选业与金属冶炼及压延加工业、设备制造业等］，且其中重要产业（山东的通用、专用设备制造业以及金属冶炼压延加工业）具有一定优势，并且优势产业的集中度较高，特定企业也有较大的规模和一定的资金及技术实力，在这种条件下，可以推动这样的企业沿产业链向上下游进行战略一体化的扩张，进一步通过产业链延伸来提升竞争力。

第六节　粤苏鲁关联个体特征比较

一　结构关键性产业

三省 42 个产业部门的产业综合广度、产业关系主导度和产业综合深度数值分布如表 6 - 11 所示。

表 6 - 11　三省产业关联个体指标

产业标号	粤			苏			鲁		
	产业综合广度	产业关系主导度	产业综合深度	产业综合广度	产业关系主导度	产业综合深度	产业综合广度	产业关系主导度	产业综合深度
1	3	0.000	3	9	0.422	169	11	0.678	137
2	1	0.000	108	16	0.435	107	27	1.954	84
3	6	0.000	148	19	0.358	103	19	0.476	99
4	6	0.163	166	15	0.090	118	16	0.029	118

产业标号	粤			苏			鲁		
	产业综合广度	产业关系主导度	产业综合深度	产业综合广度	产业关系主导度	产业综合深度	产业综合广度	产业关系主导度	产业综合深度
5	7	0.000	35	11	0.000	35	9	0.000	33
6	6	0.149	37	7	0.487	164	11	2.584	113
7	6	0.020	35	9	0.025	40	6	0.000	42
8	5	0.000	36	7	0.000	41	9	0.000	36
9	8	0.000	28	8	0.000	35	5	0.000	38
10	12	1.162	31	12	0.621	139	11	0.564	41
11	18	2.729	115	37	1.324	85	37	1.833	80
12	29	3.645	94	38	3.322	84	41	4.372	75
13	8	0.061	35	13	0.082	35	10	0.000	34
14	13	2.418	129	36	2.755	87	35	3.908	86
15	20	4.032	103	25	0.676	103	27	1.476	96
16	16	1.018	136	26	0.930	96	32	2.230	84
17	11	4.576	118	16	0.397	112	17	0.993	104
18	16	1.359	128	25	1.752	101	25	3.097	96
19	22	2.708	114	17	0.364	124	16	0.485	129
20	8	0.000	25	12	0.008	36	10	0.000	29
21	8	0.000	26	10	0.000	35	9	0.000	32
22	1	0.000	47	0	0.000	0	7	0.000	34
23	23	2.781	122	34	1.639	87	34	2.545	82
24	5	0.020	56	11	0.000	36	10	0.000	30
25	2	0.000	50	6	0.000	42	11	0.000	30
26	11	0.000	25	11	0.000	36	11	0.000	30
27	27	8.297	88	34	2.989	87	35	3.754	81
28	7	0.000	32	6	0.000	36	4	0.000	38
29	5	0.041	39	8	0.000	34	3	0.000	38
30	18	2.671	105	33	4.940	85	16	1.386	103

产业标号	粤			苏			鲁		
	产业综合广度	产业关系主导度	产业综合深度	产业综合广度	产业关系主导度	产业综合深度	产业综合广度	产业关系主导度	产业综合深度
31	6	0.000	40	7	3.731	153	8	2.146	132
32	26	2.519	102	32	4.886	88	25	1.999	123
33	2	0.010	61	0	0.000	0	1	0.000	1
34	21	5.779	93	17	10.085	100	10	0.000	32
35	7	0.000	33	5	0.000	47	10	0.000	30
36	6	0.000	29	12	0.000	31	0	0.000	0
37	2	0.000	38	7	0.000	36	6	0.000	37
38	3	0.000	3	7	4.000	39	11	0.678	137
39	1	0.000	108	0	0.000	0	27	1.954	84
40	6	0.000	148	4	0.000	45	19	0.476	99
41	6	0.163	166	5	0.000	41	16	0.029	118
42	7	0.000	35	3	0.000	44	9	0.000	33

注：表中产业关系主导度以 UCIENT 6.275 所计算的标准化数值来表示。这里各指标名称直接列示，而第八章指标名称则以代码表示。

资料来源：依据以《中国地区投入产出表（2007）》（国家统计局国民经济核算司，2011）数据构建的 CS-IN 计算。

　　依次对三省三个指标的样本数据进行显著性测试①，产业综合广度、产业关系主导度和产业综合深度的临界数值分别为 16、0.93 和 75。大于或者等于临界值的指标数值为高数值，小于临界值则为低数值。同时具有高产业综合广度和高产业关系主导度的产业为高控制度产业，产业综合广度和产业关系主导度其中只存在一高的产业为中控制度产业。对产业控制度和产业综合深度（延伸度）指标进行高低组合以实现产业分类和产业地位界定。从不均衡性考虑，全部组合中有 4 类产业组合对于区域经济具有重要影响，即"双高产业"（高控制度、高延伸度）、"中高产业"（中控制度、高延伸度）、"低高产业"（低控制度、高延伸度）和"高低产业"（高/中控

---

① 采用威弗组合指数进行区分。

制度、低延伸度），这些不同指标组合产业共同构成区域的结构关键性产业（见表6-12）。

表6-12 三省结构关键性产业分布

省份	双高产业	中高产业	低高产业	高低产业
粤	11、12、15、16、18、19、23、27、30、32、34	14、17、3、4	2	10
苏	11、12、14、16、18、23、27、30、32、34	2、3、15、17、19、31	1、4、10	—
鲁	2、11、12、14~18、23、27、30、32	3、4、19、6、31	1、38	—

资料来源：依据表6-5至表6-11分析。

"双高产业"是区域的主导性产业或强制约性产业、基础类产业或高端类产业。石油化工类产业（11号、12号）是三省的主导性基础类工业，电力、热力的生产和供应业（23号）是三省的强制约性基础类工业，而14~18号范围内的设备制造加工类重工业则是三省的主导性基础类或高端类产业。物流、金融与商业流通业（27号、30号和32号）是粤、苏两省的主导性基础类服务业，与之相反，由于山东商业流通业和金融业较不发达，两者成为山东的强制约性基础类产业。此外，租赁和商务服务业是粤、苏的主导性高端类产业，煤炭开采和洗选业是山东的强制约性基础类产业。

"中高产业"是有潜力成为"双高产业"的产业。通信设备、计算机及其他电子设备制造业（19号）是广东的"双高产业"和主导性高端类产业，却是苏、鲁的"中高产业"和重要的潜在主导性产业，石油和天然气开采业（3号）也可能成为两省高制约性基础类产业。对于苏、鲁两省，一方面需要努力通过自主和引进相结合的方式积极推进工业技术升级，提升能源利用效率；另一方面也需要积极培育新能源、新材料等新兴产业，进一步优化工业结构，提升工业竞争力水平。

"低高产业"是地区的潜在薄弱产业。三次产业中比重过高、关联绩效较低的农业成为苏、鲁两省的"低高产业"。而广东煤炭开采和洗选业作为"低高产业"，潜在受煤炭的价格、运输成本等供给因素波动性的影响会较大。广东传统上能源自供率较低，对外依存性较强，包括煤炭在内的能源某个供给环节受到阻碍，其也可能会进一步升级成为广东的强制约性产业，对经济整体发展带来一定负面影响。积极优化能源需求结构，降低煤炭消费比重，发展和利用新能源等都是广东消除潜在制约环节的可行路径。

"高低产业"是对其他产业构成一定影响但在经济整体中分量不足的产业。造纸印刷及文教体育用品制造业（10号）并非广东的支柱性或主导性产业，但可能对地区部分产业或者经济局部存在一定制约，是较为重要的辅助性产业，应获得精心培育，并发展到一定的产业规模。

二 产业综合关联特征

本书将三省主要产业类别的综合关联特征总结如表6-13所示。

表6-13 三省主要产业类别的综合关联特征

产业类别	产业综合关联特征		
	粤	苏	鲁
农业	网络中间产业、潜在高带动性产业	产业群岛产业，高生产性、高带动性产业	产业群岛产业、高生产性和高带动性的地区薄弱产业
采掘及冶金业	除煤炭开采和洗选业外，多为产业群岛产业；高带动性或潜在高带动性产业，煤炭开采和洗选业为薄弱产业；集聚绩效一般较高（除煤炭采选业外）	多为产业群岛产业；高生产性、高带动性或潜在高带动性产业（煤炭开采和洗选业除外），煤炭开采和洗选业为潜在高制约性基础类产业；集聚绩效一般较高（除黑色金属矿采选业外）	多为产业群岛产业；高带动性或潜在高带动性、高制约性基础类产业；集聚绩效一般较低
轻工业	网络中间或终端性产业，多为高加工性、高带动性或潜在高带动性产业（具体类别与苏、鲁差异大），集聚绩效一般较高	多为网络中间或终端性产业（食品制造及烟草加工和造纸印刷及文教体育用品制造业除外），多为高加工性、高带动性或潜在高带动性产业，集聚绩效一般较高	多为产业半岛中间或终端性产业（食品制造及烟草加工业除外），多为高加工性、高带动性或潜在高带动性、潜在主导性基础类产业，集聚绩效一般较高（除造纸印刷及文教体育用品制造业外）

续表

产业类别	产业综合关联特征		
	粤	苏	鲁
石油加工、化工类产业	产业群岛产业，高加工性、高生产性、高带动性、主导性基础类或高端类产业，集聚绩效一般较高	产业群岛产业，高加工性、高生产性、高带动性、主导性基础类或高端类产业，集聚绩效一般较高	产业群岛产业，高加工性、高带动性、主导性基础类或高端类产业，集聚绩效不均衡
机械、电子等设备制造业	产业群岛产业，一般是高加工性、高带动性、主导性高端类产业，集聚绩效较高	产业群岛产业，一般是高加工性、高带动性、主导性高端类产业，集聚绩效较高	产业群岛产业，一般是高加工性、高带动性或潜在高带动性、主导性或潜在主导性高端类产业，集聚规模较小
二次能源产业	多为半岛终端性产业（电力、热力的生产和供应业除外），高生产性、高加工性、高带动性、高制约性基础类产业	多为半岛终端性产业（电力、热力的生产和供应业除外），高带动性或潜在高带动性、高制约性基础类产业	多为半岛终端性产业（电力热力除外），高生产性、高加工性、高带动性或潜在高带动性、高制约性基础类产业
建筑业	半岛终端性产业，潜在高带动性产业	半岛终端性产业，潜在高带动性产业	半岛终端性产业，潜在高带动性产业
流通性服务业	多为产业群岛产业，金融业为高带动性产业，物流业为潜在高带动性产业	多为产业群岛产业，物流业为高带动性产业，商业为潜在高带动性产业	多为产业群岛产业，物流业为高带动性产业
生产性服务业	产业群岛、半岛中间和终端性产业都有分布，多为潜在高带动性产业	产业群岛、半岛终端性和孤岛产业都有分布，多为潜在高带动性产业	分布于半岛终端性和孤岛产业
生活及公益性服务业	半岛终端性产业	半岛终端性产业	一般为半岛终端性产业

资料来源：综合分析。

产业关联效应强度系数和基于产业网络的关联个体指标需要且能够互相结合与补充来共同描述出关联的性质，并实现基于关联差异的经济与管理现象的研究。本章采用经典投入产出方法中的中间投入率、中间产出率、影响力系数和感应度系数模型研究了三省产业的关联强度特征，从数量上识别和分析了三省的高加工性、高生产性、高带动性以及潜在高带动性产业；然后进一步采用产业网络模型研究了三省的关联结构，比较了三省的网络层级的产业分布、产业集聚的产业分工与支持体系和产业集聚绩效等，分析了同三省经济增长和发展联系紧密的高主导性产业、高制约性产业以及对区域经济具有深远意义和全局战略性的基础类产业、高端类产业。强度和结构两个层面上产业特征的描述具有较强的研究互补性。

第七节　研究结论

一　指标分析总结

本章将产业网络模型与基于产业网络的产业关联指标模型同基于 I-O 的关联效应强度系数以及三省经济相关研究成果有机结合起来对关联关系、关联结构特征和关联效应进行了全方位的验证及应用分析。产业网络及其延伸的关联指标具有良好的应用灵活性和有效性。分析结果有以下几点。

第一，基于产业网络的产业关联强关系的提取有效，本章能够分析三省产业结构的同构性和异构性的具体方面，不仅识别出三省竞争优势差异的主要结构因素，而且明确了进一步研究比较的重点。

第二，产业网络指标（产业网络个体指标）与基于 I-O 的关联效应强度系数的融合有效，本章能够较为清晰界定出三省不同产业在关联的"质"和"量"两个层面上的差异性及在区域经济发展中的特定作用。

第三，基于产业网络的产业关联效应评价分析有效，特别是对三省产业集聚的产业链协调优化效应、产业集聚绩效和特定产业的经济发展带动与制约效应进行了较为深入的研究，本章能够为地区关联效应的进一步优化提供可行思路。

二　对策启示

经以上产业关联的综合研究，可在理论与政策上得出如下启示。

第一，整体上，由于产业自身基本特性、我国国情及政策导向等多方面因素，包括粤苏鲁在内的众多地区在经济产业上具有一定的同构性。从产业网络边的分布来看，三省关联结构的相似性接近50%。而三省高带动性产业以及结构层级中核心子网的绝大多数产业类型分布也较一致。由此可见，在工业化的中后期，在信息产业发展的引导下，先进的制造业和高效的流通及生产性服务业是区域发展全面迈入信息经济过程中的重要基础性和支撑性因素，这是先进省份发展的成功点。提升产业技术创新与吸收能力，大力发展工业制造业，特别是深加工工业和信息产业，推进"两化"深度融合，对于我国工业化任务较为严峻的大多数省份提升产业结构高级化水平也具有深刻启示。

第二，苏、鲁的高加工性产业分布于轻工业、设备制造业和能源类产业中，广东则较集中于产业链高端的工业设备制造业，这在一定程度上解释了三省的产业结构高级化水平的差异。苏、鲁的高带动性和潜在高带动性产业包含了农业、轻工业、制造业、能源和物流业，而两省的高主导性产业也是以冶金、机械、化工、电气类制造工业为主。相对江苏，山东信息制造业的总量带动性与结构主导性的发挥还存在一定制约，仍需进一步加强。山东商贸、物流和金融等传统流通业和生产性服务业发展较薄弱，且对山东经济的整体制约性比较强。在以租赁和商业服务业、研究与试验发展业为代表的新兴服务业方面，山东同粤、苏相比在对经济的总量带动和结构支撑能力上也有不小的差距。补足第三产业的这些短板是山东推动产业升级的重点。山东一方面需要不断培育和提升这些生产性服务业对工业的支持能力；另一方面应基于工业整体效益提高的调控目标，引导和支持部分工业大企业将设计、物流、销售等职能进行分离，通过外购服务形式提高工业专业化生产能力和对生产性服务的需求水平，在推和拉两个方向上促进工业和服务业深度融合发展。农业是苏、鲁两省高带动性的基础类较薄弱产业，同时也是山东重要的高生产性产业，实际为两省其他产业发展提供大量初级原料，对经济发展的支撑性强，其经济分量也较重。山东应继续坚持"以工促农，以工带农"的农业调整与发展路线，同时支持农村电子商务、农村金融、农业科技服务业的发展，探索促进农业同现代服务业融合发展的新模式。煤炭开采和洗选业是广东的潜在高制约性产业和山东高依赖性的强度与结构双重关键性产业。此外山东对电力、热力的生产和供应业及燃气生产和供应业等能源产业的依赖性也较强。虽然能源已经不是粤、鲁两省发展的现实性制约因素，但随着新能源和新能源产业对能源供给与需求结构的影响不断增强，以及在能源安全、节能环保、碳排放等问题显现且已成为国际和国内热点议题的大背景下，能源变革对三省特别是山东产业结构的影响依旧需要给予更多的理论预见与政策关注。

第三，资源是一个地区发展不可或缺的重要条件，产业是资源的转化器，但如果产业结构与资源结构未能合理对接，资源优势反而会对经济造成负面影响，甚至成为经济发展的包袱，出现"资源诅咒"现象（邵帅、杨莉莉，2010）。煤炭对粤、鲁两省的潜在制约作用都非常大，区别是广东没有煤炭开采和洗选业，但当前煤炭需求能够依靠外部调入获得了较好的满足，而且新能源产业的发展态势也比较好，满足了支持经济高速发展的要求。而山东虽然煤炭、金属与非金属矿物资源丰富，但能源、资源利用效率和产业集聚效率比较低。虽然江苏资源禀赋条件与山东较为相似，但其能够有力促进资源丰富地区依托产业集聚效应实现持续、快速发展，从而将资源比较优势转化成为区域的真正竞争优势。另外，江苏的整体产业延伸度最高，广东单边的延伸度负载最高，表明深化产业分工体系、强化资源的深加工和高利用能力有利于提升区域的整体竞争力水平。同时，一些孤岛产业和结构弱关联产业虽然扩张优势明显（如苏、鲁的房地产业），但对其他产业的总量带动性不强，这在一定程度上影响了资源配置的合理性。而另外一些孤岛产业和结构弱关联产业（如山东研究与试验发展业、租赁和商务服务业等）则具有良好的发展前景和潜力，但相对粤、苏远没有成为区域内潜在高带动性产业，新兴幼稚产业尚处于发展阶段，这些产业的资源获取和投入的优先级水平应当得到有力的提升。三省中，山东的资源禀赋条件最好但未能高效发挥出其资源优势；生产资源相对较匮乏的广东省能够依托政策引导、市场拉动和丰富的产业组织形式实现了高速而高效的经济发展；江苏则成功将自然禀赋、区位等多方面的优势条件同灵活的产业组织和科学的发展政策有机结合起来，实现了地区竞争力的有力提升。对于山东来说，资源投入更应该综合考虑经济产业整体的数量带动性提高与技术结构优化，推动产业技术持续创新，扩展并强化优势产业链（如化学工业、涉海产业等向上游产业着眼的生产技术更新改造和向下游产业着眼的产品升级与优化），打破制约链（如促进农业效益与工业技术水平不断提升，加强新能源、新材料等新兴产业的培育等），并努力补足弱链（如重视和推动生产性服务业的发展提升等）。

　　第四，产业集群是提高区域经济活力，增加收入的重要产业组织形式。区域内企业分工协作的基础是产业集聚内在的产业分工体系，产业网络的特定子网络较为清晰地描述了这种分工体系的基本框架结构。广东产业集群内含的产业链虽相对江苏较短，但以电子信息、仪器仪表等高技术集群为主，且具有外向型的产业集聚模式，机制灵活，发展活力较强。江苏则依托丰富的有色金属、特种非金属等资源和位于"黄金水道"与"黄金海岸"交汇的独特区位优势，以特色产业集群和强大的县域经济为支撑，在整体上发展了横跨资源采选、纺织服装、冶金原材料、设备制造、区域物流等多门类的产业体系布局，并建立起相互之间有力协同、具有多层次特征的产业链配置模式。江苏比重较高的传统工业的改造和升级、部分资源型城市的产业结构转型等问题的解决将是其进一步提升竞争力的关键。山东产业集聚绩效不高，产业集群发展规模和层次都相对滞后。但从粤、苏两省借鉴经验，努力打造高技术、创新型产业集群，因地制宜发展特色产业集群，激发县域经济活力，以及培育与强化蓝色产业聚集带内较为清晰、已具雏形并有一定优势的海洋三次产业链等方面，都是山东提升农业、振兴工业和实现服务业跨越式发展的重要政策着力点。

　　总之，基于 2002 年和 2007 年投入产出数据的分析，粤苏鲁三省经济的成功因素与存在的问题同产业关联状况紧密相关，三省在经济高速增长的背后，其产业关联的强度和结构具有很大相似性，也都表现出自己的典型特点。在当前我国经济新常态下，区域提升产业竞争力，优化产业结构，以及对企业合理重组、技术更新改造和战略方向的投资与政策诱导等都需要考虑以经济技术关联为基础的产业链的培育、优化甚至再造，以探索一条适合本地区的可持续的经济发展路径。本研究成果应用并丰富了产业网络的理论和分析方法。在进一步积累更多个时点投入产出数据的基础上，可以将产业关联的强度与结构研究同经济增长、技术进步（如全要素生产率 TFP 的分析）等方面理论结合起来，进行动态性的定量研究，为我国经济发展提供更有针对性的理论和政策支持。

第七章 应用 II：产业群的区域比较分析

第一节 背景与问题

高技术产业是国民经济的战略性先导产业，对产业结构调整和经济增长方式转变发挥着重要作用，是当今世界综合国力竞争的制高点。自 20 世纪末中国国家高新技术产业化发展计划开始实施到"十二五"时期，高新技术产业已成为我国经济的强力增长点。随着 2012 年我国经济增速的逐渐放缓，2013 年 5 月李克强总理提出围绕"新四化"发展和提升服务业的重要思想，服务业无疑将成为引领我国转型发展的新引擎、新方向。高技术产业发展同服务业提升具有内在统一性。一方面，高技术产业需要一套支撑服务体系来保障科技创新快速高效转化；另一方面，知识资本、人力资本在服务业特别是现代服务业和新兴服务业中具有中心地位，创新和高新技术知识同样是服务业的发展驱动因素。在新形势下，基于大力发展高技术产业的长期规划，围绕把服务业打造成经济社会可持续发展的新引擎的战略目标，研究高技术产业同服务业的协同性、融合性和相互发展促进关系具有重要现实意义。

由现有理论成果，高技术产业同服务业的关系研究存在两种基本思路：一是将其置于技术进步、经济增长和服务业技术效率改变等问题复杂关系的大框架内进行综合性分析，如中国服务业增长和技术进步的相关研究等（姚战琪，2008；陈银娥、魏君英、廖宇航，2008）；二是对两者的交接重叠面或部分构成间的相互关系进行集中分析，如高科技型服务业的发展评价（吕维霞、赵亮，2010）、生产性服务业同制造业的关系研究（Park，

1999；江静、刘志彪、于明超，2007）等。这两种思路侧重点不同，无疑都为深层次把握高技术产业和服务业发展关联规律提供了多重视角的理论参照。但其在直接、清晰描述高技术产业和服务业间多层次、复杂性的关联互动关系上较为薄弱，难以为基于高技术产业驱动的服务业发展战略分析提供有针对性的有效支持。

第六章的应用研究表明，在经济总量、区位和资源等方面具有较强相似性的山东和江苏两省在区域竞争力和经济发展绩效方面存在的重大差距在某种意义上是由两个地区经济部门内在的关联特征差异决定的。区域经济产业结构的发展层次同代表最先进生产力的高技术产业和标志产业结构高级化水平的服务业两大内在驱动因素的深层互动和有机协调密切关联，因而山东和江苏整体关联差异也必然决定于高技术产业和服务业间的关联性态。在已有研究的基础上，基于 2007 年的投入产出数据从高技术产业和服务业构成的产业集特征上对鲁、苏进一步深入剖析和比较，能够为区域的竞争优势培育和经济发展战略分析提供理论和政策的有力支持。

第二节　鲁苏高技术产业与服务业基本状况比较

首先利用投入产出指标分别分析两省高技术产业和服务业基本状况。

一　基本投入产出指标

综合采用基于投入产出关系的增加值比例、中间投入率、初始投入的非工资率、中间使用率和最终使用的固定资产投资率分析高技术产业和服务业的基本状况。投入平衡关系为总投入＝中间投入＋初始投入，其中中间投入是某产业对其他产业的中间产品或服务的消耗，初始投入（增加值）包含了固定资产折旧、劳动者报酬、生产税净额和营业盈余等；产出平衡关系为总产出＝中间使用＋最终使用，其中中间使用是某产业产品或服务作为中间产品被其他产业使用，最终需求包含了最终消费、资本形成和出口等。各指标含义如下。

一是增加值比例，即部门增加值与全部经济产业部门增加值和的比值，描述特定部门的经济贡献能力。

二是中间投入率，即产业中间投入占其总投入的比重，描述特定部门对其他部门产品的整体依赖程度。

三是初始投入的非工资率，即剔除劳动者报酬的初始投入同全部初始投入的比值，描述特定部门一定时期内非人力的固定资产投入程度。

四是中间使用率，即产业中间产出占其总产出的比重，描述特定部门对其他部门的支持程度和其产品成为生产资料的程度。

五是最终使用的固定资产投资率，即固定资产形成总量同全部最终使用资产的比值，描述特定部门一定时期内形成其他部门固定资产的程度。

高技术产业采用上述五个指标，服务业采用增加值比例和中间使用率两个指标（服务业初始投入主要为简单劳动力和人力资本，最终使用去向主要为最终消费和形成无形资产，因此这里的服务业分析不考虑其投入结构和最终使用结构）。

二 数据处理与分析

采用国家统计局高技术产业统计分类目录并结合 2007 年山东、江苏 144 个部门投入产出表部门类别确定 14 个高新技术产业部门。对 144 个部门依次编号，高技术产业对应为 44～46 号、72 号、76 号、82～88 号、109 号和 110 号。服务业为其中的 99～108 号和 111～144 号，共 44 个部门〔已将计算机服务业（109 号）和软件业（110 号）归入高技术产业，服务业中不再包含，不影响研究结论〕。

1. 高技术产业基本状况

山东和江苏两省高技术产业基本状况如表7-1所示。

表 7-1　鲁苏高技术产业基本状况

单位：%

高技术产业（编号）	增加值比例		中间投入率		初始投入的非工资率		中间使用率		最终使用的固定资产投资率	
	山东	江苏	山东	江苏	山东	江苏	山东	江苏	山东	江苏
专用化学产品制造业（44）	2.56	0.69	73.46	81.56	96.79	54.86	61.75	84.74	0.00	0.00
日用化学产品制造业（45）	0.12	0.13	53.11	84.39	98.77	67.47	89.98	46.91	0.00	0.00

续表

高技术产业 （编号）	增加值比例		中间投入率		初始投入的 非工资率		中间使用率		最终使用的固 定资产投资率	
	山东	江苏	山东	江苏	山东	江苏	山东	江苏	山东	江苏
医药制造业（46）	1.24	0.84	74.19	68.50	86.92	76.76	62.36	41.88	0.00	0.00
其他专用设备制 造业（72）	0.55	0.72	74.16	75.99	93.63	53.66	41.07	20.00	99.99	84.46
其他交通运输设 备制造业（76）	0.82	0.41	23.81	75.04	99.58	52.68	12.80	37.38	91.79	53.73
通信设备制造业 （82）	0.26	0.44	82.77	79.34	91.83	62.30	17.44	28.79	65.33	52.72
雷达及广播设备 制造业（83）	0.03	0.09	75.20	75.49	81.08	67.52	22.38	19.06	13.03	16.78
电子计算机制造 业（84）	0.09	1.85	88.85	84.85	85.94	71.01	89.65	15.39	92.66	5.13
电子元器件制造 业（85）	0.64	4.12	84.23	71.43	74.27	63.69	90.90	51.12	68.67	0.00
家用视听设备制 造业（86）	0.07	0.29	94.27	82.73	75.02	65.12	39.87	7.75	66.77	1.25
其他电子设备制 造业（87）	0.07	0.18	74.96	83.71	82.72	55.30	42.99	21.55	94.65	94.36
仪器仪表制造业 （88）	0.31	0.56	68.18	73.77	93.70	62.14	78.20	55.65	99.82	53.72
计算机服务业 （109）	0.04	0.09	83.10	79.60	58.35	49.11	53.39	53.36	0.00	0.00
软件业（110）	0.12	0.21	78.40	64.67	55.99	46.41	3.84	16.42	99.99	84.30

资料来源：依据《中国地区投入产出表（2007）》（国家统计局国民经济核算司，2011）数据计算。

　　增加值比例山东除 44 号、46 号和 76 号外其他各部门均低于江苏，其中最为显著的是电子计算机制造业和电子元器件制造业。从经济发展贡献看，山东的专用化学产品制造业和医药制造业具有一定优势，但整体高技术产业相对江苏差距明显。鲁苏高技术产业中间投入率分布不具有单一趋势，地区具有高增加值率部门（如山东专用化学产品制造业和江苏电子计算机制造业）的中间投入率明显较低。山东初始投入的非工资率全面高于江苏。中间使用率除 44 号、76 号、82 号和 110 号外，最终使用的固定资产投资率除 83 号外，其他部门此两指标数值都为江苏低于山东。从以上五个指标在数值和整体产业中所处的位置看，江苏高技术产业发展的基本经济绩效大幅优于山东。山东较高的中间投入和中间产出表明高技术产业同其他部门整体通过产品投入产出关系具有更紧密的联系。但结合山东自身较高的固定资产投资率和初始投入的非工资率，山东高技术产业与江苏相比处于相对低级的发展阶段，具有高成本、高投入、低收益和依赖投资而非人力资本或知识资本驱动的粗放增长特征。

2. 服务业基本状况

山东和江苏两省服务业基本状况如表7-2所示。

表7-2 鲁苏服务业基本状况比较

单位：%

服务业（编号）	增加值比例		中间使用率		服务业（编号）	增加值比例		中间使用率	
	山东	江苏	山东	江苏		山东	江苏	山东	江苏
铁路运输业（99）	0.45	0.27	92.25	90.66	批发业（111）	2.61	5.71	39.29	48.17
道路运输业（100）	1.60	1.45	76.86	82.61	零售业（112）	2.68	2.81	42.47	56.95
城市公共交通业（101）	0.24	0.26	67.17	35.85	住宿业（113）	0.53	0.33	97.89	95.93
水上运输业（102）	0.90	1.13	60.87	70.02	餐饮业（114）	1.41	1.22	54.92	57.13
航空运输业（103）	0.08	0.05	87.06	82.95	银行业（115）	2.54	3.52	83.25	79.61
管道运输业（104）	0.00	0.06	99.44	55.68	证券业（116）	0.32	0.76	0.00	80.69
装卸搬运和其他运输服务业（105）	1.05	0.48	37.79	94.32	保险业（117）	0.10	0.22	96.45	71.73
仓储业（106）	0.11	0.09	57.46	80.36	其他金融活动（118）	0.00	0.04	0.00	83.11
邮政业（107）	0.10	0.11	93.45	88.73	房地产开发经营业（119）	0.98	1.60	43.28	14.12
电信和其他信息传输服务业（108）	1.25	1.41	63.70	68.10	物业管理业（120）	2.11	2.40	31.13	22.96

续表

服务业（编号）	增加值比例		中间使用率		服务业（编号）	增加值比例		中间使用率	
	山东	江苏	山东	江苏		山东	江苏	山东	江苏
房地产中介服务业（121）	0.12	0.14	0.00	22.47	居民服务业（133）	1.51	0.97	33.18	11.11
其他房地产活动（122）	0.45	0.21	0.00	23.01	其他服务业（134）	1.58	0.61	77.90	74.44
租赁业（123）	0.04	0.04	85.37	86.71	教育（135）	2.06	2.51	14.22	8.02
商务服务业（124）	1.70	1.16	37.5	72.68	卫生（136）	0.95	1.07	24.63	11.97
旅游业（125）	0.34	0.17	32.16	28.70	社会保障业（137）	0.28	0.02	0.00	35.12
研究与试验发展业（126）	0.08	0.33	98.63	62.91	社会福利业（138）	0.12	0.04	0.00	0.00
专业技术服务业（127）	0.53	0.45	89.77	77.18	新闻出版业（139）	0.16	0.09	45.86	55.33
科技交流和推广服务业（128）	0.12	0.10	64.46	72.64	广播、电视、电影和音像业（140）	0.04	0.18	32.69	43.13
地质勘查业（129）	0.03	0.03	0.00	17.75	文化艺术业（141）	0.03	0.07	0.00	16.89
水利管理业（130）	0.07	0.14	71.30	31.27	体育（142）	0.01	0.06	3.78	5.64
环境管理业（131）	0.04	0.13	97.90	29.79	娱乐业（143）	0.11	0.27	97.69	41.75
公共设施管理业（132）	0.09	0.19	7.03	4.15	公共管理和社会组织（144）	2.86	2.82	1.34	1.01

　　资料来源：依据《中国地区投入产出表（2007）》（国家统计局国民经济核算司，2011）数据计算。

　　山东传统服务业中的住宿业、餐饮业、居民服务业、社会保障业和社会福利业等增加值比例高于江苏，而批发业、零售业、教育、卫生的增加值比例则低于江苏；山东现代服务业中的物流（交通运输及仓储业等）、商务服务业、专业技术服务业、科技交流和推广服务业等高于江苏，而金融业、房地产业、研究与试验发展业则低于江苏；山东新兴服务业如文化艺术业、体育、娱乐业及广播、电视、电影和音像业等则全面落后于江苏。

虽然不同服务业中间使用率数值差异较大，不具有显著趋势，但除批发业和零售业为山东低于江苏，多数服务业为山东高于江苏，类似于高技术产业，山东服务业的低增加值比例伴随着高中间产出率。

第三节　鲁苏高技术产业与服务业关联强度比较

一　关联强度系数

采用直接关联系数和完全关联系数分别测量高技术产业和服务业间关联的直接性和完全性特征（关联强度系数在投入产出研究中极具争议，以下将采用已有成果中描述部门关联最广泛的消耗系数作为关联强度系数使用）。

一是直接关联系数，即直接消耗系数，目标产业总投入中其他特定产业直接中间投入的比重。

二是完全关联系数，即完全消耗系数，目标产业总投入中其他特定产业直接中间投入和全部间接投入的比重。

由于消耗系数是一种后向关联系数，分别将高技术产业和服务业作为下游部门，以关联系数分析其对上游部门的关联状况。

二　数据处理与分析

1. 高技术产业对服务业关联

高技术产业对服务业关联状况如表 7 - 3 所示。

表 7 - 3　鲁苏高技术产业对服务业关联状况

高技术产业		44	45	46	72	76	82	83	84	85	86	87	88	109	110
直接关联系数	山东	0.0702	0.1345	0.1517	0.0931	0.0152	0.0806	0.0774	0.0638	0.0692	0.1719	0.1221	0.1555	0.2252	0.2647
	江苏	0.0874	0.1993	0.1528	0.0983	0.0768	0.1032	0.1078	0.0869	0.0621	0.1068	0.1904	0.0956	0.3375	0.4253
完全关联系数	山东	0.2918	0.2773	0.3755	0.3155	0.0737	0.3356	0.2985	0.3546	0.3296	0.5434	0.3385	0.3387	0.4968	0.4792
	江苏	0.3435	0.4754	0.3512	0.3372	0.3121	0.3424	0.3330	0.3382	0.2715	0.3454	0.4370	0.3206	0.5920	0.6340

资料来源：依据《中国地区投入产出表（2007）》（国家统计局国民经济核算司，2011）数据计算。

　　直接关联系数除 85 号、86 号和 88 号外，山东其他高技术产业对服务业的直接带动性低于江苏。完全关联系数除 85 号、86 号和 88 号外，山东 46 号、84 号两个部门对服务业的完全带动性也超过江苏。总体来看，山东高技术产业对服务业的后向关联性明显弱于江苏，较低的直接关联水平表明服务业对高技术产业的生产服务支撑功能较弱，有限的间接支持需要通过传统工业部门的关联传递方式来实现。

　　2. 服务业对高技术产业关联

　　服务业对高技术产业关联状况如表 7 - 4 所示。

表 7 - 4　鲁苏服务业对高技术产业关联状况

服务业		99	100	101	102	103	104	105	106	107	108	111
直接关联系数	山东	0.0076	0.0011	0.0015	0.0009	0.0725	0.0000	0.0182	0.2314	0.0761	0.0082	0.0181
	江苏	0.0035	0.0044	0.0158	0.0035	0.1297	0.0218	0.0127	0.1103	0.0955	0.0601	0.0075
完全关联系数	山东	0.0812	0.0867	0.0739	0.0791	0.1454	0.0000	0.0657	0.4127	0.1227	0.0430	0.0720
	江苏	0.0399	0.0740	0.0840	0.0665	0.2528	0.1355	0.0985	0.1954	0.1939	0.1510	0.0453

服务业		112	113	114	115	116	117	118	119	120	121	122
直接关联系数	山东	0.0044	0.0154	0.0040	0.0262	0.0089	0.0549	0.0000	0.0064	0.0126	0.0140	0.0071
	江苏	0.0062	0.0250	0.0033	0.0100	0.0188	0.0211	0.0168	0.0142	0.0057	0.0086	0.0470
完全关联系数	山东	0.0516	0.0619	0.0484	0.0857	0.0509	0.2028	0.0000	0.0220	0.0211	0.0676	0.0430
	江苏	0.0374	0.1057	0.0452	0.0411	0.0772	0.1226	0.0692	0.0472	0.0189	0.0285	0.1562

服务业		123	124	125	126	127	128	129	130	131	132	133
直接关联系数	山东	0.0985	0.0670	0.0003	0.2009	0.0496	0.0515	0.1659	0.0394	0.0866	0.0590	0.0700
	江苏	0.0847	0.1302	0.0015	0.1427	0.1322	0.0977	0.0823	0.0310	0.0882	0.0294	0.0651
完全关联系数	山东	0.3003	0.2105	0.0316	0.3554	0.1176	0.1380	0.2744	0.0853	0.2006	0.1529	0.1518
	江苏	0.2350	0.3285	0.0622	0.2698	0.3164	0.2592	0.2428	0.1141	0.2111	0.0971	0.1349

服务业		134	135	136	137	138	139	140	141	142	143	144
直接关联系数	山东	0.0753	0.0304	0.4817	0.0059	0.0030	0.0859	0.2618	0.1215	0.0083	0.0166	0.0426
	江苏	0.1522	0.0246	0.3393	0.0099	0.0176	0.0444	0.0538	0.0213	0.0255	0.0154	0.0182
完全关联系数	山东	0.1770	0.0749	0.7141	0.0485	0.0455	0.1968	0.4170	0.2374	0.0804	0.0805	0.1033
	江苏	0.2914	0.0778	0.4705	0.0751	0.0922	0.1156	0.1312	0.0686	0.1245	0.0669	0.0771

资料来源：依据《中国地区投入产出表（2007）》（国家统计局国民经济核算司，2011）数据计算。

由直接关联系数，鲁苏不同性质服务业的比较呈现多样化特征，每一方各有半数左右的直接关联系数高于对方。山东物流业（99～106号）的铁路运输业、装卸搬运和其他运输服务业及仓储业对高技术产业的关联强于江苏，其他均相对较弱；山东商贸流通业的批发业和餐饮业强于江苏，零售业和住宿业则较低；除物流业之外的生产性服务业（115～128号）的情况较为复杂，金融业中的银行业和保险业、房地产业中的房地产中介服务业和物业管理业以及研究与试验发展业对高技术产业的关联较强；公共和居民服务业（129～144号）的趋势较为显著，除环境管理业等部门之外，山东大多高于江苏。由完全关联系数，100号、102号和112号这3个部门山东的关联强度通过间接关联超过江苏，江苏的135号超过山东，其他大多数鲁、苏服务部门对高技术产业的完全关联比较同直接关联一致。

第四节　鲁苏高技术产业与服务业关联结构比较

利用产业网络技术描述和比较两省高技术产业与服务业关联关系结构特征。

一　结构分析思路

结构分析主要包括两大步骤。

一是采用特定投入产出关联系数矩阵建立基础产业网络模型。产业网络在投入产出模型基础上通过提取强关系建立起有效的产业关联网络，完整描述区域产业间基本关系结构、产业聚集状况和产业集的基本分布。

二是基于基础模型针对高技术产业同服务业二元产业集的识别与模式特征的分析。这里提取并进行结构分析的产业集主要包括三类：一是基于垂直关联关系由高技术产业间联合的主干产业集；二是基于垂直关联关系由以高技术产业为中心、以服务业为外围构成的呈现中心－边缘形态的高技术产业－服务业产业集；三是基于水平关联关系的服务业大集群。第一类、第二类是重点，第三类则是第一类、第二类的衍生集群。

二 建模与比较分析

第一，基于直接消耗系数建立鲁、苏产业网络。高技术产业及其之间的关联、高技术产业及其同服务业的关联、服务业间的关联分别以粗实圈和边、粗虚圈和边、细虚圈和边来表示。大中型服务业集群在整体网络中以含"C"的粗虚圈代替表示。

第二，高技术产业主干产业集群。鲁、苏高技术产业同服务业主干产业集群如图7-1所示。鲁、苏高技术产业主干集群的85号产业都具有最高度数中心度，电子元器件制造在整个高技术产业和服务业体系中具有最核心地位。同时山东产业集中，44号和84号产业也具有高中心度，山东网实质是以85号、84号和44号三大产业为中心的子网络联结而成的。江苏网中除85号产业外，其他高技术产业不具有明显高于其他节点的中心度，但高技术产业节点之间及高技术节点同服务业节点间的路径和连通关系更为复杂，且"两业"界限的清晰性相对山东网明显降低。此外，山东集群中脱离主干网的节点为76号、86号，江苏网中为76号、46号，医药制造业和家用视听设备制造业在山东和江苏两省中相对对方省份发达，是具有区域主导作用的高技术产业。

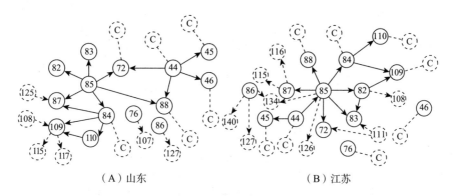

（A）山东　　　　　　　　（B）江苏

图7-1　山东省和江苏省高技术产业同服务业主干产业集群

资料来源：依据以《中国地区投入产出表（2007）》（国家统计局国民经济核算司，2011）数据构建的CS-IN计算构建。

　　第三，高技术产业主导的服务业集群。搜索网络中以高技术产业为中心的服务业大中集群（服务业数目高于3）。鲁、苏高技术产业与服务业的中心 - 边缘产业集群分别如图7 - 2、图7 - 3所示。服务业大中集群山东有6个，江苏有8个。双方共有的中心高技术产业为44号、45号、46号、84号和88号，山东特有的为72号，江苏特有的为76号、109号和110号。即使中心高技术产业相同的集群，其服务业构成和关系延伸方式也存在区别，如江苏以88号产业为中心的产业集群中后向关联的批发业，山东对应集群中则不存在，这同鲁、苏仪器仪表产业的产品流通方式存在差异相关。鲁、苏仪器仪表业关联带动的服务业数目最高。鲁、苏的计算机制造业，江苏的专用化学品制造业，江苏的计算机服务和软件业也主导着服务业形成关联关系纵横交错的高复杂性产业集群。

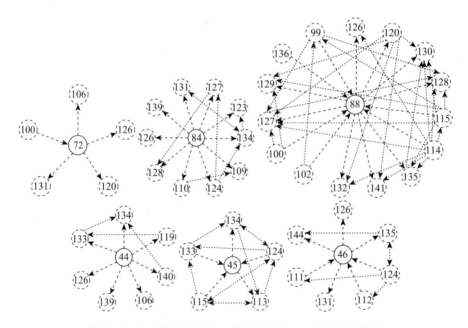

图7 - 2　山东高技术产业与服务业的中心 - 边缘产业集群

资料来源：依据以《中国地区投入产出表（2007）》（国家统计局国民经济核算司，2011）数据构建的 CS - IN 计算构建。

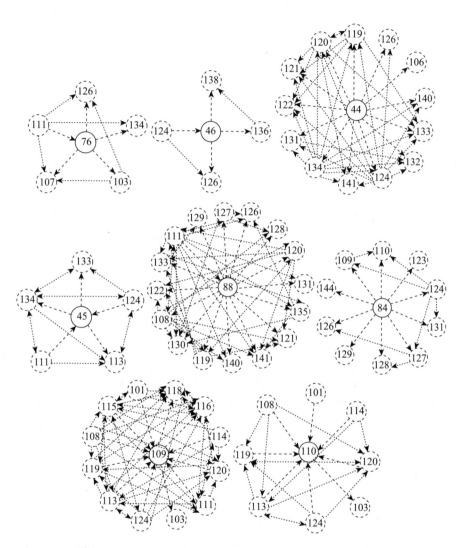

图 7 - 3　江苏高技术产业与服务业的中心 - 边缘产业集群

资料来源：依据《中国地区投入产出表（2007）》（国家统计局国民经济核算司，2011）数据构建的 CS - IN 计算构建。

第五节　结论与对策启示

一　基本结论

经综合比较分析，关于鲁、苏高技术产业与服务业产业集的关联互动性可得出如下基本结论。

第一，高技术产业和服务业的独立分析清晰表明山东"两业"均明显不及江苏。山东高技术产业增加值落后于江苏，而服务业在经济贡献上也与江苏整体存在较大差距。其他基本特征指标进一步印证了这种状况。山东多数高技术产业中间投入率和中间产出率高于江苏，初始投入以资本投入为主，最终需求主要为固定资产形成；江苏则相反，劳动力和人力资本的初始投入比重高，最终需求也以消费为主。鲁、苏多类服务业的表现不具有一致性。山东虽在住宿、餐饮、物流等传统服务业上具有特定优势，但教育、卫生不及江苏；虽在商务服务、专业技术服务等现代服务业上也体现出相对优势，但金融业、房地产业和研究与试验发展业与江苏相比具有巨大劣势；新兴服务业更是远远滞后于江苏。山东服务业类似于其高技术产业，具有高中间产出率，在量上对经济的整体支持力较强。但结合较低的经济增加值比例分析，高中间使用也意味着山东高技术产业和服务业具有高投入、低效率和物化资本投入比重高而人力和知识资本投入比重低的较低级产业发展阶段特征。

第二，以关联系数描述的高技术产业与服务业整体关联强度的分析表明鲁、苏在高技术产业和服务业发展上的差距显著体现于"两业"间的关联互动程度的差异性。山东高技术产业和服务业对于经济整体总量的带动性并不弱于江苏，但以关联强度体现的"两业"间的关联互动能力则明显不足。山东同江苏的完全关联系数的比较优于直接关联系数的比较，山东高技术产业和服务业对整体经济的共同驱动作用发挥的衔接性弱。由于"两业"关联互动性弱，高技术产业不能得到以人力资本和知识创造为标志的生产性服务业的有效支持，如研究与试验发展业对高技术企业技术创新的推动作用受到限制；高技术产业也不能充分发挥推动传统服务业升级的独特功效，如批发和零售等传统服务业由于缺乏互联网安全技术和信息化平台的支持而不能向电子商务运营进行成功转型。

第三，以产业网络描述的高技术产业与服务业的产业集结构特征分析表明鲁、苏高技术产业和服务业整体互动性差异在一定程度上决定于高技术产业－服务业链的性态差异。山东高技术产业链具有高中心性和小服务集群特征，而江苏高技术产业链具有高延伸性和大服务集群特征，这是鲁、苏高技术产业与服务业关联互动性差异的内在原因。山东高技术产业和服务业间界限清晰，江苏高技术产业同服务业则具有明显相互渗透和相互融合的发展趋势。以高技术产业为中心形成的服务集群不仅仅是高技术产业发展的良好支撑体系，也是带动服务业分工深化的重要作用方式，在服务业大集群的数量和复杂性上，江苏都明显领先于山东。

二　对策启示

首先，在新形势下，针对山东省服务业发展相对薄弱的现实，应在大力发展高技术产业的基础上，重点将服务业打造成经济社会可持续发展的新引擎，在产业组织层面上改善高技术产业同服务业的直接而紧密的融合发展关系。

第一，依托国家级和省级高新区提升高新技术产业创新发展能力，建设高新技术产业同现代服务业高效融合的聚集带。以高新区为载体探索高新技术产业与服务业融合发展新模式。如风险投资机构、民间资本通过股权投资等形式参与加速器建设运营，探索建立市场化运营模式的高技术产业共性技术研发服务机构；建立与完善科技企业加速器与孵化器对接机制，形成共同发展的生态系统模式等。

第二，结合当前战略新兴产业培育和传统产业转型的需求，调整高技术产业重点推进方向，带动相关领域的各类公共服务平台建设和专业服务机构壮大，促进高技术产业上下游服务业对接链条的纵向延伸与横向扩展。如加速建设战略新兴产业基地，打造高端的高技术产业－服务业集群；利用高技术改造传统产业，推动建设具有区域特色的高技术产业－服务业集群等。

第三，推动生产性服务业创新升级，进一步增强对高技术产业的服务支撑能力。如创新科技金融与互联网金融模式，为高技术产业领域和高成长企业群体提供金融要素支持；增强并发挥软件产业联盟提供高技术产业重点领域信息化解决方案的服务能力等。

第四，不断壮大科技服务业，健全与提升高技术产业的创新链绩效。如进一步完善以科技企业孵化器、大学科技园、生产力促进中心为核心的企业创业成长服务网络；探索服务机构和企业之间新型技术转移合作模式；鼓励发展研发服务外包、合同研发组织等；培育专业第三方研发机构；建立面向企业需求的专业科技培训机构等。

第五，积极培育新兴服务业态，为高技术产业发展拓展应用空间。如发展以海量资源存储和网络信任服务技术为支撑的开放式知识公共服务；发展基于融合网络技术的数字生活服务；发展以人为中心的智能感知、普适服务等技术突破为背景的第三方医疗与健康服务等。

其次，根据山东具体情况，选择薄弱性和关键性行业集中突破，形成一个人才密集、知识密集、附加值高、能耗低、支撑并服务于战略性新兴产业的高技术服务业体系。

一是电子商务服务。加快培育立足山东实体经济，集信息、交易、支付、物流、数据、信用、安全等服务于一体的自主电子商务平台，优势和特色行业、专业电子商务平台，大宗商品交易平台和网络零售平台。发展电子支付服务，第三方电子商务认证服务，信用调查、认证、评估等社会中介服务，面向电子商务的物流配送服务等。

二是信息技术服务。发展云计算、物联网、大数据、信息安全、软件和系统集成等信息技术服务，进一步增强承接软件和信息服务外包能力，着力培育山东国际知名的服务外包品牌。大力发展网络信息服务和三网融合业务，着力推进网络技术和业务创新，更积极培育基于移动互联网、云计算、物联网等新技术、新模式、新业态的信息服务。

三是生物技术服务。重点发展创新药物及产品的临床前研究和评价服务，形成具有特色的研发外包服务体系。积极提高长效蛋白重组、单克隆抗体、新型疫苗、海洋药物等现代生物技术的服务支持能力。加速生物技术成果在农业领域的应用。加快发展生物环保技术服务，开展生物信息技术服务的国际合作。

四是节能环保技术服务。着重提升环境保护监测、环境污染控制仪器仪表技术方面的研发服务支持能力，推动建立山东环保公共科技创新服务平台、环保科技装备创新服务平台等，培育具有全省行业引领作用的节能环保技术服务龙头企业，形成集聚发展模式。

五是技术交易服务。推动全省地市和县建立健全网上技术市场，积极完善技术难题同科技成果的对接服务。不断创新技术交易服务模式，由单项技术需求服务向系统集成（产品化）和工程总包服务模式转变，由提供交易平台向提供全过程、全链条、全要素服务转变。推进西部经济隆起带和省会城市群经济圈等重点区域和电子信息、新装备等关键领域的技术交易新发展；促进技术市场与金融市场、产权市场的衔接；不断推进技术市场的信息化建设等。

总之，从关联性上考虑，高技术产业和服务业的有机互动能够决定区域经济竞争优势和可持续发展能力。要建立健全高技术产业发展的服务支撑体系，释放并提高现代服务业生产力，培育新兴服务业态并完善高技术产业的服务链条；重视高技术产业和服务业发展中人的智力和创新力等能动因素作用的发挥，推动知识生产和创新管理，优化高技术产业和服务业的融合互动效应；促进以高技术产业为中心的服务业产业集聚协调与深度发展。

第八章　应用Ⅲ：产业结构演进分析

第一节　基本说明与分析意义

一　关联结构变动与产业结构升级

产业结构的演进是现代经济增长的本质特征，实现一个国家或地区产业结构的优化升级是产业结构理论与政策的出发点和归宿（刘志彪等，2009）。产业结构一般表现为产业之间的数量关系结构特征，而其内在则由产业的技术经济联系的方式——产业关联的性态决定。产业关联关系是在特定技术水平和产业分工的基础上形成的资源配置关系，产业结构则是技术进步推动下实现的资源配置状态，是一种综合的产业关联结构效应。产业结构升级实质是旧的资源要素配置关系的打破和新的配置关系的形成，而产业结构发展的级别状态越高，产业结构的资源转换效力也越强。因此，产业结构的核心是产业部门之间的关联关系，产业关联的性质能够从根本上决定产业结构的状况，产业结构优化升级的本质是基于产业之间技术经济关联关系深化和关联结构调整的关联效应的优化。

二　理论意义

一般来看，对产业结构升级水平进行分析和评价存在两种研究思路。一是选取参照结构进行比较分析，或者应用霍夫曼比例、库兹涅茨法则、钱纳里标准结构等模型进行比较研究，或者选取一个参照国家或地区进行对比。如刘伟（1995）以日本为参照的中国产业结构研究，洪银兴等

（2003）以中国多个省份互为对比的产业结构的相似性分析，陈家玮（2004）以韩国为参照的中国浙江产业结构演进水平类比研究等。这种思路侧重于对目标产业结构发展状态进行判定，而不把握产业结构多方位特征差异。二是强调通过构建产业结构的特征指标体系实现产业结构升级状况的综合评价。齐建国（1987）设计了基于产业结构的目的性和产业结构对内外部环境的适应性为原则的多层次指标；程如轩（2001）等建立了包含三次产业比例、霍夫曼指数、基础产业超前系数、新兴产业产值比重、智力技术密集型集约化程度、生态环保产业进程、产业水平满足率等八大指标的结构优化测度体系；马涛等（2004）在其基础上补充了信息产业比值指标，并进一步提出了环境可持续发展指标群、产业空间状况指标群、产业结构性关联指标群、产业组织评测指标群和人力资源利用指标群共同构成的复合结构测度体系；伦蕊（2005）则强调了产业链高度测量的重要性，研制了由基本指标层、分类指标层和权重指标层构成的立体型的工业结构高度化指标体系；徐仙英等（2016）则从合理化、高效化、高级化三个角度构建指标。产业结构指标分析无疑是研究结构变动与优化升级状况的重要而有效的方法，而已有成果也是衡量产业结构高级化状态的重要工具。但其多偏重产业结构一般特征的测度，对技术关联性质变化的内在结构特征的描述则较为薄弱。虽然也涉及产业链和产业关联性质等方面，但指标视角较为单一，不能从多维度刻画产业结构优化升级的关联特征差异，从而难以把握技术进步推动下的产业结构变动的内在机理和产业升级的实质状态。因此，基于产业关联视角设计并应用一套多层次的指标体系对决定结构升级的内在产业关联特征进行多角度分析具有重要理论意义。

三 实践意义

中国经济自 2002 年起重新进入经济周期的扩张阶段，直到 2008 年全球金融危机来临，即在 2002～2007 年保持了良好的发展势头。2002 年中国 GDP 为 120332.7 万亿元，2007 年则跃升至 265810.3 万亿元（国家统计局，2010：38）。一般情况下，当发展中国家进入经济增长的加速期时，其经济产业结构必然会出现不同程度的变化。比较分析中国 2002 年和 2007 年的产业关联状况，从基础关联关系变动研究及认识中国经济发展与结构升级的内在绩效和动力等方面规律具有重要实践意义。

第二节 产业结构升级的关联指标设计

产业结构是一种重要的关联效应，而产业结构的变动内在是产业关联性质的变化，产业结构状态必然与特定的产业关联特征相关。因此研究设计一套描述特定产业关联特征的指标体系能够实现对结构升级状况的分析。

一 产业结构升级原理

从产业关联上看，结构升级主要体现在技术进步推动的整体技术结构优化、产业链延伸性提高和产业影响力改变三个层次上。

第一，产业结构升级本质上源于技术的创新与进步。技术创新不仅能够提高生产效益和创新产品，而且能够改变生产要素的相对收益，间接影响生产要素在产业部门之间的合理转移，促进产业结构的有序发展。当少数产业部门出现技术创新后，会对其他部门产生强烈的拉动作用，并逐步发展成为国民经济新的增长点和创新中心。而且技术进步会以这些部门为中心向相关部门扩散，这一进程表现为经济增长机制强化的过程，实质是产业结构优化升级的过程。产业关联体现了产业综合技术水平状况和技术上的相互依赖关系，技术进步对于经济产业结构的影响也最先从关联性态的一系列积极变化上反映出来，并促进技术结构关系得到优化。

第二，产业结构升级直接表现为产业链延伸性的提高。现代产业分工体系的重要特征是通过间接资本品（生产资料）的生产来迂回生产其他生产资料和生活资料。以提升生产装备部门的深加工能力来提高生产效率，以扩展产业链来增加劳动附加值。这个产业分工深化和细化的过程是产业链不断延伸的过程，也是新产业不断孕育、兴起和发展的过程。产业结构升级的重要方向正是产业的高附加值、深加工化和新兴产业地位的提升。结构升级直接表现在产业链延伸性的提高上，而结构升级带来的产业链的横向与纵向扩展必然演化形成更为复杂的产业关联结构。

第三，产业结构升级最集中体现为产业影响力的改变。一般来看，产业结构的高级化以主导产业的转换为标志。产业结构演进是一个从劳动密集型产业到资本密集型产业再到技术（知识）密集型产业占优势，从低附加值产业到高附加值产业占优势，从低加工度产业到高加工度产业占优势，从农业、传统工业到现代服务业和信息产业占主导地位的发展过程。结构升级是产业之间地位的不均衡性改变和产业影响力此消彼长的结果，而特定产业对其他部门和国民经济整体影响的提升则决定于产业自身关联结构特征及其关联效应的发挥上。

因此，产业结构升级在以上三个层面的关联特征的变化上得到体现。采用产业关联指标描述这种关联特征，并对关联特征指标变化进行分析能够有效研究产业结构的变动和升级。

二　产业结构升级指标选择

指标设计原理与构成如图 8 - 1 所示。

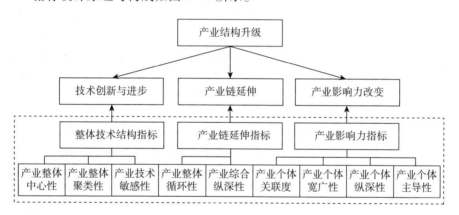

图 8 - 1　产业升级的关联指标

资料来源：作者研究得出。

其中采用产业整体中心性、产业整体聚类性和产业技术敏感性（M 矩阵）三个整体技术结构指标描述技术创新与进步引起的整体技术结构变动状况；采用产业整体循环性（包括整体产业强循环度和强循环产业集合）和产业综合纵深性两个产业链延伸关联指标描述产业链延伸性的变化；采用产业个体关联度（包含中间投入率、中间产出率、影响力系数和感应度系数）、产业个体宽广性（包含产业前向广度、产业后向广度和产业综合广度）、产业个体纵深性（包括产业前向深度、产业后向深度和产业综合深度）和产业个体主导性（产业关系主导度和产业流量主导度）四个个体关联指标描述产业影响力的变化。其中产业整体中心性、产业整体聚类性、产业整体循环性、产业完全纵深性（意义同第六章）、产业个体宽广性、产业个体纵深性和产业个体主导性是产业网络指标。产业技术敏感性和产业个体关联度的测度采用的是经典 I－O 模型。

以下将计算中国 2002 年和 2007 年的上述关联指标数值，并通过指标变动情况的分析来研究我国这一阶段产业结构优化升级的状态及特点。

第三节　数据来源与基本分析

一　数据来源

本章使用的基础数据是国家统计局发布的中国 2002 年和 2007 年的 42 个部门投入产出表。42 个部门依次编号 1～42，1 号为农业部门，2～26 号为工业和建筑业部门，27～42 号为服务业部门。为更有效考察两个时点的关联变动，首先采用 RAS 方法将 2007 年数据进行调整，共同以 2002 年、2007 年中国投入产出实际数据和 2007 年中国投入产出的 RAS 调整数据作为分析数据。2007 年的实际数据与调整数据之间的差异描述了纯技术变动的差异状况，2007 年的 RAS 调整数据分析在产业整体循环度和产业个体关联度的影响力系数与感应度系数分析中起到比照作用，在关联关系的变动分析中则用于分离同比例和不同比例的技术关联变动。

二　2002～2007 年中国经济基本状况

1. GDP 总量及增长率变化

我国 1979～2009 年 GDP（国家统计局，2010）及其增长率变化情况如图 8－2 和图 8－3 所示。

由图 8－2 可知，2002～2007 年中国 GDP 呈现一种加速增长的特点，图 8－3 则描绘出中国经济增长存在的明显的周期波动性特征。1999 年是一个增长周期的谷底，而 2002 年是增长率从低谷向上进行爬升的重要启动点，是新一轮经济增长周期的起点。

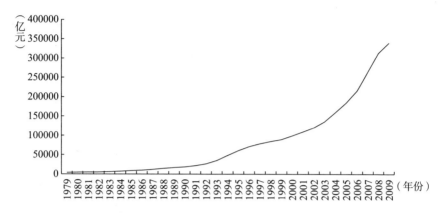

图 8 – 2　1990～2009 年中国 GDP 总量变化趋势

资料来源：《中国统计年鉴（2010）》（国家统计局编，2010）。

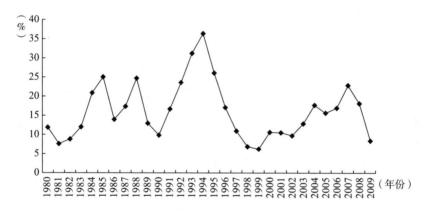

图 8 – 3　1990～2009 年中国 GDP 增长率变化趋势

资料来源：《中国统计年鉴（2010）》（国家统计局，2010）。

2. 2002 年与 2007 年部门增加值结构特征对比

2002 年、2007 年中国各经济部门的增加值比重如表 8 – 1 所示。

表 8 – 1　中国 2002 年与 2007 年各部门增加值比重分布

单位：%

部门	1	2	3	4	5	6	7	8	9	10	11	12	13	14
2002 年	13.6	1.9	1.9	0.5	0.6	3.7	1.8	1.3	0.9	1.9	0.9	4.8	1.6	3.1
2007 年	10.8	1.7	2.1	0.8	0.6	3.8	1.8	1.5	1	1.3	1.4	4.7	2.4	4.5
变动	-2.8	-0.2	0.2	0.3	0	0.1	0	0.2	0.1	-0.6	0.5	-0.1	0.8	1.4

部门	15	16	17	18	19	20	21	22	23	24	25	26	27	28
2002 年	1.2	3	2.1	1.4	2.2	0.4	0.5	0.7	3.3	0.1	0.2	5.4	5.6	0.2
2007 年	1.4	3.4	2.4	1.7	2.6	0.4	0.6	1.3	3.3	0.1	0.2	5.5	5.5	0.1
变动	0.2	0.4	0.3	0.3	0.4	0	0.1	0.6	0	0	0	0.1	-0.1	-0.1
部门	29	30	31	32	33	34	35	36	37	38	39	40	41	42
2002 年	2.5	7.6	2.4	3.8	4.4	1.4	0.3	0.3	1	2	3.2	1.7	0.7	4
2007 年	2.3	6.5	2.1	5	4.6	1.4	0.2	0.9	0.4	1.5	2.7	1.4	0.6	3.3
变动	-0.2	-1.1	-0.3	1.2	0.2	0	-0.1	0.6	-0.6	-0.5	-0.5	-0.3	-0.1	-0.7

资料来源:《中国投入产出表 (2002)》(国家统计局国民经济核算司,2006) 和《中国投入产出表 (2007)》(国家统计局国民经济核算司,2009)。

从增加值比重看,农业部门下降幅度最大达 2.8 个百分点。除煤炭开采和洗选业 (2 号)、造纸印刷及文教体育用品制造业 (10 号) 和化学工业 (12 号) 有所降低外,其他第二产业部门基本呈现较高的增长趋势。与之相反,第三产业除金融业 (32 号)、房地产业 (33 号) 和综合技术服务业 (36 号) 有所增加外,其他多数有一定程度的降低,降低幅度较大的主要为公共服务部门 (37~42 号)。

第四节 技术进步与整体技术结构变动分析

一 产业整体聚类性与产业整体中心性

分别以 2002 年实际数据、2007 年调整数据和 2007 年实际数据建立 02 实际网络、07 调整网络和 07 实际网络 3 个产业网络模型 (完全型 CS - IN),在其基础上计算的产业整体聚类性与产业整体中心性指标数值如表 8 - 2 所示 (同表 8 - 4、表 8 - 8 和表 8 - 9,各指标以第五章的指标对应代码标识)。

表 8 - 2 中国 2002 与 2007 年产业整体中心性与聚类性比较

时点网络	2002 年实际网络	2007 年调整网络	2007 年实际网络
W3.2	291	373	346
W2.2	15.170%	17.787%	11.898%

续表

时点网络	2002 年实际网络	2007 年调整网络	2007 年实际网络
W2.3	60.143%	62.760%	61.868%

资料来源：依据以《中国投入产出表（2002）》（国家统计局国民经济核算司，2006）和《中国投入产出表（2007）》（国家统计局国民经济核算司，2009）构建的 IN 计算。

2002～2007 年的基本变化特点是产业部门间的强关联数量的大幅度提高，分别增加了 28.18%（82/291）和 18.90%（55/291）。但在技术进步的作用下，需求点更加分散化（整体产业内中心度减小），供给点更加集中化（整体产业外中心度增加）。

二　关联关系的变动

为进一步深入研究整体产业链密度与整体中心性的具体变化，建立时期产业网络进行分析。02 实际网络到 07 实际网络的边的变动为全变动网络，02 实际网络到 07 调整网络边的变动为同比例变动网络，07 调整网络到 07 实际网络边的变动为非同比例变动网络，根据基础产业网络模型建立的时期变动网络如图 8－4～图 8－6 所示。

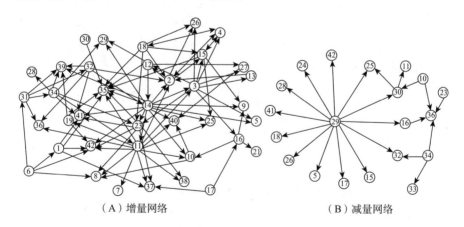

（A）增量网络　　　　　　　　　（B）减量网络

图 8－4　2002～2007 年中国全变动网络

资料来源：依据《中国投入产出表（2002）》（国家统计局国民经济核算司，2006）和《中国投入产出表（2007）》（国家统计局国民经济核算司，2009）数据计算构建。

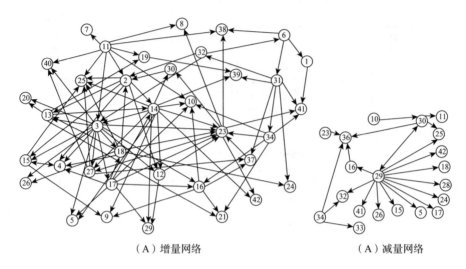

（A）增量网络　　　　　　　　　　　（A）减量网络

图 8 - 5　2002～2007 年中国同比例变动网络

资料来源：依据《中国投入产出表（2002）》（国家统计局国民经济核算司，2006）
和《中国投入产出表（2007）》（国家统计局国民经济核算司，2009）数据计算构建。

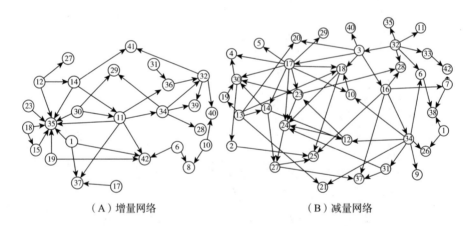

（A）增量网络　　　　　　　　　　　（B）减量网络

图 8 - 6　2002～2007 年中国非同比例变动网络

资料来源：依据《中国投入产出表（2002）》（国家统计局国民经济核算司，2006）
和《中国投入产出表（2007）》（国家统计局国民经济核算司，2009）数据计算构建。

　　三组变动网络的边数分布如表 8 - 3 所示，全变动和同比例变动网络的
边数远超减量网络，不同比例变动网络的增量边数则少于减量网络。这是
由于不同比例变动体现的是剔除价格因素的纯技术关联的变化，从而其关

联边发生的减少趋势与多数部门的生产技术进步具有密切关系。

表 8 - 3　中国时期变动网络的边数分布

时期变动网络	2002～2007 年全变动 网络	2002～2007 年同比例 变动网络	2002～2007 年不同比例 变动网络
增量网络边数	101	105	38
减量网络边数	46	23	65

资料来源：依据以《中国投入产出表（2002）》（国家统计局国民经济核算司，2006）和《中国投入产出表（2007）》（国家统计局国民经济核算司，2009）构建的 IN 计算。

　　全变动网络的增量边主要存在于第二产业内部，其次是第二产业和第三产业间，再次是第三产业内部；全变动网络的减量边在三次产业内部及第二、第三产业之间的分布较为平均，第二产业内部则较少。同比例变动网络的增量边也主要分布在第二产业内部，其次是第二、第三产业间，再次是第三产业内部和第三产业与第二产业之间；减量边主要分布于第三产业内部以及第三产业与第二产业之间。非同比例变动网络的增量网络边主要为第二产业到第三产业以及三次产业之间；而减量网络边最主要为第二产业内部，其次为第二、第三产业之间，三次产业内部则较少。从时期变动网络结构分析看，中国关联结构变化的突出特征是工业技术进步带来的第二产业纯技术关联性的降低和工业增长空间进一步释放体现出的部门间技术经济综合关联性的加强。同时，服务业也处于较好的发展状态，多数部门同工业及其内部的技术关联性提高。另外一个重要的关联结构变化特点是农业同第二、第三产业间的关联程度也得到显著加强，具体表现在农业与食品加工制造业后向关联以及与如研究与试验发展业（35 号），水利、环境和公共设施管理业（37 号）等前向技术关联增强和与建筑业（26 号）、居民服务和其他服务业（38 号）技术关联的降低上。但也需要注意，由图 8 - 4（B），2002～2007 年发生的关联明显削弱的部门是信息传输、计算机服务和软件业（29 号）和综合技术服务业（36 号）。而结合图 8 - 5（B）和图 8 - 6（B），上述对生产具有重要支持作用的生产性服务业同其他部门总体关联减弱与特定部门的生产要素间价格和需求的相对变化有关而非主要决定于技术因素。

三 产业技术敏感性

建立 2002 年与 2007 年的 M 矩阵，将 2007 年 M 矩阵行与列的部门按照 2002 年部门序列进行调整，分别以 2002 年 M 矩阵行与列的部门为 X 轴与 Y 轴坐标，M 矩阵元素数值为 Z 轴，2002 年和 2007 年中国产业 M 矩阵形成的梯度结构如图 8 - 7 所示。2002 年 M 矩阵在图中表现为有序递减的结构，而 2007 年关联结构虽整体表现出递减特征，但局部与 2002 年相比则出现明显的波动性。

在 M 矩阵中列与行各取序列前五位的部门为技术创新高敏感性部门，相互之间的关系为关联扩散的高制约性关联关系。2002 年的重要关联关系依次存在于纵向的 12 号、14 号、19 号、27 号和 30 号和横向的 19 号、20 号、18 号、17 号、15 号部门之间，2007 年重要关联关系则依次存在于纵向的 12 号、14 号、23 号、19 号、1 号和横向的 19 号、18 号、20 号、17 号、15 号部门间。横向部门变动较小，差异主要为 18 号和 20 号部门次序的相对变化。而纵向部门类别有较大改变，农业与电力、热力的生产和供应业

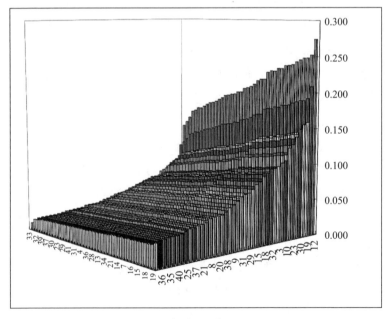

（A）2002年

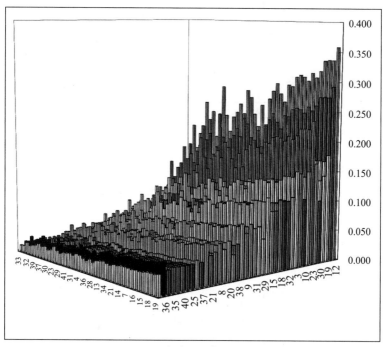

（B）2007年

图8-7　中国2002与2007年中国产业关联梯度结构比较

资料来源：依据《中国投入产出表（2002）》（国家统计局国民经济核算司，2006）
和《中国投入产出表（2007）》（国家统计局国民经济核算司，2009）数据计算构建。

部门的地位沿层级大幅上升，物流业地位下降。化学工业、金属治炼及压
延加工业等部门同金属制品业、电气机械及器材制造业、交通运输设备制
造业和仪器仪表及文化办公用机械制造业部门的关系则是2002～2007年的
关键关联因素，是推动中国工业技术进步和产业结构变革的重要力量。

第五节　产业链延伸性变动分析

一　产业整体循环性

以产业网络的完全关联子网络的节点数目和节点类型构成产业整体循
环性及对应循环结构（见表8-4）。

表 8 - 4　中国 2002 年与 2007 年产业整体循环性比较

时点网络	02 实际网络	07 调整网络	07 实际网络
W4.2	18	22	20
SW4.2	2 ~ 4、10 ~ 12、14 ~ 19、23、27、29、30、32、34	1 ~ 4、6、10 ~ 19、23、27、29 ~ 32、34	1 ~ 4、6、10 ~ 12、14 ~ 19、23、27、30 ~ 32、34

资料来源：依据以《中国投入产出表（2002）》（国家统计局国民经济核算司，2006）和《中国投入产出表（2007）》（国家统计局国民经济核算司，2009）构建的 IN 计算。

2007 年网络的 CS - IN 数目比 2002 年有所增加，调整网络与实际网络分别增加 4 个和 2 个点。从完全关联子网络构成节点类型看，07 调整网络增加的节点为 1 号、6 号、13 号、31 号，07 实际网络增加的节点为 1 号、6 号、31 号，减少的节点为 29 号。2007 年农林牧渔业（1 号）、食品制造及烟草加工业（6 号）与住宿和餐饮业（31 号）进入强循环产业集合，以农业为中心的产业链循环性的增强是六年间中国关联结构变动的一个重要特点。

二　产业完全纵深度

以 2002 年和 2007 年实际网络计算的 2002 年和 2007 年产业间捷径数值（所占比重）和产业综合纵深度数值如表 8 - 5 所示。

表 8 - 5　中国 2002 年与 2007 年产业间捷径数值及产业综合纵深度比较

年份	数值1	数值2	数值3	数值4	产业综合纵深度	边平均负载
2002	291（0.39）	341（0.46）	94（0.13）	14（0.02）	1315	4.52
2007	346（0.44）	311（0.40）	116（0.15）	10（0.01）	1359	3.93

资料来源：依据以《中国投入产出表（2002）》（国家统计局国民经济核算司，2006）和《中国投入产出表（2007）》（国家统计局国民经济核算司，2009）构建的 IN 计算。

两个时点的产业间捷径数值 1 和数值 2 所对应的路径数目最高，2007 年数值 2 的路径数与 2002 年相比有较大减少（减少 30），2007 年数值 3 对应的路径数目与 2002 年相比却有较大增长（增加 22），2007 年数值 2 对应减少的路径大都成为数值 3 的增加路径，这是产业延伸性提高的关键特征。而 2007 年数值 1 的路径数目的大幅提高（增加 55）和产业综合纵深度的相对增加（增加 44）也是 2007 年产业整体延伸度增强的重要表现。

第六节 产业影响力变动分析

一 产业关联效应强度

1. 中间投入率与中间产出率

中国 2002 年与 2007 年的产业中间投入率与中间产出率如表 8-6 所示。

表 8-6 中国 2002 年与 2007 年产业中间投入率与中间产出率比较

单位：%

部门	2002 年中间投入率	2007 年中间投入率	2002~2007 年中间投入率增加值	2002 年中间产出率	2007 年中间产出率	2002~2007 年中间产出率增加值
1	41.81	41.38	-0.42	57.17	70.24	13.07
2	43.15	54.08	10.93	80.57	99.73	19.15
3	28.88	40.26	11.38	123.57	159.03	35.46
4	56.95	64.82	7.87	122.73	162.12	39.39
5	53.47	60.78	7.31	97.13	104.42	7.29
6	68.94	75.64	6.70	42.35	52.79	10.44
7	75.22	80.49	5.27	71.88	71.41	-0.46
8	75.42	77.69	2.27	25.31	35.97	10.66
9	72.71	76.23	3.52	77.13	67.15	-9.97
10	66.34	76.18	9.84	83.87	88.67	4.80
11	82.80	82.20	-0.61	100.44	103.63	3.19
12	73.07	79.69	6.62	97.50	99.30	1.80
13	67.12	72.53	5.41	90.40	96.17	5.77
14	75.60	80.48	4.87	104.89	100.81	-4.08
15	76.33	79.18	2.85	83.17	78.19	-4.99
16	71.92	76.91	4.99	65.58	63.65	-1.93
17	73.78	80.52	6.74	63.14	56.42	-6.72
18	75.86	82.96	7.10	72.58	63.45	-9.13
19	78.98	83.47	4.49	71.75	70.99	-0.75
20	74.27	78.84	4.56	86.74	88.13	1.39

续表

部门	2002 年中间投入率	2007 年中间投入率	2002~2007 年中间投入率增加值	2002 年中间产出率	2007 年中间产出率	2002~2007 年中间产出率增加值
21	71.88	75.05	3.17	47.76	40.99	- 6.78
22	0.00	19.13	19.13	97.76	127.21	29.45
23	49.92	72.02	22.10	87.98	96.29	8.31
24	79.62	79.97	0.35	50.47	65.76	15.28
25	49.95	53.51	3.56	82.54	75.23	- 7.31
26	76.56	76.86	0.30	6.55	3.19	- 3.36
27	51.60	53.87	2.26	75.25	77.21	1.96
28	60.05	50.95	- 9.10	61.35	88.42	27.08
29	43.92	39.97	- 3.94	76.96	54.99	- 21.97
30	45.86	39.89	- 5.97	62.76	51.03	- 11.73
31	59.51	62.43	2.92	47.19	57.41	10.22
32	36.06	31.05	- 5.01	86.24	74.72	- 11.52
33	26.87	16.62	- 10.25	28.23	24.90	- 3.33
34	60.93	67.69	6.76	86.69	77.86	- 8.83
35	45.80	56.38	10.58	21.22	97.47	76.25
36	53.42	46.24	- 7.18	21.69	73.84	52.15
37	41.86	48.55	6.69	44.75	31.23	- 13.53
38	54.60	54.11	- 0.49	33.92	49.55	15.63
39	38.74	44.05	5.31	7.05	9.88	2.82
40	50.15	65.68	15.54	7.76	9.53	1.78
41	53.42	57.01	3.58	37.96	52.50	14.54
42	49.16	45.09	- 4.07	0.00	0.86	0.86

资料来源：依据《中国投入产出表（2002）》（国家统计局国民经济核算司，2006）和《中国投入产出表（2007）》（国家统计局国民经济核算司，2009）计算。

　　多数部门的直接后向关联度具有升高趋势，而发生降低的部门有农林牧渔业（1 号），石油加工、炼焦及核燃料加工业（11 号），邮政业（28 号），信息传输、计算机服务和软件业（29 号），批发和零售业（30 号），金融业（32 号），综合技术服务业（36 号）等。直接前向关联度大多数部门也表现为上升趋势。而发生降低的部门有纺织业（7 号），木材加工及家具制造业（9 号），金属冶炼及压延加工业（14 号），金属制品业（15 号），多种设备制造业（16～19 号、21 号），水的生产和供应业（25 号），建筑业（26 号），信息传输、计算机服务和软件业（29 号），批发和零售业（30 号），金融业（32 号），房地产业（33 号），租赁和商务服务业（34 号）以及水利、环境和公共设施管理业（37 号）等。

农业部门中间投入的降低和中间产出的升高说明其增加值水平提高并且对其他部门的支持性得到增强。多数工业部门（14～19 号）中间投入的升高和中间产出的降低体现了这些部门明显的技术进步特征，其位于产业链的高端性和深加工水平取得了较大程度的提高。

2. 影响力系数与感应度系数

中国 2002 年与 2007 年的产业影响力与感应度系数如表 8 - 7 所示，其中 2007 年调整数据的计算值以 A 标识，2007 年实际数据的计算值以 B 标识，全部系数数值以降序进行排列。

表 8 - 7　中国 2002 年与 2007 年影响力与感应度系数比较

次序	部门	2002 年影响力系数	部门	2007 年影响力系数 A	部门	2007 年影响力系数 B	部门	2002 年感应度系数	部门	2007 年感应度系数 A	部门	2007 年感应度系数 B
1	19	1.3954	19	1.4272	19	1.4235	3	2.1537	3	2.6224	3	2.5637
2	20	1.2846	17	1.3166	18	1.3353	4	2.1403	4	2.4493	4	2.4625
3	18	1.2608	18	1.3128	20	1.3344	22	1.6956	22	1.8564	22	1.8423
4	17	1.2583	20	1.3103	17	1.3300	14	1.4679	2	1.5923	2	1.6241
5	15	1.2446	15	1.2385	15	1.2583	11	1.4597	11	1.4779	23	1.5339
6	8	1.2304	12	1.2282	16	1.2436	12	1.4202	23	1.4062	11	1.4558
7	16	1.2083	16	1.2275	12	1.2244	2	1.3471	12	1.3302	12	1.3310
8	26	1.2011	8	1.2250	8	1.2149	23	1.3463	14	1.2886	14	1.2664
9	7	1.1981	7	1.2247	7	1.2141	5	1.1948	5	1.2080	5	1.2519
10	12	1.1749	14	1.1770	14	1.2085	32	1.1930	20	1.1781	35	1.2381
11	14	1.1748	26	1.1735	26	1.1882	10	1.1674	10	1.1227	20	1.2306
12	9	1.1529	21	1.1509	10	1.1543	25	1.1659	27	1.0672	10	1.1046
13	21	1.1528	9	1.1498	21	1.1499	20	1.1633	25	1.0476	24	1.0625
14	24	1.1415	10	1.1486	9	1.1429	19	1.1630	32	1.0370	25	1.0562

续表

次序	部门	2002年影响力系数	部门	2007年影响力系数A	部门	2007年影响力系数B	部门	2002年感应度系数	部门	2007年感应度系数A	部门	2007年感应度系数B
15	34	1.0884	24	1.1350	13	1.1003	34	1.1550	36	1.0265	32	1.0191
16	10	1.0859	34	1.1323	23	1.0983	27	1.0978	19	1.0098	36	1.0069
17	13	1.0735	40	1.1060	40	1.0873	15	1.0976	24	0.9950	15	0.9985
18	11	1.0446	13	1.1052	34	1.0844	18	1.0778	34	0.9940	19	0.9878
19	28	1.0262	23	1.0742	11	1.0418	16	1.0036	28	0.9938	27	0.9635
20	6	1.0149	4	1.0380	4	1.0398	29	0.9928	15	0.9732	28	0.9619
21	36	1.0069	11	1.0320	24	1.0304	17	0.9909	13	0.9663	34	0.9597
22	38	0.9772	6	1.0286	6	0.9917	13	0.9844	35	0.9270	16	0.9273
23	4	0.9757	5	0.9908	5	0.9850	30	0.9576	16	0.9096	18	0.8687
24	40	0.9569	31	0.9397	35	0.9702	9	0.9317	18	0.9074	1	0.8628
25	31	0.9536	41	0.9295	38	0.9221	7	0.9232	7	0.8497	13	0.8517
26	5	0.9447	38	0.9265	41	0.9215	24	0.8777	1	0.8290	7	0.8396
27	41	0.9385	2	0.9239	31	0.9174	28	0.8445	17	0.8090	9	0.7944
28	27	0.9174	25	0.9156	2	0.9059	21	0.7987	38	0.8045	17	0.7790
29	29	0.9037	27	0.8894	25	0.8902	1	0.7942	30	0.7844	31	0.7635
30	25	0.8860	28	0.8853	27	0.8844	31	0.7550	31	0.7843	30	0.7539
31	23	0.8731	36	0.8652	28	0.8555	37	0.7426	41	0.7690	29	0.7470
32	42	0.8677	35	0.8378	37	0.8436	41	0.6956	9	0.7647	38	0.7401
33	30	0.8546	37	0.8378	36	0.8354	38	0.6905	29	0.7419	6	0.7218
34	2	0.8359	29	0.8169	42	0.7936	6	0.6857	6	0.7104	41	0.7140
35	37	0.8188	39	0.8016	39	0.7843	33	0.5776	21	0.6664	21	0.6656
36	35	0.8187	3	0.7727	3	0.7835	36	0.5688	37	0.5959	37	0.6010
37	39	0.7964	42	0.7639	29	0.7730	8	0.5640	8	0.5902	8	0.5618
38	1	0.7849	30	0.7445	1	0.7259	35	0.4713	33	0.4876	33	0.5061
39	32	0.7326	1	0.7331	30	0.7210	40	0.4376	40	0.3982	40	0.3897
40	3	0.6918	32	0.6228	32	0.6127	39	0.4281	39	0.3958	39	0.3647
41	33	0.6569	33	0.4987	33	0.5068	26	0.4122	26	0.3274	26	0.3179
42	22	0.3962	22	0.3424	22	0.4716	42	0.3653	42	0.3053	42	0.3085

资料来源：依据《中国投入产出表（2002）》（国家统计局国民经济核算司，2006）和《中国投入产出表（2007）》（国家统计局国民经济核算司，2009）计算。

2002 年与 2007 年影响力系数排前几位的部门多为工业制造业。位序虽有一定变动，两个时点影响力排前五位的部门都为通信设备、计算机及其他电子设备制造业（19 号），电气机械及器材制造业（18 号），仪器仪表及文化办公用机械制造业（20 号），交通运输设备制造业（17 号）和金属制品业（15 号），其数值远大于 1，这些部门对国民经济的后向拉动作用较大。煤炭开采和洗选业（2 号），电力、热力的生产和供应业（23 号），研究与试验发展业（35 号），卫生、社会保障和社会福利业（40 号）的影响力系数也有较大提高，其中 23 号和 40 号部门由小于 1 变为大于 1。影响力系数排序低的除石油和天然气开采业（3 号）外，还有农林牧渔业（1 号）、废品废料（22 号）和服务业部门（32 号、33 号等），而 2002 ~ 2007 年下降幅度较大的则为水的生产和供应业（25 号），邮政业（28 号），信息传输、计算机服务和软件业（29 号）等。

2002 年与 2007 年感应度系数排序较高的一般为采掘业（2 号、3 号、4 号），基础原材料、能源和冶金产业（5 号、11 号、12 号、14 号、23 号、24 号、25 号）和部分服务业，如金融业（32 号）、研究与试验发展业（35 号）、综合技术服务业（36 号）等，其数值高于 1。35 号、36 号从 2002 年到 2007 年的位次与数值均有较大幅度上升，而通用、专用设备制造业（16 号），交通运输设备制造业（17 号），交通运输及仓储业（27 号），信息传输、计算机服务和软件业（29 号）的数值则降低趋势明显。

总体看，信息、机械电气、交通、仪表等工业制造业在国民经济中依然是具有主导性质的部门，服务业的拉动作用有一定程度的提高并对工业的生产支持性有不同程度加强。能源原材料等基础产业的技术进步特征明显，但较高的感应度系数也说明其对经济发展的制约作用仍然较强，而信息服务部门影响力系数的下降和金融业的高感应度系数也说明相关服务部门尚不具有明显优势或有利的发展位置。

二　产业个体指标

以 2002 年与 2007 年产业网络（2007 年实际网络）计算的产业个体宽广性、产业个体纵深性以及产业个体主导性数值如表 8 - 8 和表 8 - 9 所示。

表 8 - 8 中国 2002 年与 2007 年产业个体宽广性与产业个体纵深性比较

部门	02 I1.1	07 I1.1	02 I1.2	07 I1.2	02 I1.3	07 I1.3	02 I2.1	07 I2.1	02 I2.2	07 I2.2	02 I2.3	07 I2.3
1	8	10	1	2	9	12	14	95	46	48	60	143
2	2	9	5	9	7	18	97	71	32	32	129	103
3	2	11	1	4	3	15	103	69	44	43	147	112
4	1	3	8	11	9	14	109	88	26	30	135	118
5	0	0	8	9	8	9	0	0	29	35	29	35
6	1	5	5	4	6	9	1	102	36	42	37	144
7	4	2	7	7	11	9	4	2	33	37	37	39
8	0	0	7	11	7	11	0	0	36	32	36	32
9	0	0	8	10	8	10	0	0	31	32	31	32
10	9	9	5	8	14	17	75	93	35	33	110	126
11	17	31	6	7	23	38	76	48	29	37	105	85
12	30	33	7	8	37	41	52	45	28	35	80	80
13	1	1	10	12	11	13	1	1	26	31	27	32
14	17	29	7	10	24	39	70	52	27	32	97	84
15	9	14	9	12	18	26	77	68	25	29	102	97
16	22	21	10	10	32	31	58	59	24	31	82	90
17	6	6	12	11	18	17	77	75	22	29	99	104
18	7	13	13	12	20	25	79	68	21	28	100	96
19	8	10	10	11	18	21	78	86	35	29	113	115
20	0	0	12	12	12	12	0	0	24	30	24	30
21	0	0	11	12	11	12	0	0	30	31	30	31
22	0	0	0	0	0	0	0	0	0	0	0	0
23	25	30	6	8	31	38	59	51	29	33	88	84
24	0	0	12	9	12	9	0	0	24	35	24	35
25	0	0	6	6	6	6	0	0	32	39	32	39
26	0	0	13	13	13	13	0	0	27	31	27	31
27	31	32	4	6	35	38	49	46	34	37	83	83
28	0	0	11	8	11	8	0	0	25	34	25	34
29	13	0	3	6	16	6	70	0	34	36	104	36
30	30	27	8	4	38	31	50	51	29	37	79	88
31	2	7	4	4	6	11	0	74	41	49	41	123

部门	02 I1.1	07 I1.1	02 I1.2	07 I1.2	02 I1.3	07 I1.3	02 I2.1	07 I2.1	02 I2.2	07 I2.2	02 I2.3	07 I2.3
32	31	32	2	2	33	34	49	46	39	40	88	86
33	1	0	2	0	3	0	0	0	41	0	41	0
34	14	11	11	13	25	24	67	69	25	25	92	94
35	0	0	3	11	3	11	0	0	47	30	47	30
36	0	0	9	8	9	8	0	0	28	32	28	32
37	0	0	4	8	4	8	0	0	34	33	34	33
38	0	0	9	9	9	9	0	0	33	34	33	34
39	0	0	4	9	4	9	0	0	40	31	40	31
40	0	0	4	8	4	8	0	0	34	38	34	38
41	0	0	6	11	6	11	0	0	40	30	40	30
42	0	0	8	11	8	11	0	0	40	29	40	29

资料来源：依据以《中国投入产出表（2002）》（国家统计局国民经济核算司，2006）和《中国投入产出表（2007）》（国家统计局国民经济核算司，2009）构建的 IN 计算。

产业个体宽广性整体的趋势是变大，略有降低的部门有纺织业（7 号），通用、专用设备制造业（16 号），交通运输设备制造业（17 号），燃气生产和供应业（24 号），邮政业（28 号），租赁和商务服务业（34 号），降低较大的为信息传输、计算机服务和软件业（29 号）及批发和零售业（30 号）。其中信息传输、计算机服务和软件业前向广度减小幅度大，后向广度却有一定程度的上升，而批发和零售业两个方面都有所降低。从产业个体主导性看，由非零值变为零值的有纺织业（7 号），信息传输，计算机服务和软件业（29 号）和房地产业（33 号），由零值变为非零值的有金属矿采选业（4 号）。在数值高于 1 的部门中，位次上升较高的有住宿和餐饮业（31 号）、金融业（32 号）、电气机械及器材制造业（18 号），位次下降幅度较大的有电力、热力的生产和供应业（23 号），而批发和零售业（30 号）、农林牧渔业（1 号）数值和位次都略有上升。

表 8 - 9 中国 2002 年与 2007 年产业个体主导性比较

次序	部门	02 I4.1	部门	07 I4.1	部门	02 I4.2	部门	07 I4.2
1	34	4.688	32	5.715	23	2.378	14	0.549

次序	部门	02 I4.1	部门	07 I4.1	部门	02 I4.2	部门	07 I4.2
2	30	4.603	34	5.607	30	2.012	27	0.549
3	16	3.913	31	3.633	27	1.89	15	0.488
4	23	3.820	12	2.756	32	1.768	18	0.488
5	12	3.362	14	2.537	11	1.463	23	0.488
6	14	2.869	16	2.130	12	1.411	32	0.488
7	11	2.458	18	2.010	34	1.341	34	0.488
8	27	2.337	27	1.890	7	1.098	11	0.366
9	32	1.263	30	1.878	16	1.098	12	0.366
10	17	1.179	23	1.863	14	0.976	30	0.366
11	19	0.96	11	1.120	18	0.671	16	0.305
12	18	0.928	15	0.911	19	0.671	2	0.122
13	29	0.883	19	0.684	29	0.671	3	0.122
14	31	0.388	17	0.621	17	0.549	4	0.122
15	10	0.283	2	0.532	4	0.427	17	0.122
16	7	0.245	1	0.360	6	0.366	19	0.122
17	15	0.217	6	0.306	2	0.122	31	0.122
18	2	0.195	10	0.170	15	0.122	1	0.183
19	6	0.100	3	0.090	10	0.061	10	0.061
20	1	0.051	4	0.065	—	—	—	—
21	33	0.034	13	0.061	—	—	—	—
22	13	0.020	—	—	—	—	—	—
23	4	0.020	—	—	—	—	—	—

　　注：产业关系主导度和产业流量主导度采用 UCINET 6.275 计算获得的标准化数值表示，表中只列示其中的非零数值。

　　资料来源：依据以《中国投入产出表（2002）》（国家统计局国民经济核算司，2006）和《中国投入产出表（2007）》（国家统计局国民经济核算司，2009）构建的 IN 计算。

　　对于产业流量主导度，2002～2007 年，食品制造及烟草加工业（6 号）和信息传输、计算机服务和软件业（29 号）数值由非零变为零，而农林牧渔业（1 号）、石油和天然气开采业（3 号）则由零变为非零。位次下降幅度明显的有批发和零售业，位次上升明显的为金属冶炼及压延加工业、电气机械及器材制造业。从产业个体纵深性看，增加幅度大的有农林牧渔业、食品制造及烟草加工业以及住宿和餐饮业，下降幅度大的有信息传输、计算机服务和软件业及房地产业，这些部门产业链长度变动较大的原因是前向深度的较大增加或者剧减。

第七节 结论与启示

2002～2007 年是我国新一轮经济强势增长周期的重要阶段。对比 2002 年与 2007 年，我国基本仍然是一种"二三一"的产业结构，但第一产业比重有所降低，第二产业扩张明显，第三产业则相对稳定。进一步从产业关联特征分析，我国结构升级特点主要表现在以下三个方面。

第一，技术进步推动下的技术结构变动趋势明显。2002～2007 年产业间强关联关系数目大幅度增加，整体产业间的强关联程度加深，产业分工层次又上升到新水平。这一阶段，工业部门内部及工业与服务业的技术经济关联程度都有所提高。而工业部门之间整体的纯技术关联程度有较大程度的降低，工业生产效率提高，同时，关联结构的中心化特征比较明显，整体关联中产业影响力的差异性增加。对技术创新扩散效应具有高制约性的部门为工业装备制造业、石油化工业、电力生产和农业等，这些部门已经成为推动技术进步或者对技术扩散具有强制约性的重要关联产业。

第二，产业链延伸性有较大提高。2002～2007 年的产业综合纵深度数值有一定程度的增加，部分产业间短链转化为较长链，2002 年部分不存在强关联关系的产业在 2007 年则开始形成产业短链。产业整体循环性也明显升高，其主要变化来自农业开始进入产业网络的核心子网（产业整体中心结构），农业同食品制造及烟草加工业、住宿和餐饮业的关系更加密切，以农业为中心的产业链循环性上升显著。农业产业链向上下游产业的深度延伸促进了三次产业的有效衔接，进一步发挥出农业作为基础性产业的支撑作用。

第三，产业影响的变化呈现不平衡的特征。农业基础性地位的增强也表现在其前后产业延伸度的大幅攀升上。由于生产技术的改进，农业与建筑业、居民服务业的纯技术关联水平得到降低。农业部门的中间投入率降低，增加值率上升，而中间产出率则提高，农业能够更充分、有效地发挥出其前向关联效应，对下游产业的支持能力得到加强。此外，公益性服务部门与农业的关联性也出现增强的趋势。这一阶段，我国主导性产业主要为信息、机械等多种专业设备制造等部门。从多个产业影响指标上看，这些部门的优势地位更加巩固。工业能源及冶金原材料类产业自身技术进步特征明显（如煤炭、电力热力产业后向关联度增强，金属压延加工的产业流主导度增强）。而工业产品结构改变带来的能源和材料需求的新变化也有效促进了它们产业影响的增强，使其在整体经济关联中较为被动的地位进一步得到改善。从多种产业个体关联度和产业网络个体指标分析，物流产业能够产生对工业和农业的强支持性关联效应，而综合技术服务业、研究与试验发展业等新兴生产性服务部门的技术关联影响力水平也在不断上升。但也有部分采掘业和一些服务业的影响力有所降低，如金属与非金属采选业、房地产业等。

从以上三个层次关联特征的变化来看，我国这一时期产业内在"质"的结构又有了新的提升。这种结构升级的核心是技术进步的推动作用，集中表现在农业的产业链优化，高端、基础工业优势地位的强化和基于产业链的技术经济关联带动作用的有效发挥等方面。但也要看到，产业链上游的石油、金属与非金属采选等部门以及第三产业的金融业凸显一定的强制约性，而信息传输、计算机服务和软件业及房地产业的产业影响力也大幅降低，这些产业应该是未来结构优化所要重点关注的方面。从关联角度来说，结构调整应以推动不同性质产业的技术创新为中心，打造更有竞争力和更有利于技术扩散与技术进步的产业链，促进产业关联效应发挥，优化产业关联关系结构。

总之，我国 2002～2007 年经济发展与产业结构升级紧密相关，而结构升级在深层次上则体现在关联性质的变化上。实证研究结果表明，通过结合 IO 和产业网络构建的关联指标对关联特征进行分析能够实现结构升级的有效研究，也能够为经济新常态背景下我国的供给侧改革提供政策启示和理论与方法支持。

第九章 应用Ⅳ：产业间技术扩散效应分析

第一节 产业间技术扩散理论与方法

产业技术创新与扩散是区域技术进步和产业结构升级的基础和实现途径，产业技术扩散系统的结构及其动态演化则是决定区域经济发展的动力和效率的重要因素。一般来说，技术扩散是技术创新后续的、相对独立的技术与经济结合以及知识与技术性态转换和运动的过程（董景荣，2009；徐力行、高伟凯，2007），同时存在于产业内和产业间。产业内技术扩散是单个产业的技术创新与升级过程，而基于技术关联发生的产业间技术转移扩散则是区域整体产业结构互动与升级的内在动因。[①] 特定产业的技术进步效应会向技术关联产业传导和扩散，引致其他产业技术进步，并能够进一步改变产业间技术关联模式，提升产业结构的高度化水平。对产业间技术扩散机制与结构效应进行描述和把握是区域经济发展战略研究和产业结构优化研究中面临的基本理论问题；也是经济新常态下，我国为有效支持企业技术创新，优化政府对产业关键和共性技术研发科技投入的效能，提升科技创新管理绩效的重要基础。

20 世纪 70~90 年代，"产业间技术溢出"的概念出现，经典理论将其

[①] 产业技术创新能够引起产品更替，引导和改变消费需求，而特定产业的创新活动进一步有助于改善关联产业的劳动生产率水平，这种产业技术扩散的连锁机制则能提高整体的劳动生产率（Scherer，1982）。产业间技术溢出与扩散能够降低全体行业的可变成本，增加劳动和物质资本的需求及其产出，并降低产品价格，导致产业间相对生产率的变动，使得具有更高技术进步率的产业的国民经济影响力和带动力超越具有相对较低生产率的产业，提高产业结构效益，推进区域产业结构高度化进程（刘伟、严厚玮，1995）。

区分为租金溢出和纯溢出（Griliches，1992）。租金溢出来自经济交易中的不完全定价，依赖于商品载体，后发展为"可定价知识外部性"（Pecuniary Knowledge Externalities，PKE）（Antonelli，2008），而纯溢出完全来自产业间技术知识的直接吸收利用。溢出机制分为知识性、关联性和市场性溢出（潘文卿、李子奈、刘强，2011）。技术溢出测量是产业间技术扩散建模研究的中心问题，一般技术溢出与扩散的测度主要包括技术流、生产函数等方法（段会娟，2010）。而产业间技术溢出主要分为基于技术（Technology-based）、基于交易（Transaction-based）和基于距离（Proximity-based）三大类测量模型（Cerulli，Poti，2009），以构建专利引用矩阵（胡健、印玺，2010）、创新流矩阵、技术距离矩阵（尹静、平新乔，2006；Antonelli，2010；潘文卿、李子奈、刘强，2011）等测度产业间技术扩散关系水平。近些年，在测量模型基础上的研究深化有两个重要方面：一是以敏感度、经济计量方法等对技术溢出影响生产率、创新投入与产出的程度及因素进行定量研究（Antonelli，Patrucco，and Quatraro，2011；Gehringe，2012；张鹏、李悦明，2015），较侧重于产业间技术溢出效应强度的分析，不以刻画产业间技术扩散的结构模式与动力机制为重点；二是将产业间技术扩散关系看作一个网络，重点研究描述租金溢出的产业间技术扩散网络的建模方法，在网络连接识别（如网络模式的差异稳定和启发式规则）、拓扑结构分析（如结构洞、Coleman指数、产业中心度）等技术扩散结构模式方面都进行了有力的探索（Leoncini et al.，1996；Leoncini et al.，2005；Montresor，2008；陈子凤、官建成，2009；García-Muñiz，Morillas，Ramos，2010；吕新军、胡晓绵、张熹，2010；Semitiel-García et al.，2012；García-Muñiz，2014）。产业间技术扩散关系是由基本技术关联关系决定的，并受到产业特性（如相对劳动生产率和创新能力等）的影响，本质构成了一个具有随机特性的复杂网络。现有研究多将产业间技术扩散网络作为确定性网络，未基于其本质性的概率特征，这对建模的稳定性和准确性都带来较大制约（多将网络疏密程度或者网络密度的敏感性作为建模依据），也尚未在实体性和非实体性技术扩散的内在关联性、扩散动态机制以及结构效应分析方面进行更深入的挖掘。

第二节　产业技术流网络内涵与特征

一　技术流与技术经济空间

"技术流"（Inter-industry Technology Flows）作为产业间技术溢出研究的重要概念（Scherer，1982；Grilich，1992；曾春媛、潘云海，2012），是对技术或知识溢出和交互的形象描述，也是技术系统或技术经济空间的基本构成要素。不同于依赖地理空间的国家创新系统，技术经济空间或者技术系统是由技术知识创新、技术知识载体生产、最终需求匹配等子系统构成的（Leoncini et al.，2005；Montresor et al.，2008）。技术流在抽象性的技术经济空间中漫步和穿梭，实现子系统的交互连接。连接关系的拓扑结构特征和性质影响着整体技术系统的动力学效应。因此，产业间技术流实质是产业间的一种动态关联模式，是产业部门间生产率或生产力变化［可以以产业吸收的有效研发（R&D）投入进行测度］状态的关联，表现为一般性技术（包括实体性的和非实体性的）或知识的转移。具体产业的技术波动是产业间技术扩散发生的动因，而产业间技术关联创造了产业间技术扩散的可能和通路，产业技术波动和产业间技术关联是产业技术流发生的必要条件。一般来看，产业间技术扩散存在两种模式：一是直接基于上下游产业间的垂直性技术关联，二是基于因相同或相似投入（Los，2000）或产出结构而具有一定技术共同度产业之间的水平性技术关联。因此技术流可区分为垂直技术流和水平技术流。由于同下游产业间发生产品创新的技术扩散与同上游产业间发生流程创新的技术扩散（Dietzenbacher，2000），垂直技术流又进一步可区分为产品创新技术流和流程创新技术流。

本章进一步提出"产业技术流网络"（Inter-industry Technology Flow Network，ITFN）的内涵与特征，在技术流矩阵的基础上，引入产业间技术扩散概率函数，设计二维变量产业技术流垂直网络构建方法，描述实体型产业间技术扩散；分析产业技术共同度，构建产业技术流水平网络，描述产业间纯技术扩散；进一步从整体、层级和个体三个层面对产业技术流网络结构效应进行综合研究并进行实证分析。本章是产业网络分析理论与方法的综合性应用。

二 产业技术流网络内涵

产业技术流网络是描述产业间技术流运动关系与结构的动态随机网络模型，是技术系统或技术经济空间的网络刻画，实质是产业技术变化的关联网络。作为一种特殊性的产业网络，其以"节点"表示产业，以"边"（有向或无向）表示产业间技术流（包括垂直技术流与水平技术流）交互关系，有向边的方向直接指示技术流的产业间溢出与吸收运动关系。产业技术流网络的边是区域技术扩散的产业通道，节点和边共同描述了特定（国家或区域）技术空间系统形态。不同于一般性产业网络来描述产业间技术静态联系，产业技术流网络着重描述产业间技术联系动态性。产业技术流网络是具有动态特征的特殊产业网络。

根据技术流运动性质，产业技术流网络可以分为：第一，产业技术流垂直网络（V-ITFN），描述基于产业间垂直性技术关联发生的技术流运动关系及结构；第二，产业技术流水平网络（H-ITFN），描述产业链中处于相同或者相似层次（投入结构或者产出结构）中产业间的技术流交互关系与结构。根据网络边所指示的产品交易关系方向（产品生产者或需求者）和技术流传导关系方向（技术流溢出者或吸收者）的视角差异，V-ITFN可以区分为生产者产业技术流垂直网络（PV-ITFN）和需求者产业技术流垂直网络（DV-ITFN），以及产业技术流溢出垂直网络（SV-ITFN）和产业技术流吸收垂直网络（AV-ITFN）。PV-ITFN与DV-ITFN分别描述了产业基于自身产品和基于其他行业产品所发生的技术交互关系及结构，而SV-ITFN与AV-ITFN分别描述了由其他产业技术创新和由本产业技术创新引致的技术流交互关系及其结构。V-ITFN为有向网络。H-ITFN也可以从生产者和消费者，以及溢出者与吸收者的角度考虑，基于对应的垂直网络，区分为PH-ITFN、DH-ITFN、SH-ITFN、AH-ITFN。H-ITFN一般为无向赋权网络，边权重实际标明了两个产业间的关键共性技术所属的产业数量。

三 产业技术流网络特征

产业技术流网络一般具有如下典型特征。

一是随机性。技术知识具有无形性，产业间技术扩散的影响因素较多，且要素的识别及其作用水平的准确测量都存在困难，一般较难获得产业间技术扩散效应函数，因此产业间技术扩散发生及作用具有概率性质。产业技术流网络的形成和演化具有随机性，主要表现为网络边的连接具有确定性的概率分布。

二是动态性。处于技术关联网络中产业的技术波动效应依赖于产业间技术关联的结构状态，同时也能够影响静态技术关联关系，即促进产业技术进步和产业关联结构升级。产业技术波动的扩散效应将进一步对产业间技术扩散的模式带来影响，改变网络边的连接概率分布函数的形式和具体参数，推动产业技术流网络动态演化。

三是多层性。由于不同产业的技术流创造能力、吸收能力、转化能力等技术特性都具有差异，对网络局部和整体技术流运动的影响效应不同，在产业技术流网络中处于不同层面，因此产业技术流网络具有体现在从微观节点或局部（子网络）到整体的多层面上的结构特征。

四是复杂性。产业技术流网络形成机理、演化机制与影响因素具有复杂性。这种复杂性体现于产业节点间边连接具有的随机概率特性、概率函数的动态性以及网络结构的多层次性等不同角度。

第三节　产业技术流网络构建原理与方法

一　建模原理

产业技术流网络建模的核心是确定节点间边的连接概率。以投入产出矩阵描述产业技术关联关系，以各产业吸收的有效直接研发（R&D）投入向量描述产业初始技术波动[1]，获得技术流矩阵，进一步构建产业技术流网络。

（1）产业技术流垂直网络建模原理。产业的有效研发投入最终物化在产品上，上下游产业以产品为载体，通过交易关系来实现技术流交互。但

---

[1]　产业的技术创新也可以采用其他产业创新投入指标（如 R&D 人员的全时当量）或者产业创新产出指标（如形成的知识产权）等进行测度。

产业间并非存在技术流交互就构成垂直性的有效技术扩散关系，较强的技术流增加了扩散的可能性。假定产业间技术扩散关系存在最优的判定概率（产业节点连接概率），以实际样本对假定的连接概率进行测试进而寻找最优分布概率函数。Weaver 指数是这一思想的具体应用，其已在一般性产业网络的构建中证明有效，但采用单变量形式，分别对矩阵的列向量和行向量单独处理。而在创新流矩阵中，第 i 行表明产业 i 的产品创新能力，第 i 列表明其流程创新能力，两者存在相关性，因此需要将 Weaver 指数改进为能够处理具有非完全独立关系的多变量的假设概率检验方法。产业技术流网络在实际构建中以一个产业为中心，将节点的出边和入边连接情况作为联合概率分布问题处理。由此确定产业 i 所关联的全部网络边。依此类推，全部产业的出边构成产业技术流溢出（生产者）垂直网络，入边构成产业技术流吸收（消费者）垂直网络。

（2）产业技术流水平网络建模原理。产业投入结构或者产出结构的相似性构成产业间水平技术扩散（纯技术溢出）的基础，垂直技术流会产生水平产业间技术创新的引致效应。在产业技术流垂直网络中，若存在 x 个产业是产业 i 和产业 j 的入边的共同节点，则设定 i 与 j 的流程技术共同度为 x。同理，若存在 y 个产业是产业 i 和产业 j 的出边的共同节点，则设定 i 与 j 的产品技术共同度为 y。产业 i 与产业 j 间的技术共同节点数目（技术共同度）越高，则两个产业之间发生水平技术扩散的概率越高。依此类推，可获得全部产业之间的技术共同度。进一步将技术共同度直接转化为网络连接概率（如 $p = x/m$，x 为实际技术共同度，m 为最大可能技术共同度）。

由于产业技术流网络具有随机性和动态性，其形式不唯一，将所有具有非零连接概率的边构成一个确定性的完全网络，在完全网络基础上进行多角度的网络结构效应分析。

二 建模步骤

依据产业技术流网络建模原理，网络构建主要包括以下四个步骤。

第一，生成产业技术流矩阵。采用基于交易的间接法进行技术扩散关系测量。分别构建后向技术流矩阵 T_{back}、前向技术流矩阵 $T_{forward}$ 和总技术流矩阵 T_{total}。$T_{back} = \widehat{rd}\ (x)^{-1}\ (I-A)^{-1}\hat{y}$（Cerulli et al.，2009），$T_{forward} = (I -$

$A)^{-1}\hat{y}\,\hat{rd}\,(x)$，$T_{total} = T_{back} + T_{forward}$。其中 rd 为各个产业部门的 R&D 投入列向量，x 为各个行业的总投入（或总产出）列向量，y 为最终需求列向量，$(I - A)^{-1}$ 为里昂惕夫逆矩阵，ˆ 表示对角化（由列向量各元素作为主对角线元素形成对角矩阵）。技术流矩阵 T 可以根据需要采用 T_{back}、$T_{forward}$ 和 T_{total} 其中之一。[①]

第二，提出可能的边连接联合概率分布模式。首先，确定边连接概率的基本形式。在产业技术流网络中，节点间存在两种关系，即连接和非连接，设 TR 为基于产品创新技术流过滤形成的产业技术流网络 0 - 1 邻接矩阵，TC 为基于产业流程创新技术流过滤形成的技术流网络 0 - 1 矩阵。假定产业 k（$k = 1, 2, 3, \cdots, n$；n 为产业总数目）同其他产业间交互的技术流数值越高，其在技术流网络中同该产业的连接概率越高（产品创新技术流数值高，出边连接概率高；流程创新技术流数值高，入边连接概率高）。产业 k 在产业技术流网络中所关联的边在对应的邻接矩阵中以"1"表示，设 P^k 为产业 k 存在出边与入边（产品创新技术流向量元素与流程创新技术流向量元素是否超过对应临界值）的联合概率分布，则 $P\,(TR^k\,(k, j),\ TC^k\,(i, k))\ = p_{i,j}^k\,(i, j = 1, 2, \cdots, n)$。其次，假定边连接的边缘概率服从均匀分布。由于产业 k 同其他产业只存在连接和非连接两种情况，若产业 k 出边关联 v 个产业，入边关联 u 个产业，在理想的情况下，$\sum_{j=1}^{k} p_{i,j}^k = p_{i,\cdot}^k = 1/v^k$，$\sum_{j=1}^{n} p_{i,j}^k = p_{\cdot,j}^k = 1/u^k$，即产业 k 的出边连接与入边连接的边缘概率都服从均匀分布。最后，形成边连接的可能联合概率分布。根据技术流矩阵信息的熵原理和概率的信息熵测度函数，在边缘概率约束条件下求得产业 k 最优状况下的联合分布：$\max H = -\sum_{i=1}^{n}\sum_{j=1}^{n} p_{i,j}^k \ln\,(p_{i,j}^k)$，s. t. $\{\sum_{j=1}^{n} p_{i,j}^k = p_{i,\cdot}^k = 1/v^k$，$\sum_{j=1}^{n} p_{i,j}^k = p_{\cdot,j}^k = 1/u^k\}$。

第三，确定最优边连接的概率分布模式。首先，确定边连接的实际分布。提取矩阵 T 中第 k 行和第 k 列，即 R^k 和 C^k，对 R^k 和 C^k 的元素分别进行

[①] 一般 PV – ITFN 和 DV – ITFN 采用 T_{total}，SV – ITFN 和 AV – ITFN 则采用 T_{back}、$T_{forward}$ 或者 $(T_{forward}' + T_{back})$ 等。

降序排列。根据 R^k 和 C^k 计算产业 k 产品创新技术流与流程创新技术流的协方差矩阵 cov^k，并计算实际概率分布函数 Q^k，$Q^k\ (i,\ j)\ = \text{cov}^k_{i,j} / \sum_{i=1}^{n} \sum_{j=1}^{n} \text{cov}^k_{i,j}$（Koralov，Sinai，2007）。其次，计算产业 k 的边连接概率分布。对于产业 k，进一步计算其实际分布和假设分布之间差的平方和 ε^2，并找到具有最小数值的分布模式，即 $\min\varepsilon^2 = \min \sum_{i=1}^{n} \sum_{j=1}^{n}\ (p^k_{i,j} - q^k_{i,j})^2$，确定 u^k 和 v^k（Golan，Judge，Robinson，1994；Shannon，1948；陈锡康、杨翠红，2011）。

第四，建立网络模型。首先，确定产业技术流垂直网络邻接矩阵。在确定的 u^k 和 v^k 下，k 产业产品创新技术流和流程创新技术流的临界值分别为 R^k（v^k）和 C^k（u^k），在 T 中对 k 行和 k 列进行逐个元素的比较，确定产业技术流网络邻接矩阵 TR 和 TC 的元素值。$TR\ (k,\ j)\ = 1 \cong T\ (k,\ j)\ \geqslant R^k\ (v^k)$，$TC\ (i,\ k)\ = 1 \cong T\ (i,\ k)\ \geqslant C^k\ (u^k)$，其中，$i,\ j,\ k = 1,\ 2,\ \cdots,\ n$。$TR$ 和 TC 则分别为 PV（SV）–ITFN 与 DV（AV）–ITFN 的全网络形式对应的邻接矩阵。其次，确定产业技术流水平网络邻接矩阵。设 TRH 和 TCH 分别为 PH（SV）–ITFN 与 DH（AV）–ITFN 所对应的邻接矩阵。对于 TR（TC）中的两行（列）g 和 h，$TRH\ (g,\ h)\ = \sum_{k=1}^{n} [\ TR\ (g,\ k)\ \odot TR\ (h,\ k)]$，TCH $(g,\ h)\ = \sum_{k=1}^{n} [\ TC\ (g,\ k)\ \odot TC\ (h,\ k)]$（$\odot$ 表示逻辑与运算）。根据 TR、TC、TRH 和 TCH 等邻接矩阵可构建出对应的产业技术流网络完全模型。[①]

第四节　产业技术流网络结构效应

一　产业技术流网络结构效应原理分析

产业技术流网络结构效应是产业技术流网络拓扑结构特征及其对于产业技术系统（扩散网络）的功能、演化、绩效及能力等方面的影响作用模式。类似于一般性产业网络，产业技术流网络结构效应分析在于挖掘网络关系结构性态特征，以揭示产业间技术扩散对于区域经济技术系统不同层面的现实及潜在影响。

---

① 以下结构效应分析都建立在完全模型的基础上。

在宏观、中观和微观层面，产业技术流网络结构效应分为整体、层级和个体结构效应。产业技术流网络整体结构效应（包括动态效应）是网络系统中全部产业节点间连接关系结构总体一致性特征及其对于网络系统基本功能和动态特性的作用模式。网络节点度数统计分布描述了网络基本性态，决定网络基础功能。度数相关性是网络节点建立连接的一般规则，直接决定网络结构基本演化趋势。产业技术流网络层级结构效应是网络系统由于节点连接关系结构同质性和异质性而具有的网络分层聚类特性及其对于网络系统内在绩效与演化动力的直接作用模式。其中，中心－外围分层结构是原网络根据网络密度不均衡性体现的结构异质性，中心结构密度高，具有技术流运动多重回路，技术流运转活跃、畅通，产生系统技术流反射效应（反射壁），影响技术系统演化原动力生成；而外围结构密度低，仅具有单向通路（或无通路），技术流运转通畅性较低，具有系统技术流抑制效应（吸收壁）。产业技术流树是原网络中识别的不具有圈结构的特殊子网络，描述产业技术流运动的基础主干路径和产业技术流交互序列，展示产业技术扩散关系结构升级制约力与促进力相互作用产生的动力效应。产业技术流网络个体结构效应是系统中特定产业由于同其他产业的交互关系结构具有的对于技术流的综合调控能力。产业可处于特定技术扩散链条（网络路径）源点、汇点或多扩散链条交叉位置，分别影响决定产业节点技术流溢出、吸收和中介效应。

三个层次产业技术流网络结构效应相互关联，个体效应是整体效应和层级效应的基础，整体效应是全部个体效应复杂作用的表现，层级效应是从某一角度对个体作用的综合和对总体效应的解析。个体效应侧重定量比较分析，整体与层级效应则借助网络方法进行优化分析。

二 整体与动态效应

以产业技术流网络的度分布与度相关描述分析产业技术流网络演化规律和结构动态效应。

1. 产业节点的度分布

基于边连接概率的均匀分布假设，可进一步推导出网络节点的度分布函数。若假定不同节点连接关系相互独立下，节点度数的概率函数形式为 $p(c) = \prod_{j=1}^{n} \left[(1/n_j)^{c_j^1} (1-1/n_j)^{c_j^2} \right]$。其中，$c$ 为节点的度数数值（入度或者出度），$c_j^1 + c_j^2 = 1$，c_j^1、$c_j^2 = 0$ 或 1，$\sum_{j=1}^{n} c_j^1 = c_k$，$j = 1, 2, \cdots, n$，$n_j$ 为节点 j 的度数数值。从基本形式来看，产业技术流网络度分布模式近似表现为一种类指数形式，具有指数型的结构演化效应。在某一生成的样本网络（如全网络）中，可以依据小于或者等于度 k 的节点数比总节点数近似计算，以 $F_G(k) = \sum_{l=1}^{k} P(l)$ 进行估计（史定华，2011）。

2. 产业节点的度相关

产业技术流网络的度相关性是指具有不同度数节点之间的相关匹配关系效应。一般使用条件概率 $P(k' \mid k)$ 表示，即具有度数为 k 的节点同具有度数 k' 的节点之间连接的概率。可以借鉴 Pastor-Satorras、Vzquez、Vespignani（2011）的网络度相关分析模型来描述产业网络节点的度相关性。令 $<k_{nn}> = \sum k' P(k' \mid k)$，其中，$<k_{nn}>$ 为度数为 k 的节点的连接节点的平均度数。若 $<k_{nn}>$ 数值递增，存在度数正相关，如果数值递减，存在度数负相关，否则为无关，分别描述度数同向匹配效应、反向匹配效应和无匹配效应。

三　产业结构升级的动力效应

以核心－外围网络和产业技术流树分别从网络整体和局部描述和分析产业结构升级的动力效应（包括正向动力和反向动力）。

1. 核心－外围网络

产业技术流网络根据其密度差异一般区分为具有较高密集度与聚集能力的内核和较为稀疏且连接性小的外围结构。所有产业间都存在双向技术流可达路径的节点共同构成一个子核，网络中可能存在多个子核，子核间则存在单向边。不同子核任何节点存在双向可达边的节点构成外围结构。根据子核间以及外围结构的连接关系，能够构建核心－外围分层网络。核与外围结构可以通过 Warshall 二元闭包运算进行分离。① 子核中的产业技术

---

① 对网络结构进行分层多采用假设检验法，$p = \sum a_{ij} \Delta_{ij}$，$a_{ij}$ 表明节点 i 与节点 j 之间存在连接关系或者连接的程度，Δ_{ij} 则由节点 i 与节点 j 的属性确定（如 i 与 j 同时属于核心节点时，$\Delta_{ij} = 1$），寻找假设密度同实际密度最为接近的状态，由此区分内核节点和外围节点，以对网络进行分层（García-Muñiz，Raya，Carvajal，2011）。综合考虑技术流的运动模式，采用 Warshall 方法进行网络分层。

流运动构成循环路，存在密集的技术流转移与转化关系，正向的垂直交互和反馈动力效应强，是区域创新先导产业集群。子核间以及子核同外围结构的单向边是不同子网进行技术流互通的唯一通路，对整体产业结构升级有制约（负向动力）效应，是区域整体技术流扩散效应优化分析的关键。

2. 产业技术流树

区域经济系统具有不平衡的发展规律，不同产业具有不同的生产力（或劳动生产率）和技术进步（生产力变动速率）水平。生产力水平异质性产业间依靠技术流的复杂作用，推动着产业间技术关联状态的变化和产业结构高度的提升。[①] 异质生产力的产业所在的技术流扩散系统的位势不同，能够形成由高生产力产业向低生产力产业和低生产力产业向高生产力产业两种不同的技术流扩散序列，两种扩散模式也具有异质性结构效应。[②] 在产业技术流网络中，采用产业技术流树描述异质生产力产业间技术流垂直扩散序列。定义两类基本产业技术流树：一是产业技术正向流树，即产业技术流网络（溢出或吸收）中高生产力的产业节点指向低生产力产业节点的树图，技术流由高生产力产业节点流向低生产力产业节点，根节点只有出边，具有树中最高的生产力水平，对树图中其他产业升级具有强推动（正向动力）效应；二是产业技术逆向流树，即产业技术流网络（溢出或吸收）中低生产力的产业节点指向高生产力产业节点的树图，技术流由低生产力产业节点流向高生产力产业节点，根节点只有入边，具有树中最高的生产力水平[③]，其技术升级受到树图中其他产业的强制约（负向动力）效应影响。

---

① 吸收高生产力产业的知识与技术流能力较强的产业有利于其率先打破技术关联的稳定平衡状态，实现创新突破，技术进步速率远超于其他产业，成为创新先导产业。先导产业向其他产业的技术溢出质量不断提升，有利于其他行业改善生产力水平（如提高低生产力产业的生产力水平，或者削弱对高生产力产业创新发展的制约性等），这些相对后发产业的技术关联特性也将产生深刻变化，进而带来产业间技术流分布模式的变化，为新一轮的产业结构升级周期奠定基础。

② 一般来说，高生产力产业技术流溢入低生产力产业，对低生产力产业技术与产品升级具有推动作用；低生产力产业对高生产力产业的技术流溢入关系一方面表明其对高生产力产业技术创新的制约性，但低生产力产业技术进步带来的技术流质量提升也潜在对高生产力行业消除技术进步的制约因素具有一定推动作用。

③ 也可设定产业技术流逆向树的根节点具有最低生产力水平，在树图中只有出边。

四　产业技术流溢出、吸收与中介的个体效应

以产业技术流中心度（度数中心度与中间中心度）描述并分析具体产业的溢出、吸收和中介效应。

1. 产业技术流度数中心度

产业技术流溢出效应，即产业直接或者间接将技术流垂直扩散到其他产业的能力或水平，包括技术流下溢出效应（高劳动生产率行业向低劳动生产率行业的技术扩散）和技术流上溢出效应（低劳动生产率行业向高劳动生产率行业的技术扩散）。以产业技术流扩散总量和产业技术流溢出网络中关联节点数目综合表示（以流量加权的网络度数中心度表示），其数值越高，表明产业的技术流溢出效应越强。产业技术流吸收效应，即产业直接或者间接吸收其他产业垂直扩散的技术流的能力或水平，包括技术流下吸收效应（高劳动生产率行业对低劳动生产率行业的技术流的吸收）和技术流上吸收效应（低劳动生产率行业对高劳动生产率行业的技术流的吸收）。以产业技术流吸收总量和产业技术流吸收网络中关联节点数目综合表示，其数值越高，表明产业的技术流吸收效应越强。

2. 产业技术流中间中心度

在以交易关系为基础的产业流网络中，具有高网络中心性的产业将具有枢纽作用（Aobdia，Caskey，Ozel，2014）。如果一个产业处于许多技术流传导网络的中心或者关键性路径上，则此产业处于重要位置，因为这个产业可以通过控制、抑制或者调节技术流的传导而影响其他产业的创新投入与技术吸收，称之为产业技术流中介效应。对产业这种影响效应采用流中间中心度（Freeman，Borgatti，White，1991）进行测量。其数值越高，表明产业的技术流传导与阻断效应越强。

第五节　实证分析

采用 2010 年我国 42 个部门投入产出表和 2010 年中国工业分行业的研究与试验发展（R&D）支出、劳动力就业数量等数据（国家统计局等，2011；国家统计局工业司，2011）以中国工业产业为例进行模型构建与结

构效应分析。根据需要将工业合并为 23 个产业，依次编号 1～23 ［即对原产业编号（具体见附录 产业部门分类及编号）为 2～21 号、23～25 号的计23 个工业行业重新进行顺序编号。不包含废品废料（22 号）。此编号方式仅限于本章］。为易于展示和把握网络基本形态，对具有相似连接特点的节点进行归类，置于虚线框内，以模块化形式展现。

一 基本模型分析

根据第三节的算法，计算技术流矩阵，分别构建产业技术流垂直网络与产业技术流水平网络。

1. 产业技术流垂直网络

基于 T 矩阵，构建的 PV - ITFN 和 DV - ITFN 如图 9 - 1 所示。将 PV - ITFN 在构图上分为八个模块，整体技术交互结构相对清晰，同一模块中的 1 号、3 号和 4 号出边较多而入边较少，其产品是重要的技术流交互载体；11 号、15～18 号则入边较多而出边较少，是其他产业借助本部门产品交易实现技术流交互的重要对象。其他四个模块则具有较为丰富的入边和出边，技术流交互活跃。DV - ITFN 的结构相对复杂，也存在多个模块的重叠产业。11 号（化学行业）的入边来自于冶金原材料、能源、器械制造、石油加工、仪器仪表等多类行业，表明其能够借助其他产业产品实现多渠道技术流流转。相对 PV - ITFN，设备制造业边的连接特点发

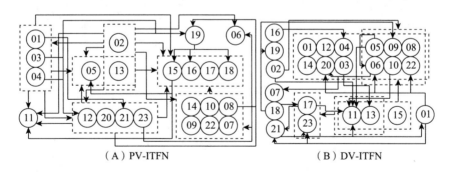

（A）PV-ITFN　　　　　　　（B）DV-ITFN

图 9 - 1　中国垂直型产业技术流全网络

资料来源：依据《中国统计年鉴（2013）》（国家统计局，2013）2010 年投入产出表和《中国科技统计年鉴（2011）》（国家统计局、科学技术部，2011）数据计算构建。

生较大变化，15 号、16 号、18 号等行业出边较多而入边较少，其产品是其他行业实现技术流运动的重要载体。5 号、6 号、8 号、9 号、10 号和 22 号构成的模块既能通过石油和天然气开采业（2 号），也能与 1 号、3 号、4 号、12号、14 号和 20 号等行业共同通过通用、专用设备制造业（15 号）实现外部技术流交互。仪器仪表及文化办公用机械制造业（19 号）主要依靠通信设备、计算机及其他电子设备制造业（18 号）实现技术流吸收与溢出。整体来看，部分基础行业（采掘业）产品是众多产业实现技术流交互的重要载体，特定基础行业（化工）则在技术流输入输出方面处于主动位置，可以借助多种产品载体，而部分制造业〔如通用、专用设备制造业（15 号），通信设备、计算机及其他电子设备制造业（18 号）等〕则是技术流交互的活跃者。

2. 产业技术流水平网络

进一步在 PV - ITFN 基础上构建 PH - ITFN（见图 9 - 2 和图 9 - 3）。

总体来看，存在较强水平技术扩散关系行业的技术流交互强度较为接近，具有一个由采掘业构成的完全子网络，1~4 号（煤炭开采和洗选业、石油和天然气开采业、金属矿采选业、非金属矿及其他矿采选业）等产业间存在完全的技术共同性。同时，这些行业也同 8 号、12 号、13 号、15号、20 号、21 号、22 号、23 号等行业具有较强的技术共同度水平。而技术

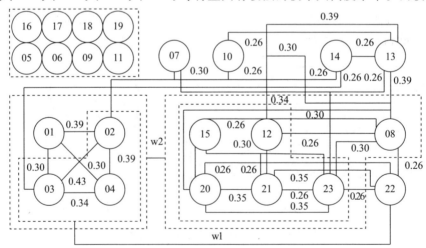

图 9 - 2　中国产业技术流水平网络总模型

资料来源：依据《中国统计年鉴（2013）》（国家统计局，2013）2010 年投入产出表和《中国科技统计年鉴（2011）》（国家统计局、科学技术部，2011）数据计算构建。

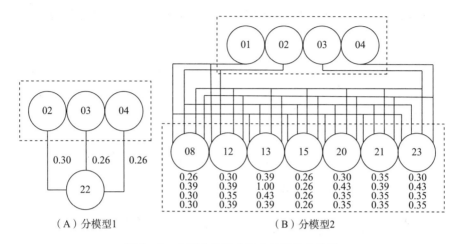

（A）分模型1　　　　　　　　（B）分模型2

图 9 - 3　中国产业技术流水平网络分模型

资料来源：依据《中国统计年鉴（2013）》（国家统计局，2013）2010 年投入产出表和《中国科技统计年鉴（2011）》（国家统计局、科学技术部，2011）数据计算构建。

专业化水平较强的各类设备制造业在水平技术流网络中处于分离状态，相互及同其他行业的技术流交互性不强（5 号、6 号、9 号、11 号、16～19 号等）。由此可见，传统的高技术产业之间以及高技术产业同中低技术产业间的水平技术流交互性较低，而中低技术产业之间的技术水平流通性强。

二　动态效应分析

1. 度分布

分别构建 SV - ITFN 和 AV - ITFN，其度分布散点图如图 9 - 4 所示。两个网络的出度（OD）和入度（ID）出现了四种不同情形。SV - ITFN 的出度主要分布于 10 以内，但频数差异较大，AV - ITFN 的出度分布呈现较为明显的指数形式，SV - ITFN 的入度分布类似于指数分布，AV - ITFN 的入度则表现为同分布。

2. 度相关

SV - ITFN 度相关函数的散点图如图 9 - 5 所示。SV - ITFN 出度的度相关函数的分段特征明显，节点度相关性具有较大的差异性，度数值"8"是重要分界点，先负相关，后正相关。对于入度，除度数值"2"和"4"外，整体呈现负相关的趋势，即入度度数较小的节点倾向于同具有大入度的节点相连接，入度度数较大的节点则倾向于同小入度的节点相连接（反向匹配效应）。

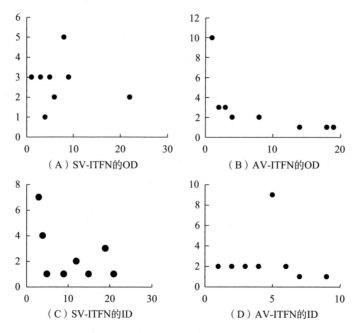

图 9 - 4　中国产业技术流网络度分布

资料来源：依据以《中国统计年鉴（2013）》（国家统计局，2013）2010 年投入产出表和《中国科技统计年鉴（2011）》（国家统计局、科学技术部，2011）数据构建的 ITFN 计算构建。

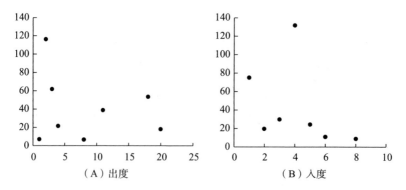

图 9 - 5　中国产业技术流网络度相关

资料来源：依据以《中国统计年鉴（2013）》（国家统计局，2013）2010 年投入产出表和《中国科技统计年鉴（2011）》（国家统计局、科学技术部，2011）数据构建的 ITFN 计算构建。

三 产业结构升级的动力效应分析

1. 分层结构

PV – ITFN 和 DV – ITFN 实质是考虑技术交易价值后调整的产业关联网络，其产业链（分别为产品生产链和需求链）层级结构如图 9 – 6 所示。生产链分为五个层级，主要包括由采矿和能源类产业构成的基础产业团（L1，子核，节点置于实框内），冶金和部分加工业构成的中段产业集（外围，L3），由通用、专用设备制造业等构成的高端产业团等（子核，L4）。11 号（化学工业）位于整个生产链的末端（L5），属于高技术行业的仪器仪表及文化办公用机械制造业处于生产链的较上游位置（L2），而通用设备、计算机及其他电子设备制造业（18 号）则出现在生产链的较前端位置。需求链分为 4 个层级。部分采矿、轻工和公共行业构成需求链顶层。采掘和制造业位于需求链中端。通用设备、计算机及其他电子设备制造业（18 号）位于整个需求链末端。交通运输设备制造业（16 号）脱离需求链，处于孤立状态。化学和信息行业处于技术流网络较高端位置。生产链两端的产业团较

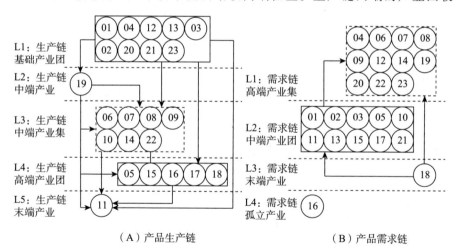

图 9 – 6 中国产业技术流网络分层结构

资料来源：依据以《中国统计年鉴（2013）》（国家统计局，2013）2010 年投入产出表和《中国科技统计年鉴（2011）》（国家统计局、科学技术部，2011）数据构建的 ITFN 计算构建。

为稳定，中端由仪器仪表及文化办公用机械制造业和能源与原材料产业构成的外围层级松散、较不稳定，L2、L3 的产品与流程创新力提升能够有力改变整体层级分布。需求链中间的产业团结构较为稳定，两端由能源、冶金和制造业构成的层级较不稳定，L3 的流程创新和 L1 的产品创新能力提升能够引起层级的较大变动。由此可见，技术扩散因素改变了网络中产业的相对地位，典型表现是仪器仪表及文化办公用机械制造业和通用设备、计算机及其他电子设备制造业分别向生产链中端和需求链末端移动。基础产业和高技术制造业作为创新先导产业集群对整体工业技术系统升级发展的支撑效应强。

2. 产业技术流树

以各工业产业单位劳动力的增加值表示其劳动生产率，以倒序排列（见表 9 - 1）。

表 9 - 1　2010 年中国工业行业劳动生产率

单位：元/人

编号	工业产业	劳动生产率	编号	工业产业	劳动生产率
16	交通运输设备制造业	573315.27	14	金属制品业	132686.99
05	食品制造及烟草加工业	450413.10	21	电力、热力的生产和供应业	103339.45
19	仪器仪表及文化办公用机械制造业	449729.44	13	金属冶炼及压延加工业	86941.29
18	通信设备、计算机及其他电子设备制造业	440738.53	03	金属矿采选业	56102.11
15	通用、专用设备制造业	382030.87	12	非金属矿物制品业	48571.71
17	电气机械及器材制造业	381247.14	04	非金属矿及其他矿采选业	37337.20
07	纺织服装鞋帽皮革羽绒及其制品业	326451.85	02	石油和天然气开采业	28703.90
11	化学工业	269327.29	01	煤炭开采和洗选业	9254.12
10	石油加工、炼焦及核燃料加工业	233477.91	06	纺织业	1496.22
09	造纸印刷及文教体育用品制造业	209437.67			

注：23 个工业行业中有 19 个行业能够同时取得增加值和劳动力数量指标。删除了木材加工及家具制造业（8 号）、工艺品及其他制造业（20 号）、燃气生产和供应业（22 号）和水的生产和供应业（23 号）。

资料来源：依据《中国工业经济统计年鉴（2011）》（国家统计局工业司编，2011）计算。

　　将劳动生产率最高的 16 号产业作为根节点，分别以深度优先和广度优先方法获得产业技术流正向树。由图 9 – 7 可知，产业技术流正向树根节点 16 号具有 2 个分支，主序列上树的总长度为 10。由图 9 – 8 可知，树的总宽度为 16，其生产率变动的波及效应的深度和广度都较大。

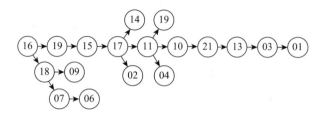

图 9 – 7　中国产业技术流正向树（深度优先）

　　资料来源：依据以《中国统计年鉴（2013）》（国家统计局，2013）2010 年投入产出表和《中国科技统计年鉴（2011）》（国家统计局、科学技术部，2011）数据构建的 ITFN 和《中国工业经济统计年鉴（2011）》（国家统计局工业司，2011）数据计算构建。

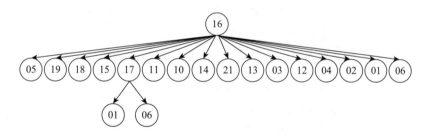

图 9 – 8　中国产业技术流正向树（广度优先）

　　资料来源：依据以《中国统计年鉴（2013）》（国家统计局，2013）2010 年投入产出表和《中国科技统计年鉴（2011）》（国家统计局、科学技术部，2011）数据构建的 ITFN 和《中国工业经济统计年鉴（2011）》（国家统计局工业司，2011）数据计算构建。

　　分别以 16 号和 19 号为根节点，采用广度优先方法构建的产业技术流逆向树如图 9 – 9、图 9 – 10 所示。对于 16 号产业其直接受 15 号、17 号和 18 号产业（设备制造）制约，15 号、17 号具有绝大多数的分支和树叶节点，是制约其技术升级的关键产业。19 号产业则有 6 个制约产业，其中 11 号、17 号具有其他全部树叶节点，是 19 号产业技术升级的关键制约行业。

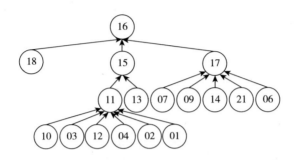

图9-9　中国产业技术流逆向树（16号为根）

资料来源：依据以《中国统计年鉴（2013）》（国家统计局，2013）2010年投入产出表和《中国科技统计年鉴（2011）》（国家统计局、科学技术部，2011）数据构建的 ITFN 和《中国工业经济统计年鉴（2011）》（国家统计局工业司，2011）数据计算构建。

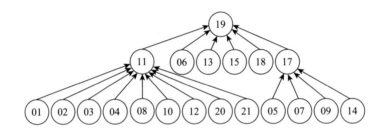

图9-10　中国产业技术流逆向树（19号为根）

资料来源：依据以《中国统计年鉴（2013）》（国家统计局，2013）2010年投入产出表和《中国科技统计年鉴（2011）》（国家统计局、科学技术部，2011）数据构建的 ITFN 和《中国工业经济统计年鉴（2011）》（国家统计局工业司，2011）数据计算构建。

四　产业技术流溢出、吸收与中介效应分析

产业的技术溢出与吸收效应如表9-2所示。

表9-2　中国产业技术流溢出与吸收效应指标

产业编号	下溢出			上溢出			下吸收			上吸收		
	技术流量	点数	平均流量	技术流量	点数	平均流量	技术流量	点数	平均流量	技术流量	点数	平均流量
1	12989	1	12989	1066417	17	62730		0		4464	1	4464

续表

产业编号	下溢出			上溢出			下吸收			上吸收		
	技术流量	点数	平均流量	技术流量	点数	平均流量	技术流量	点数	平均流量	技术流量	点数	平均流量
2		0		805173	5	161035		0		13563	4	3391
3	85289	5	1706	1268776	12	105731		0		1813	1	1813
4		0		165593	6	27599		0		915	4	229
5		0			0		292393	5	58478.6		0	
6		0		108430	1	108431		0		190716	5	38142
7		0			2	0.0	182698	1	182698.0	23317	0	
9		0		218986	1	218987	30690	3	10230.1	54090	3	18090
10		0		1148242	5	229648	28954	3	9651.4	4485	1	1495
11	2546979	15	16980	4042532	7	577505	145286	0			0	
12		0		764239	6	127373	9602	1	9601.5	36996	3	12332
13	348789	6	5813	5124739	12	427062	100790	1	100790		0	
14		0		1094423	5	218885	107223	1	107223	45041	3	15014
15	5398079	3	179935	1216718	4	304180	1270042	1	1270042		0	
16	4035679	3	134523		0			0			0	
17	11577695	7	165395	69927	5	13985		0			0	
18	370307	1	370307	261082	1	261082		0			0	
19	420148	6	70025	99557	2	49776	250197	1	250193		0	
21	123524	7	17646	2122497	11	192954	7197	1	7197		0	

资料来源：依据以《中国统计年鉴（2013）》（国家统计局，2013）2010 年投入产出表和《中国科技统计年鉴（2011）》（国家统计局、科学技术部，2011）数据构建的 ITFN 和《中国工业经济统计年鉴（2011）》（国家统计局工业司，2011）数据计算。

　　总体来看，各产业间差别较大。15～19 号的设备制造业技术溢出效应较强，特别是下溢出能力（是低生产力行业的技术源泉），但其技术吸收效应较弱。1～4 号采掘行业的技术扩散效应波及产业主要为高生产率行业。5～9 号的轻工制造具有一定的上溢出、下吸收和上吸收效应。10～14 号的冶金、基础原材料等工业的综合技术扩散效应都比较均衡，除 11 号不具有上吸收效应，12 号、14 号不具有下溢出效应外，其他指标数值都较为显著。

　　产业技术流中介效应指标情况如表 9-3 所示。

表 9 – 3　中国产业技术流传导与中介效应指标

网络	指标数值																			
编号	1	2	3	5	6	7	8	9	10	11	12	13	14	15	16	17	18	19	20	21
SV					0.1	4.5				23.5		10.3		9.0	8.4	26.7	9.7	1.4		4.5
AV	1.7	0.9	1.1	1.9	0.6			1.1	1.5	0.9		4.3								3.7
SV（W）	11.6	0.2	2.7		2.8	4.2			0.2	0.1	24.5	3.5	35.4	0.5	14	12.7	13.8	14.5	4.2	19	17.4
AV（W）	8.7	0.8	3.9	0.8	0.4		0.2	1.3	1.4			6.8		0.2						8.4

资料来源：依据以《中国统计年鉴（2013）》（国家统计局，2013）2010 年投入产出表和《中国科技统计年鉴（2011）》（国家统计局、科学技术部，2011）数据构建的 ITFN 计算。

11 号（化学工业）、13 号（金属冶炼及压延加工业）和 21 号（电力、热力生产及供应业）等基础工业在多个网络中都具有高数值。此外，14 ~ 19 号的金属加工与设备制造业在技术溢出网络、采矿业在技术吸收网络中具有重要影响效应。

第六节　结论

当前，中国经济已进入新常态，从要素驱动、投资驱动转向创新驱动，更加关注经济结构特别是产业结构优化升级，需要有力推动产业技术的不断创新和有效扩散。本章从"技术流"出发，基于概率理论和网络与图论技术研究和设计能够描述产业间技术扩散关系与结构的产业技术流网络的建模与结构效应分析方法。首先，根据产业间技术扩散原理与机制分析，提出产业技术流网络内涵与特征；其次，改进 Weaver 指数，设计二维变量的网络连接概率检验指数，研究垂直型产业技术流网络构建方法；最后，依据产业间技术共同度指数，构建水平型产业技术流网络。进一步以网络度分布和度相关、中心 – 外围网络和产业技术流树、产业技术流中心性指标等对产业技术流网络的动态演化，升级的推动与制约，产业技术流溢出、吸收和中介等方面结构效应进行揭示。最终以中国为实例对网络建模与结构效应分析方法进行了有效验证。

主要分析结果如下。综合来看，PV – ITFN、DV – ITFN、PH – ITFN 等呈现出工业技术关联系统整体技术扩散关系的密集性和结构的层次性。部分产业技术流网络的度分布与度相关的典型特征体现出工业技术创新扩散系统结构的内在演化效应，如产业群的技术溢出和吸收趋同效应（SV‑ITFN 出度和 AV‑ITFN 部分节点的入度分布类似均匀分布）、技术吸收的产业集中效应（AV‑ITFN 的出度类似指数分布）、技术溢出的异质性产业间亲和效应（SV‑ITFN 度数的反向匹配效应）等。从具体产业看，采掘业产品是重要的技术流运动载体，这些行业相互间技术共同程度强，共生互动效应强，但同其他行业隔离，易产生技术流运转的封闭效应。冶金、化学等基础行业和制造类行业的综合技术流交互程度高，网络位置关键，中介效应和结构升级的反馈动力效应也较强。装备制造和信息制造则具有关键支撑效应。我国高技术行业与高生产力产业的行业分布较为一致，这些行业在整个产业技术流运动链条中具有重要带动位置，技术溢出效应以及对低生产力行业创新发展的推动效应都较强，但本身相互间的技术横向交互性不高，且易受到来自较低生产力产业的技术制约效应影响。工业技术系统是一个紧密整体，部分工业行业的发展滞后必将制约整个系统的优化提升。

从结果来看，产业技术流网络的研究探索能够识别和描述产业间技术垂直与水平扩散基础关系，以及产业间技术扩散多层次性和动态性结构效应特征，是产业网络分析方法的发展延伸。在已有基础上探索引入政府政策变量（如政府的产业直接与间接研发投入），基于产业技术流网络进行政策模拟，则进一步能够为我国经济新常态背景下的产业技术创新体系构建、战略性新兴产业培育、产业结构优化与升级等方面研究提供更加直接的理论与方法支持。

第十章 总结与思考

第一节 总结

本书初步提出产业网络分析基本理论框架。

第一，介绍了产业网络分析的基本概念和理论体系。从产业关联理论视角介绍产业网络分析的源点（产业关联关系）和产业网络分析的目标（产业关联结构效应）。介绍产业网络的概念特征，提出并界定了产业网络分析的内涵及原理和产业网络分析的方法论基础。产业网络分析（Industry Network Analysis，INA）是针对基于产业间关联关系的现实问题的分析解决，根据系统科学、数学方法、图论和网络技术发展起来的，通过产业网络构造，并对产业网络的关系结构及其属性加以分析，以实现经济绩效（关联效应）研究的一套规范和定量的分析方法。产业网络分析本质上就是用网络来描述问题并用网络来解决问题。其方法论基础是系统分析方法、统计学方法和图论及网络方法。

第二，介绍了基于产业复杂网络（Yin模型）的产业网络的基本构造原理与方法，构建能够深入描述产业关联二元关系的产业网络模型。产业关联关系本质上是一种二元关系，前向关联与后向关联是对这种二元关系的一种基本刻画（直接关联衍生出间接关联和完全关联，都属于垂直关联，进一步垂直关联关系衍生出水平关联关系），图或网络可以清晰完整地表达出二元关系系统和描述产业关联关系。产业间只有当供给或需求关系水平达到一定程度，成为强关系时，产业间有效（或重要）的关联才能形成。本书应用概率理论，具体采用威弗组合指数方法（一般性产业网络采用了单维均匀概率分布检验方法，第九章的产业技术流网络构建中则采用二维联合均匀概率分布检验方法）提取强关联关系，并基于产业强关联关系的特点，提出了产业网络的概念、特征及其建模原理，设计出产业网络的建模方法，构建起多层次、多类别的产业网络的基本模型体系，提取出经济系统的基础架构。

第三，介绍了产业网络的结构分析原理与方法，提炼出产业关联的重要性结构特征及其有效的分析方法。产业关联关系结构是指关联关系的联系或者关联关系的模式，而特定关联效应的发挥必然与一定的关联关系结构的状态即同关联结构特征相关。关联关系的结构特征应当在两大层面上体现出来：一是产业关联系统整体元素的状态和发展趋势，即关联整体特征；二是产业关联个体的地位、影响力或者制约力状态或水平，即关联个体特征。产业网络是产业关联系统的抽象，将关联结构研究转化为产业网络的结构分析，从关联效应研究入手设置关联结构的标识（特征类型及内涵），并设计出丰富的产业网络优化方法以对关联关系结构特征进行分析和评价。

第四，介绍了产业网络的指标分析原理与方法，设计出能够有效描述产业关联结构特征和分析产业关联效应的产业网络指标体系模型。以关联二元关系系统的分析和关联关系结构模式信息的挖掘为中心，依据产业关联效应的可识别与可解析原则和产业关联结构特征的已有研究成果，基于产业网络设计出一个多层次和多类别的产业关联综合指标体系。这套指标具有理论合理性、相对的完整性、重要信息覆盖性和应用的广泛性与灵活性等特点，能够有效实现"认知关联结构→评价和优化关联效应"的现实应用路径。

第五，介绍了产业网络分析在区域经济研究上的几点应用。一是以粤苏鲁三省为例进行经济发展竞争力区域比较分析，二是以鲁苏高技术产业与服务业为例进行产业集的区域比较分析，三是以中国为例进行产业结构演化分析，四是产业技术扩散效应综合分析，实现了产业网络分析的多层次应用演示。

在各部分理论分析介绍中，有如下关键问题需要强调并补充说明。

首先，强关联关系是重要关联关系并不能说明弱关联关系不是重要关联关系。强关联关系对区域经济的决定作用本质上也由于弱关联关系的内在制约作用的存在，经济产业结构优化和升级的原理就在于改变特定强与弱关联关系的性质、数量和分布，如体现产业高成本依赖的强关联关系转化为弱关联关系，体现产业有效需求不足的弱关联关系转化为强关联关系。因此，强关联关系与弱关联关系之间是一体性的互相依存关系，是一个问题的两个方面。实际上，对关联关系进行强与弱区分的过程就是重要关联关系的梳理，同时识别出强关联关系与弱关联关系，强关联关系以产业网络的主图进行描述，而背后隐含的弱关联关系可以以产业网络补图描述，产业网络补网络实质是产业网络的一种衍生形式。

其次，基于概率统计的产业网络构造方法是对已有方法的改进而非否定。WI 本质是基于概率理论假定并推断关联关系要素的均匀分布判定函数，其并非否定已有方法的有效性，而是从产业网络特征和产业网络建模原理考虑的一种较科学合理的方法，是从可操作性和准确性上对传统产业网络构造方法的调整和改进。实际上在应用相同关系数据的情况下，完全型 CS - IN 的聚合形式同基于完全强关联敏感测试方法建立的产业网络的形态和结构非常相似。WI 同产业网络本身是相互独立的关系，如同信息熵最大原理也不必然由 QIOA 而生（关联关系矩阵的信息熵最大方法是一种对 QIOA 研究建模的改进，由此发展出了 QIOA/MFA 方法，并能够描述出基础经济结构；在第九章的产业技术流网络建模分析中也采用信息熵方法）。WI 组合指数方法自身也是不断发展的，如托马斯对指数中非重要元素的引入以及本书第九章双变量联合概率分布判定函数等。随着产业网络分析理论的更加深入的研究，其网络的构造方法也将会进一步完善。

再次，产业关联效应及其结构特征也具有高度的复杂性和多层次性。产业关联效应与产业关联结构特征类别丰富，也存在复杂性的内在联系。本书仅从典型的几类产业关联效应出发，将其相关的结构特征分析转化为产业网络的结构特征及结构指标分析，并列举了产业网络在产业关联结构研究上的优越特性。而在第九章则针对动态性的产业间技术扩散效应问题实现了产业网络构造方法、优化方法和分析指标的综合性应用。

最后，在具体应用中，从研究的便捷性上对产业部门具体详细分类进行确定。在关联特征和关联指标的应用分析中采用了 42 个部门的产业分类方法（第九章也是从 42 个产业部门中选取了其中 23 个工业部门，在产业技术流树的实证分析中根据数据的可得性选取了其中 19 个部门），建立起的产业网络规模适中，在示例及应用分析中这种分类有利于主要产业特性同网络特性的结合分析，并易于操作把握。本书未采用相对过粗的产业分类法（如三次产业、17 个部门等）和过细的产业分类法（如 135 个部门、144 个部门等）。同时，由于完全型 CS－IN 包含了直接关联、间接关联以及多种派生关联等较为完整的关联关系形式，因此主要采用完全型 CS－IN 及其无向扩展形式和赋边权扩展形式作为结构特征与关联指标示例分析、区域比较分析和中国产业结构升级研究的基本网络。

总之，本书围绕产业网络分析的理论与应用，初步引入并介绍了产业网络分析的基本概念、基本方法、分析框架和发展脉络。产业网络分析的研究能够对产业关联关系、关联结构和关联效应进行有效描述和深入解释，也能够为进一步的经济管理决策绩效优化提供理论方法、可行思路和策略路径的有力支持。

第二节　思考

从网络分析的发展过程来看，一般包括网络特征发现阶段（着眼于对其包含的节点和边的规律研究，通过观察这些基本构成元素的组织规律，得到网络的基本属性和特征）和网络结构建模阶段（研究相应结构特征的形成机理，以获得对网络结构更深刻的理解，预测网络的下一步演化形式）。当前产业网络分析还基本处于第一阶段的成熟期。产业网络分析未来可在产业网络模型体系深化、产业网络动态性和产业网络的模拟与设计等方面不断取得突破，加快推动产业网络分析的研究进入网络结构建模阶段。

第一，产业网络模型体系深化研究。模型升级的基本思路是在技术关系基础上针对特定的实际问题分析进一步勾勒出部门间的多层次性的特殊联系，即在产业网络描述的经济"基础骨架"上丰富"血肉"。核心是根据特定问题设置特定权重及相关具有针对性的网络优化方法。基于特定问题的网络优化方法设计将是产业网络模型深化的关键点也是难点。可针对如区域经济战略、技术扩散问题、劳动力转移问题、碳排放及追踪问题以及供应链管理和企业战略问题，赋予特定的边权和点权。如边权可设置为表示产业链长度、产业波及平均长度的距离权，表示基于资产专用性的资本、人力与技术等生产要素在产业间转移门槛强度的强度权和表示产业部门之间的物质流、知识流和劳动力转移流量的流量权等；点权可设置为部门生产要素水平、产业素质属性（部门的全要素生产率、部门劳动者数量及素质、增加值比重、固定资产比重及折旧水平等）和产业组织特征描述指标（行业的市场集中度、行业垂直一体化指数、行业市场绩效等）等。

第二，产业网络的动态性研究。产业网络的动态性研究是同产业网络的静态研究相对的概念。静态研究是严格假定在一定时段内，基于技术稳定特性，产业关联关系强度水平和系统内的产业部门类别及其他属性不发生显著性变化，表现在网络上是边和点的数量及其权重的不增不减。动态研究是假定在较长时期内，存在产业内部的技术创新和技术进步以及产业间的技术扩散等现象，考察网络所体现的基础结构及其引致的上层经济结构的变化，在网络形态上则表现为产业节点的数量与属性变化（如基于新产业萌芽和培育的特定产业节点的引入）以及关联关系结构及边权水平的变动（如技术进步引起的生产要素相对价格水平的涨落带来的强关联显著水平的改变）。重点为对新产业引入规律的发现和产业网络成长规则的设定，如基于生产要素的成本和上下游产业需求因素考虑，能源产业、房地产相关的产业群是目前新产业政策的热点。

第三，产业网络的模拟与目标网络设计研究。可在对产业网络所描述的产业系统静态关联关系和结构特征及动态演化规律的深入认知基础上进行产业网络的模拟与预测研究。核心是目标网络的设计与实现，本质是在特定环境参数设定下（如政策变量、投资或需求变量等）基于特定的宏观经济调控目标进行的产业升级、结构优化的政策模拟研究，是从当前特定网络出发按照经济发展规律决定的模拟规则对最优或满意目标网络的搜索和发现。

其中，后两者属于结构建模方面。根据许进等（2015）的观点，网络结构建模方法可分为两大类：一类是网络构造模型，通过显式设定网络中节点的加入和边的形成过程来构建网络，过程直观，并可形象地模拟节点行为及其之间的交互；另一类是采用统计建模方法的随机生成模型，将复杂的网络结构生成过程简化为若干基本概率步骤，并通过统计推断得到模型参数以还原这个生成过程，能够从宏观层面对网络结构的形成机制进行解释。网络结构建模预计会成为未来产业网络分析的重点研究领域。

　　总之，当前产业网络研究尚处在网络特征发现阶段的加速发展期，在一些方面尚存在一定不足，但进一步的研究必将使之更加完善和成熟①。产业网络分析作为一种新型的经济管理分析及决策支持工具将具有广阔和美好的发展前景。

---

① 已有学者在产业网络的动态建模和产业网络演化分析方面进行探索，如王玥等（2013）的产业关联动态网络模型、邢李志（2017）的产业网络链路预测研究等。

附录 产业部门分类及编号

产业编号	产业部门分类	
	《国民经济行业分类》（GB/T4754 – 2002）	《国民经济行业分类》（GB/T4754 – 2011）
	本书涉及的国家 2002 年、2007 年和 2010 年 IO 表及地区 2002 年、2007 年 IO 表采用	本书涉及的国家和地区 2012 年 IO 表采用
1	农林牧渔业	农林牧渔产品和服务
2	煤炭开采和洗选业	煤炭采选产品
3	石油和天然气开采业	石油和天然气开采产品
4	金属矿采选业	金属矿采选产品
5	非金属矿及其他矿采选业	非金属矿和其他矿采选产品
6	食品制造及烟草加工业	食品和烟草
7	纺织业	纺织品
8	纺织服装鞋帽皮革羽绒及其制品业	纺织服装鞋帽皮革羽绒及其制品
9	木材加工及家具制造业	木材加工品和家具
10	造纸印刷及文教体育用品制造业	造纸印刷和文教体育用品
11	石油加工、炼焦及核燃料加工业	石油、炼焦产品和核燃料加工品
12	化学工业	化学产品
13	非金属矿物制品业	非金属矿物制品
14	金属冶炼及压延加工业	金属冶炼和压延加工品
15	金属制品业	金属制品
16	通用、专用设备制造业	通用设备
17	交通运输设备制造业	专用设备
18	电气机械及器材制造业	交通运输设备
19	通信设备、计算机及其他电子设备制造业	电气机械和器材
20	仪器仪表及文化办公用机械制造业	通信设备、计算机和其他电子设备

产业编号	产业部门分类	
	《国民经济行业分类》（GB/T4754 – 2002）	《国民经济行业分类》（GB/T4754 – 2011）
	本书涉及的国家 2002 年、2007 年和 2010 年 IO 表及地区 2002 年、2007 年 IO 表采用	本书涉及的国家和地区 2012 年 IO 表采用
21	工艺品及其他制造业	仪器仪表
22	废品废料	其他制造产品
23	电力、热力的生产和供应业	废弃资源和废旧材料回收加工品
24	燃气生产和供应业	金属制品、机械和设备修理服务
25	水的生产和供应业	电力、热力生产和供应
26	建筑业	燃气生产和供应
27	交通运输及仓储业	水的生产和供应
28	邮政业	建筑
29	信息传输、计算机服务和软件业	批发和零售
30	批发和零售业	交通运输、仓储和邮政
31	住宿和餐饮业	住宿和餐饮
32	金融业	信息传输、软件和信息技术服务
33	房地产业	金融
34	租赁和商务服务业	房地产
35	研究与试验发展业	租赁和商务服务
36	综合技术服务业	科学研究和技术服务
37	水利、环境和公共设施管理业	水利、环境和公共设施管理
38	居民服务和其他服务业	居民服务、修理和其他服务
39	教育	教育
40	卫生、社会保障和社会福利业	卫生和社会工作
41	文化、体育和娱乐业	文化、体育和娱乐
42	公共管理和社会组织	公共管理、社会保障和社会组织

参考文献

安虎森、张古，2015，《中国发达省份内部发展差距的理论解释与对策——以山东、广东和江苏为例》，《现代经济探讨》第 6 期。

陈海波、朱华丽、刘洁，2012，《江苏居民消费结构变动对产业结构升级影响的协整分析》，《工业技术经济》第 2 期。

波拉特，马克，1987，《信息经济论》，李必祥等译，湖南人民出版社。

波特，迈克尔，2002，《国家竞争优势》，李明轩、邱如译，华夏出版社。

伯特，罗纳德，2008，《结构洞：竞争的社会结构》，任敏、李璐、林虹译，上海人民出版社。

陈家玮，2004，《浙江省与韩国产业结构比较研究》，《今日科技》第 1 期。

陈建军、胡晨光，2007，《长三角的产业集聚及其省区特征、同构绩效——一个基于长三角产业集聚演化的视角》，《重庆大学学报》（社会科学版）第 4 期。

陈锡康、杨翠红等编著，2011，《投入产出技术》，科学出版社。

陈晓红、周源、许冠南、苏竣，2013，《产业集群向创新集群升级的影响要素和路径研究——以广东昭信科技园区为例》，《中国管理科学》专刊。

陈银娥、魏君英、廖宇航，2008，《中国服务业增长中的技术进步作用研究》，《华中科技大学学报》（社会科学版）第 5 期。

陈雪松，2010，《我国房地产业的关联效应分析》，《建筑经济》第 2 期。

陈子凤、官建成，2009，《我国制造业技术创新扩散模式的演化》，《中国软科学》第 2 期。

程如轩，2001，《产业结构优化升级统计指标初探》，《中国统计》第 7 期。

邓志国、陈锡康，2008，《基于 APL 模型的中国部门生产链演化分析》，《数学的实践与认识》第 1 期。

董景荣，2009，《技术创新扩散的理论、方法与实践》，科学出版社。

段会娟，2010，《知识溢出的测度方法综述》，《科技进步与对策》第 5 期。

段瑞娟、郝晋珉、张洁瑕，2006，《北京区位土地利用与生态服务价值变化研究》，《农业工程学报》第 9 期。

段七零，2008，《中国产业集群的识别、结构与功能研究》，《扬州教育学院学报》第 2 期。

杜因，范，1993，《经济长波与创新》，刘守英、罗靖译，上海译文出版社。

方爱丽、高齐圣、张嗣瀛，2008，《投入产出关联网络模型及其统计属性研究》，《数学的实践与认识》第 9 期。

方爱丽，2008，《基于复杂网络理论的投入产出关联分析》，博士学位论文，青岛大学。

方爱丽、高齐圣、张嗣瀛，2009，《产业网络的聚集性和相关性分析》，《系统工程理论与实践》第 9 期。

格兰诺维特，马克，2007，《镶嵌——社会网与经济行动》，罗家德译，社会科学文献出版社。

龚养军，2002，《产业结构研究》，上海财经大学出版社。

关峻，2014，《产业结构网络中集聚系数的经济学含义研究》，《科技进步与对策》第 10 期。

关峻，2014，《复杂社会网络视角下产业集群发展的投入产出结构分析》，《科技进步与对策》第 7 期。

管睿，2013，《基于 Floyd 新疆国民经济产业结构复杂性网络研究》，《新疆大学学报》（哲学·人文社会科学版）第 5 期。

广东省统计局、国家统计局广东调查总队编，2008，《广东统计年鉴（2008）》，中国统计出版社。

国家统计局编，2010，《中国统计年鉴（2010）》，中国统计出版社。

国家统计局、科学技术部编，2011，《中国科技统计年鉴（2011）》，中国统计出版社。

国家统计局工业司编，2011，《中国工业经济统计年鉴（2011）》，中国统计出版社。

国家统计局国民经济核算司编，2006，《中国投入产出表（2002）》，中国统计出版社。

国家统计局国民经济核算司编，2008，《中国地区投入产出表（2002）》，中国统计出版社。

国家统计局国民经济核算司编，2009，《中国投入产出表（2007）》，中国统计出版社。

国家统计局国民经济核算司编，2011，《中国地区投入产出表（2007）》，中国统计出版社。

国家统计局国民经济核算司编，2015，《中国投入产出表（2012）》，中国统计出版社。

国家统计局国民经济核算司编，2016，《中国地区投入产出表（2012）》，中国统计出版社。

郭立夫、单洪颖，2003，《产业间物质关联关系》，《吉林大学学报》（工学版）第2期。

郭文伟，2016，《房地产产业链相依结构演化及其危机传染效应研究》，《经济数学》第1期。

郭万达编，1991，《现代产业经济词典》，中信出版社。

郭武斌、胡祥培、佟士祺、刘伟国，2008，《基于连通性指标的网络分解方法》，《大连海事大学学报》第2期。

韩颖、潘志刚，2005，《汽车工业对其关联产业的带动效用分析》，《中国软科学》第6期。

韩赞勇，2016，《基于产业复杂网络的中国产业关联研究》，硕士学位论文，山西财经大学。

贺灿飞、梁进社、张华，2005，《区域制造业集群的辨识——以北京市制造业为例》，《地理科学》第5期。

贺灿飞、刘作丽、王亮，2008，《经济转型与中国省区产业结构趋同研究》，《地理学报》第8期。

赫希曼，艾伯特，1991，《经济发展战略》，潘照东、曹征海译，经济科学出版社。

侯明、王茂军，2014，《北京市产业网络结构的复杂性特征》，《世界地理研究》第 2 期。

洪银兴、刘志彪，2003，《长江三角洲地区经济发展的模式和机制》，清华大学出版社。

胡健、印玺，2010，《基于专利引用的技术流矩阵的分析——对石油天然气产业技术溢出效应的测度》，《科学学研究》第 12 期。

胡立君、石军伟、傅太平，2005，《产业结构与产业组织互动关系的实现机理研究》，《中国工业经济》第 5 期。

黄欣荣，2006，《复杂性科学的方法论研究》，重庆大学出版社。

贾传亮、胡发胜、孙颖，2006，《主成分分析法在产业关联度研究中的应用》，《运筹与管理》第 2 期。

江静、刘志彪、于明超，2007，《生产者服务业发展与制造业效率提升：基于地区和行业面板数据的经验分析》，《世界经济》第 8 期。

江苏省统计局、国家统计局江苏调查总队编，2008，《江苏统计年鉴（2008）》，中国统计出版社。

库兹涅茨，西蒙，2005，《各国的经济增长》，常勋等译，商务印书馆。

拉德克利夫 - 布朗，A.R.，1988，《社会人类学方法》，夏建中译，山东人民出版社。

拉德克利夫 - 布朗，A.R.，1999，《原始社会的结构与功能》，潘蛟、王贤海、刘文远、知寒译，中央民族大学出版社。

里昂惕夫，沃西里，1982，《投入产出经济学》，崔书香译，商务印书馆。

李栋华，2010，《复杂适应视角的产业系统和产业竞争力》，《科技进步与对策》第 1 期。

李凤梧、王茂军，2014，《中国产业网络结构特性与经济增长关联研究》，《首都师范大学学报》（自然科学版）第 4 期。

李建平、李闽榕、高燕京等编，2010，《中国省域竞争力蓝皮书：中国省域经济综合竞争力发展报告（2008~2009）》，社会科学文献出版社。

李建平、李闽榕、高燕京等编，2014，《中国省域竞争力蓝皮书："十二五"中期中国省域经济综合竞争力发展报告》，社会科学文献出版社。

李建平、李闽榕、高燕京等编，2017，《中国省域竞争力蓝皮书：中国省域经济综合竞争力发展报告（2015~2016）》，社会科学文献出版社。

李孟刚等编，2008，《产业经济学》，高等教育出版社。

李盼道、宗刚，2015，《基于投入产出模型的价格关联效应和关联网络分析》，《统计与决策》第 7 期。

李善同、钟思斌，1998，《我国产业关联和产业结构变化的特点分析》，《管理世界》第 3 期。

李世佳，2010，《基于投入产出法消费的就业效应分析》，《统计与决策》第 3 期。

李新、王敏晰，2009，《我国高新技术产业与其他产业关联效应的经验分析》，《软科学》第 9 期。

李亚杰，2011，《基于复杂网络理论的产业网络研究》，硕士学位论文，浙江工商大学。

李永，2003，《我国目前产业关联结构效果的实证分析》，《广西社会科学》第 3 期。

李哲、袁治平，1995，《建立递阶结构模型的方法探讨》，《系统工程理论方法应用》第 2 期。

廖明球编著，2009，《投入产出及其扩展分析》，首都经济贸易大学出版社。

弗里曼，林顿，C.，2008，《社会网络分析发展史——一项科学社会学的研究》，张文宏、刘军、王卫东译，中国人民大学出版社。

林聚任，2007，《社会信任和社会资本重建——当前乡村社会关系研究》，山东人民出版社。

刘丙章、高建华、李国梁，2016，《中原经济区复杂产业网络结构特征及演化》，《人文地理》第 2 期。

刘刚、郭敏、陈骏，2008，《产业结构网络效率研究》，《当代经济研究》第 12 期。

刘刚、郭敏，2009，《中国宏观经济多部门网络及其性质的实证研究》，《经济问题》第 2 期。

刘桂真，2008，《图与网络——优化决策的图论方法》，上海科学技术出版社。

刘军，2007，《一般化互惠，测量、动力及方法论意涵》，《社会学研究》第 1 期。

刘军编著，2009，《整体网分析讲义——UCINET 软件实用指南》，上海人民出版社。

刘起运，2002，《关于投入产出系数结构分析方法的研究》，《统计研究》第
　　2 期。

刘向东、石杰慎，2009，《我国商业的投入产出分析及国际比较》，《中国软
　　科学》第 4 期。

刘伟，1995，《工业化进程中的产业结构研究》，中国人民大学出版社。

刘永清、周传世，1999，《广东省产业系统的层级结构模型及其应用》，《系
　　统工程理论与实践》第 3 期。

刘宇，2011，《产业的关联性分析及其产业选择》，《中国经济问题》第 3 期。

刘志彪、安同良编著，2009，《现代产业经济分析》，南京大学出版社。

吕新军、胡晓绵、张熹，2010，《中美高技术产业间技术扩散模式比较分
　　析——基于投入产出与社会网络方法的分析》，《科技进步与对策》第
　　7 期。

陆秀山、孙久文编，2005，《中国区域经济问题研究》，商务印书馆。

伦蕊，2005，《工业产业结构高度化水平的基本测评》，《江苏社会科学》第
　　2 期。

罗斯托，华尔特，惠特曼编，1988，《从起飞进入持续增长的经济学》，贺
　　力平等译，四川人民出版社。

罗斯托，华尔特，惠特曼，2001，《经济增长的阶段，非共产党宣言》，郭
　　熙宝、王松茂译，中国社会科学出版社。

吕景春，2006，《珠三角产业集聚，发展路向与战略选择》，《改革与战略》
　　第 1 期。

吕维霞、赵亮，2010，《我国高科技现代服务业集群创新优势的制约因素及
　　提升策略》，《中国地质大学学报》（社会科学版）第 5 期。

马国霞、石敏俊、李娜，2007，《中国制造业产业间集聚度及产业间集聚机
　　制》，《管理世界》第 8 期。

马克卢普，弗里茨，2007，《美国的知识生产与分配》，孙耀君译，中国人
　　民大学出版社。

马涛、李鹏雁、马文东，2004，《新型工业化的区域产业结构优化升级测度
　　指标体系研究》，《燕山大学学报》第 5 期。

马霞、张玉林、马永顺，2009，《一种新的产业集聚分类方法及其在江苏特色产业集聚中的应用研究》，《科研管理研究》第 1 期。

庞巴维克，1983，《资本实证论》，陈端译，商务印书馆。

彭春燕，2003，《运用投入产出双比例分析方法对经济的结构分析》，《江苏统计》第 4 期。

潘文卿、李子奈、刘强，2011，《中国产业间的技术溢出效应：基于 35 个工业部门的经验研究》，《经济研究》第 7 期。

齐建国，1987，《评价产业结构的指标体系初探》，《数量经济技术经济研究》第 11 期。

钱纳里、霍利斯、鲁滨逊、谢尔曼、塞尔奎因、摩西，2015，《工业化和经济增长的比较研究》，吴奇、王松宝等译，格致出版社、上海三联书店、上海人民出版社。

曲建，1992，《三角化法：产业关联序列的研究方法》，《财经科学》第 3 期。

萨缪尔森、保罗、诺德豪斯、威廉，2012，《宏观经济学》，萧深等译，人民邮电出版社。

山东省统计局、国家统计局山东调查总队编，2008，《山东统计年鉴（2008）》，中国统计出版社。

邵昶、李健，2007，《产业链"波粒二象性"研究——论产业链的特性、结构及其整合》，《中国工业经济》第 9 期。

邵帅、杨莉莉，2010，《自然资源丰裕、资源产业依赖与中国区域经济增长》，《管理世界》第 9 期。

斯科特、约翰，2007，《社会网络分析法》，刘军译，重庆大学出版社。

孙露、薛冰、张子龙、张黎明、耿涌，2014，《基于 SNA 的中国产业网络结构演化及定量测度》，《生态经济》（中文版）第 2 期。

孙露、薛冰、耿涌、张黎明，2015，《基于投入产出表和社会网络分析的区域产业结构比较分析：以华东七省（市）为例》，《华东师范大学学报》（自然科学版）第 1 期。

孙赵勇、任保平，2014，《基于投入产出关联的中国产业结构演化特征分析》，《中国科技论坛》第 12 期。

史定华，2011，《网络度分布理论》，高等教育出版社。

史忠良等编，2005，《产业经济学》，经济管理出版社。

宋传珍、杨延村，2009，《基于威弗组合指数的绝对市场集中度分析》，《科技信息》第 18 期。

苏东水编，2010，《产业经济学》，高等教育出版社。

速水佑次郎、神门善久，2009，《发展经济学——从贫穷到富裕》，李周译，社会科学文献出版社。

索忠林、杨印生、高仪新，1997，《系统核度的一般算法》，《系统工程学报》第 3 期。

谭崇台编，2006，《发展经济学》，山西经济出版社。

唐立国，2002，《长江三角洲地区城市产业结构的比较分析》，《上海经济研究》第 9 期。

唐小我，1993，《关于投入产出系统的分解和完全需要系数矩阵 $(I-A)^{-1}$ 计算的进一步探讨》，《数学的实践与认识》第 2 期。

王朝端编，1981，《图论》，人民教育出版社。

王德利、方创琳、高璇，2010，《基于投入产出的中日美产业关联结构演进比较》，《地理科学进展》第 5 期。

王桂平、王衍、任嘉辰编，2011，《图论算法理论、实现及应用》，北京大学出版社。

王海燕，2009，《基于投入产出模型的中国种植业产品提价测算分析》，《浙江农业学报》第 5 期。

王海英、黄强、李传涛、褚宝增编著，2010，《图论算法及其 Matlib 实现》，北京航空航天大学出版社。

王景利、于海波、冯新广，1996，《组合指数综合排序模型方法及其应用——山东省工业支柱产业的定量分析》，《数量经济技术经济研究》第 8 期。

王茂军、杨雪春，2011，《四川省制造产业关联网络的结构特征分析》，《地理学报》第 2 期。

王茂军、柴箐，2013，《北京市产业网络结构特征与调节效应》，《地理研究》第 3 期。

王茂军、包琪，2013，《基于个体网交易约束的北京市产业网络结构规模绩效分析》，《地理科学进展》第 11 期。

王茂军、李凤梧、柴箐，2014，《北京市产业网络节点交易地位演变分析》，《干旱区地理》（汉文版）第 2 期。

王欣、王钢、彭录海，2008，《吉林省信息产业投入产出分析》，《情报杂志》第 1 期。

王亚伟、杨瑞、陈振，2010，《基于投入产出理论的河南省农业关联效应分析》，《河南农业大学学报》第 2 期。

王玥、佟仁城，2013，《产业关联分析动态网络模型》，《数学的实践与认识》第 6 期。

王岳平、葛岳静，2007，《我国产业结构的投入产出关联特征分析》，《管理世界》第 2 期。

王志标，2009，《文化产业关联效应分析》，《统计与决策》第 20 期。

汪小帆、李翔、陈关荣编著，2006，《复杂网络理论及其应用》，清华大学出版社。

汪应洛编，2008，《系统工程》，机械工业出版社，2008。

汪云林、付允、李丁，2008，《基于投入产出的产业关联研究》，《工业技术经济》第 5 期。

魏后凯编，2006，《现代区域经济学》，经济管理出版社。

魏悦、董元树，2010，《对我国信息产业关联效应的实证研究》，《统计与决策》第 16 期。

文献、邢李志，2013，《基于复杂社会网络分析的产品部门中间人属性研究》，《工业技术经济》第 10 期。

文献、邢李志、关峻，2014，《基于 GLW 模型的产业关联网络演化机制分析》，《科技进步与对策》第 9 期。

吴开亚、陈晓剑，2003，《基于二元关系的产业关联分析方法研究》，《中国管理科学》第 3 期。

吴思竹、张智雄，2010，《网络中心度计算方法研究综述》，《图书情报工作》第 18 期。

吴先锋、吴伟，2006，《重庆信息经济影响的投入产出分析》，《情报杂志》第 12 期。

吴晓波、姜雁斌，2010，《经济转型：基于网络分析的产业部门角色演化》，

《科学学研究》第 2 期。

夏明、彭春燕，2004，《20 世纪末期中国产业关联变动和结构升级》，《上海经济研究》第 3 期。

肖丽丽、毛加强、陈洪根，2008，《区域产业系统的结构模型及其应用研究》，《产业经济研究》第 1 期。

邢李志、关峻，2012a，《区域产业集群发展关联网络的建模与实证分析——以汽车行业和石化行业为例》，《工业技术经济》第 4 期。

邢李志、关峻，2012b，《区域产业结构网络的介数攻击抗毁性研究》，《科技进步与对策》第 23 期。

邢李志、关峻，2013，《基于 Floyd 改进算法的北京产业结构网络强关联模糊聚类分析》，《科技进步与对策》第 7 期。

邢李志、关峻、靳敏，2013，《基于网络流理论和随机游走过程的产业经济信息传递分析》，《科技进步与对策》第 8 期。

邢李志、文献、董现垒、关峻，2016，《基于共引网络理论的产业需求竞争网络》，《北京理工大学学报》（社会科学版）第 4 期。

邢李志，2017，《链路预测视角下京津冀现代制造业产业转移路径研究》，《科技进步与对策》第 4 期。

徐丽梅，2010，《基于投入产出模型的我国信息产业经济效应分析》，《图书情报工作》第 12 期。

徐力行、高伟凯，2007，《产业创新与产业协同——基于部门间产品嵌入式创新流的系统分析》，《中国软科学》第 6 期。

徐庭兰、万丽娟、孙亚星，2009，《随机增长网络的度分布》，《数学理论与应用》第 4 期。

徐仙英、张雪玲，2016，《中国产业结构优化升级评价指标体系构建及测度》，《生产力研究》第 8 期。

许进，1994，《系统核与核度理论及其应用》，西安电子科技大学出版社。

许进、杨扬、蒋飞、金舒原，2015，《社交网络结构特性分析及建模研究进展》，《中国科学院院刊》第 2 期。

杨公仆、夏大慰编，1999，《现代产业经济学》，上海财经大学出版社。

杨圣明、马建堂，1995，《消费经济学研究中的一部创新之作——评林白鹏等著〈中国消费结构与产业结构关联研究〉》,《管理世界》第 4 期。

杨治,1985,《产业经济学导论》,中国人民大学出版社。

姚战琪,2008,《技术进步与服务业的融合和互动——基于中国投入产出表的分析》,《财经研究》第 8 期。

叶安宁、张敏,2011,《产业关联与漏出效应分析》,《经济视角》第 10 期。

叶基宁,2007,《主导产业选择基准研究》,博士学位论文,厦门大学。

尹翀,2012,《产业复杂网络:建模及应用》,博士学位论文,山东大学。

尹翀,2013,《"鲁苏"高技术产业与服务业关联比较研究》,载《第九届中国科技政策与管理学术年会论文集》,中国科学学与科技政策研究会。

尹翀、杨志媛,2015,《产业关联强度与结构的区域异质性分析——以"粤苏鲁"为例的一项比较研究》,《产经评论》第 3 期。

尹翀,2016,《基于产业网络的产业关联结构指标研究——以全国和山东省为例》,《科学与管理》第 4 期。

尹翀,2017,《产业技术流网络构建与结构效应研究》,《科技进步与对策》第 16 期。

尹静、平新乔,2006,《中国地区(制造业行业)间的技术溢出分析》,《产业经济研究》第 1 期。

曾春媛、潘云海,2012,《知识溢出的测度模型研究综述》,《北京理工大学学报》(社会科学版)第 1 期。

张亮、尹艳冰、朱春红,2014,《产业关联网络中的产业重要性算法研究——基于复杂网络中心性》,《经济与管理研究》第 3 期。

张鹏、李悦明,2015,《全球生产网络下产业间技术溢出效应研究》,《中国科技论坛》第 1 期。

张平、王树华编,2009,《产业结构理论与政策》,武汉大学出版社。

张启人,1981,《系统科学中的网络模型及其优化理论——综论与展望》,《系统工程理论实践》第 4 期。

张许杰、刘刚,2008,《基于复杂网络的英国产业结构网络分布》,《商场现代化》第 9 期。

张文玺,2011,《山东产业结构与就业结构的非均衡发展研究》,《山东大学学报》(哲学社会科学版)第 6 期。

张亚宁，2012，《基于复杂网络理论的区域产业结构及其实证研究》，博士学位论文，天津大学。

张燕辉，2008，《上海市创意产业关联效应的实证分析》，《中国软科学》第3期。

赵媛，2009，《我国石油资源空间流动的地域类型分析》，《自然资源学报》第1期。

郑小京、徐绪松，2010，《复杂网络》，《技术经济》第9期。

周传世、刘永清，1997，《产业系统的递阶层次分析及其应用研究》，《系统工程》第1期。

周振华，1995，《现代经济增长中的结构效应》，上海人民出版社。

周振华，2004，《论信息化进程中的产业关联变化》，《产业经济研究》第2期。

朱英明，2007，《中国产业集群结构研究》，《系统工程学报》第3期。

左孝凌、李为鑑、刘永才编著，1982，《离散数学》，上海科学技术文献出版社。

Alauddin, M. 1986. "Identification of Key Sectors in the Bangladesh Economy: A Linkage Analysis Approach." *Applied Economics* 18: 421 – 442.

Alba, R. D. 1973. "A Graph-Theoretic Definition of a Sociometric Clique." *Journal of Mathematical Sociology* 3: 113 – 126.

Andrew, R., G. P. Peters, and J. Lennox. 2009. "Approximation and Regional Aggregation in Multi-Regional Input-Output Analysis for National Carbon Footprint Accounting." *Economic Systems Research* 21: 311 – 335.

Andreosso-O'Callaghan, B., and G. Yue. 2000. "An Analysis of Structural Change in China Using Biproportional Methods." *Economic Systems Research* 12: 99 – 111.

Antonelli, C. 2008. "Pecuniary Knowledge Externalities: The Convergence of Directed Technological Change and the Emergence of Innovation Systems." *Industrial & Corporate Change* 159: 1049 – 1070.

Antonelli, C., P. P. Patrucco, and F. Quatraro. 2011. "Productivity Growth and Pecuniary Knowledge Externalities: An Empirical Analysis of Agglomeration Economies in European Regions." *Economic Geography* 87: 23 – 50.

Aobdia, D., J. Caskey, and N. B. Ozel. 2014. "Inter-Industry Network Structure and the Cross-Predictability of Earnings and Stock Returns. " *Review of Accounting Studies* 19: 1191 – 1224.

Aroche-Reyes, F. 1996. " Important Coefficients and Structural Change: A Multi-Layer Approach. " *Economic Systems Research* 8: 235 – 246.

Aroche-Reyes, F. 2002. "Structural Transformations and Important Coefficients in the North American Economies. " *Economic Systems Research* 14: 257 – 273.

Aroche-Reyes, F. 2003. " A Qualitative Input-Output Method to Find Basic Economic Structures. " *Papers in Regional Science* 82: 581 – 590.

Aroche-Reyes, F. 2006. "Trees of the Essential Economic Structures: A Qualitative Input-Output Method. " *Journal of Regional Science* 46: 333 – 353.

Audretsch, D. B. , and M. P. Feldman. 1996. "R&D Spillovers and the Geography of Innovation and Production. " *American Economic Review* 86: 630 – 640.

Augustinovics, M. 1970. "Methods of international and intertemporal comparison of structure. " In *Contributions to Input-Output Analysis*, edited by A. P. Carter, and A. Brody, pp. 421 – 444. Amsterdam: North-Holland.

Bacharach, M. 1970. *Biproportional Matrices and Input-Output Change.* Cambridge: Cambridge University Press.

Barabási, A. L. , and R. Albert. 1999. "Emergence of Scaling in Random Networks. " *Science* 286: 509 – 512.

Beyers, W. B. 1976. "Empirical Identification of Key Sectors: Some Further Evidence. " *Environment & Planning A* 8: 231 – 236.

Blin, J. M. 1973. " A Further Procedure for Ordering an Input-Output Matrix: Some Empirical Evidence. " *Economic Change & Restructuring* 13: 121 – 129.

Bonacich, P. 1972. "Factoring and Weighing Approaches to Status Scores and Clique Identification. " *Journal of Mathematical Sociology* 2: 113 – 120.

Bonacich, P. 1987. "Power and Centrality: A Family of Measures. " *American Journal of Sociology* 92: 1170 – 1182.

Bonacich, P. , and P. Lloyd. 2001. "Eigenvector-Like Measures of Centrality for Asymmetric Relations. " *Social Networks* 23: 191 – 201.

Bonacich, P. , A. C. Holdren, and M. Johnston. 2004. " Hyper-Edges and Multidimensional Centrality. " *Social Networks* 26: 189 – 203.

Borgatti, S. P. , and M. G. Everett. 1999. "Models of Core/Periphery Structures. " *Social Networks* 21: 375 – 395.

Boyd, J. P. , W. J. Fitzgerald, M. C. Mahutga, and D. A. Smith. 2010. "Computing Continuous Core/Periphery Structures for Social Relations Data with MINRES/SVD. " *Social Networks* 32: 125 – 137.

Brachert, M. , M. Titze, and A. Kubis. 2011. "Identifying Industrial Clusters from a Multidimensional Perspective: Methodical Aspects with an Application to Germany. " *Papers in Regional Science* 90: 419 – 439.

Breiger, R. L. , S. A. Boorman, and P. Arabie. 1975. "An Algorithm for Clustering Relational Data with Applications to Social Network Analysis and Comparison with Multidimensional Scaling. " *Journal of Mathematical Psychology* 12: 328 – 383.

Cai, J. , and P. Leung. 2004. "Linkage Measures: A Revisit and a Suggested Alternative. " *Economic Systems Research* 16: 63 – 83.

Campbell, J. 1970. "The Relevance of Input-Output Analysis and Digraph Concepts to Growth Pole Theory. " Ph. D diss. , University of Washington.

Campbell, J. 1972. "Growth Pole Theory, Digraph Analysis and Interindustry Relationships. " *Tijdschrift Voor Economische En Sociale Geografie* 63: 79 – 87.

Campbell, J. 1974. "Selected Aspects of the Interindustry Structure of the State of Washington, 1967. " *Economic Geography* 50: 35 – 46.

Campbell, J. 1975. "Application of Graph Theoretic Analysis to Interindustry Relationships: The Example of Washington State. " *Regional Science & Urban Economics* 5: 91 – 106.

Cardenete, M. A. , M. C. Lima, and F. Sancho. 2013. "Are There Key Sectors? An Appraisal Using Applied General Equilibrium. " *Review of Regional Studies* 43: 111 – 129.

Cella, G. 1984. "The Input-Output Measurement of Interindustry Linkages. " *Oxford Bulletin of Economics & Statistics* 46: 73 – 84.

Cerina, F. , Z. Zhu, A. Chessa, and M. Riccaboni. 2014. "World Input-Output

Network." *Plos One* 10: 1 – 24.

Cerulli, G. , and B. Poti. 2009. "Measuring Intersectoral Knowledge Spillovers: An Application of Sensitivity Analysis to Italy." *Economic Systems Research* 21: 409 – 436.

Chang, P. L. , and H. Y. Shih. 2005. "Comparing Patterns of Intersectoral Innovation Diffusion in Taiwan and China: A Network Analysis." *Technovation* 25: 155 – 169.

Chenery, H. B. , and T. Watanabe. 1958. "International Comparisons of the Structure of Production." *Econometrica* 26: 487 – 521.

Clements, B. J. 1990. "On the Decomposition and Normalization of Interindustry Linkages." *Economics letters* 33: 337 – 340.

Czamanski, S. 1971. "Some Empirical Evidence of the Strengths of Linkages between Groups of Related Industries in Urban-Regional Complexes." *Papers of the Regional Science Association* 27: 136 – 150.

Czamanski, S. , and L. A. D. Q. Ablas. 2014. "Identification of Industrial Clusters and Complexes: A Comparison of Methods and Findings." *Urban Studies* 16: 61 – 80.

Czayka, L. 1972. *Oualitative Input-Output Analysis.* Meisenheim am Glan: Athenaum.

de Mesnard, L. 1990. "Biproportional Method for Analysing Interindustry Dynamics: The Case of France." *Economic Systems Research* 2: 271 – 293.

de Mesnard, L. 1995. "A Note on Qualitative Input-Output Analysis." *Economy System Research* 7: 439 – 445.

de Mesnard, L. 2002. "Normalizing Biproportional Methods." *Annals of Regional Science* 36: 139 – 144.

de Mesnard, L. 2004a. "On the Idea of Ex Ante and Ex Post Normalization of Biproportional Methods." *Annals of Regional Science* 38: 741 – 749.

de Mesnard, L. 2004b. "Biproportional Methods of Structural Change Analysis: A Typological Survey." *Economic Systems Research* 16: 205 – 230.

Dietzenbacher, E. 1992. "The Measurement of Interindustry Linkages: Key Sectors in the Netherlands. " *Economic Modelling* 9: 419 – 437.

Dietzenbacher, E. 1997a. "In Vindication of the Ghosh Model: A Reinterpretation as a Price Model. " *Journal of Regional Science* 37: 629 – 651.

Dietzenbacher, E. , and J. A. V. D. Linden. 1997b. "Sectoral and Spatial Linkages in the Ec Production Structure. " *Journal of Regional Science* 37: 235 – 257.

Dietzenbacher, E. 2000. "Spillovers of Innovation Effects. " *Journal of Policy Modeling* 22: 27 – 42. Dietzenbacher, E. 2005a. "More on Multipliers. " *Journal of Regional Science* 45: 421 – 426.

Dietzenbacher, E. , I. R. Luna, and N. S. Bosma. 2005b. "Using Average Propagation Lengths to Identify Production Chains in the Andalusian Economy. " *Estudios de Economia Aplicada* 23: 405 – 422.

Drejer, I. 2000. "Comparing Patterns of Industrial Interdependence in National Systems of Innovation-a Study of Germany, the United Kingdom, Japan and the United States. " *Economic Systems Research* 12: 377 – 399.

Erdös, P. and A. Rényi. 1960. "On the Evolution of Random Graphs. " *Transactions of the American Mathematical Society* 5: 17 – 61.

Essletzbichler, J. 2015. "Relatedness, Industrial Branching and Technological Cohesion in Us Metropolitan Areas. " *Regional Studies* 49: 1 – 15.

Forni, M. , and S. Paba. 2002. "Spillovers and the Growth of Local Industries. " Journal of Industrial Economics 50: 151 – 171.

Foster, K. C. , S. Q. Muth, J. J. Potterat, and R. B. Rothenberg. 2001. "A Faster Katz Status Score Algorithm. " *Computational & Mathematical Organization Theory* 7: 275 – 285.

Freeman, L. C. 1977. "A Set of Measures of Centrality Based on Betweenness. " *Sociometry* 40: 35 – 41.

Freeman, L. C. , S. P. Borgatti, and D. R. White. 1991. "Centrality in Valued Graphs: A Measure of Betweenness Based on Network Flow. " *Social networks* 13: 141 – 154.

Friedkin, N. E. 2004. "Social Cohesion. " *Annual Review of Sociology* 30:

409 – 425.

Fukui, Y. 1986. "A More Powerful Method for Triangularizing Input-Output Matrices and the Similarity of Production Structures. " *Econometrica* 54: 1425 – 1433.

García-Muñiz, A. S. , and C. R. Carvajal. 2006. "Core/Periphery Structure Models: An Alternative Methodological Proposal. " *Social Networks* 28: 442 – 448.

García-Muñiz, A. S. , A. M. Raya, and C. R. Carvajal. 2008. "Key Sectors: A New Proposal from Network Theory. " *Regional Studies* 42: 1013 – 1030.

García-Muñiz, A. S. , A. M. Raya, and C. R. Carvajal. 2010. "Spanish and European Innovation Diffusion: A Structural Hole Approach in the Input-Output Field. " *Annals of Regional Science* 44: 147 – 165.

García-Muñiz, A. S. , A. M. Raya, and C. R. Carvajal. 2011. "Core Periphery Valued Models in Input-Output Field: A Scope from Network Theory. " *Papers in Regional Science* 90: 111 – 121.

García-Muñiz, A. S. 2014. "ICT Technologies in Europe: A Study of Technological Diffusion and Economic Growth under Network Theory. " *Telecommunications Policy* 38: 360 – 370.

Gehringer, A. 2012. "Pecuniary Knowledge Externalities in a New Taxonomy: Knowledge Interactions in a Vertically Integrated System. " *Ssrn Electronic Journal* 24: 35 – 55.

Gereffi, G. 1999. "International Trade and Industrial Upgrading in the Apparel Commodity Chain. " *Journal of International Economics* 48: 37 – 70.

Ghosh, A. , and H. Sarkar. 1970. "An Input-Output Matrix as a Spatial Configuration. " *Economics of Planning* 10: 133 – 142.

Ghosh, A. , and P. Bugumbe. 1981. "Computation of an Optimal Ordering for an Input-Output Matrix by an Application of Dynamic Programming. " *Economics of Planning* 17: 20 – 22.

Gibbon, P. 2001. "Upgrading Primary Production: A Global Commodity Chain Approach. " *World Development* 29: 345 – 363.

Gilchrist, D. A. , and L. V. St Louis. 1999. "Completing Input-Output Tables Using Partial Information, with an Application to Canadian Data. " *Economic*

Systems Research 11: 185 – 194.

Golan, A. , G. Judge, and S. Robinson. 1994. "Recovering Information from Incomplete or Partial Multisectoral Economic Data. " *The Review of Economics and Statistics* 76: 541 – 549.

Griliches, Z. 1992. "The Search for R&D Spillovers. " *Scandinavian Journal of Economics* 94: 29 – 47.

Haji, J. A. 1987. "Key Sectors and the Structure of Production in Kuwait—an Input-Output Approach. " *Applied Economics* 19: 1187 – 1200.

Han, S. Y. , S. H. Yoo, and S. J. Kwak. 2004. "The Role of the Four Electric Power Sectors in the Korean National Economy: An Input-Output Analysis. " *Energy policy* 32: 1531 – 1543.

Hausmann, R. , and C. A. Hidalgo. 2011. "The Network Structure of Economic Output. " *Journal of Economic Growth* 16: 309 – 342.

Hewings, G. J. 1982. "Trade, Structure and Linkages in Developing and Regional Economies. " *Journal of Development Economics* 11: 91 – 96.

Hewings, G. J. , M. Fonseca, J. Guilhoto, and M. Sonis. 1989. "Key Sectors and Structural Change in the Brazilian Economy: A Comparison of Alternative Approaches and Their Policy Implications. " *Journal of Policy Modeling* 11: 67 – 90.

Hidalgo, C. A. , B. Klinger, A. L. Barabási, and R. Hausmann. 2007. "The Product Space Conditions the Development of Nations. " *Science* 317: 482 – 487.

Hidalgo, C. A. , and P. S. Dasgupta. 2009. "The Building Blocks of Economic Complexity. " *Proceedings of the National Academy of Sciences of the United States of America* 106: 10570 – 10575.

Hioki, S. , G. J. Hewings, and N. Okamoto. 2005. "Identifying the Structural Changes of China's Spatial Production Linkages Using a Qualitative Input-Output Analysis. " *The Journal of Econometric Study of Northeast Asia* 6: 25 – 48.

Hoen, A. R. 2002. "Identifying Linkages with a Cluster-based Methodology. " *Economic Systems Research* 14: 131 – 146.

Holub, H. , and H. Schnabl. 1985. "Qualitative Input-Output Analysis and Structural Information. " *Economic Modelling* 2: 67 – 73.

Holub, H. W. , and G. Tappeiner. 1988. "A General Qualitative Technique for the Comparison of Economic Structures. " *Quality and Quantity* 22: 293 – 310.

Howe, E. C. 1991. "A More Powerful Method for Triangularizing Input-Output Matrices: A Comment. " *Econometrica* 59: 521 – 523.

Hu, F. , S. Zhao, T. Bing, and Y. Chang. 2017. "Hierarchy in Industrial Structure: The Cases of China and the USA. " *Physica A Statistical Mechanics & Its Applications* 469: 871 – 882.

Huallachain, B. O. 1984. "The Identification of Industrial Complexes. " *Annals of the Association of American Geographers* 74: 420 – 436.

Huang, J. , and R. E. Ulanowicz. 2014. "Ecological Network Analysis for Economic Systems: Growth and Development and Implications for Sustainable Development. " *Plos One* 9: 1 – 8.

Hubbell, C. H. 1965. "An Input-Output Approach to Clique Identification. " *Sociometry* 28: 377 – 399.

Hubert, L. 1973. "Min and Max Hierarchical Clustering Using Asymmetric Similarity Measures. " *Psychometrika* 38: 63 – 72.

Hubert, L. 1976. "Quadratic Assignment as a General Data Analysis Strategy. " *British Journal of Mathematical & Statistical Psychology* 29: 190 – 241.

Jackson, M. O. 2008. *Social and Economic Networks.* Princeton: Princeton University Press.

Jensen, R. C. 1988. "The Study of Regional Economic Structure Using Input-Output Tables. " *Regional Studies the Journal of the Regional Studies Association* 22: 209 – 220.

Jones, L. P. 1976. "The Measurement of Hirschmanian Linkages. " *The Quarterly Journal of Economics* 90: 323 – 333.

Junius, T. , and J. Oosterhaven. 2003. "The Solution of Updating or Regionalizing a Matrix with Both Positive and Negative Entries. " *Economic Systems Research* 15: 87 – 96.

Koralov, L. , and Sinai, Y. G. 2007. *Theory of Probability and Random Proces-ses.* Berlin: Springer.

Katz, L. 1953. "A New Status Index Derived from Sociometric Analysis. " *Psy-chometrika* 18: 39 – 43.

Kim, M. S. , and Y. Park. 2009. "The Changing Pattern of Industrial Technology Linkage Structure of Korea: Did the ICT Industry Play a Role in the 1980s and 1990s?" *Technological Forecasting and Social Change* 76: 688 – 699.

Knoke, D. , and Burt, R. S. 1983. *Applied Network Analysis: A Methodological Introduction.* Beverly Hills: Sage Publications.

Korte, B. , and W. Oberhofer. 1970. "Triangularizing Input-Output Matrices and the Structure of Production. " *European Economic Review* 1: 482 – 511.

Krackardt, D. 1987. "QAP Partialling as a Test of Spuriousness. " *Social net-works* 9: 171 – 186.

Kranich, J. 2011. "Agglomeration, Vertical Specialization, and the Strength of Industrial Linkages. " *Papers in Regional Science* 90: 159 – 178.

Kwak, S. J. , S. H. Yoo, and J. I. Chang. 2005. "The Role of the Maritime In-dustry in the Korean National Economy: An Input-Output Analysis. " *Marine Policy* 29: 371 – 383.

Labaj, M. 2011. "Qualitative Input-Output Analysis and National Innovation Sys-tem in Slovakia. " *International Journal of Transitions and Innovation Systems* 1: 105 – 116.

Lahr, M. , and L. De Mesnard. 2004. "Biproportional Techniques in Input-Out-put Analysis: Table Updating and Structural Analysis. " *Economic Systems Research* 16: 115 – 134.

Latora, V. , and M. Marchiori. 2007. "A Measure of Centrality Based on Net-work Efficiency. " *New Journal of Physics* 9: 188.

Lee, S. , S. H. Yook, and Y. Kim. 2009. "Centrality Measure of Complex Net-works Using Biased Random Walks. " *The European Physical Journal B* 68: 277 – 281.

Lenzen, M. 2003. "Environmentally Important Paths, Linkages and Key Sectors in the Australian Economy. " *Structural Change & Economic Dynamics* 49: 587 – 591.

Leoncini, R. , M. A. Maggioni, and S. Montresor. 1996. "Intersectoral Innovation Flows and National Technological Systems: Network Analysis for Comparing Italy and Germany. " *Research Policy* 25: 415 – 430.

Leoncini, R. , and S. Montresor. 1998. "Network Analysis of Eight Technological Systems. " *International Review of Applied Economics* 14: 213 – 234.

Leoncini, R. , and S. Montresor. 2000. "Network Analysis of Eight Technological Systems. " *International Review of Applied Economics* 14: 213 – 234.

Leoncini, R. , and S. Montresor. 2005. "Accounting for Core and Extra-Core Relationships in Technological Systems: A Methodological Proposal. " *Research Policy* 34: 83 – 100.

Llano, C. 2009. "Interregional Spillovers in Spain: An Estimation Using an Interregional Input-Output Model. " *Investigaciones Regionales* 16: 181 – 188.

Los, B. 2000. "The empirical performance of a new inter-industry technology measure. " In *Technology, Knowledge: From the Firm to Innovation Systems*, edited by P. P. Saviotti, and B. Nooteboom, pp. 118 – 151. Chehenham: Edward Elgar.

Luo, J. 2013. "The Power-of-Pull of Economic Sectors: A Complex Network Analysis. " *Complexity* 18: 37 – 47.

Midmore, P. , M. Munday, and A. Roberts. 2006. "Assessing Industry Linkages Using Regional Input-Output Tables. " *Regional Studies* 40: 329 – 343.

Miller, R. E. , and P. D. Blair. 2009. *Input-output Analysis: Foundations and Extensions*. Cambridge: Cambridge University Press.

Mínguez, R. , J. Oosterhaven, and F. Escobedo. 2009. "Cell-Corrected RAS Method (CRAS) for Updating or Regionalizing an Input-Output Matrix. " *Journal of Regional Science* 49: 329 – 348.

Montresor, S. , and G. V. Marzetti. 2008. "Innovation Clusters in Technological Systems: A Network Analysis of 15 OECD Countries for the Mid – 1990s. " *Industry and Innovation* 15: 321 – 346.

Montresor, S. , and G. V. Marzetti. 2009. "Applying Social Network Analysis to Input-Output Based Innovation Matrices: An Illustrative Application to Six OECD Technological Systems for the Middle 1990s. " *Economic Systems Research* 21: 129 – 149.

Morillas, A. , L. Robles, and B. Diaz. 2011. "I-O Coefficients Importance: A Fuzzy Logic Approach. " *International Journal of Uncertainty Fuzziness and Knowledge-Based Systems* 19: 1013 – 1031.

Munksgaard, J. , M. Wier, M. Lenzen, and C. Dey. 2005. "Using Input-Output Analysis to Measure the Environmental Pressure of Consumption at Different Spatial Levels. " *Journal of Industrial Ecology* 9: 169 – 185.

Newman, M. E. 2003. "The Structure and Function of Complex Networks. " *SIAM Review* 45: 167 – 256.

Nieminen, J. 1974. "On the Centrality in a Graph. " *Scandinavian Journal of Psychology* 15: 332 – 336.

Okuyama, Y. 1999. "Analyses of Structural Change: Input-Output Approaches. " Ph. D diss. , University ofIllinois.

Oosterhaven, J. , and F. Escobedo-Cardeñoso. 2011. "A New Method to Estimate Input-Output Tables by Means of Structural Lags, Tested on Spanish Regions. " *Papers in Regional Science* 90: 829 – 844.

Panning, W. H. 1982. "Fitting Blockmodels to Data. " *Social Networks* 4: 81 – 101.

Park, S. H. 1994. "Intersectoral Relationships between Manufacturing and Services: New Evidence from Selected Pacific Basin Countries. " *Asean Economic Bulletin* 10: 245 – 263.

Pastor-satorras, R. , A. Vázquez, and A. Vespignani. 2002. "Dynamical and Correlation Properties of the Internet. " *Physical Review Letters* 87: 1 – 4.

Pattison, P. 1993. *Algebraic Models for Social Networks.* Cambridge: Cambridge Univercity Press.

Percoco, M. , G. J. Hewings, and L. Senn. 2006. "Structural Change Decomposition through a Global Sensitivity Analysis of Input-Output Models. " *Eco-*

nomic Systems Research 18: 115 – 131.

Phakpoom, T. 2011. "Clustering and Industrial Development: Evidence from Thailand. " Ph. D diss. , Nagoya University.

Roepke, H. , D. Adams, and R. Wiseman. 1974. "A New Approach to the Identification of Industrial Complexes Using Input-Output Data. " *Journal of Regional Science* 14: 15 – 29.

Roy, M. K. 1971. "A Note on the Computation of an Optimal Ordering for an Input-Output Matrix. " *Economics of Planning* 11: 95 – 97.

San Cristobal, J. , and M. Biezma. 2006. "The Mining Industry in the European Union: Analysis of Inter-Industry Linkages Using Input-Output Analysis. " *Resources Policy* 31: 1 – 6.

Sanchez-Choliz, J. , and R. Duarte. 2003. "Production Chains and Linkage Indicators. " *Economic systems research* 15: 481 – 494.

Scherer, F. M. 1982. "Inter-Industry Technology Flows and Productivity Growth. " *Review of Economics & Statistics* 64: 627 – 634.

Schnabl, H. , and H. W. Holub. 1979. "Qualitative Und Quantitative Aspekte Der Input-Output-Analyse: Ansatzpunkte Zu Einer Neuorientierung Der Konjunkturpolitik. " *Zeitschrift für die gesamte Staatswissenschaft* 135: 657 – 678.

Schnabl, H. 1994. "The Evolution of Production Structures, Analyzed by a Multi-Layer Procedure. " *Economic Systems Research* 6: 51 – 68.

Schnabl, H. 1995. "The Subsystem – MFA: A Qualitative Method for Analyzing National Innovation Systems-the Case of Germany. " *Economic Systems Research* 7: 383 – 396.

Schnabl, H. , G. West, J. Foster, and A. Cook. 1999. "A New Approach to Identifying Structural Development in Economic Systems: The Case of the Queensland Economy. " *Australian Economic Papers* 38: 64 – 78.

Schnabl, H. 2003. "The Eca-Method for Identifying Sensitive Reactions within an IO Context. " *Economic Systems Research* 15: 495 – 504.

Schultz, S. 1977. "Approaches to Identifying Key Sectors Empirically by Means of Input-Output Analysis. " *The Journal of Development Studies* 14: 77 – 96.

Scott, J. 1991. *Social Network Analysis: A Handbook*. Newbury Park: Sage Publications.

Seidman, S. B. 1983. "Network Structure and Minimum Degree. " *Social Networks* 5: 269 – 287.

Semitiel-García, M. , and P. Noguera-Méndez. 2012. "The Structure of Inter-Industry Systems and the Diffusion of Innovations: The Case of Spain. " *Technological Forecasting & Social Change* 79: 1548 – 1567.

Shannon, C. E. 1948. "The Mathematical Theory of Communications. " *Bell System Technical Journal* 27: 379 – 423, 623 – 656.

Shih, H. Y. , and T. Chang. 2009. "International Diffusion of Embodied and Disembodied Technology: A Network Analysis Approach. " *Technological Forecasting & Social Change* 76: 821 – 834.

Siebe, T. 1996. "Important Intermediate Transactions and Multi-Sectoral Modelling. " *Economic Systems Research* 8: 183 – 194.

Simpson, D. , and J. Tsukui. 1965. "The Fundamental Structure of Input-Output Tables, an International Comparison. " *The Review of Economics and Statistics* 47: 434 – 446.

Slater, P. B. 1976. "Hierarchical Internal Migration Regions of France. " *Trabajos De Estadistica Y De Investigacion Operativa* 27: 175 – 183.

Slater, P. B. 1977. "The Determination of Groups of Functionally Integrated Industries in the United States Using a 1967 Interindustry Flow Table. " *Empirical Economics* 2: 1 – 9.

Slater, P. B. 1981. "Comparisons of Aggregation Procedures for Interaction Data: An Illustration Using a College Student International Flow Table. " *Socio-Economic Planning Sciences* 15: 1 – 8.

Slater, P. B. 1983. "Hierarchical Clustering of Mathematical Journals Based Upon Citation Matrices. " *Scientometrics* 5: 55 – 58.

Sonis, M. , and G. J. Hewings. 1992. "Coefficient Change in Input-Output Models: Theory and Applications. " *Economic Systems Research* 4: 143 – 158.

Sonis, M. , J. Oosterhaven, and G. J. Hewings. 1993. "Spatial Economic Structure and Structural Changes in the EC: Feedback Loop Input-Output Analysis. " *Economic Systems Research* 5: 173 – 184.

Sonis, M. , G. J. D. Hewings, and R. Gazel. 1995. "The Structure of Multi-Regional Trade Flows: Hierarchy, Feedbacks and Spatial Linkages. " *Annals of Regional Science* 29: 409 – 430.

Sonis, M. , G. J. D. Hewings, J. Guo, and E. Hulu. 1997a. "Interpreting Spatial Economic Structure: Feedback Loops in the Indonesian Interregional Economy, 1980, 1985. " *Regional Science and Urban Economics* 27: 325 – 342.

Sonis, M. , G. J. D. Hewings, and S. Sulistyowati. 1997b. "Block Structural Path Analysis: Applications to Structural Changes in the Indonesian Economy. " *Economic Systems Research* 9: 265 – 280.

Sonis, M. , and D. G. J. Hewings. 1998. "Economic Complexity as Network Complication: Multiregional Input-Output Structural Path Analysis. " *The Annals of Regional Science* 32: 407 – 436.

Sonis, M. , J. Hewings, and J. Guo. 2000. "A New Image of Classical Key Sector Analysis: Minimum Information Decomposition of the Leontief Inverse. " *Economic Systems Research* 12: 401 – 423.

Sonis, M. , J. J. M. Guilhoto, G. J. D. Hewings, and E. B. Martins. 2010. "Linkages, Key Sectors, and Structural Change: Some New Perspectives. " *Developing Economies* 33: 243 – 246.

Srivastav, N. 2006. "Dynamics of Inter-Industrial Linkages in the Economy of Uttar-Pradesh. " *The Journal of Managerial Economics* 4: 7 – 13.

Streit, M. E. 1969. "Spatial Associations and Economic Linkages between Industries. " *Journal of Regional Science* 9: 177 – 188.

Tarancón, M. á. , and P. D. Rio. 2005. "Projection of Input-Output Tables by Means of Mathematical Programming Based on the Hypothesis of Stable Structural Evolution. " *Economic Systems Research* 17: 1 – 23.

Tarancón, M. á. , F. Callejas, E. Dietzenbacher, and M. L. Lahr. 2008. "A Revision of the Tolerable Limits Approach: Searching for the Important Coefficients. " *Economic Systems Research* 20: 75 – 95.

Taylor, M. 1969. "Influence Structures." *Sociometry* 32: 490 – 502.

Temurshoev, U. 2010. "Identifying Optimal Sector Groupings with the Hypothetical Extraction Method." *Journal of Regional Science* 50: 872 – 890.

Thakur, S. K. 2008. "Identification of Temporal Fundamental Economic Structure (FES) of India: An Input-Output and Cross-Entropy Analysis." *Structural Change and Economic Dynamics* 19: 132 – 151.

Thomas, D. 1963. *Agriculture in Wales during the Napoleonic Wars: A Study in the Geographical Interpretation of Historical Sources.* Cardiff: University of Wales Press.

Titze, M. , M. Brachert, and A. Kubis. 2011. "The Identification of Regional Industrial Clusters Using Qualitative Input-Output Analysis (QIOA)." *Regional Studies* 45: 89 – 102.

Walder, A. G. 1986. *Communist Neo-traditionalism: Work and Authority in Chinese Industry.* Berkeley: University of California Press.

Wang, G. , Y. Shen, and E. Luan. 2008. "A Measure of Centrality Based on Modularity Matrix." *Progress in Natural Science* 18: 1043 – 1047.

Wasserman, S. , and K. Faust. 1994. *Social Network Analysis Methods and Applications.* Cambridge: Cambridge University Press.

Watts, D. J. , and S. H. Strogatz. 1998. "Collective Dynamics of 'Small-World'networks." *Nature* 393: 440 – 442.

Weaver, J. C. 1954. "Crop-Combination Regions in the Middle West." *Geographical Review* 44: 175 – 200.

Weber, C. , and H. Schnabl. 1998. "Environmentally Important Inter Sectoral Flows: Insights from Main Contributions Identification and Minimal Flow Analysis." *Economic Systems Research* 10: 337 – 356.

Westhuizen, J. M. V. D. 1992. "Towards developing a hybrid method for input-output table compilation and identifying a fundamental economic structure." Ph. D diss. , Pennsylvania University.

White, H. C. , and R. L. Breiger. 1975. "Pattern across Networks." *Society* 12: 68 – 74.

White, H. C., and R. L. Breiger. 1976. "Social Structure from Multiple Networks. I. Blockmodels of Roles and Positions." *American Journal of Sociology* 81: 730 – 780.

Wiedmann, T. 2009. "A Review of Recent Multi-Region Input-Output Models Used for Consumption-Based Emission and Resource Accounting." *Ecological Economics* 69: 211 – 222.

Wu, X. B., and Y. Jiang. 2012. "Sectoral Role Change in Transition China: A Network Analysis from 1990 to 2005." *Applied Economics* 44: 2699 – 2715.

Yang, Z., J. Cai, M. Dunford, and D. Webster. 2014. "Rethinking of the Relationship between Agriculture and the 'Urban' Economy in Beijing: An Input-Output Approach." *Technological and Economic Development of Economy* 20: 624 – 647.

Yin, C., Z. Y. Yang, and Y. Y. Cui. 2014. "Industry Sectors' Linkage of Shandong, Jiangsu and Guangdong based on Industry Complex Networks." *Lecture Notes in Mnagement Science* 33: 169 – 175.

Yin, C., and Z. Y. Yang. 2016. "The Inter-Industrial Linkage Indicators (IIII): A Contribution for the Measurement of the Industrial Structure Evolution in China (2002, 2007)." *Applied Econometrics & International Development* 16: 193 – 214.

Yoo, S. H., and T. H. Yoo. 2009. "The Role of the Nuclear Power Generation in the Korean National Economy: An Input-Output Analysis." *Progress in Nuclear Energy* 51: 86 – 92.

Young, A. 2000. "The Razor's Edge: Distortions and Incremental Reform in the People's Republic of China." *Quarterly Journal of Economics* 115: 1091 – 1135.

图书在版编目(CIP)数据

产业网络分析导论/尹翀著. -- 北京：社会科学
文献出版社，2018.6
ISBN 978 - 7 - 5201 - 2651 - 9

Ⅰ.①产… Ⅱ.①尹… Ⅲ.①产业结构 - 网络化 - 研
究 Ⅳ.①F062.9

中国版本图书馆 CIP 数据核字（2018）第 085897 号

产业网络分析导论

著　　者／尹　翀

出 版 人／谢寿光
项目统筹／谢蕊芬
责任编辑／隋嘉滨

出　　版／社会科学文献出版社·社会学出版中心（010）59367159
　　　　　　地址：北京市北三环中路甲 29 号院华龙大厦　邮编：100029
　　　　　　网址：www.ssap.com.cn
发　　行／市场营销中心（010）59367081　59367018
印　　装／三河市尚艺印装有限公司

规　　格／开　本：787mm × 1092mm　1/16
　　　　　　印　张：20.5　字　数：325 千字
版　　次／2018 年 6 月第 1 版　2018 年 6 月第 1 次印刷
书　　号／ISBN 978 - 7 - 5201 - 2651 - 9
定　　价／99.00 元

本书如有印装质量问题，请与读者服务中心（010 - 59367028）联系